普陀學刊

中国佛学院普陀山学院 编

传印 题

第十八辑

宗教文化出版社

图书在版编目（CIP）数据

普陀学刊 . 第十八辑 / 中国佛学院普陀山学院编 .－－北京：宗教文化出版社，2023.12
ISBN 978-7-5188-1576-0

Ⅰ．①普… Ⅱ．①中… Ⅲ．①佛教－研究 Ⅳ．① B948

中国国家版本馆 CIP 数据核字 (2024) 第 025015 号

普陀学刊（第十八辑）

中国佛学院普陀山学院　编

出版发行：宗教文化出版社
地　　址：北京市西城区后海北沿 44 号（100009）
电　　话：64095215（发行部）13301206838（编辑部）
责任编辑：张越宏（280043175@qq.com）
版式设计：贺　兵
印　　刷：河北信瑞彩印刷有限公司

版权专有　侵权必究

版本记录：787 毫米 ×1092 毫米　16 开　21.25 印张　430 千字
　　　　　2023 年 12 月第 1 版　2023 年 12 月第 1 次印刷
书　　号：ISBN 978-7-5188-1576-0
定　　价：90.00 元

《普陀学刊》编委会

顾　问：道慈　王高瞻　楼宇烈　杨曾文　魏道儒　陈宏成
主　编：会闲
编　委：（按姓氏拼音音序排列）

陈坚	昌琳	定明	方强	何欢欢	会闲
慧贤	界定	净旻	李四龙	李利安	门肃
能进	亲道	如义	善悟	圣凯	通了
惟航	惟善	王建光	温金玉	温静	王颂
现了	心遐	信光	学聪	性纯	源流
湛空	张晓林	智明	智宗	智瀚	钟锦

目 录

普陀山佛教的中国化研究

佛教中国化的普陀山模式研究 …………………………………… 王建光 002

观音道场的印度渊源及其中国化抉择 …………………………… 李利安 022

南宋时期普陀山的"易律为禅" …………………………………… 演 修 047

拉斯韦尔5W模式理论下普陀山观音文化走出去策略研究：基于多重
　　层次分析法视角 ……………………………………………… 乐悠悠 060

观音信仰的中国化研究

《华严经·入法界品》的普陀圣境与观音法门 ………………… 黄国清 078

从印度到中土：补怛洛迦山的层累建构及其艺术表达 ………… 刘郑宁 098

宋元明清时期民众观音信仰的社会根源 ……………… 沈 奥 李永斌 116

从文殊到观音：五台山金阁寺菩萨信仰考论 …………………… 景天星 126

南诏时期大理地区观音信仰的两种主要形态：以《南诏图传·文字传》
　　为中心的考察 ………………………………………………… 现 了 140

大理观音的特征及文化价值 ……………………………………… 廖文慧 154

佛教中国化研究

人文宗教与弥勒信仰中国化的形成：以"正月初一"弥勒诞辰日为
　　中心的讨论 …………………………………………………… 刘锦程 170

汉传佛寺布局的本土化演变 ……………………………………… 温 静 190

居士佛教研究

早期佛教的家庭伦理：以夫妻关系为中心的讨论 ……………… 广 兴 204

从六祖法统之争谈居士外护对宗派传扬的重要性 ……………… 如 义 231

佛教文献学研究

林兆恩《心经释略并概论》的诠释特色探析 ………………… 唐哲嘉 246

《毗陵藏》刻工述略 ………………………………… 王连冬 刘 祎 258

其他研究

现代天文学与佛经的再发现 ……………………………………… 卢 虎 272

佛学典籍推荐阅读研究 …………………………………………… 孙国柱 285

谋求平衡：早期汉传佛教中的女性和女性形象 … ［加］南希·舒斯特 张简妮译 301

Titles, Abstracts and Keywords …………………………………………319

《普陀学刊》征稿启事 ………………………………………………………332

普陀山佛教的中国化研究

佛教中国化的普陀山模式研究

王建光　（南京农业大学马克思主义学院）

【摘要】 普陀山的佛教化和佛教的普陀山化是中国佛教史上重要的社会文化现象。普陀山佛教自其形成开始，即有着自己的实践特色和发展路径，并在后世佛教中国化的过程中建构出深刻而具有广泛影响的"南海观音"这一宗教信仰及社会文化符号，得到社会主流价值和大众心理的普遍认同。在佛教中国化过程中出现的普陀山模式，有着丰富的内容。在本质上，普陀山佛教是佛教信仰及其文化形态与中国文化及海洋文明相结合的产物，是一种在海洋文明影响下或说是与海洋环境相结合的一种具有区域性特征的中国佛教形态。

【关键词】 普陀山佛教　佛教中国化　观音菩萨信仰　海洋佛教　海岛佛教区域佛教

佛教中国化是一种外来文化及其思想和信仰体系在中国社会历史中扎根与发展的过程，正是在这种过程中形成并呈现出一种本土化的中国佛教。由于中国的社会制度成熟、疆域广阔、物产发达、文化多样，所以佛教中国化也不是一种孤立的、单面的、线性的物理过程和简单形态，其中充满了多元和多样的文化间的相互影响及多维交融。

普陀山是中国佛教的重要名山，因其偏居于中国东南部的大海之中，远离华夏文明的核心区域，加之这里的气候风物、地理环境、居民生活方式等与佛教相对繁荣的黄河和长江流域相比有着明显的不同，所以本地佛教的发生和发展形成了自己特色。在佛教中国化过程中，也存在着一种狭义的"佛教普陀山化"现象，并由之而形成了作为中国佛教重要组成部分的、以观音菩萨信仰为主体的普陀山佛教。

一、佛教的普陀山化

从地理上而言，舟山群岛偏居于中国大陆东南部外海、与浙江省大陆隔海相望的海洋之中，是由众多大小不一的岛屿组成的群岛。狭义的普陀山，即舟山群岛中的一个岛屿，人们又往往将之与其东南面的洛迦山一起，合称为普陀洛迦山。或说，普陀山为全山之总名，其内另分十六小山名。① 又说："山有二，皆观音大士示现之地。其一自西竺历罗刹鬼国暨诸魔土始至其境；其一即《华严》大经所说善财南询之处，盖今所也。"② 不过，在历史上，内地一般社会大众甚至只知有普陀而不知有舟山，对这些星罗棋布的海岛往往也并不加以区分，而只是对其泛泛地统称为普陀山。

（一）佛教传入普陀山

普陀山虽然偏居海中，远离中原文明核心区域，并且有着与中原农耕文明不同的海洋文明特色，但是佛教传入本地却并不晚，佛教史的内容也较为丰富。据南宋时昌国知县王存之的《普慈禅院新丰庄开请涂田记》所载："县内有普慈禅院，依山瞰海，实东晋韶禅师道场。"③ 由此可见，佛教最晚在东晋时期即已传入本地，并得以扎根。这大致与佛教传入浙东的甬、鹿一带地区基本同步。事实上，普陀山地区的佛教也正是以沿海的甬、鹿等地为跳板而才得以传入的。

普陀山是在中国社会中最具有信仰内涵和文化影响力的海上佛教文化名山。"普陀洛迦者，盖梵名也。华言'小白华'。《方广华严》言：善财第二十八参，观自在菩萨与诸大菩萨围绕说法，盖此地也。然世无知者。始自唐朝，梵僧来睹神变，而补陀洛迦之名遂传焉。盘礴于东越之境，宵茫乎巨浸之中……惟我皇元，际天所覆，均被化育，梯航所及，灵迹悉著，至于兹山，瞻拜相继，肸蠁昭答，不可胜纪矣。"④ 从其在中国民间佛教信仰中的重要性角度言之，普陀山的地位与影响可以大致与东岳泰山在中华本土文化中的地位和角色相类比。

佛教的普陀山化是佛教传入中国后的一种区域化存在，是佛教中国化的重要组成部分。一般而言，佛教在一个地方得以扎根和繁荣的重要标志即是寺院和僧人群体的出现。对于普陀山而言，传统上有两大寺之说，一者普济寺，一者法雨寺。普济寺在普陀山南，形成于唐代，旧传梁时为不肯去观音院，历代废兴不一。宋元丰三年（1080）令改建，赐名宝陀观音禅寺；高宗绍兴元年（1131）易律为禅；宁宗嘉定七年（1214），受德韶请，赐书"圆通宝殿"额。明代万历二十六年（1598）毁，万历三十年因敕重建，

---

① 王亨彦：《普陀洛迦新志》卷二《普陀洛迦山》，杜洁祥主编：《中国佛寺史志汇刊》第一辑，第10册，台北：明文书局，1980年，第81页。
② （明）宋濂：《清净境亭铭（有序）》，（明）周应宾纂辑：《重修普陀山志》卷三，杜洁祥主编：《中国佛寺史志汇刊》第一辑，第9册，第212—213页。
③ （宋）王存之：《普慈禅院新丰庄开请涂田记》，浙江省地方志编纂委员会编著：《宋元浙江方志集成》第7册，杭州：杭州出版社，2009年，第3001页。
④ （元）盛熙明：《补陀洛迦山考》，（明）周应宾纂辑：《重修普陀山志》卷四《事略》，杜洁祥主编：《中国佛寺史志汇刊》第一辑，第9册，第272—273页。

赐额"护国永寿普陀禅寺"。①康熙三十八年（1699）时，赐改今名。法雨寺形成于明万历时。本寺自大智开创，如光再造以后，沧桑灰烬，至别庵时则首创殿楼，改万历来百年第习讲律之传统而改为禅宗大乘之学。故于兹寺为中兴，于禅宗为开法第一祖。别庵（1661—1717），名性统，蜀地高梁龙氏子，年十二出家，二十二受具。康熙二十四年乙丑（1685），继席高峰，丙寅（1686），抵天童，次年受提督等请，住法雨寺，至寺后，"剃草结茅，持律说戒，四来云集，钳锤绵密"。别庵著有《续灯正统》《祖师正宗道影》《高峰宗旨纂要录》《梅岑集》《径山录》等行世。②

整体而言，普陀山佛教是在宋明之后才快速崛起的，并以观音信仰的形象而形成了自己的特色，得以光耀于华夏大地。到了明代，普陀山即成为中国大众公认的佛教圣地、震旦佛国，并成为与大陆上峨眉山和五台山并列的三大佛教名山。③在此过程之中，观音菩萨信仰已经与普陀山融为一体——对于社会大众而言，讲到普陀山即是观音菩萨，讲到观音菩萨即是想到普陀山。

清代之后，普陀山的观音菩萨道场的角色更是名扬全国，甚至影响到东北亚和东南亚的一些地区。但是，可能因为本地偏居海岛的原因，虽然"朝廷暨亲王皆知普陀为大士道场"，但对普陀山佛教内部的具体情况也不太熟悉。如康熙二十六年（1687），和硕裕亲王进普陀山施戒衣时，即不知此地有两大寺，故凡颁赐之及，也不批称往某某寺。④

（二）普陀山佛教形成的基本条件

传统上，普陀山有普济、法雨两大著名寺院，另外还有一些寺院在本地也有着重要的影响。虽然各寺的开山有着先后不同，但都有着自己的传承和特色。但本文在后面的论述中，一般不专门对其再进行区分，而将普陀山佛教作为一个整体文化现象加以研究，故而统称为"普陀山佛教"。

与峨眉山、五台山以及大陆其他地区的佛教名山名刹等相比，普陀山佛教的生存土壤是不同的。大陆上的佛教名山（如九华山、云居山、天台山、雪窦山、宝华山、嵩山、鸡足山等）以及其他地区佛教中心的发展，都是在人口较为稠密、文化相对繁荣、物产相对稳定的农耕区域和商业市镇周边。虽然有些寺院如南岳祝圣寺、恒山悬空寺等也会选在山林僻静、远离人烟的山巅或林深难及之处，虽然生活供给也较为艰难，但它们仍

---

① （明）宋濂：《清净境亭铭（有序）》，（明）周应宾纂辑：《重修普陀山志》卷二，杜洁祥主编：《中国佛寺史志汇刊》第一辑，第9册，第113页。王亨彦：《普陀洛迦新志》卷五《梵刹》，杜洁祥主编：《中国佛寺史志汇刊》第一辑，第10册，第233—234页。
② 王亨彦：《普陀洛迦新志》卷六《禅德·法雨·别庵》，杜洁祥主编：《中国佛寺史志汇刊》第一辑，第10册，第379—382页。
③ （明）鲁王：《补陀山碑记》，道光版《重修南海普陀山志》卷十九《艺文》，夏荆山、娄玉田、濮文起等主编：《中国历代观音文献集成》（九），北京：全国图书馆文献缩微复制中心，1998年，第689页。
④ 王亨彦：《普陀洛迦新志》卷六《禅德·普济·性统智祖禅碑记》，杜洁祥主编：《中国佛寺史志汇刊》第一辑，第10册，第375页。

然能够获得较为稳定的生存条件，在交通上并没有难以逾越的高危屏障。

但是，作为孤悬于海上的岛屿，要想成为佛教兴盛之地——或者至少要能够做到使佛教获得较为可靠而稳定的持续发展，是需要一些必要条件的。这种条件虽然有着复杂的内容，但却有如下几项是最基本的，甚至是缺一不可的：

第一，岛屿不能离大陆太远，这样才能便于大陆文明和文化的同步传入，才能够得到核心文化或主体文化（中原文化）的及时辐射；同时也不会使人员往来太难，基本的交通与交流能够不断进行。虽然这些行程也充满着一定的危险，但在道心坚固的僧人那里也基本能够得到克服。第二，岛屿必须要有一定的常住人口做基础保障，这不仅涉及檀越的数量和供养能力，更事关信众的规模及寺院法事活动的展开。第三，岛屿要有一定的陆地面积，便于寺院的基本建设和人员的活动。第四，岛屿要有相对稳定、可靠、充分的农业生产基础，以及耕地面积、生产技术、手工业及其生存方式。由于僧人饮食来源的相对单一性，一个地方具有稳定的农业生产对于佛教的生存和发展尤为重要。而这一点，对于一些过于小型海岛的生产方式而言往往是难以达到的。第五，岛屿与大陆地区重要佛教区域和经济文化发达地区的距离不能太远，便于大陆文化的持续输入和商贸往来。第六，岛屿有抵御恶劣自然灾害的能力。虽然中国大陆沿海也有个别小岛紧靠大陆，但由于其面积太小，不能形成稳定、可靠和安全的生产方式及居住环境，尤其是在面临恶劣自然现象和突发灾害时，其安全性和可靠性较低。当然，这里所提及的条件互相之间并不是绝对无关的，在一些时候也是可以用其长而补其短的。

值得指出的是，这里并不是说一个孤立的岛屿不能存在寺院或有僧人生存，而是说不具备一定条件的岛屿不能形成一种特定内涵的宗教文化形态，不具有模式意义，更不能形成具有一定影响力的信仰内涵的文化输出力量。

综合上述，可以从佛教传入及生存条件角度，对中国大陆沿岸几座主要岛屿的情况表列如下：

表1：唐代以前中国沿海主要岛屿的佛教支持条件

	舟山群岛	琉球群岛	台湾岛	澎湖列岛	海南岛	崇明岛
1. 是否与大陆距离相对较近	是	否	否	否	是	唐武德年间始成沙洲，因此与本研究无关。
2. 是否具有相对充分、稳定的人口基础	是	是	是	是	是	
3. 是否具有一定的陆地面积	是	是	是	是	是	
4. 是否具有相对稳定可靠的生产供给与生活基础	是	是	是	否	是	
5. 是否具有文化相对繁荣的毗邻地区（城市）	是	否	否	否	否	
6. 是否具有生存环境的可靠性和安全性	是	是	是	否	是	

具备这几个方面条件，在唐代之前——尤其在南方没有得到充分开发之前，更是非

常重要的。由于黄河流域长期作为政治、经济和文化中心，加之出于政治、军事和维护封建统治（如防止农民起义、流寇、政敌）等多种原因的考虑，中国沿海岛屿一直没有得到中原封建王朝的充分重视，岛屿的价值和功能也没有得到有效开发和利用，所以沿海岛屿的佛教文化资源相对贫乏。除去舟山群岛中个别岛屿之外，其他诸如刘公岛、长兴岛、马祖岛、金门岛、厦门岛以及今天中国福建沿海其他一些重要岛屿或群岛等，大都是在南宋或明清之后才得到真正的重视和有效的开发或治理，其在抵御倭寇、海盗、外敌入侵时的作用与意义才得以体现，其人口、文化和经济等也才因之得到持续的发展。

由此表可见，在从中国黄海到南海的广大区域，满足这几点的，只有舟山群岛——我们当然有理由相信，在唐代之前的历史上其他岛屿也有僧人到达过，只是佛教没有在此扎根，或没有形成影响。这也是作为海岛的普陀山，经过佛教的传入、发展和繁荣，最终被塑造成一座海天佛国的根本原因。换言之，普陀山虽然孤悬海外，但它仍然有着较为充分的条件以满足佛教的发展。除普陀山外，佛教传入以上述诸岛为代表的中国沿海主要岛屿都是比较晚的。像台湾岛，一般也是认为是在明代郑成功收复台湾之后佛教才得以从大陆福建一带传入的。

当然，在中国大陆有的地方，虽然曾经佛教繁荣，但由于复杂的社会、人口和地理尤其是战争等原因，在被摧毁后可能会一蹶不振。如曾经的凉州佛教、邺城佛教甚至五代之后的长安佛教等都是如此。普陀山也曾遇到过这种现象。如康熙十三年甲寅（1674），普陀山"海氛大作（引者案：疑为郑经西攻大陆之事所波及），徙僧内地，梵宫琳宇，变为鹿豕之场所，历十稔，海宇清宴，大驰海禁，僧徒渐归"[①]。显然，普陀山佛教之所以能够废而再兴，原因很多，其主要者如：一是因为这里曾经有着良好的佛教基础；二是因为此地与大陆的距离不是太远，便于人员的逃避和重新回归；三是与大陆有一定的安全距离。因为本地远离中原，与大陆有一定的距离，内地的一般战争、动乱和法难对其伤害、波及与影响较小，从而也避免了凉州佛教和邺城佛教的命运。一个相对孤立封闭的环境对佛教生存作用的两面性在此得到生动体现。

（三）几种山志反映的普陀山佛教基本情况

随着佛教的传入，其于普陀山的地方化进程也即随之开展。尽管佛教传入本地有着悠久的历史，但是对其早期的发展状况细节却难以加以进一步细说。这一点也可从现存的几种普陀山志中得到证明。

此处选两个项目作为基本参考指标以为例证：一者，是山志所收的僧人数量，这能够反映佛教的基本状况和发展规模；二者，是山志所收的艺文数量，这一方面能够反映

[①] 王亨彦：《普陀洛迦新志》卷六《禅德·普济·性统智祖禅碑记》，杜洁祥主编：《中国佛寺史志汇刊》第一辑，第10册，第375页。

了僧人的文化创造和输出能力，另一方面也反映了本地对知识分子的吸引力，或者说是反映本地文化进入知识阶层和社会精英生活中的深度和广度。本地不同时期多种普陀山志也反映了知识阶层对本地佛教传统的重视，这种山志代有所出的现象，在大陆地区其他的山寺史志历史中也是不多见的。

第一，僧人数量。在明代万历年间周应宾纂辑的《重修普陀山志》卷二《释子》节中，所记的僧人数量如下表所示。①

表2：明代《重修普陀山志》中所记不同时期的僧人数量

朝代	梁	宋	元	明
人数	1	2	2	48
僧人举例	慧锷	清了、德韶	如智、如律	行丕、性贤

在清代道光版《重修南海普陀山志》卷三《法统》所记也是如此：其开篇普济寺即是宋代真歇禅师，②卷八《禅德》所记人物在后梁慧锷之后即是元代僧人，中间跃过千余年。③

在民国版《普陀洛迦新志》中，记普济和法雨等寺中的住持较多，但这种数量也只是从明代以后才显著增加的。如下表所示。④

表3：民国《普陀洛迦新志》卷六《禅德》

朝代	五代梁	宋	元	明	清
人数	1	7	8	60	53
僧人举例	慧锷	真歇、哲魁	玠禅师	大基、大智、密藏	明如德、正明

不过，也有一些僧人虽然存名于山志中，但与之有关的记事与活动却是阙如。

第二，艺文数量。此处所言"艺文"，仅指僧人或文人所作的与本地佛教有关的辞章。明代周应宾纂辑的《重修普陀山志》卷三《艺文》中记述如下所示。⑤

表4：明代山志中所记的艺文数量

朝代		唐	宋	元	明
艺文	篇数	1	3		3
	作者举例	王勃《观音大士赞（有序）》诗	史浩、中峰祖师、吴莱		宋濂、释性彻、王世贞
诗类	篇数		1	4	200
	作者举例		王安石	赵孟頫	陈献章、王世贞

---

① （明）周应宾纂辑：《重修普陀山志》卷二《释子》，杜洁祥主编：《中国佛寺史志汇刊》第一辑，第23册，第175—184页。
② 《中国历代观音文献集成》（九），第520页。
③ 《中国历代观音文献集成》（九），第552页。
④ 王亨彦：《普陀洛迦新志》卷二《普陀洛迦山》，杜洁祥主编：《中国佛寺史志汇刊》第一辑，第10册，第320—448页。
⑤ （明）周应宾纂辑：《重修普陀山志》卷三《艺文》，杜洁祥主编：《中国佛寺史志汇刊》第一辑，第23册，第191—270页。

而道光版《重修南海普陀山志》卷十五之《艺术》，开篇也是从元代吴莱的《磐陀石观日赋》开始的。①

民国版新志中，艺文类主要集中于卷十《艺文篇》中，②另外在卷二《形胜篇》附录中也存在一些咏景诗文。③当然，还有一些文章散见于其他章节之中，没有计入此统计数据之中。尽管本志中艺文类文献相对较多，但主要还是从宋代开始的。如下表所示。

表5：民国《普陀洛迦新志》中艺文

朝代		宋	元	明	清
卷十《艺文篇》	篇数	2	4	6	36
	作者举例	真歇、大川	怀信	道联、性珠	通旭、性统
卷二《形胜篇》附录中的咏景诗文	篇数	1	3		113
	作者举例	王安石	吴莱、赵孟頫	屠隆、陈献章、何士晋、裘琏	

虽然诸种普陀山志所记者都是较有影响的主要僧人和艺文，在此之外当然会有一些散佚者而未录其中，也会有一些不知名的僧人和艺文作品未被选录，但这一切仍然能够说明早期普陀山佛教的发展与大陆地区一些区域佛教相比，其法脉传承及知识存在还是相对不彰的，也是有差距的。当然，作为一种宗教，佛教在普陀山的发展历史是复杂的，既有其知识化的、显性的方面，也有其非知识化、民间化的存在形态，后者然难为后世治志者所知悉、所认可，也是情理之中的。

在普陀山佛教的观音化之后，本地也曾出现过佛教禅宗化的倾向。这种禅宗化是从宋代真歇禅师开始的。据法统所记，普济寺禅师真歇，讳静了（"静"或作"清""青"），蜀人，绍兴元年（1131）辛亥自长庐南游至此，"郡请于朝，易律为禅"，"禅林英秀多依之"。"时海山七百余家俱业渔，一闻教音，具弃舟去"，度弟子四百，嗣法者三十余人，编《语录》二集若干卷。此山禅宗盖延续此始，为开法第一世。④

或说："普陀山自开山后，或禅或律，屡废屡复，甚而糜爵披紫，梵行益驰。"⑤不过，其后于清朝康熙年间，有僧绎堂，又易律为禅，遂使本地佛教又一次呈现出禅宗化的特色。据僧传，绎堂，名心明，字珂月，明州邵氏子。年十三，赴洛迦山投梅檀林，礼潮音为师。阅四年，"海氛不靖，徙僧内地"，后依其师归寿峰。康熙二十七年（1688），其师祖通元为普陀寺统辖住持，绎堂佐之，百废俱举。康熙二十九年，"元戎蓝公，始纳其言，易律为禅。亟请潮音主席，大振玄风。俾宋真歇、元孚中，法登、重朗，其间

---

① （清）秦耀：《重修南海普陀山志》，《中国历代观音文献集成》（九），第680页。
② 王亨彦：《普陀洛迦新志》卷十《艺文》，杜洁祥主编：《中国佛寺史志汇刊》第一辑，第10册，第531—556页。
③ 王亨彦：《普陀洛迦新志》卷二《形胜·附录》，杜洁祥主编：《中国佛寺史志汇刊》第一辑，第10册，第127—170页。
④ （清）秦耀：《重修南海普陀山志》卷七《法统·普济寺》，《中国历代观音文献集成》（九），第521页。
⑤ 王亨彦：《普陀洛迦新志》卷六《禅德·普济·绎堂》，杜洁祥主编：《中国佛寺史志汇刊》第一辑，第10册，第363—364页。

殚精竭力，左提右挈，比丘明之力也"①。这也说明，普陀山佛教的易律为禅之事历史上不止一次出现过。

从历史上看，普陀山佛教的形成过程大致经历了从佛教传入到观音化，再经过革律为禅，最后是观音思想进一步普及与成熟（禅宗等思想法门当然仍然存在）这样四个阶段，从而形成了内容丰富的、具有地方性特色的"普陀山佛教"。简而言之，佛教在普陀山的发展可以简述为：第一，佛教传入普陀山；第二，普陀山的佛教化（此处仅就佛教而言）；第三，佛教的普陀山化。正是佛教的普陀山化，最终形成了"南海观音"这种强大的文化和信仰的辐射力量。

二、普陀山佛教的思想内涵

所谓普陀山佛教，即是指在佛教传入普陀山之后，经过与本地原生文化、生产方式、民俗风物乃至原始宗教中的某些思想结合而形成的、具有普陀山特色的、与海洋文明相关的佛教活动及其文化和信仰形态。普陀山佛教是佛教中国化、地方化的重要成果之一。

（一）普陀山佛教融入农耕文明的海洋想象

传统上，大陆文明往往都会把海洋塑造成梦幻与恐怖并存的遥远之地，甚至是一种精神的乌托邦。华夏文明是以农业生产为其存在基础的，农业文明也是华夏文明的基本存在形式。但是，在中国文化中，"大海"或"大海之中"是令人神往的，那里往往被认为有仙人居住，是一个充满快乐的地方。这即类似于佛教所说的极乐世界。

简言之，华夏传统文明之中一直存在着深刻的海洋文明因素。如《山海经·大荒东经》中即有"东海之外，大荒之中，有山名曰大言，日月所出"，以及说"东海中有流波山，入海七千里。其上有兽，状如牛，苍身而无角，一足，出入水则必风雨，其光如日月，其声如雷，其名曰夔。黄帝得之，以其皮为鼓，橛以雷兽之骨，声闻五百里，以威天下"②。《山海经·海外东经》中所提及的"好让不争"君子国，即在清代李汝珍所作的小说《镜花缘》得到充分演义。其他如《论语·公冶长》中的"道不行，乘桴浮于海"，《庄子·逍遥游》中的"北冥有鱼，其名为鲲"等，也都反映了华夏古老文明的海洋意象和哲学思维。《史记·秦始皇本纪》中也说："海中有三神山，名曰蓬莱、方丈、瀛洲。"③

---

① 王亨彦：《普陀洛迦新志》卷六《禅德·普济·绎堂》，杜洁祥主编：《中国佛寺史志汇刊》第一辑，第10册，第363—364页。
② 太史公在其《史记》中即已提到《山海经》，并言："禹本纪、山海经所有怪物，余不敢言之也。"关于《山海经》的成书时间之考，此处不加陈述，其当然不是成于一人一时。
③ （汉）司马迁：《史记》卷六，北京：中华书局，1982年，第247页。

显然，在中国本土文化之中，因为普遍都是农业人口，从事农业生产，所以对于大海都有一种神奇的向往和美学的想象，把大海想象成是仙人居住的、永恒的快乐国度。

这一点在道士的著作或游仙诗中，以及在一些民间传说之中，都会有着生动的体现。如晋代郭璞在其游仙诗中所表达的大海是"吞舟涌海底，高浪驾蓬莱。神仙排云出，但见金银台"[1]。而且，神仙思维也会融入到知识群体的精神生活和美学想像之中，并在不同时代的诗文之中都会得到反映。如唐代李白《梦游天姥吟留别》中的"海客谈瀛洲，烟涛微茫信难求"[2]；白居易《长恨歌》中的"忽闻海上有仙山，山在虚无缥缈间"[3]等都是如此。而在小说家言中，神仙与佛、得道的高僧与法力无边的神仙，也能够亲密无间、和乐友爱地共同生活于这个快乐国度之中，这正是东海神仙与南海观音各居一海、各化一方的思维基础。如果说道士把东海瀛洲归于神仙，那么佛教则把南海归于观音；前者有神话传说、民俗、道教信仰的依据和诗人的拥戴，后者则受到梵文佛经的思想加持或梵僧的神化。这就形成了神佛于东南两海各居一方的民间信仰体系，并进入大陆地区社会生活和民间信仰之中。

但是，由于中国传统上是一个陆权国家，国家利益主要系于漠北、西南、西域和中亚地区，历代中原封建王朝对经略海洋、柔远岛屿，既无自觉性，也无必要性，所以早期的海洋文明和海洋佛教并没有形成强大的文化优势和社会影响力。

（二）普陀山佛教具有海洋文明特征

普陀山佛教是一种具有海洋文明特色的中国佛教。这有如下几个特征：

第一，普陀山佛教的基本信众群体和发展基础即是世代以海洋为生的本地居民。或者说，作为一个特例，佛教的普陀山化即是在佛教中国化过程中的海洋文明化的历史过程。这是中国历史上最具特色的一种佛教地方化、区域化表现，虽然其不一定是唯一的，但却是最具海洋文明特色的，也是成果最为丰富、影响最大的。

第二，佛教存在于海岛之上，远离祖国大陆。此处说的远离祖国大陆，主要是就过去的航海条件和主要生产活动范围而言的。

普陀山，"盖震旦中国第一道场也。""洛迦山周围百里，四际无岸，孤悬海中，秽土劫尘，邈焉隔绝。远近诸山，大者如拳，小者如栗。三韩日本诸岛，青螺一抹，杳霭烟际。乍有乍无，微尘不动，开镜涵空，澄碧万里。"[4]虽然群岛孤悬于大陆之外，但本地佛教却是中国佛教的一个重要组成部分。

---

[1] 丁福保：《全汉三国晋南北朝诗·全晋诗卷五》，北京：中华书局，1959年，第424页。
[2] （清）彭定求等编：《全唐诗》卷一七四，北京：中华书局，1960年，第1779页。
[3] （清）彭定求等编：《全唐诗》卷四三五，第4819页。
[4] 王亨彦：《普陀洛迦新志》卷二《形胜·刘尚志诗》，杜洁祥主编：《中国佛寺史志汇刊》第一辑，第10册，第150页。

在本质上，佛教中国化是佛教在中国发达农业文明和多民族统一国家中扎根和发展的过程。因此，佛教要能够在存在方式上与中国的农业文明相适应，能够在文化内核上与之相补充，并且反映在中国的社会生活和大众心理之中。在此过程之中，不同的区域文化也影响到佛教地方化的形态、内容和表现形式。如果说印度佛教是以城市佛教为其基本特征，①那么就汉传佛教而言，佛教中国化面临着三种不同的生产方式和生活方式，并形成了与之相应的三种佛教形态：一是以黄河流域为代表的农耕文明及与之相应的农业佛教，二是以高原、草原和沙漠为代表的畜牧文明（它们也往往有着一定的农耕和畜牧两种形态）及生存于其中的高原、草原（沙漠）佛教，三是以舟山群岛为代表的海洋文明及以之为基础的海洋佛教。虽然中国佛教文化中有"天下名山僧占多"之说，但却没有"天下海岛僧占多"之语。在其量上言之，普陀山佛教则可谓是中国佛教中唯一的海洋佛教形态。

因此佛教中国化即体现出不同的文明特色，这也是由不同区域的不同生产方式和生活方式决定的，也是与一定地区的文明内涵相适应。

第三，僧人的生存方式与海洋环境融为一体。在生产力落后的时代，佛教的发展及僧人的生存方式都具有明显的地域特色。虽然人烟密集、物阜华丰之处佛教会兴盛繁荣，但物产贫瘠之处也会有佛教的顽强生存。这一切当然都会给佛教打上区域痕迹。

对于普陀山而言，舟山群岛于宋代单独置县，宋神宗时改称昌国县。"明之昌国，介居巨海之中。其民擅渔盐之利，其地瘠卤不宜于耕，故民多贫。"②民若贫，僧也难，因此僧人开荒垦田不仅是修行，更是生存之必需。如普慈禅院，宋徽宗大观年间（1107—1110），曾请得海涂一段，岁得谷千斛。"自后荒芜不治，以故常住空阙，每有食不足之叹。一日，有头陀宗新等七人，开发道心，身任劳役，复治其田，凡历三年而后成。于是建石碶三间，圩岸二百丈，畚锸耨锄之具毕备。岁无大水旱，得谷可以资其众，与夫无所用心于终日者有间矣。是役也，起于庚辰十月，成于壬午九月。虽然，既耕而食矣，异时衲子云集，量彼来处，一意办道以踵其业，岂不休哉！"③显然，此开荒耕种之举，比大陆地区禅者的刀耕火种更为辛苦和艰难。

再比如僧人的日常用水，在内地平原一般不会遇到问题，即使在山上，除去个别地方用水困难之外，其他大都有着泉河湖井等水可用。但是，"普陀孤峙大海，为斥卤咸坟之区。而山中涧泉，独味淡而洁。瀹茗烹茶，不逊江心峡口。山僧多用巨竹为筒，引

---

① 前辈季羡林指出："印度佛教是在城市中成长起来的一个宗教，和尚都住在城市里，同商人住在一起。""佛教是以城市为大本营的。"见季羡林：《城市与佛教》，《季羡林全集》卷一六，北京：外语教学与研究出版社，2010年，第80—81页。
② （宋）王存之：《普慈禅院新丰庄开请涂田记》，浙江省地方志编纂委员会编著：《宋元浙江方志集成》第7册，第3001页。
③ （宋）王存之：《普慈禅院新丰庄开请涂田记》，浙江省地方志编纂委员会编著：《宋元浙江方志集成》第7册，第3001页。

行数里，入香积厨以供用。省取汲之劳，无旱固之虞。《旧志》谓非惟造化之奇，抑亦圣灵之泽。"①僧人这种因地制宜的生活取水方式，也就造成了普陀山僧人日常生活中明显的海岛痕迹。

第四，普陀山佛教形成了基于其海岛特征的自然和人文内涵。在中国大部分寺志的"形胜"或"胜景"之中，大都是记塔、阁、榭、亭、池、荷、洞、泉、涧之类，而普陀山的人文自然风光却有着海洋的特色，而这些自然景观又因被佛教所滋养，因而具有丰富的人文内涵。

在几种普陀山志中，记载了许多普陀山的佛教胜景。其具有海洋特色的即如：沙（金沙、千步沙、塔前沙）、隩（飞前隩、梵隩、雨华隩、吉祥隩、虦虎隩）、湾（龙湾、司基湾、幽静湾、青石湾、梅湾）。②另外，如作为海洋一部分的莲花洋、海中的新罗礁和善财礁（磐石礁）等，都是充满着佛教文化滋养的海洋风光。③这也是中国传统佛寺志中的独特存在，具有文化的特殊性和差异性。

一些文人的游山诗也都把本地的佛教与大海、把观音与岛屿等联系起来，做到物与情、景与法的高度统一。这在内地佛教中也是不可能出现的。如刘尚志《登补陀》即有"欲问如来休何处，宝轮空里海涛深"句。④虽然内地的禅师在开示中也会讲到大海、讲到海与沤，但那不过是一种基于知识和佛经的地理想象，因为他们中的很多人可能从来未曾见过真正的大海，更无海洋生活或岛屿弘法的真实经历。

（三）普陀山佛教是地理边缘性和思想中心性的统一

太虚法师曾说过，依许多经典所言，普陀山大都在南海中。现在世界上观音菩萨最大的道场传有三个：一个在南印度海滨，一个在浙江定海，一个在西藏。⑤定海的普陀山所处的地理位置有着自己的特色：一是远离中华文明的核心区域，处于自然地理和文化地理的边缘；二是有着不同于中华农业文明的生产方式和民俗文化；三是其有着地理的相对独立和隔绝，这与内地的高山峻岭是有区别的——虽然山林人烟稀少、难以涉入，但其地理存在并不孤立。普陀山的这种地理非中心性也就决定了其生产方式辐射性的局限性，所以虽然本地早期即形成了一定的佛教信仰和群体，但其佛教信仰和文化的辐射性也是有限的，尤其是对大陆地区佛教而言更是如此。这就进一步决定了本地早期佛教地理的非中心性和边缘性。

---

① 王亨彦：《普陀洛迦新志》卷二《形胜》，杜洁祥主编：《中国佛寺史志汇刊》第一辑，第10册，第121—122页。
② 王亨彦：《普陀洛迦新志》卷二《形胜》，杜洁祥主编：《中国佛寺史志汇刊》第一辑，第10册，第115—118页。
③ 王亨彦：《普陀洛迦新志》卷二《形胜》，杜洁祥主编：《中国佛寺史志汇刊》第一辑，第10册，第129页。
④ 王亨彦：《普陀洛迦新志》卷二《形胜·屠隆记》，杜洁祥主编：《中国佛寺史志汇刊》第一辑，第10册，第133页。
⑤ 太虚：《在东普陀同成了观音菩萨（二十四年十二月在香港荃湾东普陀讲）》，《太虚大师全书》卷二七，北京：宗教文化出版社、全国图书馆文献缩微复制中心，2005年，第11页。

当然，这种影响并不是单向的、一维的，其中有着大陆和海洋文明间的相互影响，有着大陆佛教圣地、名山、名寺和名僧与之产生的法脉深度交融及其思想互动。

（四）普陀山佛教具有大众信仰的实践性

与黄河和长江流域的一些名山、名寺不同，普陀山佛教不是以其对佛教义理的诠释和创新、以宗派创建和传承为其特色的，而其在中国佛教中的最大创造性贡献即是其信仰的大众性和思想的实践性。尤其随着观音信仰的突出，其大众性和实践性也得到进一步强化。

因此，普陀山佛教的重要特点即是其现实性特色。这有两个主要表现：一者，普陀山佛教所代表的观音信仰关注的是人生的现实性诉求、精神与物质的功利性满足，关注的是人生的当下性与即时性。这与阿弥陀佛信仰和地藏菩萨信仰有所不同，因为后两者信仰往往重视的是未来，是身后。二者，早期的普陀山佛教不重在对经教的注疏与知识创造，这与内地佛教中心或大师重在对经论进行深入研读和注疏也有所不同。

在此意义上，如果说内地大陆佛教提供了佛教的文化内涵和学术形态，那么普陀山佛教则提供了佛教中国化的社会信仰和生活形态，并使这种信仰成为社会上具有普遍意义的大众信仰。换言之，研究地论、唯识者，社会上没有几个人能够理解，这也不是大众学佛信佛者所必需的，而大慈大悲的观音菩萨信仰，则是没有不懂的，没有不需要的，也没有任何人对其会有微词的。对观音内涵的理解与信仰，也不会引起来自任何群体的、任何学理或实践的争议，即使宋明及以后一些对佛教颇有非议的儒家学人，也基本没有对观音形象有过不敬之辞。

作为上述观点的一种证据，在唐代之前，本地没有产生重要的佛教经典注疏或思想创新著作。事实上，重要住持或僧人的法语、序跋、诗文、唱和等历来都是寺志、山志中的重要组成部分，但在现存的几种普陀山的山志之中，虽然收入一些对于形胜、诗文等的记述，但其中的僧人法语等却是单薄的——这尤其在明、清两种山志中的表现更为明显，有着重要撰述的僧人也是不多的，在中国佛教史上具有重要地位的著作也没有在本地出现，或因留存不多而难以显现其思想价值。当然，如果仅以此为唯一标准或要求来评价早期发展阶段的普陀山佛教，也是不合适的。

三、普陀山佛教的观音化

虽然在佛教传入之前，群岛上当然会有一些原始宗教信仰或简单活动，但从时间上说，具有主体性质的普陀山佛教进入中国佛教史则相对较晚。造成这种现象的主要原因即是其地理位置远离华夏文明中心区域，其生产和生活方式也迥异于大陆地区。普陀山对中国佛教的最大贡献、在佛教中国化过程中的重要成就，即是观音信仰在本地的凸显，并随之辐射至整个大陆地区。

（一）地名的观音化

作为一种文化，佛教的传入当然会使本地文化受到佛教的影响，人文风物也会有着佛教的痕迹。其重要表现即是其地名的佛教化。

在中国大陆的广大地区，不少地方都存在着来自佛教经典或梵僧、梵文的地名、山名、寺名或僧名等。但在所有类似的名称之中，"普陀洛迦山"之名却是最富盛名、最有内涵和最具天竺化特征的一个，它不仅是将一个地名的佛教化，更是将一种地方性精神加以佛教化，将一种文化形态进行佛教化，并最终使之成为一种地方性知识的符号，而存在于中国社会文化和知识形态之中。

普陀山在定海之东，距其百余里，孤峙海中。普陀山地名的佛教化，一般认为来自《华严经》。经中记，善度城鞞瑟胝罗居士指示善财童子云："善男子，于此南方有山名补怛洛迦，彼有菩萨名观自在。汝诣彼问：菩萨云何学菩萨行、修菩萨道？即说颂曰：海上有山多圣贤，众宝所成极清净，华果树林皆遍满，泉流池沼悉具足。勇猛丈夫观自在，为利众生住此山。汝应往问诸功德，彼当示汝大方便。"[1]此说即被认为是观自在菩萨显应之缘起："普陀为观自在菩萨道场，见之佛经者，彰彰如是。震旦僻绝之地，赖有龙宫秘笈、西域梵典，得以显著于世。乃知十方圆明，莫非佛所显化。安得谓梵宫金地只在祇园舍卫间也！"[2]

普陀山在大海中，"去鄞城东南水道六百里，即《华严》所谓南海岸孤绝处。有山名补怛落迦，观音菩萨住其中也，即《大悲经》所谓补陀落迦山观世音宫殿，是为对释迦佛说大悲心印之所"。[3]

地名的天竺化，提高了普陀山的神圣性。事实上，在中国的佛教文献和一些寺院及其景致之中，附以南海地名或天竺意象者并不罕见，但普陀山地名的南海化，更增加了本地佛教的神圣性、信仰内涵的丰富性和思想的可再加工性。如说："普陀洛迦山，在浙江定海县治东百里许海中。为《华严经》善财第二十八参观世音菩萨说法处。"[4]这种现象，在中国佛教史中虽然不是唯一的，但也不是普遍的。在此意义上，只有清凉山可以与之相提并论。但清凉山之名在文字上却是中国化的，而普陀洛迦山却是梵文化的。

通过建立经典的基础，本山的感召力和神圣性得以提升。这样，通过这种对经典依

---

[1] （唐）实叉难陀译：《大方广佛华严经》卷六八，《大正藏》第10册，第366页下。
[2] （明）周应宾纂辑：《重修普陀山志》卷二《灵异》，杜洁祥主编：《中国佛寺史志汇刊》第一辑，第9册，第172页。
[3] （宋）志磐：《佛祖统纪》卷四二，《大正藏》第49册，第388页中。
[4] 王亨彦：《普陀洛迦新志》卷二《普陀洛迦山》，杜洁祥主编：《中国佛寺史志汇刊》第一辑，第10册，第81页。

据的建立，既表达了人们对海洋的向往，也自然使普陀山被赋予了一种佛光普照的现实主义品质。

（二）信仰形象的观音化

任何宗教信仰都可以分为信仰符号、信仰精神、信仰理论和信仰实践四个层面，但此四者在不同的区域都会有着不同的表现形式。对于普陀山佛教而言，其信仰的符号即是观音菩萨，或者说，观音菩萨即是普陀山的符号。普陀山的观音化是佛教普陀山化的重要标志，也使本地从地理孤岛变成信仰的中心、大众的旗帜，具有了思想中心性的存在。换言之，来自中原的佛教经过普陀山的地方性培育之后，形成了强大的观音信仰，并由之而广布中国大陆及周边地区。

普陀山佛教的观音化内涵从唐代初年即已经出现了。

初唐诗人王勃（650—676）的《观音大士神歌赞》中即有"南海海深幽绝处，碧绀嵯峨连水府，号名七宝恪迦山，自在观音于彼住"①之句。但是也有人怀疑本诗可能是托名之作。

另外，也有很多人往往把唐宣宗时有梵僧在潮音洞前的燔十指作为本地观音信仰的开始。但事实上，这种将普陀山和观音菩萨建立联系的现象在唐文宗时即已出现。据明代《重修普陀山志》："唐文宗嗜蛤蜊，东南沿海频年入贡，民不胜苦。一日御馔蛤蜊，有擘不开者，扣之乃张，中有观音梵相。文宗愕然，命贮以饰金檀香盒。后问惟正禅师，师曰：'物无虚应，乃启陛下信心，以节用爱人耳。'因诏天下寺院各立观音像，则洛迦所从来矣。"②唐文宗，即李昂，827—840在位。至于梵僧燔指之事，则发生于其后的唐宣宗李忱（847—859在位）的大中年间，"大中元年（847），有梵僧来潮音洞前燔十指，指尽，亲见大士说法，授以七宝石"。③

当然不能排除这些说法是其后作文者的加工，或来自民间传说，但也可大致反映普陀山观音信仰形成的某些历史痕迹。

据明代云间（今上海松江一带）侯继高《游补陀洛迦山记》所记："补陀洛迦山，在海岸孤绝之地，为观音大士说法道场。自唐以来，崇奉恐后。"④《游补陀洛迦山记》作于明万历十六年（1588），从文中可见当时补陀洛迦之胜，及其在士人心中的地位。

《重修普陀山志》卷二说，五代梁贞明二年（916），日本僧慧锷奉五台山观音像至，

---

① 陈尚君辑校：《全唐诗补编·续拾》卷四，北京：中华书局，1992年，第685页。
② （明）周应宾纂辑：《重修普陀山志》卷二《灵异》，杜洁祥主编：《中国佛寺史志汇刊》第一辑，第9册，第143—144页。
③ （明）周应宾纂辑：《重修普陀山志》卷二《灵异》，杜洁祥主编：《中国佛寺史志汇刊》第一辑，第9册，第144页。
④ 王亨彦：《普陀洛迦新志》卷二《形胜·附录·侯继高游补陀记》，杜洁祥主编：《中国佛寺史志汇刊》第一辑，第10册，第130页。

有居民张氏舍宅为院于双峰山下,号为"不肯去观音院"。因慧锷首创观音院,因此被称为第一代,并被赞为:"亲从五台来,欲向日本去。普门名号遍十方,何必绘像图归计?忽然舟不行,菩萨应无住。听其止而休,此货已成滞。一山名胜待师开,天下群瞻两足地。"① 此为在社会大众中最具影响力和传奇性的传说,可能也是最被大众认可的普陀山观音化的肇始。

南宋时志磐对此更是进行了细致的描写:唐宣宗大中十二年(858),有日本国沙门慧锷,礼五台山得观音像后,假道四明而将归国。"舟过补陀山附着石上不得进。众疑惧,祷之曰:'若尊像于海东机缘未熟,请留此山。'舟即浮动。锷哀慕不能去,乃结庐海上以奉之。……鄞人闻之,请其像归,安开元寺(今人或称五台寺,又称不肯去观音)。其后有异僧,持嘉木至寺,仿其制刻之。扃户施功,弥月成像,忽失僧所在,乃迎至补陀山。山在大海中,去鄞城东南水道六百里,即《华严》所谓'南海岸孤绝处,有山名补怛落迦,观音菩萨住其中'也。即《大悲经》所谓'补陀落迦山,观世音宫殿',是为对释迦佛说大悲心印之所。"② 显然,此说的传奇性、不断加工性是显而易见的。

宋代是普陀山佛教观音化的重要阶段,这是因观音神迹而得世人重视的。宋神宗元丰三年(1080),内殿承旨王舜封使三韩,"陡遇风涛,大龟负舟,危甚。舜封惶怖,望洞叩祷。忽睹金色晃耀,大士现满月相,珠璎灿然,出自岩洞,龟没舟行"③。后王舜封请改建殿宇,赐额"宝陀观音寺",许岁度僧一人。④ 这可谓是普陀山观音化的正式标志,反映了普陀山的观音化信仰此时已经影响到庙堂之士。

一旦观音菩萨形象得到社会的接受,并深入社会心理之中,其社会作用便得以显现。到了明代,又为敕建护国永寿普陀寺,⑤ 普陀山的观音信仰已经扬名于华夏了。如说:"震旦国中,三大道场,西峨眉以普贤,北五台以文殊,而我东海补陀以观世音。西北距佛国不远,道法渐摩,近而且易。东海僻在深阻,声迹荒遐。众生沉沦,熏染五浊,如来重愍之。兹观世音开化补陀,津梁娑竭,良有以也。峨眉、五台,深峭雄拔,秀甲神州,而补陀独立大瀛海中孤绝处,尤为奇特。善信航海朝谒大士,肩骈趾错。无论中华,即天竺僧亦往往单瓢只履,间关而至,殆无虚日。"⑥ 到了清康熙之时,"盖朝廷暨亲王皆知普陀为大士道场"。⑦

---

① (清)秦耀:《重修南海普陀山志》卷八《禅德》,《中国历代观音文献集成》(九),第552页。
② (宋)志磐:《佛祖统纪》卷四二,《大正藏》第49册,第388页中。
③ 王亨彦:《普陀洛迦新志》卷三《灵异》,杜洁祥主编:《中国佛寺史志汇刊》第一辑,第10册,第174—175页。
④ (清)秦耀:《重修南海普陀山志》卷二,《中国历代观音文献集成》(九),第428页。
⑤ (清)高士奇:《大圆通殿记》,王亨彦:《普陀洛迦新志》卷五《梵刹》,杜洁祥主编:《中国佛寺史志汇刊》第一辑,第10册,第246页。
⑥ 王亨彦:《普陀洛迦新志》卷十二《序录·侯志屠隆序》,杜洁祥主编:《中国佛寺史志汇刊》第一辑,第10册,第595—596页。
⑦ 王亨彦:《普陀洛迦新志》卷六《禅德·普济·性统智祖禅碑记》,杜洁祥主编:《中国佛寺史志汇刊》第一辑,第10册,第375页。

群体心理而言，受大众广泛接受的东西并不是因为它是真实的或者是得到确证的，而是那些能够满足人们的心理、情感或者信仰需求的。因此，不肯去观音即有着丰富的可不断进行再阐释的内涵，不论是从因缘功德还是从家国情怀等角度，都可以从不同角度加以不断诠释。这即是："人人在观音道场中，人人具足观音功德，大家当体是观音菩萨的化身，所谓'幻化空身即法身'。如此念念相应，继续不断，则于观音功德，一得永得，入不退转；入不退转，利乐无穷！"[①] 如是，观音菩萨的大慈大悲更具有了信仰的世间化、个体化和灵验化内涵，这为观音信仰的广泛传播奠定了坚实的情感依赖和心理认同基础。

（三）观音信仰是佛教中国化过程中大众化实践的集中表现

如果把佛教分为精英佛教（这主要表现在对佛教的知识性、学术性创造）和大众佛教（这主要表现在社会信仰及其实践），那么或许可以说普陀山佛教是大众佛教的代表，并深刻地影响着社会精英阶层。历史上，在由佛教所建构出的民间信仰之中，观音信仰既是其中最生动、最受欢迎的，也是影响最大的一种信仰形态，"观音"也成为中国大众佛教的核心。其中，普陀山佛教的观音形象起到了重要的作用，是中国大众佛教观音化的重要基础和主要表现形式。

其一，观音信仰的简易性能够适应海岛生活的单一性和风险的不可预测性。与一望无垠的平原、草原和沙漠地区相比，与平淡无奇的黄土地上的经验式农业生产相比，海洋气候气象具有不可预测性，海洋生产具有不可依赖性，海岛生产活动也具有较高的危险性，海岛生活资料也具有相对单一性。因此，海洋文明的生存条件更为恶劣，海洋居民遇到的挑战更不可预测，未来的生活更不可预料，所以佛教必须而且只有与之相适应，能够从信仰和心理上解决此类问题，才能够成为人们的精神支柱，才能获得其社会存在的大众心理支持。而纯粹的佛理探讨与三藏注疏不仅显得不重要，而且也没有迫切性，更没有稳定知识群体的支持与砥砺。

其二，观音信仰的学修实践具有陆地难以相比的挑战性和功德性。由于普陀山在大海之中，任何的参学、朝山、供养都必须千辛万苦，舟车劳顿，这更能考验出参学、朝山者的真诚和信念，也能锻炼朝山者的意志，所以在宗教实践上具有重要的意义。这比平原上任何行为都具有挑战性。

其三，海岛环境为观音信仰的培育和实践提供了社会政治的安全性。由于普陀山的寺院远离中原核心文化区，历来受到战争破坏较小，从而使寺院的法脉、建筑得以保存，并最终后起而居上。如中原地区的邺城等地佛教虽然在南北朝隋唐时十分繁荣，但

---

① 太虚：《在东普陀同成了观音菩萨（二十四年十二月在香港荃湾东普陀讲）》，《太虚大师全书》二七，第12—13页。

由于社会动荡，佛教传承迅速中断，其地位与作用也迅速衰落。北宋之后，经过不断地动乱冲击，作为一种主体的邺城佛教终于消失于历史的长河之中。而海岛地区即可避免这种风险和冲击。

其四，交通节点的形成正是基于对观音护佑的心理依赖性。随着普陀山的不断开发，其在中原王朝政治实践中的重要性也逐渐得以增强，甚至起到了与东北亚地区交流的海路要冲的作用。之所以是要冲，是因为这是一条从浙东海岸出发，经普陀山到琉球再到日本列岛的一条海上商贸路线。宋神宗熙宁六年（1073）七月，舟山从鄞县析出，置昌国县，其意即是"东控日本，北接登莱，南连瓯闽，西通吴会，实海中之巨障，足以昌壮国势焉"①。宋神宗元丰三年，内殿承旨王舜封使三韩洎还，以事上闻，"自是海东诸夷，如三韩、日本、扶桑、阿黎、占城、渤海数百国，雄商巨舶，由此取道放洋。凡遇风波寇盗，望山归命，即得消散"②。在此意义上，交通的特殊需要也是普陀山佛教繁荣及其信仰扩散的重要基础。相对于黄河流域而言，虽然普陀山处于地理的边缘，但却客观上成为东部海域对外交流的重要节点。这有点类似于魏晋时期的西北凉州，浩瀚大海中的星星之岛与茫茫戈壁中的一片绿洲，对交通而言其重要意义是不言而喻的。如山志中说："洛迦山，海中悬岛，在普陀洛迦山东南。凡朝山礼佛者，必兼谒是山。……其下为洛迦门，舟楫之往闽广外洋者，必经此。"③但是，显而易见的是，远洋而出者之所以必经此处，其根本原因可能并不仅仅是因为航道或技术的原因，而是因为途经此处，能够求得观音菩萨的护佑。换言之，与其说这是出洋者的必经之处，不如说是此是海上丝路的心灵慰藉之处，获得信念之处。这也是普陀山式的海上丝路与陆上丝路及其他海路交通最大的不同之处——不是基于技术，而是因为信仰需要和心理需求。

（四）普陀山从边缘到中心的蜕变

普陀山佛教来自大陆地区，但是经过本地的文化滋养，普陀山佛教有了新的形态和内容，这即是观音菩萨信仰。正是观音菩萨信仰的出现，使本地佛教具有了强大的信仰辐射性和文化溢出性，而得以超越地理的非中心性而具有了信仰的中心性；普陀山佛教的角色和精神也实现了从海洋向大陆的辐射，从非农业区向农业区的扩散。在此基础上，完成了从边缘而至中心的蜕变，实现了其区域文明辐射的有限性与观音信仰辐射的广泛性的统一。至少到了明代，普陀山事实上已经具有信仰的中心角色。换言之，虽然本地观音信仰形成不算太早，但却很快形成了一种强大的信仰影响力及在此基础上的文化辐

---

① 《浙江通志》编纂委员会编：《浙江通志》卷二（大事记），杭州：浙江人民出版社，2019年，第108页。
② 王亨彦：《普陀洛迦新志》卷三《灵异》，杜洁祥主编：《中国佛寺史志汇刊》第一辑，第10册，第174—175页。
③ 王亨彦：《普陀洛迦新志》卷二《形胜·附录》，杜洁祥主编：《中国佛寺史志汇刊》第一辑，第10册，第127—128页。

射力。"普陀为佛教第一名山，亦为国民崇信佛教之第一胜地。"[①]

在中国，除了南海普陀山大道场之外，其他如海宁、厦门、芜湖、无锡等处也都有小普陀道场。这是因为"菩萨随悲愿的应化，恰如忉利天帝的因陀罗网之重重无尽"，所以"观音菩萨的报身，虽在西方极乐世界做补处大士，而他的法身是遍一切处，同时，他的化身也是遍一切处"[②]。正因为普陀山佛教的这种样板性和参照性，普陀山观音信仰的形成也就具有一定的模式意义。除去三大观音道场之外，与观音信仰有关的小道场也散见于世界各国，出现了各种形态的普陀文化或观音文化现象。

（五）普陀山佛教的传奇性

不论是在中国佛教的学术层面还是信仰层面，观音菩萨的灵验都是广受重视的，"观音灵验"是观音信仰实践的根本目的，"观音灵验记"也是佛教信仰中的一个重要知识领域。正因为如此，中国民间社会中的灵验故事，大都与观音及观音信仰有关。传说、传奇、灵验和神通也是普陀山佛教的重要社会性文化符号，并在一定程度上影响到中国的社会民俗、民间信仰、大众心理和市井生活。

事实上，传奇及以之为代表的神异、灵验和神通，是任何一种宗教的基本元素。在中国佛教之中，许多名山、名寺或名僧都具有一种或多种传奇内涵或神通传说。但普陀山的传奇色彩，却与他们不一致。这至少有两个方面的表现：一者，普陀山观音化形成的传奇性，这即是围绕"不肯去菩萨"而产生的民间传说及其知识化加工；二者是观音信仰的灵验性，这反映在后世民间传说、民俗或艺术作品之中，有着艺术再创造性。

很多时候，这种灵异已经不限于观音自身。可以说，普陀山的一草一木都曾被赋予了不可思议的灵验力量。如据《草庵录》所记，普陀山有潮音洞，"海潮吞吐，昼夜砰訇。洞前石桥，瞻礼者至此恳祷，或见大士宴坐，或见善财俯仰将迎，或但见碧玉净瓶，或唯见频伽飞舞。去洞六七里，有大兰若，是为海东诸国朝觐商贾往来。致敬投诚，莫不获济"。[③] 时至今日，与普陀山有关的天文气象变化，都可能被民间理解成某种神异之兆。

记载僧人或佛像的灵异或祥瑞，是寺志、山志或僧志中常见的内容。由于普陀山佛教不是以经论注疏见长，而是以灵异和感应为其基本特征，因此几种普陀山志都对此加以凸显。民国《普陀洛迦新志》卷三《灵异》引旧志"不肯去旧像，屡著神异"，

---

① 太虚：《普陀山为德侨收容所之反对（七年春在普陀作）》，《太虚大师全书》卷一九，第157页。
② 太虚：《在东普陀同成了观音菩萨（二十四年十二月在香港荃湾东普陀讲）》，《太虚大师全书》卷二七，第12页。
③ （宋）志磐：《佛祖统纪》卷四二，《大正藏》第49册，第388页中—下。

仅在卷三中，即记录灵异事70件。① 其中，在慧锷之前有4件，除去慧锷之外，另一件出于《华严经》，即是观音菩萨显应普陀山之缘起；其余所记，都是中国之事，即唐文宗食蛤蜊、宣宗时梵僧来山燔指事。② 各代事项数，如下表所示：

表6：民国《普陀洛迦新志》卷三所记的灵异事数

朝肛	唐	五代	宋	元	明	清
灵异事件数	2	1	11	5	19	32
与皇帝或廷臣有关事件数	2		3	4	3	1

由此表可以看出，普陀山观音信仰的灵异之事，在其形象挺立之后则越来越多。当然，这只是见于民国僧志《灵异篇》之中的数量，其他篇章中也会散见出现。而且，在中国社会民间流传的与普陀山观音灵异相关的事项更是不可胜数，流传的范围也非常广泛，内容也非常丰富。

简言之，传统的普陀山佛教是海洋文明与农耕文明相互影响的产物，是中国大陆农业佛教的海洋化创新形态。普陀山佛教是以南海观音为其特色的信仰型佛教而非是学术型佛教和思辨性佛教，是以信仰的实践性为基本内容的大众佛教而非精英佛教。基于其独特的地理环境和经典解读而建构出的"南海观音"，不仅成为中国海洋佛教的代表，更是中国佛教大众实践的代表，既诠释了佛教的慈悲精神，也表达了中国大乘佛教广慈普善的救世情怀。正是因为有普陀山佛教及其所凝炼出的南海观音形象，遥远的普陀山才得以从地理和文化边缘而成为文化的中心和海洋佛教文明的代表，成为佛教文化的扩散型输出中心。在此意义上，普陀山佛教也成为在佛教中国化过程中所形成的诸多区域佛教的典型代表。

参考文献

1. （汉）司马迁：《史记》，北京：中华书局，1982年。
2. （唐）实叉难陀译：《大方广佛华严经》，《大正藏》第10册。
3. （宋）志磐：《佛祖统纪》，《大正藏》第49册。
4. （清）彭定求等编：《全唐诗》，北京：中华书局，1960年。
5. 陈尚君辑校：《全唐诗补编》，北京：中华书局，1992年。
6. 丁福保编：《全汉三国晋南北朝诗》，北京：中华书局，1959年。
7. 杜洁祥主编：《中国佛寺史志汇刊》，台北：明文书局，1980年。
8. 浙江省地方志编纂委员会编著：《宋元浙江方志集成》，杜洁祥：杭州出版社，2009年。

---

① 王亨彦：《普陀洛迦新志》卷三《灵异》，杜洁祥主编：《中国佛寺史志汇刊》第一辑，第10册，第171—206页。
② 王亨彦：《普陀洛迦新志》卷三《灵异》，杜洁祥主编：《中国佛寺史志汇刊》第一辑，第10册，第171—173页。

9.《浙江通志》编纂委员会编:《浙江通志》,杭州:浙江人民出版社,2019年。

10. 太虚:《太虚大师全书》,北京:宗教文化出版社、全国图书馆文献缩微复制中心,2005年。

11. 夏荆山、娄玉田、濮文起等主编:《中国历代观音文献集成》,北京:全国图书馆文献微缩复制中心,1998年。

观音道场的印度渊源及其中国化抉择[①]

李利安 （西北大学玄奘研究院）

【摘要】 在佛教历史上，神圣空间始终是一种重要的信仰元素，特别是作为信仰者与信仰对象之间神圣关系的建构方式之一，激发并维系一种特别的心理体验，对强化佛教信仰、推动佛教修行、凝聚佛教情感、夯实佛教基础、沉淀佛教资源等都起到了重要的作用。作为中国佛教领域最具感召力和信众基础的神圣空间，普陀山既是古代印度普陀落迦山或其他多种类似不同译名的最终简称，也是印度佛教观音驻地在中国的空间转移。从印度佛教关于观音驻地的不同经典记述，到中国人对这些不同记述的理解与整合，再到中国人对观音驻地的文化解读与空间转移，既体现了观音道场作为一种神圣空间元素在观音信仰体系中的重要性在逐渐增长，也体现了中印佛教实力彼此消长背景下中国佛教自主意识的增强和独立体系的形成。作为神圣空间领域佛教中国化的最大成就，观音道场的中国化和普陀山地位的最终确立，堪称中印佛教文化交往的典型案例，也是丝绸之路特别是海上丝绸之路佛教传播的历史结晶。

【关键词】 观音道场　普陀山　神圣空间　佛教中国化

【基金项目】 本文为国家社科基金重大项目"中国佛教方志研究与数据库建设（20&ZD260）"阶段性成果之一。

近年来，学术界对佛教神圣空间问题多有关注。这个问题涉及面很广，如宗教信仰者与信仰对象建构神圣关系的空间平台问题，宗教活动场所神圣元素不断叠加及其相互作用问题，边地意识的转化与本土神圣空间塑成问题，神圣空间的类型及其彼此呼应问题

[①] 本文主要观点和基本材料为笔者以下三次讲演的文字整理与汇集：1.2021年12月参加佛教文化研究所与中国佛教协会人间佛教思想研究基地联合主办的"人间佛教与佛教中国化"为主题的2021年人间佛教思想建设研讨会，作"从丝绸之路文明交往变迁看补怛洛迦山的中国化"的大会发言；2.2022年6月5日在复旦大学佛学系列讲座中所作"从梅岑山到普陀山——中国化观音信仰神圣空间的形成"（上集视频地址：https://www.bilibili.com/video/BV1wW4y1y7uK/?spm_id_from=333.337.search-card.all.click；下集视频地址：https://www.bilibili.com/video/BV1sa411L7zR/?spm_id_from=333.788.recommend_more_video.0）；3.2022年10月22日在香港大学做学术讲座"观音驻地的空间定位及其精神意涵"，特别是在香港大学的这次讲座，成为本文的核心框架和主要思想（讲座视频地址：https://www.youtube.com/watch?v=k4wKVaQF4Do&t=2189s）。

等等。这些问题本质上有很大的差异，但都聚焦于神圣空间这一概念，并在研究对象上呈现出一定的趋同性。将观音道场视为一种神圣空间，将地理意义的空间与宗教意义的神圣结合在一起进行研究，是此类研究在近年来的一个重要转型。以普陀山观音道场为对象的学术研究成果不少[1]，但多聚焦于普陀山观音道场的形成问题[2]，关注普陀山的印度渊源及其向中国的传播，尤其是中国人对这一渊源的理解接受和中国化转型的研究不多。前几年，本人指导的西北大学博士学位论文《汉地观音道场信仰研究——以普陀山为中心》[3]开始关注普陀山作为一种神圣空间的中印转换问题，我们还合作完成了《论古代印度的补怛洛伽山信仰》[4]，对普陀山的印度渊源进行了系统的探究。总体上看，观音道场从印度到中国的转换问题还有很多空白，值得进一步探究，尤其是系统化的梳理与解读。

一、作为神圣空间的观音道场

"道场"这一概念比较复杂，刘震教授有详细的考证。[5]我们这里所说的道场，专指佛菩萨或僧人等各种佛教圣者或具有神圣意义的教职人员主持的佛教弘传与修行的某个特别空间，以及为了保证弘法和修行而在这个空间中所设置的区划、园林、建筑、造像、器具以及其他生活设施。

（一）观音道场的三个维度

观察从古到今的观音道场，我们发现其真实的存在呈现三重维度，也就是有广义、中义和狭义之分，但彼此之间又难舍难分，相互呼应，构成重重叠叠的空间关系和修行实践中的多样化链接，成为一种特有的佛教文化现象。

广义的观音道场，其实至今也没有一个确定而公认的统一概念。笔者认为，凡是任何一种或一个信仰者弘扬或修持任何一种观音法门的任何一个地方，也无论这个地方是否固定，是否专修，人数多寡，以及空间大小和空间属性，均可视为观音道场。依此来看，无论家庭、宾馆、工厂、寺院、田野、山林，只要在某个时刻，在任何一个大小不等的空间中，由某些或某个信仰者进行观音信仰方面的弘法或修行，如讲法、诵经、抄

---

[1] 详见景天星：《普陀山观音道场信仰研究综述（1982—2018）》，《普陀学刊》第9辑，北京：宗教文化出版社，2019年，第213—236页。
[2] 如王连胜：《普陀山观音道场之形成与观音文化东传》，《浙江海洋大学学报》2004年第3期；陈翀的《慧萼东传〈白氏文集〉及普陀洛迦开山考》，《浙江大学学报》2010年第5期；圣凯：《明清佛教"四大名山"信仰的形成》，《宗教学研究》2011年第3期；陈迟：《明清四大佛教名山的形成及寺院历史变迁》，博士学位论文，清华大学，2014年；汪敏倩的《普陀山开山考》，《黑龙江史志》2015年第9期；邹怡的《从道家洞天到观音圣界——中古东亚文化交流背景中的普陀山开基故事》，《史林》2017年第1集。
[3] 景天星：《汉地观音道场信仰研究——以普陀山为中心》，博士学位论文，西北大学，2017年。
[4] 李利安、景天星：《论古代印度的补怛洛伽山信仰》，《人文杂志》2019年第9期。
[5] 刘震：《何谓"道场"》，《复旦学报》（社会科学版）2015年第6期。

经、念咒、观想、礼拜等，这些空间在这些活动举行期间均可视为观音道场，如果这些活动在一定时间内能够保持常规化进行，那这些空间也自然上升为常规化的观音道场。当然，常规总是相对的，观音道场这一概念的定性自然也是相对的。

中义的观音道场则指那些相对固定的观音信仰弘传与修行的空间，如传统的寺院、现代的精舍以及依照传统规范设立的家庭性质的观音佛堂等。它们一般都具有以下特征：第一，将观音菩萨作为信仰的主尊，表现为有观音殿、大悲殿或圆通殿等观音菩萨专门供奉地和礼拜地，并充当着本寺主殿或香火最旺之殿的角色；第二，据文献记载或传说，无论古代还是当代，曾发生过观音菩萨显灵或其他灵验等感应事迹；第三，驻锡此地的僧众和常在此活动的信众绝大多数主修观音法门或将观音法门作为主修之一；第四，形成以观音菩萨为中心的修行仪轨甚至节日或庙会等；第五，作为观音道场在一定范围内获得社会各界尤其是政界、文化界和当地民众的广泛认可。在这种中层意义的观音道场中，根据研究宗旨的需要，自然还可以再做更加详细的分类，如从观音殿是否拥有大殿的位置，是否有观音显灵事迹发生，是否有自创的观音修持方法，是否有观音庙会或其他独特性观音文化民俗，是否得到皇权不同形式的认可，以及从社会认同与社会影响的地域范围和道场规模，以及寺院的规模、信众的多少、空间辐射面的大小等等，均可作为进一步分类分级的要素。

随着中国佛教发展的转型，隋唐时期已经出现的观音随处显化信仰，在宋元以后的中国大地上形成"千处祈求千处应"的增长态势，大量观音道场涌现出来，在以信仰对象为主尊的佛教寺院中，除了具有教主身份和普遍象征意义的释迦牟尼佛之外，主供观音的道场成为数量最大的一类。

本文所要探讨的观音道场则是狭义的观音道场，即专指由印度佛教经典中所说的观音驻地演化而来的观音道场，因为观音在自己独有的驻地内与其他人物特别是与众生发生的传法与修行关系从而为后世民众所向往，并被现实社会的各界力量共同认定为观音所在之地，由此形成一种有别于广义、中义观音道场的一种独领风骚的观音道场。在佛教史上，尤其是在中国佛教史上，观音驻地尽管有不同的记载，但最终指向同一个地方，并在空间位置上发生了中印之间的转移，形成中国化的普陀山信仰。

（二）观音道场在佛教神圣空间中的定位

观音道场是佛教神圣空间的一个重要类型，而神圣空间信仰又是佛教信仰形态之一，与神圣的生命个体信仰、神圣的教理教法信仰一起，成为佛教信仰三大类型之一。[①]

[①] 从神圣生命角度看，有佛信仰、菩萨信仰、罗汉信仰、天神信仰、圣僧（祖师）信仰、饿鬼信仰等；从神圣教法的角度看，有涅槃信仰、经典信仰、因果信仰、业力信仰、轮回信仰、密法信仰（咒语、手印）、觉悟信仰、圣号信仰等；从神圣空间角度看，有净土信仰、地狱信仰、天界信仰、圣地信仰、圣山信仰等。观音道场则属于圣山信仰。

广义的佛教神圣空间，当然包括佛教信仰中一切具有超理性特质的空间，其中既包括信仰中存在的空间，也包括被赋予神圣意义的现实空间。在佛教的信仰中，无论早期佛教所讲的以须弥山为中心的世界，以及众生轮回转生的三界六道生存空间中具有超人间性的空间，如地狱与天界，还是大乘佛教所信仰的十方佛国净土，或信仰中某些菩萨的特别弘法与修行之地，都是信仰中的神圣空间，或为超人间性的生命个体存在的地方，或为不同时空中的超人间世界。其中三界六道是未获得解脱的生命轮回转生之地，从今天的学术视野来看，三界六道中超越理性部分的生命存在空间，如由多个层级构成的天界，如被视为净土的兜率天，便属于神圣空间；而十方净土则是诸佛世界，其中西方净土和东方净土为中国人所普遍信仰，这都属于信仰中的神圣空间。

狭义的神圣空间则专指在现实世界中形成的神圣空间。大致经历了几个发展阶段，最初的佛教神圣空间主要是佛陀一生中的几个节点性事件发生地，比较重要的是佛诞生地、佛成道地、佛初转法轮地、佛涅槃地，以及佛陀说法地，比较重要的如祇园精舍、竹林精舍、灵鹫山等。这些空间因为与佛陀的直接相关而在佛在世时就已经具有神圣的意义，而在佛陀涅槃之后，随着弟子对佛陀的怀念而更具朝拜的价值。到了阿育王时代，因为阿育王对佛教的虔诚信仰，他以国家的力量，在诸多高僧的支持和协助下，对佛陀遗迹进行了一次大规模的也是非常系统全面的勘定，并以建立佛塔与竖立石柱等方式进行了明确的认定和赞扬，表达了阿育王对这些佛教神圣空间的信仰心理。与此同时，佛陀核心弟子的遗迹以及一些具有传说性质的罗汉遗迹，还有随着多佛信仰的流传而出现的古佛遗迹，也相继涌现出来，佛教神圣空间的内涵与外延均获得突破性发展。到大乘佛教兴起后，又涌现出大量菩萨的圣迹，特别是菩萨的驻地，如文殊菩萨的驻地清凉山，逐渐被指向中国雁北的五台山，特别是在中国，唐以后陆续形成普贤菩萨、地藏菩萨修行之地的神圣空间信仰。总体上观看，现实中的佛教神圣空间经历了从中印度到整个南亚次大陆并逐渐进入中国的地域扩展过程，佛教神圣空间的类型日渐丰富，内涵也不断变革，特别是传入中国后，又与中国固有文化相结合，形成中国化的佛教神圣空间信仰。

从神圣空间的地形地貌类型来看，早期的佛陀圣地，除了灵鹫山以及传说中的其他非现实空间外，现实中的神圣空间主要分布在平原地区，从人文地理的角度看，则主要在政治经济文化中心城市附近的郊区。从山区作为神圣空间的历程来看，佛教一直存在山林兰若修行现象，部派佛教时期很多教派的高僧就生活于山间，大乘佛教中观学派创始人龙树曾长期驻锡吉祥山、黑峰山等地，瑜伽行派创始人无著早期也曾经在山中修行十多年。到了7世纪以后的密教时期，山的神圣性日益明显，并开始出现某种形式的朝山现象。总体上看，佛教的山信仰在印度并不明显，源于佛陀说法的灵山信仰更多是因为禅宗传法谱系建构的需要而烘托出来的，同时又在后世被禅宗破相修法所消解，所谓

"灵山就在汝心头",作为外在神圣空间的灵山被内化于精神之中的灵山所取代。

佛教的神圣空间,无论在印度还是在中国,无论佛陀说法之地,还是菩萨驻锡之地,乃至其他任何类型的神圣空间,其存在和延续,首先必然是一种地理空间的形成和演变,而地理空间无论从自然地理意义还是人文地理意义来看,必然是多重地理空间和多重人文空间的叠加式组合,似乎并不存在一种单一的地理空间结构。首先,各种自然元素,如海陆分布、不同地形之间的必出呼应、不同生态支撑的不同地貌之间的彼此链接等均使这种地理空间形成多重空间的整体组合,而从人文地理空间角度来看,功能分区以及由此形成的院落格局与不同殿堂的空间配置,更能使一个神圣空间呈现出多重叠加的空间组合态势。而这种空间组合所支撑的,必然又是多重神圣空间结构,特别是信众与信仰对象之间、主尊与其他神灵之间、礼拜与个体修行之间、宗教信仰与生活之间等,均能体现出一个神圣空间的多重空间彼此交织互容的特征。在这种多重交织的空间格局的背后,隐藏着的必然是信仰者与佛菩萨之间的关系,于是,从地理空间到人文空间,从人文空间再到神圣空间,从空间关系到人神关系,神圣空间的真实意涵便在这种意趣的重叠交织中清晰地体现出来。

在所有宗教信仰领域,信仰者和信仰对象的关系始终是宗教文化的一个主线。这种关系的维系,在不同宗教那里会有不同的侧重,但几乎都难以拒绝神圣空间在其中的重要作用。佛教被宗教学界称之为一种多神信仰的宗教,神圣空间也必然是多种多样的;佛教又被视为一种人神合一宗教,所以其神圣空间所架构的人神关系必然也是圆融会通的;佛教的人神关系从神圣体验的角度多以感应这种方式展现出来,所以,佛教神圣空间也必然是佛教感应信仰的重要平台。借助这样的空间,佛教在众生与佛菩萨等圣者之间建构起一种神圣的对接,这种对接,如同借助舍利、遗物、法轮、经典、造像、圣号、咒语等中介所建构的人神感应关系一样,本质上是信仰者与信仰对象之间的沟通,并在这种貌似零距离的沟通中完成信仰者各自不同的宗教体验,以实现他们的宗教信仰诉求。由此聚集,由此拓展,由此升华,神圣空间所激发并沉淀下来的,便是一个神圣的精神世界。

观音道场作为佛教神圣空间的一类,在各个方面体现了佛教神圣空间的内涵与特性,特别是在中国,更成为中国佛教神圣空间的典型。所以,观音道场无论是广义的还是中义的,特别是狭义的,都是观音信仰者和观音菩萨之间神圣关系的纽带,并以这种纽带的角色而成为观音信仰传播与发展的空间基地,在观音文化的不断建构与信仰力量的不断凝聚中,形成地理空间的辐射和精神的感召。这种神圣空间的存在,是有别于古代印度的一种中国化的观音信仰形态,追溯其印度渊源,我们便可以看出这种神圣空间信仰所蕴含的中国化历史进程与巨大成就。

(三) 从观音驻地信息到观音道场信仰

如上所述，狭义的观音道场是由印度佛教观音驻地信仰转化而来的。从佛教信仰的角度看，观音在这个世界的驻地，既是观音菩萨从遥远的过去穿越时空后的倒驾慈航，也是观音菩萨从十万亿国土之外的彼岸世界的慈悲莅临，更是无形无相的法性之身的方便显化，并在这个世界的某个特定地理空间驻锡，将原本时空遥远、微妙难寻的观音菩萨借助一个地点而得以安顿起来。从神圣空间的角度来看，人类在理性时空中的当下观察与现世需求，必然将突破理性时空的信仰对象和宗教诉求再拉回现实之中，从而使虚无缥缈的信仰对象与具体实在的人类生活特别是人类问题建立起明晰的需求与供给的关系，使自己的信仰有迹可循，有路可走，有望可见。观音菩萨在这个世界的驻地的出现，其实就是这种信仰轨迹驱动的必然结果。

观音菩萨的驻地首先是一个特有的安住空间，在这个空间之内，观音无论自己修行，还是与佛陀、善财及其他民众的相见；无论是听佛说法，还是得到佛陀的恩准自己来说法，亦或是给善财开示，或救度抚慰民众，都是由观音直接参与并以观音为主角的佛教圣事。所以，作为这些神圣活动的地理空间，自然会在信众心目中上升为一种神圣空间。但我们借助极其有限的佛教经典所传达的信息，已经很难看到这些神圣空间作为实体平台所建构的现实世界中的普通民众与观音菩萨之间的关系。而只有这种关系的维系与展开，这样的神圣空间才能在现实的信仰生活中获得观音道场的真正意义。

观音驻地信仰在印度的兴起较晚，影响面很小，发挥的作用不大，尽管后期密教时期有过一定范围内的朝拜活动，但从始至终都远不能与蓝毗尼、菩提伽耶、鹿野苑、拘尸那迦、灵鹫山、竹林精舍、祇园精舍等佛陀圣地相比。加之印度是有佛示现的地方，而佛教史的早期阶段均无观音的出现，佛教的信仰对象始终以佛陀为绝对的中心。大乘佛教出现后，早期佛教也一直拥有雄厚实力，何况大乘佛教的两大派系，中观系和瑜伽行系，其主要崇拜对象更多在文殊和弥勒方面，所以观音信仰在印度的传播其实一直受到限制。在南传佛教地区，早期大小乘佛教并行，观音信仰也在斯里兰卡和东南亚地区有广泛的流行，并形成自己的观音道场，但后来几乎全面转向上座部佛教，观音信仰也随着大乘佛教的消退而逐渐消失。

从汉文资料来看，印度历史上形成三种不同的观音驻地信息，经过近三百多年，相继传入中国，很快实现了会三归一的合流，并在最终合流后的单一性观音驻地信息流传约三百年后，又开启了从印度到中国的空间转化过程，再经过大约三百年，终于在宋元之际完成了中国观音道场的最终确立，形成了极度兴盛的中国化观音道场信仰，再经过大约三百年，在明代中后期跻身于四大名山系统，形成全国一体的菩萨信仰神圣空间体系。从那时到现在，佛教领域信众最多的神圣空间，可能就是这种由印度观音驻地信息转化而来的观音道场,这种道场信仰在汉地与藏地都是首屈一指的神圣空间,在全球宗教领域也占有极为重要的地位。

二、早期大乘经所记载的观音出现地

从苦难救度的角度来说,观音信仰者关注的是观音的慈悲情怀和威神之力。但从亲近观音的情感角度来说,观音菩萨在哪里,便成为观音信仰者所关心的一个重要问题。当佛教将观音菩萨塑造成一种人格化的神灵的时候,便注定要为众生揭示这个神圣的生命个体所在的具体空间,同时也必然引发信仰者对这个空间的特别情感。

最早诠释观音信仰的《普门品》是目前学术界公认的最早将观音救世情怀与救世力量的信息传递到人间的观音经典,形成人间最早的观音信仰形态。借助这部经典,人们发现观音菩萨出现在佛陀说法的灵鹫山法会现场:"一时,佛住王舍城耆阇崛山中,与大比丘众万二千人俱;……复有学、无学二千人;摩诃波阇波提比丘尼,与眷属六千人俱,罗睺罗母耶输陀罗比丘尼,亦与眷属俱;菩萨摩诃萨八万人,……其名曰:文殊师利菩萨、观世音菩萨、得大势菩萨……如是等菩萨摩诃萨八万人俱。"① 也就是说,在释迦牟尼佛于灵山向人间传递观音情怀与神力的惊天信息的时候,观音就在灵山的现场。特别是在《普门品》所述的这一环节中,佛陀和无尽意同观音之间还在灵山中进行了对话,并留下了场景的具体描写:"无尽意菩萨白佛言:'世尊!我今当供养观世音菩萨。'即解颈众宝珠、璎珞,价值百千两金,而以与之,作是言:'仁者!受此法施珍宝璎珞。'时,观世音菩萨不肯受之。无尽意复白观世音菩萨言:'仁者!愍我等故,受此璎珞。'尔时,佛告观世音菩萨:'当愍此无尽意菩萨及四众,天、龙、夜叉、乾闼婆、阿修罗、迦楼罗、紧那罗、摩睺罗伽、人非人等故,受是璎珞。'实时,观世音菩萨愍诸四众,及于天、龙、人非人等,受其璎珞,分作二分,一分奉释迦牟尼佛,一分奉多宝佛塔。"② 如果《普门品》是最早的观音经典,那么,灵鹫山就是人间最早知道的观音出现于这个世界的地方。但灵鹫山是佛陀说法的地方,观音只是参与法会的八万菩萨之一,所以这并非观音菩萨的专属驻地。根据学术界的研究,那时,观音菩萨以救海难为主,主要出没于印度东南沿海一带。总之,《法华经》时代,经典并未传递出观音专属道场的任何信息。

西方净土信仰在印度的出现也十分久远,经过一段时间的发展演变后,从《阿弥陀经》的观音无影无踪,到《无量寿佛经》观音开始出现在西方极乐世界,虽然也同时承认观音是在这个世界修行证道之后才到了西方净土,但从今天的视角来看,观音在西方

---

① (姚秦)鸠摩罗什译:《妙法莲华经》卷一《序品》,《大正藏》第9册,第1页下—2页上。
② (姚秦)鸠摩罗什译:《妙法莲华经》卷七《观世音菩萨普门品》,《大正藏》第9册,第57页中—下。

净土，作为一种传递给人间的重大信息，从此也被这个世界的很多信仰者所接受。到了《观无量寿佛经》则详尽描写了观音在西方净土的景象，观音所在地在西方这一理念获得广泛的传播。一个佐证便是当时广泛流行并产生深远影响的般若类经典，在最早阶段的《金刚经》类小部头般若经中无观音菩萨的踪影，在随后出现的《小品般若经》[①]中也没有观音的影子，直到《大品般若经》出现后，人们才发现观音菩萨也出现在佛陀的般若法会之中。但这个时候的观音，在般若法会中的地位也仅仅是法会听众的一员而已，其地点也在灵鹫山。关于《大品般若经》和《法华经》的先后，学术界有不同的看法，或许基本属于同一个时代。观音菩萨在这两部经典中的角色，有很大的趋同性。龙树解释《大品般若经》时也特别指出，"观世音菩萨等，从他方佛土来"[②]。可见承认前来灵鹫山出席佛陀般若法会的观音，其所在地为西方净土。以大品经的道理推测，《法华经》中的观音当然也应该来自西方净土。

《授记经》与《请观音经》则明确告诉人们，观音菩萨从西方净土来到娑婆世界。其中《授记经》所记载的是来到了鹿野苑，而《请观音经》所记载的是观音从西方净土来到了毗舍离城。《授记经》中是这样描写的："一时，佛在波罗奈仙人鹿苑中，与大比丘众二万人俱，菩萨万二千，……尔时，观世音及得大势菩萨摩诃萨，与其眷属八千亿众诸菩萨俱，庄严宝台悉皆同等，譬如力士屈伸臂顷，从彼国没，至此世界。时，彼菩萨以神通力，令此世界地平如水，与八十亿菩萨前后围绕，以大功德庄严成就，端严殊特无可为喻，光明遍照娑婆世界。是诸菩萨诣释迦牟尼佛所，头面礼足，右绕七匝，却住一面。"[③]这是第一次详细描述西方净土中的观音来到人间的经典记载，观音菩萨在多重世界中扮演多重救度角色的形象得到权威的认证。

《请观音经》则是这样描写的："一时佛住毗舍离庵罗树园大林精舍重阁讲堂，与千二百五十比丘……尔时世尊告长者言：去此不远正主西方，有佛世尊名无量寿，彼有菩萨名观世音及大势至，恒以大悲怜愍一切，救济苦厄。汝今应当五体投地，向彼作礼，烧香散华，系念数息，令心不散，经十念顷，为众生故，当请彼佛及二菩萨。说是语时，于佛光中，得见西方无量寿佛并二菩萨，如来神力，佛及菩萨俱到此国，往毗舍离住城门阃，佛二菩萨与诸大众放大光明，照毗舍离皆作金色。"[④]这部经对身处西方净土的观音在娑婆世界的救世功能进行了说明，"恒以大悲怜愍一切，救济苦厄"，这在净土经典或非净土经典的观音记述中是罕见的，所以佛陀才会在这个世界遭遇灾难之时劝导灾区

[①] 学术界关于最早出现的般若经，目前还存在不同看法。过去比较流行的观点是八千颂般若是现存最早的般若经。但日本学者中村元以及中国学者吕澂等人均认为《金刚经》才是现在最早的般若类经典。胡海燕和笔者均有进一步的论证，认同吕澂先生的看法。
[②] （姚秦）鸠摩罗什译：《大智度论》卷七，《大正藏》第25册，第111页上。
[③] （刘宋）昙无竭译：《观世音菩萨授记经》，《大正藏》第12册，第353页中—355页中。
[④] （东晋）难提译：《请观世音菩萨消伏毒害陀罗尼咒经》卷一，《大正藏》第20册，第34页中—下。

人民向观音求救。

《授记经》和《请观音经》的描述同时也印证了《法华经》和《摩诃般若波罗蜜经》所记述的观音出现在灵鹫山法华会和般若法会也是以西方菩萨的身份而来参与人间弘法事务的。他们在人间的出现地点，随佛陀说法地而有所不同，没有自己的专属之地。

三、早期华严系统观音驻地信息的输入

观音菩萨在娑婆世界特有的驻地，最初在华严系统的经典中得到体现，并由此逐渐发展出观音道场信仰，成为佛教神圣空间信仰的重要组成部分。

最早涉及观音驻地的汉译华严类经典是《佛说罗摩伽经》，该经中这样描述观音的驻地："于此南方，有孤绝山，名金刚轮庄严高显，彼有菩萨名观世音，住其山顶。……渐渐游行，到彼孤山，步步登陟，念观世音，正念不舍。遥见经行在岩西阿，处处皆有流泉花树，林池清渌，金花香草，柔软鲜洁，皆从菩萨功德所生。至其山顶，见观世音坐于金刚八楞之座，座出光明，严饰无比，与无量菩萨，眷属围绕，而为说法。时观世音，身真金色，手执大悲白宝莲华，说大慈悲经，劝发摄取一切众生，入于普门示现法门。"[①]

这是佛教历史上最早向中国人传达的观音驻地情况。从自然地理空间的角度看，其主要信息有：第一，地理位置在南方。当然，以何处为视角的南方，学术界有争论。有人认为《华严经》形成于中亚一带，所以，这里所说的"南方"不见得是印度的南方。但更多的学者认为叙述观音驻地的《入法界品》是最早在印度形成的，所以，这里的"南方"当然是指印度的南方。第二，观音菩萨的驻地不在城镇，也不在城镇附近的名山如灵鹫山，不在乡间平原，也不在沟谷河川，而在一处远离城市，甚至远离烦嚣世界并具有"孤绝"特征的高山上。菩萨居住在这座山的山顶西侧的山坳里，参拜者需要登山。第三，观音驻地附近有花有草有树木，花如金色，草亦柔软，均新鲜而洁净。第四，山上有泉水，形成流动状态，并汇聚成水池，水池中的水非常清净，一片澄绿。山水一起，构成一副绿水青山的生态景观。

与这种自然生态和谐呼应的则是以观音菩萨为核心的人文景象：第一，这座山被赋予某种文化意境，叫作"金刚轮庄严高显"；第二，山水等自然生态都是观音菩萨的功德所感，没有功德自然无缘于这样的美丽生态；第三，观音手里拿着的白莲花的文化意义是"大悲"，具有"白宝"的价值，莲花这种自然生态元素上升为观音菩萨的品格定位；第四，在这样一处远离尘嚣的孤绝之山上，却有一幅壮丽的人文景象，那就是观音菩萨

---

① （西秦）圣坚译：《佛说罗摩伽经》卷上，《大正藏》第10册，第859页下。

为中心的说法场面。这种景象的主要构成元素有：第一，观音的说法主角及其形象，如身相呈现真金之色，坐在装饰极其豪华、映现着一片光明的金刚八楞宝座之上；第二，无量菩萨眷属的听法者角色及其空间布局，这些以眷属身份参与的菩萨人数是极多的，他们都围绕在观音菩萨的周边，形成一幅浩大的佛法宣讲阵容；第三，观音菩萨为大众所讲的佛法是《大慈悲经》，这部经的主要内容是激发大众摄取一切众生，利用一切可能的途径来救度众生，这被称作"普门示现法门"。

从以上分析我们可以看到，最早传入中国的华严经典所描述的观音驻地，具有"南方"的方向定位，具有山的地形地貌特征，具有绿水青山的良好生态，具有足以容纳众多人员的地理空间，而且具有人文与自然和谐相处的融洽关系，二者彼此成就，共存共荣。从宗教学的角度看，这种地理位置以及信仰者和观音之间空间关系、交往方式的描述，是早期其他涉及观音的经典中所没有的，其最大的意义就在于确定观音在人间的专属空间，为人神之间关系的展开提供可能的空间平台，并呈现出自己独特的宗教象征：在凡尘世界中以"孤绝"的姿态超出凡尘，在"孤绝"的神圣空间搭建与凡尘众生的交往途径，圣凡交通、人神链接的意涵正是宗教学不可或缺的观察对象与理论支撑。总之，自从此经诞生后，人间被告知了观音所拥有的专属自己的驻地与说法道场，而且是以山这种地理空间来呈现的，以观音为主角的山上驻地从此开始被人间所信仰，并在此经汉译之后为中国人所知晓。

"孤绝山"这一概念尽管在后来的《华严经》汉译中不再使用，但作为最早输入中国的有关观音驻地的信息，对唐以后中国观音道场信仰的形成也产生了一定影响。宋代《佛祖统纪》中说："去鄞城东南水道六百里，即《华严》所谓南海岸孤绝处，有山名补怛落迦，观音菩萨住其中也。"[①] 早期论证观音道场就在中国浙东海上的努力都将最早传入的"孤绝"文化元素用上了。元代盛熙明的首部普陀山志中也将普陀山描述为"海峤孤绝"，"绍兴元年辛亥，真歇禅师清了自长芦南游，浮海至此，结庵山椒，扁曰'海岸孤绝禅林'"[②]。可见"孤绝"名称及其背后的一些信息成为中国化观音道场文化建构中的重要支撑。

《佛说罗摩伽经》是圣坚在今天甘肃一带翻译的。据隋代法经的《众经目录》卷一记载："《罗摩伽经》三卷（《入法界品》），西秦乞伏仁世，圣坚别译。"这里所说的乞伏仁，就是历史上建立西秦的乞伏国仁，他在位的时间是385至388年之间。也就是说，这部经是在388年之前翻译的。此后三十年，也就是东晋义熙十四年（418），佛陀跋陀罗在今天的南京翻译出《大方广佛华严经》，其中卷五十的《入法界品》中是这样描述观音驻地的："'善男子！于此南方，有山名曰光明，彼有菩萨名观世音，汝诣彼问云何菩萨学

---

① （宋）志磐：《佛祖统纪》卷四二，《大正藏》第49册，第388页下。
② （元）盛熙明：《补陀洛迦山传》卷一，《大正藏》第51册，第1137页下。

菩萨行、修菩萨道。'时,善财童子头面敬礼彼长者足,绕无数匝,眷仰观察,辞退南行。"①"渐渐游行,至光明山,登彼山上,周遍推求,见观世音菩萨住山西阿,处处皆有流泉、浴池,林木郁茂,地草柔软,结跏趺坐金刚宝座,无量菩萨恭敬围绕,而为演说《大慈悲经》,普摄众生。"②这里的一大变化是山名的改变,由原来叫作"金刚轮庄严高显"的孤绝山,变为"光明山",与观音菩萨的光明品格更加接近。

东晋十六国时代有关观音驻地的信息尽管传入中国,但在中国社会中到底获得了多大的认同和接受,目前的资料并不是很详实。《续高僧传》卷十五记载了发生在贞观二十年(646)的一件临终瑞相,与观音驻地光明山有直接的关系:"至(贞观——笔者注)二十年八月二十一日四更,大风忽起,高声言曰:灵睿法师来年十月,往南海大国光明山西阿观世音菩萨所受生也。至期十月三日。合寺长幼道俗。见幡华菩萨满寺而下。"③在净土宗大兴起来之前,中国人对来世往生处的追求是比较多样的,除了比较著明的兜率净土外,佛教所信仰的其他天界以及多种被认为奇妙的净土处,均可能成为理想的来世去处。这位灵睿僧以六十卷《华严经》中所说的观音驻地为来世往生处,说明早期华严系统的观音驻地信息还是有一定影响的。

四、早期密教系统观音驻地信息的输入

早期密教系统经典中也出现了观音菩萨的专有驻地,但与华严系统经典不同的是,华严系统经典中的观音驻地是善财拜见观音的地方,在南方的孤绝之地,而早期密教经典中的观音驻地却是佛陀与观音见面说咒之地,在一个与释迦族王城名称一致而且有宫殿的地方。

在华严系统观音驻地信息传入中国后二百年,也就是隋开皇七年(587),阇那崛多译出《不空罥索咒经》(又称《不空罥索观世音心咒经》)④,其中这样描写观音的驻地:"一时,婆伽婆在逋多罗山顶观世音宫殿所居之处,于彼山中多有娑罗波树、多摩罗树、瞻卜华树、阿提目多迦华树等,更有种种无量无边诸杂宝树,周匝庄严。与大比丘众八千人俱;复有无量首陀会天,无量百千左右围绕,其名曰自在天众,大自在天众;复有若干大梵天王及诸天子,请佛说法。"⑤可见这是佛陀和观音相会之处,诸天神一起见证。其地理环境和外在景观也富有特色,与早期华严系统经典一样的事,观音驻地附近尚未

---

① (东晋)佛陀跋陀罗译:《大方广佛华严经》卷五〇《入法界品第三十四之七》,《大正藏》第9册,第717页下—718页上。
② (东晋)佛陀跋陀罗译:《大方广佛华严经》卷五一《入法界品第三十四之八》,《大正藏》第9册,第718页上。
③ (唐)道宣:《续高僧传》卷一五,《大正藏》第50册,第540页上。
④ "《不空罥索观世音心咒》一卷,开皇七年四月翻,五月讫。沙门僧昙等笔受,沙门彦琮制序。"(隋)费长房:《历代三宝纪》卷一二,《大正藏》第49册,第103页下。
⑤ (隋)阇那崛多译:《不空罥索咒经》,《大正藏》第20册,第399页上。

见到海的信息，但与华严系统经典不同的是，这部汉译密教观音经典中的观音驻地没有泉水、没有水池、没有花草，也没有众多菩萨，但首次说到了观音驻地内有宫殿。这些信息值得我们进一步思考其隐含的历史信息，特别是观音与佛陀相会的宫殿所在的山，其名称不再是"孤绝"，也不是"光明"，而是第一次出现音译的名称"逋多罗"。

为什么叫"逋多罗"？建有能容纳众多听法者的宫殿的"逋多罗"山又会在哪里呢？印顺法师在其所著的《初期大乘佛教之起源与开展》中说："（观世音菩萨的）圣地到底在哪里？考论者也没有确定的结论。然在佛教所传，古代确有名为补多洛或补多罗迦的，这应该就是观世音菩萨圣地的来源。传说古代的王统，开始于摩诃三摩多（Mahāsammata），年寿是无量的（不可以年代计的）。其后，先后有王统成立，并说到所住的城名。大天王（Mahādeva）王统以后，有姓瞿昙（Gautama）的善生王（Sujāta），以后有甘蔗种（Ikṣvāku），都住在补多罗城，就是释迦族（Śākya）的来源。这一传说的谱系，虽不完全统一，但在传说的王统住地中，有补多罗，却是一致的。"① 印顺法师还从经典中搜集相关记载，列举不同的名称如下：

Ⅰ 富多罗⋯⋯⋯（又）布多罗⋯⋯⋯（善生）补多罗⋯⋯⋯⋯⋯（甘蔗）补多勒迦
Ⅱ 布多罗迦⋯⋯（又）补多罗迦⋯⋯（瞿昙）补多落迦⋯⋯⋯⋯（甘蔗）补多落迦
Ⅲ 逋多罗⋯⋯⋯（又）逋多罗⋯⋯⋯（瞿昙）逋多罗⋯⋯⋯⋯⋯（甘蔗）逋多罗
Ⅳ 逋多罗⋯⋯⋯（又）逋多罗⋯⋯⋯（瞿昙）逋多罗⋯⋯⋯⋯⋯（甘蔗）逋多罗
Ⅴ 褒多那⋯⋯⋯⋯毗褒多那⋯⋯⋯⋯（大茅草王）褒多那⋯⋯（甘蔗）

从早期密教经典的记述以及印顺法师的研究来看，这里的观音道场似与释迦牟尼佛有直接的关系。一方面，观音的救世情怀与释迦牟尼佛的慈悲一脉相承，印顺法师对此有特别的强调，以印证或呼应观音驻地与释迦王城的一致；另一方面，观音驻地以释迦王城的名号出现，并在其一登场便成为释迦牟尼佛与观音相会的地点，也回应了观音与释迦佛之间的深度关联。如此来看，早期密教经典中所说的观音驻地便很可能在释迦牟尼佛的故乡王城一带，与善财拜见观音之地无关，所以也与"南方"无关，当然，同样没有海滨，呈现出与早期华严系统观音驻地截然不同的景象。

值得玩味的还有，印顺法师认为，释迦王统传说的谱系虽不完全统一，但在传说的王统住地中有"补多罗"，却是一致的②。他认为，传说的名称不统一，主要为方言的变化。译名不统一，但可断定是 Potala 或 Potalaka。传说的十大王统中，有阿波——阿湿

---

① 印顺：《初期大乘佛教之起源与开展》，北京：中华书局，2011年，第414—415页。
② （唐）义净译：《根本说一切有部毗奈耶破僧事》卷一，《大正藏》第24册，第101页中—103页中；（宋）法贤译：《众许摩诃帝经》卷一，《大正藏》第3册，第934页中—936页下；（隋）阇那崛多等译：《起世经》卷十，《大正藏》第1册，第363页中—364页上；（隋）达摩笈多译：《起世因本经》卷十，《大正藏》第1册，第418页中—419页上；（隋）阇那崛多译：《佛本行集经》卷五，《大正藏》第3册，第673页上—674页上；《岛史》，《南传大藏经》卷六○，第19页。

波Asvaka，或作阿叶摩Asvama，也就是七国中的Assaka，其首府与传说中的褒怛那、补多罗相当。阿湿波的补多落迦（Potala），与观音的圣地，完全相合。释尊的时代，确有名为阿湿波的，如《中阿含经》卷四十八所收《马邑经》中说："佛游鸯骑国，与大比丘众俱，往至马邑，住马林寺。"①Asvapura——马邑，为asva与pura的结合语，就是阿湿波邑。

印顺法师所说马邑的补多落迦，这个信息或许值得深究。雅利安人进入印度之后，与土著发生激烈冲突，逐渐演化为天神与包括罗刹在内的各种魔鬼作斗争的故事，其中在天神之中有称作双马童（As'vinau, Aśvin）的慈悲之神。金克木在其《梵语文学史》中说，双马童能够飞行空中，其主要能力是救苦救难，其中包括救沉船和落水之人。②与此故事相应，佛教经典中讲述了一只神奇的天马，不同经典中有不同的译名，如马王、圣马、宝马等，这个以马为名的神灵，慈悲善良，力量强大，同样能够飞行，善于救度海难，而且这种救度对象是渡海过程中被罗刹所害的商人，可见也是与魔鬼为敌的。《佛本行集经·五百比丘因缘品》《增一阿含经·马王品》《出曜经·如来品》等均详细讲述了这个故事，其基本情节是五百商人遭遇海难，被罗刹所困，面临死亡之危，天马在救度商人飞越大海。商人被困的罗刹国即僧伽罗，而从僧伽罗飞跃大海回到大陆的登陆之地，就在后来玄奘实地考察国的秣罗矩咤国南方的海滨。附近有布呾洛迦山③，是观音菩萨的驻地，观音在那里经常化现为天神救度众生。关于玄奘的记载及其深远影响，我们后面还要详细分析。

印顺法师所说的马邑的都城补多罗（或补多落迦），与天马出没之地的东南印度海滨布呾洛迦，它们之间是否有什么联系，有待印度古代印度学家们来探讨。另外值得一提的是，阇那崛多所译《不空罥索咒经》中对观音驻地的记述，作为观音与佛相会说法处，不同于早期华严经所说的善财拜观音之地，不在南方，无海，无泉，无池，有宫殿、有密法，这种景象与布达拉宫的景象比较吻合，可见密教看经典对观音驻地的描写对藏传佛教观音道场产生了比较直接的影响，后期密教经典基本坚守这一观音圣地景象的书写轨迹。

五、《大唐西域记》所传观音驻地信息

在密教观音驻地信息传入中国后六十年，玄奘将实地考察后的观音驻地信息带回了

---

① （东晋）僧伽提婆译：《中阿含经》卷四八《马邑经》，《大正藏》第1册，第724页下—725页下。
② 金克木：《梵语文学史》，北京：人民文学出版社，1980年，第22页。
③ 玄奘记述说："从此山东北海畔有城，是往南海僧伽罗国路。闻诸土俗曰，从此入海东南可三千余里，至僧伽罗国（唐言执师子，非印度之境）。"（唐）玄奘述，辩机撰：《大唐西域记》卷十，《大正藏》第51册，第932页上。

中国。这是中国人第一次对观音驻地地理空间的关注，但其信息与此前传入中国的华严系统和密教系统均有不同。

贞观二十年（646）七月，玄奘在唐太宗的请求下和弟子辩机合作完成了《大唐西域记》，该书卷十记载在南印度的海边有一处观音菩萨的驻地："（秣罗矩吒国）国南滨海有秣剌耶山。……秣剌耶山东有布呾洛迦山，山径危险，岩谷敧倾，山顶有池，其水澄镜，流出大河，周流绕山二十匝，入南海。池侧有石天宫，观自在菩萨往来游舍。其有愿见菩萨者，不顾身命，厉水登山，忘其艰险，能达之者，盖亦寡矣。而山下居人，祈心请见，或作自在天形，或为涂灰外道，慰喻其人，果遂其愿。从此山东北海畔有城，是往南海僧伽罗国路。闻诸土俗曰，从此入海东南可三千余里，至僧伽罗国。"①

从玄奘的记载来看，此山的具体位置在历史上第一次清晰起来，就是秣罗矩吒国南部滨海秣剌耶山的东侧，现代学者认为，玄奘所记载的这座山就是现在印度西高止山南段，秣剌耶山以东的巴波那桑（Pāpanāsam）山，位于提讷弗利（Tinnevelly）县境内，北纬8度43分，东经77度22分的地方。② 尽管在自然生态描述中未见华严经典所描写的树木花草，但强调了山势的险峻，似乎能与《罗摩伽经》的"孤绝"遥相呼应。而从人文景象来看，玄奘没有提到菩萨眷属及说法场面，但指出其在一个前往僧伽罗国的港口附近这一人文地理位置，同时在山上人文景观中增添了石天宫，与《不空罥索咒经》中的宫殿有一致之处，当然，这也可能只是一个石山洞。同时，既与华严经典中所讲述的善财拜见观音之处不同，也与早期密教经典所说的释迦牟尼佛前来观音住处做客的地点不同，这里将观音驻地描述成一般社会大众拜见观音的地方，而且观音与大众见面的地点也可能在山下其他地方，并以天神或耆那教形象出现。这可能是历史上最早出现的现实世界中的苦难民众朝拜一处具体的观音圣山的记载，由此开启了更具现实意义的生活化观音与普通民众之间的关系。同时，作为现实世界中所发现的最早的观音驻地，这也成为后世观音圣山信仰的重要源泉。总体上看，玄奘的描述虽然未见绿水青山的景象，但有关"国南海滨"的位置却对后世观音驻地和中国化的观音道场信仰产生了极其重要的影响。

玄奘记载的这座山与《罗摩伽经》中的"孤绝山"或六十卷《华严经》所说的"光明山"到底是什么关系，玄奘没有明说。这是一件很令人迷惑的事情，难道玄奘会不知道华严类经典所提到的善财拜见观音的故事吗？凭玄奘对佛教经典的了解，他肯定知晓《华严经》有关善财前往南方光明山拜见观音的描写，因为《罗摩伽经》早期4世纪后期就已经初入中国，特别是5世纪初期六十卷《华严》的译出，华严学说及相关故事在中国就一直极为盛行，形成延续不断的华严学传统。在玄奘赴印之前长期居住的长安，

---

① （唐）玄奘述，辩机撰：《大唐西域记》卷十，《大正藏》第51页，第932页上。
② （唐）玄奘述，辩机撰，季羡林等校注：《〈大唐西域记〉校注》，北京：中华书局，1985年，第862页。

终南山至相寺一带就有智正（559—639）智俨（602—668）师徒相继弘讲六十卷本《华严经》，最迟在玄奘从长安出发西行的那一年，智俨的名著《〈华严经〉探玄记》就已经问世，当玄奘回国后完成《大唐西域记》并上呈唐太宗的时候，还发生了僧人灵睿发愿往生光明山观音驻地的事情。所以，笔者高度怀疑在玄奘眼里，他所记载的布呾洛迦山和《华严经》所说的观音驻地不是一回事。

至于《不空罥索神咒经》，自从隋代译出后虽说不如华严那么盛行，但费长房、彦琮[①]等人在其名著中均有收录，相信博学如玄奘者，也不可能未曾阅读。玄奘所译《不空罥索神咒心经》后记曰："《神咒心经》者，斯盖三际种智之格言，十地证真之极趣也，裂四魔之遍罟，折六师之邪幢，运诸子之安车，诣道场之夷路者，何莫由斯之道也。况乃剿当累殃宿殃，清众瘝怀庶福者乎。是以印度诸国，咸称如意神珠，谅有之矣。……然此神典，北印度国沙门阇那崛多，已译于隋纪。于时宝历创基，传匠盖寡，致令所归神像能归，行仪并咒体能俱存梵语，遂使受持之者，疲于用功，浑肴莫晰。惟今三藏玄奘法师，奉诏心殷，为物情切，爰以皇唐显庆四年五月日，于大慈恩寺弘法苑，重更敷译，庶诸鉴徒，悟夷险之殊径矣。"[②] 这篇后序的作者不详，但从序文所说"今三藏玄奘法师"，可知为玄奘同时代人。序文高度赞扬此经的重要性，同时也讲述了自隋代此经翻译之后的流传情况。这使我们有理由认为，玄奘在赴印考察之前，应该知道此经的存在，自然也便知道观音菩萨宫殿的这一说法。而玄奘在《大唐西域记》中所记载的观音驻地，与隋译《不空罥索咒经》中的描述也是完全不同的，可见玄奘是知道自己的这一记载，是既不同于华严系统，也不同于密教系统，是与前两种观音驻地信息不同的第三种有关观音驻地的信息。

还有一个值得注意的地方：玄奘在记载这处观音驻地时，特别讲到其附近的港口城市："从此山东北海畔有城，是往南海僧伽罗国路。"紧接着就讲了两个有关僧伽罗国的故事，其中一个便是天马救度被罗刹鬼所困商人的故事。这个故事的最初形态或许与雅利安人进入南亚次大陆时与土著的斗争有关，在婆罗门教神话中成为天神与魔鬼的斗争，而在佛教的叙事中再次转变为佛菩萨与魔鬼的较量，因为天马后来从佛陀的前世演变为观音菩萨的化现，于是，在佛教的信仰体系中，在印度南方海滨和僧伽罗国之间的海上救难的神灵，正是观音菩萨。所以，观音的驻地位于前往僧伽罗国的出海口附近的山上，便是非常容易理解的了。从人物关系来看，这一观音驻地可能正是因观音菩萨救度商人征服罗刹鬼难而兴起的，而早期《华严经》所记观音驻地的人物关系是善财前来拜见观音，早期密教观音驻地的人物关系是佛陀与观音相会，可见三种观音驻地信息不

[①] "《不空罥索经》一卷，大隋开皇年，崛多译。"（隋）彦琮：《众经目录》卷一（《大正藏》第55册，第152页中）。
[②] （唐）佚名：《不空罥索神咒心经·后序》，《大正藏》第20册，第405页下—第406上。

仅仅是在名称、位置、景观等方面有别，与观音搭建关系以及关系的性质等也大不相同。

六、印度观音道场信仰在中国的整合

从4世纪后期，到7世纪中期，涉及观音驻地的三种信息相继从印度传入中国，并各自保持其固有的差异。当时的中国佛教徒似乎也不注重这些不同，因为毕竟尚未形成菩萨在人间拥有固定驻地的文化传统，即使像文殊与清凉山这样的说法，当时也不是非常流行，与唐以后逐渐盛行起来的佛教名山文化多有不同。总体上看，唐以前是一个印度文化输入的时代，而进入大唐之后，印度文化的本土化才开始阔步向前，特别是菩萨信仰的中国化转型，推动边地意识的变革，激发形成一种新的佛教神圣空间信仰，不同类型的观音驻地信息在中国逐渐合流，并转型成中国化的观音道场信仰。

古代印度不同系统观音驻地信息的合流是多种力量共同推动的结果，并通过不同的形态呈现出来。依据目前所能看到的资料，这种合流大致通过两个环节来完成。一是早期密教经典观音驻地传统与玄奘所记观音驻地信息的合流，二是早期华严经典观音驻地传统与玄奘所记载观音驻地信息的合流。

（一）密教观音驻地传统与玄奘所记观音驻地信息的合流

如前所述，早期密教经典中的观音驻地是佛于观音相会传授密法之处，名称叫逋多罗山，远离海洋，很可能是释迦族王城所在地。但永徽五年（654）阿地瞿多译出的《陀罗尼集经》，同样为密教类经典，却与隋代所传的观音驻地信息有很大不同，这种不同正好与玄奘所记的观音驻地信息吻合，其文曰："如是我闻，一时佛在补陀落伽山中（此云海岛也），与大阿罗汉众一千五百人俱。观世音菩萨、大势至菩萨摩诃萨等五千人俱，及诸天龙、夜叉、阿素罗、迦鲁罗、紧那罗、摩睺罗伽、人非人等，前后围绕，来诣佛所。到佛所已，五体投地，顶礼佛足，礼佛足已，绕佛三匝，却坐一面。"[①] 这里将释迦牟尼佛和观音菩萨相会的地方称之为补陀落伽山，并特别注释其含义为"海岛"，显示了与玄奘所记南印度海滨观音道场的一致。从名称来看，这里所说的"补陀落伽山"应与玄奘所说的"布呾洛迦山"同名，而与早期密教经典中所说的"逋多罗"有一定的区别。与早期密教经典相同的是，人物关系基本未变，聚会目的基本未变，以观音为首的五千菩萨与佛陀在此聚会，其他众多天神前来拜见佛陀。总之，这反映了在观音驻地方面，密教经典与玄奘记载的信息开始了一定的合流倾向。

几乎与《陀罗尼集经》译出的同时，显庆年间（656—661）伽梵达摩译出《千手千

[①] （唐）阿地瞿多译：《陀罗尼集经》卷二，《大正藏》第18册，第800页上。

眼观世音菩萨广大圆满无碍大悲心陀罗尼经》，其中说："释迦牟尼佛在补陀落迦山观世音宫殿，宝庄严道场中，坐宝师子座。其座纯以无量杂摩尼宝而用庄严，百宝幢幡，周匝悬列。尔时，如来于彼座上，将欲演说总持陀罗尼故。"①这里将观音的驻地也称之为"补陀落迦山"，显示与玄奘所记保持了一致。

玄奘于显庆四年（659）在大慈恩寺弘法院重译《不空罥索神咒心经》时，将阇那崛多译本中的"逋多罗山"转换为他在南印度旅行时所考察的"布呾洛迦山"，也就是将与释迦王城可能存在渊源关系的观音宫殿所在地与南印度的海滨的布呾洛迦山划上了等号，至此，我们可以看到，早期密教系统所说的释迦佛与观世音会见之处分别与玄奘所记的南印度海滨布呾洛迦山合流了。

与隋译本不同的地方还有，玄奘在这次重译中，对观音驻地的景象也有详细描述："一时薄伽梵在布呾洛迦山观自在宫殿，其中多有宝娑罗树，耽摩罗树，瞻博迦树，阿输迦树，极解脱树，复有无量诸杂宝树，周匝庄严，香花软草，处处皆有。复有无量宝泉池沼，八功德水弥满其中，众花映饰，甚可爱乐。复有无边异类禽兽，形容殊妙，皆具慈心，出种种声，恒如作乐。与大苾刍众八千人俱，九十九俱胝那庾多百千菩萨摩诃萨，无量百千净居天众，自在天众，大自在天众，大梵天王及余天众无量百千，前后围绕听佛说法。"②这种景象与晋译《华严》有很多相似之处："处处皆有流泉浴池，林木郁茂，地草柔软。结跏趺坐金刚宝座，无量菩萨恭敬围绕，而为演说大慈悲经，普摄众生。"这种相似，很容易让人们将二者联系在一起。

（二）华严观音驻地传统与玄奘所记观音驻地信息的合流

大约在公元695年前，法藏著《华严经探玄记》卷十九中说："光明山者，彼山树花常有光明，表大悲光明普门示现。此山在南印度南边，天竺本名逋多罗山。此无正翻，以义译之名小树蔓庄严山。又十一面经在此山说。"③法藏此著所依据的《华严经》依然是晋译的本子，其中善财拜见观音的地方名叫"光明山"。但在晋译《华严经》中并无南印度的准确信息，这等于是第一次将善财拜见观音的孤绝山、光明山与释迦牟尼会见观音的逋多罗山划上了等号，并将晋译华严中所说的"于此南方"直接解释为"在南印度南边"，从而与玄奘的记载保持了一致。由此自然会得出早期华严系统中善财拜观音的光明山就是玄奘旅印考察过的布呾洛迦山的结论。法藏完成了印度观音驻地三大系统的最早会通。为后来重译《华严》时最终以经典形式完成会三归一奠定了基础。

三十多年后，武则天证圣元年（695），实叉难陀开始在洛阳大遍空寺译《八十华

---

① （唐）伽梵达摩译：《千手千眼观世音菩萨广大圆满无碍大悲心陀罗尼经》，《大正藏》第20册，第106页上。
② （唐）菩提流志译：《不空罥索神咒心经》，《大正藏》第20册，第402页中。
③ （唐）法藏述：《华严经探玄记》卷一九，《大正藏》第35册，第471页下。

严》，圣历二年（699）于佛授记寺译完。实叉难陀将晋译《华严》所说的善财童子参拜观音的光明山与玄奘记载的南印度海滨的布呾洛迦山完全对等起来："善男子！于此南方有山，名补怛洛迦。彼有菩萨名观自在，汝诣彼问菩萨云何学菩萨行，修菩萨道？即说颂言：海上有山多圣贤，众宝所成极清净，华果树林皆遍满，泉流池沼悉具足。勇猛丈夫观自在，为利众生住此山。汝应往问诸功德，彼当示汝大方便。"不但名称从"光明山"改为玄奘记载的补（布）怛（呾）洛迦山，而且位置也明确为玄奘描述的"海上"，同时早期密教系统观音道场景象中特别突出的"宝"也以"众宝所成"这样的言辞得到了充分的强调。可见，到了八十卷《华严经》的时候，接见善财的观音驻地与玄奘记载的观音驻地以及隋译密教所说的观音宫殿，全部合流了。

八十卷《华严经》译出后，关注此经并做详细注释的是李通玄（635—730）。他于开元七年（719）春，携带新译《华严经》到太原盂县西南同颖乡大贤村高山（仙）奴家，经过五年时间著成《新华严经论》四十卷，其中多处论及观音驻地，如卷二十一中说："观世音住居补怛洛迦，此云小白华树山。观世音菩萨居之，为诸菩萨说慈悲经。此山多有小白华树，其华甚香。经云'住山西阿'者，西为金，为白虎，主杀位，明于杀位以主慈悲门正趣。菩萨东来，以明智位。"①在卷三十七中又说："山名补怛洛迦者，此云小白花树山。多生白花树，其花甚香，香气远及，为明此圣者修慈悲行门，以谦下极小为行也。华者，明开敷万行故，此慈悲谦下极小和悦，行花开敷教化，行香远熏一切众生，皆令闻其名者发菩提心故。"②从解读可以看出，中国人对新译《华严经》所说的观音驻地已经完全接受，并提出了自己的解释，这标志着源于古代印度的三种观音驻地信息已经彻底完成了中国化的合流。③

此后，唐德宗贞元十一年（795）十一月，由南天竺乌荼国师子王派使者进贡其所亲写华严经之梵本，翌年六月，于长安崇福寺，由罽宾般若三藏译之，澄观及圆照、鉴虚等诸师详定，至贞元十四年（798）二月译毕，共四十卷的《华严经》，俗称《四十华严》，保持了《八十华严》的全部信息，以印度僧人的身份，再次借助具有神圣意义的经典形态，肯定了古代印度观音驻地最具正统性权威性的信息。从此几乎所有译经家，如义净、菩提流志、般若、不空等等，凡是涉及观音道场者，均为补（布）怛（陀）洛（落）迦山，虽然在个别用字方面时有差异。如果从永徽五年（654）阿地瞿多译出的《陀罗尼集经》开始，这种中国化的会三归一的合流过程，经过了近150年的历程。

---

① （唐）李通玄撰：《新华严经论》卷二十，《大正藏》第36册，第863页中。
② （唐）李通玄撰：《新华严经论》卷三七，《大正藏》第36册，第981页中。
③ 详见笔者：《〈华严经〉对观音驻地生态的描写及唐代华严宗的文化解读》，收录于《佛教中国化视野下的生态寺院建设论文集》，浙江·湖州·安吉灵峰讲寺印，2022年，第96—104页。

七、中国化观音道场何以在宋元之际形成

《四十华严》译出后三百年左右,中国人又开始了观音驻地从印度到中国的空间转移过程。这是一个自发而不断蕴积的文化创造过程,很多历史线索已经难以查找,从今天能够看到的材料以及我们所能掌握的整体佛教史尤其是中印佛教关系史的角度来观察,我们可以猜测这一过程是从两宋之际开始的。对此,景天星有过详细的研究,为我们揭示了这一过程的基本历史脉络。[①]

《补陀洛迦山传》记载:"宋元丰三年(1080),王舜封使三韩,遇风涛有感,以事上闻,赐额曰宝陀观音寺。"[②]前文曾详细讲解了这次事件的经过:"大龟负舟,惶怖致祷,忽睹金色晃耀,现满月相,珠璎粲然,出自岩洞。龟没舟行,泊还以奏。"[③]这是发生在今天普陀山的观音感应事迹,皇帝因此而赐寺额为"观音宝陀",其中"宝陀"这一名称明显与早期观音驻地诸多名称相一致,这可以看作是向印度观音驻地名称的靠拢。此后,类似的史实不断增多,如北宋崇宁年间(1102—1106),户部侍郎刘逵和给事中吴栻出使高丽的海上归途中,船长在遭遇危险时"遥叩宝陀",获得救度。可见与佛经中的观音驻地相应的"宝陀山"已经得到广泛认同。到了南宋时期,此类事件更多,普陀山与佛经中所说的印度观音驻地已经完全混同。

到了元末,盛熙明撰成历史上第一部普陀山志,对印度佛教观音驻地的中国转移进行了最权威的判定。他在《补陀洛迦山传》的后记中说:"后至四明,屡有邀余同游补陀山者。心窃疑之,不果往也。一夕,忽梦有人谓曰:'经不云乎,菩萨善应诸方所,盖众生信心之所向,即菩萨应身之所在,犹掘井见泉,然泉无不在。况此洞神变自在,灵迹夙著,非可以凡情度量也。'既觉而叹曰:'嗟!夫诸佛住处,名常寂光,遍周沙界,本绝思议,何往而非菩萨之境界哉,断无疑矣!'既集成传,附以天竺雾灵事迹,并以旧闻,庶显非同非异,无别无断,用祛来者之惑也。"[④]盛熙明在这里给予的解释大概有三层含义:其一是,观音菩萨会应众生的心愿而转移其驻地,"犹掘井见泉,然泉无不在";其二是,佛菩萨的住处属于常寂光,超出人们的理性认识范围,无处不在,何处不是菩萨的境界呢?其三,印度和中国的诸多灵验事迹证明,中国的普陀山和印度的观音驻地虽然并不相同,但也并不相异,二者之间没有区别,其内在的关联永不隔断。作了这三条结论后,盛熙明自己"断无疑矣",也希望因此而"祛来者之惑也"。

从最初在中国安顿印度佛教经典所说的观音菩萨驻地,到元末盛熙明著成《补陀洛

[①] 景天星:《从宋元普陀山山名看观音道场信仰的中国化》,《普陀学刊》第16辑,北京:宗教文化出版社,2022年,第155—165页。
[②] (元)盛熙明:《补陀洛迦山传》,《大正藏》第51册,第1137页下。
[③] (元)盛熙明:《补陀洛迦山传》,《大正藏》第51册,第1137页上。
[④] (元)盛熙明:《补陀洛迦山传》,《大正藏》第51册,第1138页下—1139页下。

迦山传》（1361年），经过三百年左右的时间，中国佛教完成了观音驻地从印度到中国的空间转移。

之所以能在宋元之际实现这种空间转移，其主要原因大致如下：

第一，中印佛教关系的突变。从两汉之际到两宋之际，在长达一千多年的历史中，印度佛教源源不断地向中国输入。西行求法与东来弘法彼此激荡，在译经、解经、讲经的同时，学派形成，宗派创立，制度完善，信仰普及，思想渗透，实践展开，印度佛教的活水源头在支撑和激发中国佛教发展的同时，也对中国佛教发展方向起着引领和框范的作用。10世纪后，印度开始遭受穆斯林的入侵，12世纪开始，印度佛教急速衰落，到13世纪初，终于彻底衰亡。这个时候正是中国的两宋时代。经此打击，持续千年的印度佛教入华史终于划上了句号。印度佛教向中国输入的终结以及中印佛教交往的停滞和由此开始的中国佛教的独立发展趋势，不但使印度佛教的所有圣地与华夏大地实现了阻隔，从而失去了在中国佛教信仰者心目中的圣地意义，而且导致印度佛教对中国佛教的影响急遽减弱，为中国佛教的自由创造和自成体系提供了不受约束的广阔空间，极大地加速了中国化佛教信仰形态和实践体系的形成，特别是中国化佛教神圣空间体系的形成。

第二，中国佛教发展轨迹的转型。与中印佛教关系突变这一背景相关，中国佛教在唐宋之际发生重大转型，从原来的以经典义理为中心转变为以信仰修行为中心，在理论情趣不断减弱的背景下，宗派会通沉淀为禅净呼应的核心框架，而佛教的实践却迈开了更加自由的步伐，在终极超越的诉求依然保持的背景下，应对现实生活问题的信仰显示出持久不衰的生命力，佛教不断向简易化、通俗化、生活化、民众化方向发展，以菩萨信仰为标志的佛教信仰大兴起来并渗透到底层社会，对民众生活的各个领域产生了深远的影响，正是在这种背景下，中国化的菩萨信仰体系开始了全新的构建过程，在布袋弥勒和女性观音相继出现的同时，神圣空间的建构也迈开了勇敢的步伐，最终以四大名山的格局呈现出来。

第三，山林佛教传统的增强。佛教自古以来的出世精神与静修传统使山成为佛教格外喜爱的修行之地，从而形成浓厚的山林气息。印度早期佛教的阿兰若就多有位于山林之中者，部派佛教时期很多教派的高僧就生活于山间，大乘佛教中观学派创始人龙树曾长期驻锡吉祥山、黑峰山等地，瑜伽行派创始人无著早期也曾经在山中修行十多年。到了7世纪以后的密教时期，山的神圣性日益明显。佛教最初传入中国时，并未见有圣山崇拜的痕迹，但魏晋时期佛教受崇尚自然的玄学的影响以及战乱时代安稳静修的需要，出现一股隐居山林的清风，庐山、终南山、会稽山、蒋山等都与佛教结下很深的缘分，从几部僧传也可以看出，僧人居山成为普遍现象。山野林间与城乡红尘之间在地理特性上的鲜明差异进一步烘托了佛教的批判精神和解脱追求，中国佛教的山林静修情怀与都市弘法精神并行不悖，由此发展便出现了"自古名山僧占多"的繁荣景象。当然，魏晋隋唐时期的山林佛教基本保持着对社会的观察、批判和超越，而宋元以后的山林佛教在理论情趣淡化、信仰精神日浓的背景下，逐渐陷入一种逃避社会的自我封闭系统中，批判和引领社会的能力日益减弱。在专制统治日益强化、儒家文化笼罩一切的背景下，被不断挤压的佛教更加崇尚山林，并继续承担创伤抚慰、苦难应对及终极超越等方面的宗教功能。总体上看，山林佛教的文化内涵是多元的，特别是其中的神韵与神秘的力量和神圣的境界更容易产生某种想象中的关联，从而就更容易赋予这种特别地理空间以神圣的意义，并向圣山信仰方向发展。

第四，中国山岳文化的影响。中国传统的山崇拜，特别是儒道两家的圣山文化，对佛教名山现象的出现产生了重要影响，为普陀山观音道场的形成提供了丰厚的文化土壤。源于原始社会的自然崇拜，赋予山川林泽、风雨雷电、鸟兽木石、日月星辰等自然物以神圣的意义，并通过祭祀等神秘方式与这些崇拜对象建立起直接的联系，以解释和应对现实生活中的各种问题，神山、圣山、灵山、仙山等山岳信仰便在这种宗教传统中逐渐成长起来，发展到春秋战国时期的昆仑山与蓬莱仙山及西汉时代体系化的五岳信仰，中国的山岳信仰扮演了中国宗教历史舞台上的一个重要角色。特别是从秦始皇开始的封禅以及汉魏兴盛起来的洞天福地，将儒家的国家治理和道家的身体修炼与山崇拜密切结合在一起，将中国的山崇拜推向宗教范畴之外，也为山崇拜开拓了更加广阔的社会生存空间。走过隋唐五代，到了宋元时期，儒道和民间的山崇拜已经蔚为壮观，佛教再也无法抵挡中国传统山岳信仰的魅力，作为道场所在地的山开始了整体性神圣空间的建构，特别是通过菩萨显灵说法等神迹的塑造，山被赋予神圣性内涵，开始转为崇拜的对象。普陀山正是在这一背景下打开了通向圣山的门径。

第五，唐宋历史的变迁，特别是南宋时期政治、经济、文化中心的转移。学术界有所谓唐宋变革论，认为唐宋之际在政治体制、经济制度、社会结构、生活方式、民族关系、文化特性、民众精神等方面均发生了巨大的变化，这些变化中出现的平民崛起、地方发展、俗文化兴盛、商业发达、经济中心南移等历史现象，对普陀山的兴起有重要影响。特别值得一提的是，五代十国时期的吴越国，安境保民，稳定一方，经济发展，文化昌盛。尤为重要者，是吴越国历代统治者重视佛教文化，故浙江一带迎来了佛教发展的又一高峰期。到了南宋时期，杭州作为政治和文化的中心，对周边产生强劲的辐射作用，佛教文化在周边地区获得迅猛发展。普陀山的真正崛起，可能就是从这个时期开始的。关于这些变迁对普陀山圣地形成的影响方面的研究尚不到位，本文中有所涉及，难能可贵。

第六，宁波及其周边地区在太平洋西岸海上交通中拥有极为重要的地位，不但带来繁荣的商业，而且促进了佛教文化交往的发展，正是在这一背景下，地处宁波外围舟山群岛的普陀山脱颖而出。与唐宋历史变迁密切相关，在发达的海上贸易激发下，作为海上交通要道的舟山一带不但是南北航线的必经之地，而且成为东北亚海上贸易路线和东南亚海上贸易路线的交汇处，来自北方渤海沿岸、南方福建、广东，以及海外日本、朝鲜及东南亚各地的船舶在此往来交流。《佛祖统纪》记载普陀山潮音洞观音显化后接着对其海上交通位置有所说明："去洞六七里，有大兰若，是为海东诸国朝觐商贾往来，致敬投诚，莫不获济。"《（宝庆）四明志》记载慧锷带观音像上船时是同商人一起的："以之登舟，而像重不可举，率同行贾客尽力舁之，乃克胜。"《大明一统志》的"补陀落迦山"条中说，"往时高丽、日本、新罗诸国皆由此取道，以候风信"。从以上的宋、明资料来看，普陀山一带的确是商道所经之地。这一方面形成繁荣的商业贸易，另一方面也成为不同民族、不同国家文化往来的交汇之地，促进了海上佛教文化交流的发展，对普陀山圣地角色的形成起到一定的激发作用。

第七，与印度补怛洛迦山地理的高度一致。首先，普陀山和印度的补怛洛迦山同位于大陆东南沿海。其次，海陆形势相似，上补怛洛迦山和上普陀山都需要渡海涉水。再次，两座山的地形地貌也比较接近，树木葱郁，泉流潺潺，池塘盈水，花果丰盛，绿草柔美，山石嶙峋，鸟鸣和悦。以上这些相同之处，为梅岑山转变为补怛洛迦山提供了方便。

最后，也是最重要的相同之处则在于，它们皆为古代海上丝绸之路的交通要道。前文已经说过中国普陀山的海上交通位置，我们再看印度观音道场的海上交通枢纽地位。印度东南沿海的补怛洛迦山，往南航行即是斯里兰卡，往东航行，穿越印度洋，并经马六甲海峡，可抵印尼、马来西亚、柬埔寨、越南、泰国等东南亚国家，再经南海北上，可通往我国和日本、新罗等东亚国家。根据玄奘旅印期间所作的考察，"从此山东北海畔，有城，是往南海僧伽罗国路。闻诸土俗曰，从此入海东南可三千余里，至僧伽罗国"。其中的僧伽罗国，即是今天的斯里兰卡，这是一条什么样的海上通道呢？《贤愚经》说："又闻海中，多诸剧难，黑风罗刹，水浪回波，摩竭大鱼，水色之山。如斯众难，安全者少，百伴共往，时有一还。"《大乘本生心地观经》说："乘大舶船，入于大海，向东南隅，诣其宝所。时遇北风，漂堕南海，猛风迅疾，昼夜不停。"《佛本行集经》说："于大海内，有诸恐怖。所谓海潮，或时黑风，水流漩洄，低弥罗鱼蛟龙等怖，诸罗刹女。"我们再看看观音菩萨的救难功能，就明白观音道场为什么会在海上贸易的交通要道之地了。《普门品》中说："若为大水所漂，称其名号，即得浅处。若有百千万亿众生，为求金银琉璃车磲马瑙珊瑚琥珀真珠等宝，入于大海，假使黑风吹其船舫，飘堕罗刹鬼国，其中若有乃至一人，称观世音菩萨名者，是诸人等，皆得解脱罗刹之难，以是因缘，名观世音。……若三千大千国土，满中怨贼，有一商主，将诸商人，赍持重宝，经过险路，其中一人作是唱言：'诸善男子，勿得恐怖，汝等应当一心称观世音菩萨名号，是菩萨能以无畏施于众生，汝等若称名者，于此怨贼，当得解脱。'众商人闻，俱发声言：'南无观世音菩萨！'称其名故，即得解脱。"这里所说的观音救难类型都与商贸尤其是海上商贸有关。可见，观音道场在海上贸易交通要道处出现是有原因的。在印度东南沿海的补怛洛迦山如此，在中国东南沿海的普陀山也是如此。

除了上述几个方面的背景因素外，普陀山成为佛经上所说的观音圣地的历史转换可能还与当地民众的响应、士大夫的宣传、僧人们的支持、统治者的认可等因素密切相关。在普陀山圣山化的发展过程中，交织着太多的文化关系和历史元素，形成多方互动发展轨迹。

总体上看，观音道场从印度东南沿海到中国东南沿海的空间转移，渊源于晚唐，开始于北宋，明确于元末，并在明代万历年间升级为四大名山体系之内。印度观音信仰向中国的传播，在完成经典翻译、教义诠释、实践开展等环节之后，终于完成观音第一圣地的空间转移，连同宋元时期的观音女性化，代表着印度观音信仰中国化的最终完成。

结　论

神圣空间是所有宗教都具备的一种文化元素，与不同类型宗教文化的时空存在有直接关系，也与信仰者与信仰对象之间神圣关系的建构与运行有必然联系。神圣空间作为一种建立在地理空间上的多方对接平台和多重宗教体验的纽带，是所有宗教凝聚人心、激发信仰、建构文化认同的重要途径。佛教的神圣空间多种多样，共同成为多元化佛教信仰形态的重要组成部分，而观音信仰领域的神圣空间更成为中国佛教领域最具普遍性和感召力的一种神圣空间，形成震撼世界的中国化观音道场信仰。

中国化观音道场信仰渊源于古代印度。在印度佛教史上，有关观音菩萨所在空间的信息，经历了从信仰中的彼岸到佛经建构的此岸的转换，观音的空间位置在时空穿越中实现了在这个世界的安顿，这既是佛教观音信仰不断拓展、不断丰富的结果，更是观音信仰者为了建构和观音之间紧密关系的需求不断激发的结果。

从观音在佛陀法会中的配角现身之地，到观音菩萨作为主角的特有驻地，这是印度佛教观音文化在神圣空间领域进一步拓展的结果。在观音驻地从无到有的历史演变过程中，逐渐形成彼此有别的三大系统。从东晋十六国时期《罗摩伽经》的输入（385—388年），到《八十华严》的译出（695年），印度观音驻地的三种信息全部传入中国，并基本实现了会三归一的合流过程，历时三百多年，最终完成了印度观音驻地信仰的输入。

再经过三百年的中国化理解，尤其是华严宗的整合与中国化解读，印度观音驻地信仰为中国人普遍接受，而且获得广泛的传播，特别是赋予了中国化佛教精神内涵，在唐宋之际实现了印度观音驻地信仰的中国化转型。这一历史从李通玄开创中国化的基业，到北宋时期观音驻地信仰的广泛流行，形成那个时代佛教中国化尤其是观音信仰中国化的独特风景，只是这一风景很快便被接踵而来的更大胆的中国化所淹没。

从北宋中期到元代末期，大致又是三百年，已经实现中国化并广泛传播的印度观音驻地信仰又经历了再次中国化转型，这次转型的核心便是观音驻地实现了中印之间的空间转移，在显灵神迹与社会呼应的多重推动下，梅岑山变为补陀洛迦山，独立于印度之外的观音信仰神圣空间体系得以确立，中国化的观音道场信仰形态在华夏大地横空出世。这既与宋元之际中印佛教关系变革、中国佛教发生重大转型的历史有直接关系，也与浙东地区在宋元之际文化发达以及海上贸易繁荣的历史背景密切相关。

从元末明初观音驻地的中国化转移及中国化观音道场信仰形态的确立，到万历年间四大名山信仰体系的形成，又是三百年左右的时间，观音道场信仰完成了古代世界最后一次中国化转型。当然，限于篇幅，这部分内容本文并未涉及。

参考文献

1. （东晋）佛陀跋陀罗译：《大方广佛华严经》，《大正藏》第9册。
2. （东晋）难提译：《请观世音菩萨消伏毒害陀罗尼咒经》，《大正藏》第20册。
3. （东晋）僧伽提婆译：《中阿含经》，《大正藏》第1册。
4. （姚秦）鸠摩罗什译：《大智度论》，《大正藏》第25册。
5. （姚秦）鸠摩罗什译：《妙法莲华经》，《大正藏》第9册。
6. （西秦）法坚译：《佛说罗摩伽经》，《大正藏》第10册。
7. （刘宋）昙无竭译：《观世音菩萨授记经》，《大正藏》第12册。
8. （隋）达摩笈多译：《起世因本经》，《大正藏》第1册。
9. （隋）阇那崛多等译：《起世经》，《大正藏》第1册。
10. （隋）阇那崛多译：《不空罥索咒经》，《大正藏》第20册。
11. （隋）阇那崛多译：《佛本行集经》，《大正藏》第3册。
12. （隋）费长房：《历代三宝纪》，《大正藏》第49册。
13. （唐）阿地瞿多译：《陀罗尼集经》，《大正藏》第18册。
14. （唐）道宣：《续高僧传》，《大正藏》第50册。
15. （唐）伽梵达摩译：《千手千眼观世音菩萨广大圆满无碍大悲心陀罗尼经》，《大正藏》第20册。
16. （唐）菩提流志译：《不空罥索神咒心经》，《大正藏》第20册。
17. （唐）义净译：《根本说一切有部毗奈耶破僧事》，《大正藏》第24册。
18. （宋）法贤译：《众许摩诃帝经》，《大正藏》第3册。
19. （宋）志磐：《佛祖统纪》，《大正藏》第49册。
20. （元）盛熙明：《补陀洛迦山传》，《大正藏》第51册。
21. 陈迟：《明清四大佛教名山的形成及寺院历史变迁》，博士学位论文，清华大学，

2014年。

22. 陈珣:《慧萼东传〈白氏文集〉及普陀洛迦开山考》,《浙江大学学报》2010年第5期。

23. 景天星:《汉地观音道场信仰研究——以普陀山为中心》,博士学位论文,西北大学,2017年。

24. 李利安、景天星:《论古代印度的补怛洛伽山信仰》,《人文杂志》2019年第9期。

25. 刘震:《何谓"道场"》,《复旦学报》(社会科学版)2015年第6期。

26. 圣凯:《明清佛教"四大名山"信仰的形成》,《宗教学研究》2011年第3期。

27. 汪敏倩:《普陀山开山考》,《黑龙江史志》2015年第9期。

28. 王连胜:《普陀山观音道场之形成与观音文化东传》,《浙江海洋大学学报》2004年第3期。

29. 印顺:《初期大乘佛教之起源与开展》,北京:中华书局,2011年。

30. 邹怡:《从道家洞天到观音圣界——中古东亚文化交流背景中的普陀山开基故事》,《史林》2017年第1辑。

南宋时期普陀山的"易律为禅"

演 修 （中国佛学院普陀山学院）

【摘要】作为中国佛教四大名山之一的普陀山，在历史上曾经出现过两次"易律为禅"的情况，但史料中关于普陀山"易律为禅"的书写并不详细，仅有只言片语的记载。基于对南宋时期普陀山"易律为禅"的主要人物真歇清了禅师的生平、事迹考察，结合《普陀山志》及南宋佛教寺院的管理制度与禅宗曹洞一宗发展的史料的记载，并参考宋代杂文中的相关记载，大体可以反映出普陀山"易律为禅"较为真实的情况，有便于佛教史的厘清。

【关键词】南宋 普陀山 真歇清了 易律为禅

前 言

曹洞宗自宋朝中期之后蓬勃发展，至洞下第十世真歇清了、宏智正觉时，曹洞宗师广开法筵，四处接引门人，发展达到顶峰。南宋初年，真歇清了禅师浮海法驾普陀，在普陀山"易律为禅"，被尊为普陀山禅宗初祖。真歇禅师是自日僧慧锷开山（懿宗咸通四年，公元863年；一说后梁贞明二年，公元916年）之后有明确记载的普陀山第一位住持。普陀山开山较其他观音道场晚，自慧锷开山之后又沉寂了数百年。宋元丰年间（1078—1085），虽然普陀山受封主供观音，但是由于地处海岛交通不便，加之中原地区观音道场林立，除了过往商旅船只，普陀山多数时间人迹罕至。自南宋绍兴元年（1131）真歇清了至普陀山"易律为禅"之后，伴随着禅宗法脉的传入、禅宗清规纳入寺院管理，普陀山改制十方，禅僧、问道者以及护法檀越接踵而至，加之其特殊的地理位置，将这座海岛与《华严经》中描述的观音菩萨的说法道场相联系，普陀山遂广为人知。自此，名僧、菩萨示现、朝廷敕封等等这一系列的因缘推动着普陀山迅速跨入名山序列，使普陀山成为现在世人眼中的"全球观音信仰中心"。

一、真歇清了浮海前的普陀山

北宋时期，位于今我国东北地区的辽国（契丹）与宋对峙，使宋朝与高丽之间的海路与陆路交通均受到影响。宋朝建立初期，宋丽两国之间利用从登州（今山东蓬莱）至翁津（今朝鲜海州西南）的海上航线进行交往。宋仁宗庆历（1041—1048）年间，北宋从国家安保立场出发，曾下诏实行海禁，禁止海商通过海路往登州、莱州进而与辽国进行经商贸易，所以登州通高丽的海上航线也逐渐废弃。熙宁四年（1071），宋朝高丽恢复邦交，宋丽的海上航路改为由明州（今浙江宁波）进行往返。[1]古代，出海者在航行前都有祭祀海神祈祷平安的习惯，岱山境内东茹山的"泗州大师堂"（供奉唐初僧人僧伽和尚，即泗州大圣，唐末五代时，僧伽和尚被视为观世音菩萨的化身）在北宋时就是来往船人的常参拜处。普陀山位于明州港外，又兼有观世音菩萨显圣的传说，于是自然成为来往海客商旅崇奉礼拜的对象。

普陀山志记载，宋神宗元丰三年（1080），宋使王舜封前往高丽，"船至山下，见一龟浮海面，大如山，风大作，船不能行。忽梦观音，龟没浪静"[2]，因"遇风涛有感，以事上闻。赐额曰'宝陀观音寺'，置田积粮，安众修道。岁许度一僧"[3]通过这段记载可知，五代时建立的"不肯去观音院"应是私寺性质，至早于神宗元丰三年，普陀山乃有正式得到朝廷赐额的官寺"宝陀观音寺"，并且允许宝陀寺每年度僧一人。宋代度僧有其限制，实行按比例度僧，有一百僧人的地方每年可以度僧一人出家。由是可知，彼时普陀山僧众人数已接近或达百人。

宋人张邦基撰《墨庄漫录》卷五云："予在四明舶局日，同官司户王躁粹昭郡檄往昌国县宝陀山观音洞祷雨，归为予言，宝陀山去昌国两潮，山不甚高峻，山下居民百许家，以鱼盐为业，亦有耕稼。有一寺，僧五六十人，……三韩外国诸山在冥杳间，海舶至此，必有祈祷。寺有钟磬铜物，皆鸡林（高丽）商贾所施者。多刻彼国之年号，亦有外国人留题，颇有文采者。"[4]普陀山观音洞祈祷甚灵验，至洞祈祷的信徒多见观世音菩萨显圣现像。高丽国等国外的商贾船舶行经普陀时，必定登岛祈祷，且多有供养。张邦基的生卒年不详，大概生活于北宋末南宋初的宣和、绍兴年间。根据记载推知，彼时普陀山岛内寺僧五六十人的寺院应是宝陀观音寺，张氏的记载中只记灵异与所见，不述及寺院性质及寺僧生活日常等事。

徐兢在《宣和奉使高丽图经》卷三十四中记载："……以小舟登岸入梅岑。旧云：

---

[1] 魏志江、魏珊：《论宋丽海上丝绸之路与海洋文化交流》，《东疆学刊》2017年第1期，第89—91页。
[2] （宋）赵彦卫：《云麓漫钞》卷二，北京：中华书局，1996年，第30页。
[3] （元）盛熙明：《补陀洛迦山传》，《大正藏》第51册，第1137页下。
[4] （宋）张邦基：《墨庄漫录》，北京：中华书局，2002年，第152页。

梅子真栖隐之地，故得此名。……有萧梁所建宝陀院，殿有灵感观音。昔新罗贾人往五台，刻其像欲载归其国，既出海遇礁，舟胶不进。乃还置像于礁上，院僧宗岳者迎奉于殿。自后海舶往来，必诣祈福，无不感应。吴越钱氏移其像于城中开元寺，今梅岑所尊奉即后来所作也。崇宁使者闻于朝，赐寺新额，岁度缁衣而增饰之。旧制使者于此请祷。是夜僧徒焚诵歌呗甚严，而三节官吏兵卒莫不虔恪作礼。"[1]在朝鲜文献的记载中，普陀山的佛教历史始自南北朝的萧梁时期，欲载五台山观音像归国的僧人由慧锷变成了新罗贾人，甚至迎奉观音像的渔民也成了有名讳的僧人。虽然如此，通过徐氏的记载也可从侧面证实，高丽商贾诸人对普陀观音的崇奉，甚至有旧制规定，高丽前往大宋的使臣、商贾需要在宝陀寺进行祈祷活动。徐兢在到达普陀山岛的当晚，也进行了相应的佛事活动："僧徒焚诵歌呗甚严。"

由前文可知，在北宋时，普陀山有官方赐额的"宝陀观音寺"，岁许度僧一人，寺僧应在百人内。虽然历代普陀山志都记载因绍兴元年（1131）真歇清了禅师的来普陀山奏请全山寺院易律为禅，但通过文献记载可知，并没有明确的资料显示南宋以前普陀山内的寺院属于律寺性质。

二、真歇清了浮海来山

随着曹洞一宗的中兴，曹洞禅僧们四处传播禅法，又值宋朝皇室南迁，金兵大举进犯江浙地区，不少僧人到东南一带避难，普陀山逐渐进入禅僧们的视野。关于真歇清了的来山时间，各种版本的山志记载大致相同，其事迹主要为真歇"易律为禅"以及书"海岸孤绝处"。

真歇清了（1090—1151），清了为名，真歇为号，今四川绵阳人，俗姓雍。山志记载他"生有慧根，眉目疏秀，神宇静深，见佛则欣恋不舍"[2]。十一岁在圣果寺出家，十八岁试《法华经》得度并受具足戒，后至邓州丹霞山参谒子淳禅师并在其座下开悟。在离开丹霞后，曾北上巡礼文殊菩萨道场五台山，之后参谒长芦崇福寺的祖照道和禅师。宋徽宗宣和四年（1122），道和退居让位于真歇。宋高宗建炎二年（1128），真歇于长芦退院，绍兴元年（1131），至普陀山并改制，此后历住台州天封寺、福州雪峰寺、四明（今宁波）阿育王山广利寺、南京蒋山寺、临安径山能仁禅院、崇先显孝禅院等诸处。师曾为宋高宗生母慈宁太后韦氏说法，并得赐金襕袈裟银绢等物。绍兴二十一年（1151）十月圆寂于崇先，年六十二，谥号"悟空禅师"，塔于寺西，塔名"静照"。师嗣法者三十余人，著名弟子有真州长芦慧悟、雪窦寺宗珏、建康报慈传卿、自得慧晖等。

---

[1]（宋）徐兢：《宣和奉使高丽图经》卷三四，长春：吉林文史出版社，1995年，第72页。
[2] 武锋点校：《普陀山历代山志》，杭州：浙江古籍出版社，2014年，第1167页。

元代盛熙明本《补陀洛迦山传》记载："绍兴元年辛亥（1131），真歇清了自长芦南游，浮海至此，结庵山椒，扁曰'海岸孤绝禅林'，英秀多依之。郡请于朝，易律为禅。"① 明万历《普陀山志》记载内容更为简略，此版山志记载："清了字真歇，自长芦南游浮海至此，结庵山椒。"② 清康熙年间裘琏撰《南海普陀山志》载：

> 宋真歇禅师，讳清了，蜀之雍氏子也。生有慧根，眉目疏秀，神宇静深，见佛则欣恋不舍。年十一，依圣果寺俊僧受业。又七岁，试法华经，得度具戒。听讲玄解经论，以为言说终非究竟。出峡直抵沔汉，扣丹霞子淳禅师。淳问："如何是空劫时自己？"师拟对，淳掌之，师契旨。翌日，淳上堂曰："日照孤峰翠，月临溪水寒。祖师玄妙诀，莫向寸心安。"师趋进曰："今日瞒某甲不得也。"曰："试举。"看师良久。淳曰："将谓尔瞥地。"师便出。辄北游五台京汴，南抵仪真，谒长芦祖照。绍兴元年辛亥，自长芦南游，浮海至此，结庵山椒，扁曰："海岸孤绝处"。禅林英秀多依之。郡请于朝，易律为禅。时海山七百余家，俱业渔，一闻教音，俱弃舟去，日活千万亿命。后主国清、雪峰、育王、龙翔、兴庆、双径，凡七处说法，五承紫泥之诏，得度弟子四百，嗣法者三十余人，所编语录二集若干卷行事。此山禅宗，盖自师始，称开法第一世云。③

清代朱瑾、陈璿的《南海普陀山志》，清代许琰的《重修南海普陀山志》，清代秦耀曾的《重修南海普陀山志》以及民国年间的《普陀洛迦新志》关于这段内容的记载大体与裘琏本的山志记载相似，都是参考裘琏本的山志以及《大德志》的记载。王连胜主编的《普陀山大辞典》关于真歇清了来山的部分的记载则略有不同，《普陀山大辞典》载：

> 建炎初游四明，建炎二年（1128），浮海至普陀，筑庵于宝陀寺后山，题额"海岸孤绝处"。绍兴元年（1131）奏准朝廷，改普陀山佛教律宗为禅宗，自此禅林英秀，纷至归附。山上渔民700余家受教化，皆离去，普陀始为"佛国净土"。④

张坚主编的《普陀山志》关于真歇清了来山的记载是这样写的：

> 绍兴元年（1131，《五灯会元》为"建炎末"），真歇游四明，来到普陀山。他自己筑庵于宝陀寺后的山上，题匾"海岸孤绝处"。禅林英秀多附之。后任宝陀观音寺住持。真歇经过郡向朝廷奏请，在普陀山，改佛教的律宗为禅宗。"时海山七百余家俱渔业，一闻教音，俱弃渔业，日活千万亿命。"⑤

对比几本山志可知，对于真歇清了的记载有细微差别之处。关于真歇清了来山的时间，宋末元初的盛熙明所撰山志中记载真歇禅师的来山时间是绍兴元年（1131），后面

---

① 武锋点校：《普陀山历代山志》，第11页。
② 武锋点校：《普陀山历代山志》，第158页。
③ 武锋点校：《普陀山历代山志》，第315页。
④ 王连胜主编：《普陀山大辞典》，合肥：黄山书社，2015年，第271页。
⑤ 张坚主编：《普陀山志》，杭州：浙江古籍出版社，2016年，第528页。

历代的山志都沿用这一记载。《五灯会元》中记载真歇禅师于建炎（1127—1130）末来山，时间也相差不大。王连胜编写的山志中认为真歇禅师于1128年来普陀山，但是出处不可考。杨曾文老师在《宋元禅宗史》里关于宏智正觉的一段记载写道："建炎三年（1129），正觉避地明州（治今浙江宁波），本想到普陀山参访师兄真歇清了。当时天童寺正缺住持，有人向州府推荐，州府请正觉住持天童寺。"① 这段文字说明，真歇禅师在1129年已经在普陀山。书中关于真歇清了的生平说他1128年从长芦退院，曾婉拒几处寺院的聘任。而从普陀历代山志记载的内容可知，真歇正是从长芦来此，那么我们推测从真歇在长芦退院到他来到普陀山，时间应该不会太长。山志明确记载1131年在真歇清了的住持下普陀山"易律为禅"，"易律为禅"需要地方政府向朝廷申请以更改寺院的制度，这种官方的行为一般记录时间较为准确。所以山志记载中将真歇清了的来山时间与"易律为禅"时间混为一谈也并非不可能。

综上所述，文献中记载真歇浮海来山的时间在1128年末至1129年之间，真歇在普陀山"易律为禅"或者说弘扬曹洞禅法的准确时间为1131年。

三、真歇清了在普陀山"易律为禅"

（一）两宋时期的易律为禅

两宋时期的佛教与皇权之间的关系相对是融洽的，宋王朝在扶持佛教的同时也会对佛教适当限制。宋太宗登基之初扩大僧团，诏度童行17万人出家，又撰《新译三藏圣教序》开始佛经翻译。他认为："浮屠氏之教有裨政治。"② 宋太宗在位期间还令赞宁编纂了《大宋高僧传》。虽然宋徽宗在位期间因崇信道教将"佛改号大觉金仙，余为仙人、大士。僧为德士，易服饰，称姓氏。寺为宫，院为观"③。但宋高宗一朝并未延续其佛教政策，而是不再打击佛教。南宋大致延续了北宋对佛教的政策。总体来说，宋代朝廷对于佛教的态度相对是友好的，在调控佛教发展方面采用比较温和的经济手段。

"易律为禅"，在宋代佛教史的书写中又作"革律为禅"。温玉成在《禅宗北宗初探》一文中提及了少林寺于北宋"革律为禅"之事，号称禅宗祖庭的少林寺真正成为一座禅寺乃是公元1056年前后之事。宋神宗元丰五年（1082），宋神宗下诏辟相国寺六十四院为八禅二律；宋徽宗崇宁初（1102），诏天下每郡择一寺更为禅寺。④ 由是可知，禅寺取

---

① 杨曾文：《宋元禅宗史》，北京：中国社会科学出版社，2006年，第496页。
② （宋）李焘：《续资治通鉴长编》卷二四，北京：中华书局，2004年，第554页。
③ （元）脱脱等：《宋史》卷二二《徽宗本纪》，北京：中华书局，1977年，第403页。
④ （清）王昶：《金石萃编》卷一五四，《历代碑志丛书》第7册，南京：江苏古籍出版社，1998年，第508页。

得全国性的地位乃是北宋末期之事，此时禅宗转化为新兴的佛教贵族宗派。[①] 刘长东在《论宋代的甲乙与十方寺制》一文中认为，宋代"革律为禅"之辞较为常见，看似是谓某寺由属律宗而改属禅宗，但其事却未必尽然。"革律为禅"并非指寺院的宗派所属有变化，而仅指住持制度有更张。因宋代十方寺和甲乙寺多分属禅律二宗，所以宋人或以禅寺和律寺称十方与甲乙之寺，而未必指其宗派所属。[②]

宋代大量进行寺院的改制，主要表现在律寺改为禅寺或者寺院由甲乙制改为十方制。如芦山普光院在宋元丰年间就有易律为禅的记录："清泰开基，元丰革律。绵历绍圣，三世居禅。"[③] 也有改禅为律的，如灵龟山福源院："一桥云借路双沼，月分秋后更禅刹"，"今改为律院。"[④] 还有在禅律院之间往复的，如慈溪的华严院建于端拱二年(989)，本为律院，又"宣和初（1119）改为十方禅院。绍兴二十年（1150），本府保奏赐今额，复为律院"[⑤]。宋代寺院禅律之间的改革，看似是宗派修行方式的变化，实质是寺院继任制度的变革。

宋代盛行将寺院分为两种制度：十方制、甲乙制。宋余靖在《武溪集》中提到："近世分禅、律二学，其所居之长，禅以德、律以亲而授之。"[⑥] 又宋陆绾有言："释氏以一法通万行，故散而为禅、律。"他提到胜法寺的相关情况，"其徒星居，谓之律寺"，到至和初年"始议十方之名，请更于郡"[⑦]。又宋陈于"夫律为渐，禅为顿，而为之徒者，以禅授十方，以律传父子"[⑧]。由此可见，十方制大多为禅寺而甲乙制多为律寺。但是也有例外，比如，湖州乌程普明寺"宋绍兴五年，闽僧观公禅师，始来驻锡而结庵"，到淳熙五年"降敕额曰普明禅院"，然"盖自观公至断江，皆以甲乙相授"[⑨]。这说明并非所有的禅寺都是十方制，也有可能是甲乙制。在宋代，易律为禅的现象较为常见。所谓的"易律为禅"未必是进行改属宗派的变革，只是为变革住持继任制，如在《续传灯录》中有记载："大洪革律为禅，诏师（报恩）居之。"[⑩] 张商英在《大宋随州大洪山灵峰禅寺记》中说："诏随州大洪山灵峰禅寺革律为禅，绍圣元年外台始请洛阳少林寺长老报恩住持。崇宁元年正月使来求十方禅院记。"[⑪] 看这段记载，大概认为灵峰寺原为律寺现在改为禅寺，但是寺记文中又讲到该寺的开山祖师为"唐元和中洪州开元寺僧善信，即山之慈忍

---

① 温玉成：《禅宗北宗初探》，《世界宗教研究》1983 年第 2 期。
② 刘长东：《论宋代的甲乙与十方寺制》，《四川大学学报》（哲学社会科学版）2005 年第 1 期，第 79—80 页。
③ （宋）罗濬等：《宝庆四明志》卷一七，《慈溪县志·寺院·芦山普光院》，第 5218 页。
④ （宋）罗濬等：《宝庆四明志》卷一七，《慈溪县志·寺院·龟灵山福源院》，第 5220 页。
⑤ （宋）罗濬等：《宝庆四明志》卷一七，《慈溪县志·寺院·华严院》，第 5220 页。
⑥ （宋）余靖：《武溪集》卷九，《景印文渊阁四库全书·集部》第 1089 册，台北：商务印书馆股份有限公司，1986 年，第 86 页。
⑦ 中华书局编辑部编：《宋元方志丛刊·琴川志·卷十三》，北京：中华书局，1990 年，第 1282 页。
⑧ （宋）范成大等编：《吴郡志》卷三五，舟山图书馆藏资料，第 325 页。
⑨ （元）黄溍：《金华黄先生文集》卷一一，永康胡氏梦选楼刻印刊行，1924 年，第 11 页。
⑩ （明）居顶：《续传灯录》卷一〇，《大正藏》第 51 册，524 页下。
⑪ （清）杨守敬：《湖北金石志》卷一〇，民国十年朱印本，第 235 页。

大师也，师从马祖密传心要"①。这段文字记载善信在大洪山开山置寺，善信是马祖的嗣法弟子，唐文宗又赐额为"赐所居额为幽济禅院"，②此院开山之初便为禅宗道场。根据寺记，此寺未曾改禅为律，但因为该寺院实行甲乙制，张商英称其为律寺，而在其改制之后称其为十方禅寺。

高雄义坚根据无著道忠的《禅林象器笺》以及宋代陈舜俞的《福严禅院记》指出，在住持的继承制度上，十方制主张延请诸方名德，甲乙制则是师徒相授；在饮食制度上，十方制要求共居同爨，而甲乙制度则分房异爨。十方制是以德才为住持继任的标准，可以由本寺院产生，也可以由外来寺院的高僧大德来继任，没有门户之见。而甲乙制的寺院，我们又称为子孙丛林，继任者在上一任住持的弟子中产生，这样的住持继任制度难免相对狭隘。相比较而言，十方制在寺院发展的过程中更具优势，更能推选出能力出众、德行好的继任者。再结合有宋一朝对佛教的态度，显然十方制有利于政府对寺院的掌控。所以两宋年间大量寺院的易律为禅，既是宗派的变革，更是在政府推动下是借宗派改革之名行寺院继任变革之实。在这样的背景之下，真歇禅师对普陀山进行了"易律为禅"的改革。

（二）南宋时期普陀山"易律为禅"

上文提到两宋时期的易律为禅既有宗派的改革也有寺院继任制的变革。在此大背景下，真歇清了禅师在普陀山的"易律为禅"，既有禅宗法脉的传入，亦有寺院继任制的改革。山志记载，真歇来山之后，"郡请于朝，易律为禅"。这说明当时真歇的这一举动是官方的行为，是得到政府认可的，从官方层面确保了这一制度的落实。

普陀山开山是始于日僧慧锷，但是慧锷当时仅留下"不肯去观音"，后由张氏舍宅供奉，并未见有法脉传承一说。笔者发现关于南宋之前普陀山僧人住山的历史记录唯有两则。山志中有载："宋元丰三年，赐不肯去古院为'宝陀观音寺'，许岁度僧一人。"③又有宋张邦基在《墨庄漫录》中有这样一段记载："普陀山去昌国两潮，山不甚高峻，山下居民百许家，以渔为业，亦有耕稼。有一寺，僧五六十人。"④张邦基与真歇为同一时代的人，这段文字的记载大约是1128年，在真歇来山之前。这说明在慧锷开山之后到真歇来山之前，普陀山寺院是有僧人的，但是，相对于宋代动辄成千上万人的寺院常住规模来说，普陀山当时的寺院规模并不算大，也称不上所谓的"大丛林"。《普陀山历代住持传》中记载："由是禅林英秀多依，飞锡来山者，皆具曹溪正法眼藏。"⑤说明真歇

---

① （清）杨守敬撰：《湖北金石志》卷一〇，第235页。
② （清）杨守敬撰：《湖北金石志》卷一〇，第235页。
③ 武锋点校：《普陀山历代山志》，第1151页。
④ （宋）张邦基：《墨庄漫录》，北京：中华书局，2002年，第152页。
⑤ 林克智：《普陀山历代住持传》，舟山：普陀山佛教文化研究所，1999年，第11页。

来山之后开始传法吸引门人前来归附,这标志着普陀山有了明确的法脉传承。同时,山志记载的真歇之后的住持中,自得慧晖是曹洞十一世的法脉,曾亲近过真歇与宏智,得到宏智的认可:"倍受师之器重,彻法源底,许为'室中真子'。"① 其后住持中曹洞僧、临济僧均在位,这说明当时真歇"易律为禅"有十方制的改革成分在内。在宋代以前的文献中,并未明确表明普陀山的律寺属性,但从宋代易律为禅的普遍情况看来,真歇禅师的"易律为禅",更倾向于寺制的变更,将原本为甲乙寺制或私寺的"不肯去观音院"变更为十方制或官寺的"宝陀观音寺",而非改变寺院律、禅性质的从属。真歇在普陀山的"易律为禅"是禅宗法脉的传入以及十方制的寺院继任制度的确立。

四、南宋时期"易律为禅"之后的普陀山

(一)南宋时期普陀山"易律为禅"之后的历代住持

从上文的讨论中已知,真歇来山"易律为禅"有寺院继任制之十方制的改革成分在内。十方制在选择继任者方面采用延请诸方名德的方式,换言之,即是推选有德者任之,有公推的性质,相对而言会选出有德有才的继任者带领僧团继续发展;而甲乙制则是师徒之间的相授,容易狭隘封闭,有德有能者未必能继任。那么寺院十方制改革之后的普陀山住持给普陀山带来了什么样的变化呢?下文将列举南宋年间几位在真歇改制之后出任过普陀山住持的高僧大德,谈谈他们对普陀山做出的贡献。

真歇的继任者自得慧晖,会稽张氏子,幼年在澄照寺依道凝出家,后参谒真歇清了有悟。尔后在天童寺参谒宏智正觉禅师,宏智问他:"当明中有暗,不以暗相遇,当暗中有明,不以明相睹?"自得不知道怎么回答,晚上坐禅结束后便到佛前烧香,这个时候宏智忽然来到自得面前,就这样自得突然顿悟。次日宏智又以"堪嗟去日颜如玉,却叹回时鬓如霜"问他,自得回答:"其入离,其出微。"② 这里的"明"与"暗"、"离"与"微"均是禅宗指代体用、理事之间关系的用语。自得的回答得到宏智的认可,许他为法嗣。自得在绍兴七年(1137)继任宝陀住持,山志中记载:"于是普陀风范与天童并峙。"③ 同时,自得在住持宝陀之后,"又迁主四明万寿、吉祥、雪窦诸刹,皆为名公巨卿之所请,禅风大振于江南"。④ 这段文字说明,自得和尚在当时有着非常高的威望。自得是真歇在普陀山的继任者,得到宏智的认可并许他为法嗣,为曹洞第十一世传人。在他住持普陀

---

① 林克智:《普陀山历代住持传》,第11页。
② 张坚主编:《普陀山志》,2016年,第542页。
③ 武锋点校:《普陀山历代山志》,第1168页。
④ 林克智:《普陀山历代住持传》,第14页。

山期间，普陀山与天童齐名。当时的天童寺有宏智正觉这样一位宗师级的住持，当时的普陀山能得到如此之高的评价，可见教界对其道风及寺院地位的认可度是很高的。这样的评价足以证明真歇改制之后普陀山迎来了一位有德者继任住持，并将普陀山的声誉推至一个新的高度。

临济门下闲云德韶禅师，据《普陀山历代住持传》记载：

> 闲云，名德韶，临济门下大慧宗杲（1089—1163）法孙，佛照德光之嗣。宋嘉定初至普陀住持宝陀寺。嘉定三年（1210）八月大风，圆通殿被摧，经德韶奏请于朝，得赐钱万缗修葺殿宇，经四年工成，又因潮音洞边礁石嶙峋，几无措足之地，遂发愿凿石架桥，历6年桥成。宁宗御书"圆通宝殿"及"大士桥"额以赐，并赐金襕衣、银钵、玛瑙数珠、松鹿锦幡等，德韶建"龙章阁"以珍藏。嘉定七年（1214）丞相史弥远舍财购置香灯，庄严殿宇。朝臣陈师捐置长明灯106万。德韶置田积粮以安众禅修，时宝陀有田567亩，山1600亩。是年为美化名山，德韶和尚率众出坡，植杉木10万棵，为普陀山大规模造林之始。①

山志中这段描述指出，德韶是以临济宗法嗣的身份来出任当时的普陀山宝陀寺住持的。他来了之后奏报朝廷拨款修建寺院，而且宋宁宗还御赐"圆通""大士"的匾额。"圆通""大士"都是观音菩萨的别称，朝廷的这一举动说明对普陀山观音道场的又一次官方认可。关于闲云德韶禅师来山住持，元代地方志中也有记载：

> 德韶以佛光禅师法嗣来主丛林。值中殿，赐金钱，喧动都城。缁白从风，遂乃衷所施，创龙章阁。惟大士以三洲感应，身入诸国土，现八万四千身手臂目，接引群生，与五台之文殊、峨眉之普贤为三大道场。②

当时的朝廷赐金普陀山引起"喧动都城""缁白从风，遂乃衷所施"。从这段简短的描述可见，当时德韶来山之后受到政界、教界的拥护，护法檀越也是云集于此。当时的丞相史弥远、朝臣陈师更是慷慨解囊纷纷乐助。此时的普陀山已经名声大噪，又与五台、峨眉并称三大道场，这是在自得慧晖住持下普陀禅风与天童并峙之后又一个新的高度，普陀山第一次被列入名山之列。

其后又有在绍兴八年至嘉定六年间（1138—1213）住持过宝陀的弁至澜和尚。澜公住持宝陀的时间只是大概在这个期间，具体时间文献并未有准确记载。但是笔者从宋元时期的地方志以及山志中一段碑文的描述中找到了关于他的一段记载：

> 绍兴戊辰三月望，鄱阳程休甫、四明史浩，由沈家门泛舟，遇风挂席，俄顷至此。翌早，恭诣潮音洞顶礼观音大士，至则寂无所睹，炷香烹茶，但碗面浮花而已。

---

① 林克智：《普陀山历代住持传》，第15页。
② 凌金祚点校：《宋元明舟山古志》，舟山档案馆馆藏资料，第102页。

归寺食讫,与长老澜公论文殊拣圆通、童子入法界事。①

碑文中提到的"澜公"正是当时普陀山宝陀寺的住持弁至澜禅师。碑文的主人翁为南宋权臣史浩,《宋元明舟山古志》中记载:"史浩,本郡人。往宋绍兴戊辰年,为正监盐官。淳熙五年,入相,官至太师,赠越王,谥忠定。"②从碑文内容隐约可知史浩与当时宝陀寺住持之间应该是有一定交往的。从碑文"归"字看来,史浩来山之后是下榻在宝陀寺,尔后与澜公谈经论道。文中记载史浩笃信观音,来山为睹观音显相,而他又是南宋权臣,由此可以猜测他对宝陀寺是有护持的。他的儿子史弥远在南宋朝也任过宰相,在闲云德韶住持宝陀期间对宝陀寺也有乐助。南宋父子丞相先后护持普陀山有赖于菩萨加被,但是也离不开当时寺院住持的德行感召。史家父子能在南宋朝廷先后任宰相,必有其过人之处,而能与史家父子谈经论道的宝陀住持定是德才兼备。

以上是南宋一朝住持过宝陀寺的较著名的几位大德,或是因为他们留下了著作,或是在普陀山开山辟土为后世种下了福田,总之他们留下了可考的资料。古禅林圣贤住山埋头苦修者大有人在,史书未见记载未必是古德们用功不力而是志不在此。所以,笔者作为后学,仅从可考的资料中列出一二以彰古德们为现在称之为佛教四大名山之一——普陀山的发展所做出的贡献,后学当以先贤为榜样。

(二)清规在普陀山的运用

虽然山志中并未准确记载真歇来山具体采用的是何种清规,但笔者认为,真歇来山之后是有将清规纳入寺院生活的。山志中记载了真歇及以后的禅师们在普陀诸多的上堂法语,又有在普陀山举办"楞严会"的记载。笔者在这里将上堂仪轨以及"楞严会"所用的仪轨统一归纳在制度运用之下。

禅林的日常行为都是有规范的,在清规中对上堂有着明确的规定。如《禅苑清规》中记载:

> 夫小参之法,初夜钟鸣,寝堂设位,集知事、徒众。宾主问酬,并同早参。提唱之外,上自知事、头首,下至沙弥、童行,凡是众中不如法度,事无大小,并合箴规。③

所以,仅仅从上堂一事来看,真歇作为真州长芦崇福寺曾经的住持,在普陀山住持期间,上堂时一定会运用清规中的仪轨。继而可以推测,真歇也会将清规中的其他内容运用到寺院管理当中。

百丈怀海创制《禅门规式》,即我们俗称的"百丈清规",是中国禅宗寺院管理制度

---

① 王连胜主编:《普陀山大辞典》,第406页。
② 凌金祚点校:《宋元明舟山古志》,第97页。
③ (宋)宗赜著,苏军点校:《禅苑清规》,郑州:中州古籍出版社,2001年,第8页。

的标志性事件，自此中国的禅宗有了自己的寺院管理的制度参考。此后经过历代的发展，又有了宋代的《禅苑清规》《入众日用》《入众须知》《咸淳清规》，元代的《至大清规》《幻住清规》《敕修百丈清规》以及明清的《丛林两序须知》《丛林祝白清规科仪》《百丈清规证义记》。可见历朝历代对于清规的重视程度。《禅苑清规》是迄今为止发现的现存年代最早的禅宗清规，由长芦宗赜在北宋崇宁二年（1103）编撰而成。长芦宗赜是云门法系，为长芦崇福禅院应夫广照法嗣。在《禅苑清规序》中有这样一段文字："昨刊此集盛行于世，惜其字画磨灭。今再写作大字，刻梓以传，收者幸鉴。嘉泰壬戌虞八宣教谨咨。"①成书于北宋崇宁二年的《禅苑清规》在百年后重雕补注又再版，再版序中的"盛行于世"足以说明问题。可见宗赜的这本《禅苑规式》在当时的流通范围之广，也从侧面证明当时这本清规在寺院中的重要性。

南宋年间还有《入众日用》《入众须知》，其成书都晚于真歇来普陀山的时间，故这里不做讨论。长芦宗赜受北宋禅净合流思潮的影响，怀有浓厚的净土信仰，黄奎在《中国禅宗清规》一书中说道："他（长芦宗赜）所编制的《禅苑清规》是以西方净土信仰为背景和依托的。"②真歇清了同样有净土信仰，他发挥华严理事圆融的理论，将禅宗的修行与弥陀净土法门会通，并著有《净土宗要》《劝修净土文》等。《禅苑清规》中对僧人的日常行事、诵经说法、佛事仪轨、职位设置均有非常详尽的或者说极为严格的规定。所以无论从《禅苑清规》在当时的流行情况出发，还是从两位禅僧的净土信仰的角度出发，真歇在管理寺院方面极有可能采用或者参考《禅苑清规》。

另外，真歇清了还在普陀山举办过"楞严会"：

> 旧说曰：夏中楞严会始于真歇了禅师。真歇初住明州补陀山，僧行悉病疫，歇祈观音大士。大士梦中告云："佛在世时，有楞严咒，须令僧行，依戒腊行道诵持，回向圣凡。"觉而依教行法，果众病平愈矣。自此丛林依行，但逐一回向。歇后住径山，方作普回向偈，天下遵用。③

这是无著道忠旧说里的记载，夏安居中的楞严会起始于真歇。他在普陀山的时候，有一僧生疫病，真歇遂向观音菩萨祈祷。观音菩萨于梦中告知真歇需举办楞严会，并回向圣凡。真歇依教奉行，果然那位僧人病愈。后来在径山寺做了《普回向偈》，并广为流传。

对于真歇在普陀山或他举办"楞严会"具体使用何种仪轨，已经无从考究。但是从后期清规中"楞严会"完备的仪轨以及《禅苑清规》对于法事活动要求有严格的仪轨可以看出，他举办"楞严会"一定是有仪轨的，因为"楞严会"属于佛教法会当中的一种，

---

① （宋）宗赜：《（重雕补录）禅苑清规》，《大正藏》第63册，第1245页下。
② 黄奎：《中国禅宗清规》，北京：宗教文化出版社，2008年，第61页。
③ ［日］无著道忠：《禅林象器笺》，《大藏经补编》第19册，第103页上。

里面除了有念诵内容还有丛林执事的站位顺序，这就需要仪轨与流程来支撑整个法会。《普回向偈》并非真歇在普陀山写成，而是由后世加入到"楞严会"仪轨中去的，说明后来真歇对于"楞严会"的仪轨有调整，后期通行的"楞严会"仪轨可能并非完全出自真歇清了，但是这也说明他在普陀山时期是其对"楞严会"仪轨的实践期、改造期。

总之，上堂说法在真歇前已经在丛林当中普遍存在而且有了完备的仪轨，再从他在结夏安居中举办"楞严会"看，笔者认为真歇是将禅宗清规纳入普陀山寺院管理的有明确记载的第一人。

结　语

普陀山在南宋初年真歇清了来山"易律为禅"之后迅速发展，真歇及其后人在普陀山接引门人，广开法筵，禅风大振。又改制十方，选举有德者住持寺院，同时，将清规制度引入寺院管理体系，为普陀山的发展奠定了基础。之后南宋一朝有诸多名僧住持过普陀山，这些高僧都留下了传记与事迹，他们当时在普陀山开法接引众生，引得僧俗来朝。自得慧晖住持普陀期间更是禅风大振，使得普陀与当时在宏智正觉住持下弘扬"默照禅"的天童寺齐名。后又有朝廷赐银修建寺院，宋宁宗继而赐匾额"圆通宝殿""大士桥"，使得普陀山观音菩萨的道场再次获得朝廷敕封。此时的普陀山得以与五台山文殊菩萨道场、峨眉山普贤菩萨道场并称三大道场，普陀山已经以观音菩萨道场的身份列入了名山的序列。可见在南宋一朝，自真歇清了来山"易律为禅"之后，在禅宗临济、曹洞两派门人的住持下，普陀山声誉日隆，一次又一次将普陀山推向公众的视野。真歇清了禅师作为普陀山推行清规制度管理寺院有明确记载的第一人，为后世寺院管理制度、佛事仪轨的建设留下了重要的参考标准。

参考文献

1. （宋）赵彦卫：《云麓漫钞》，北京：中华书局，1996年。
2. （宋）李焘：《续资治通鉴长编》，北京：中华书局，2004年。
3. （宋）张邦基：《墨庄漫录》，北京：中华书局，2002年。
4. （宋）徐兢：《宣和奉使高丽图经》，吉林：吉林文史出版社，1995年。
5. （宋）范成大等编：《吴郡志》，舟山图书馆馆藏资料。
6. （宋）宗赜著，苏军点校：《禅苑清规》，郑州：中州古籍出版社，2001年。
7. （宋）宗赜：《（重雕补录）禅苑清规》，《大正藏》第63册。
8. （元）盛熙明：《补陀洛迦山传》，《大正藏》第51册。
9. （元）脱脱等：《宋史》，北京：中华书局，1977年。

10.（元）黄溍：《金华黄先生文集》，永康胡氏梦选楼刻印刊行，1924年。

11.（明）居顶：《续传灯录》，《大正藏》第51册。

12.（清）王昶：《历代碑志丛书》，南京：江苏古籍出版社，1998年。

13. 黄奎：《中国禅宗清规》，北京：宗教文化出版社，2008年。

14. 刘长东：《论宋代的甲乙与十方寺制》，《四川大学学报》(哲学社会科学版)2005年第1期。

15. 林克智：《普陀山历代住持传》，舟山：普陀山佛教文化研究所，1999年。

16. 凌金祚点校：《宋元明舟山古志》，舟山档案馆馆藏资料。

17. 魏志江，魏珊：《论宋丽海上丝绸之路与海洋文化交流》，《东疆学刊》2017年第1期。

18. 武锋点校：《普陀山历代山志》，杭州：浙江古籍出版社，2014年。

19. 王连胜主编：《普陀山大辞典》，合肥：黄山书社，2015年。

20. 温玉成：《禅宗北宗初探》，《世界宗教研究》1983年第2期。

21. 杨曾文：《宋元禅宗史》，北京：中国社会科学出版社，2006年。

22. 中华书局编辑部编：《宋元方志丛刊》，北京：中华书局，1990年。

23. 张坚主编：《普陀山志》，杭州：浙江古籍出版社，2016年。

24.［日］无著道忠：《禅林象器笺》，《大藏经补编》第19册。

拉斯韦尔 5W 模式理论下普陀山观音文化走出去策略研究：基于多重层次分析法视角

乐悠悠 （浙江舟山群岛新区旅游与健康职业学院）

【摘要】观音菩萨由于其悲悯众生、大慈大悲、法力无边的特性受到世界无数信众的无限崇拜和信仰，观音信仰具有维护和谐、构建人类命运共同体的积极宗教意义。而观音文化是中国佛教文化中独具魅力的形态之一，普陀山作为中国观音文化的重要道场之一，具有弘扬观音文化的诸多先天优势。但普陀山观音文化在走出去的进程中，需要正确解析传播过程中的传播主体、文化传播内涵、传播方式等不同要素。普陀山观音文化在浙江省、中国大陆、东亚地区不同的地域层级进行文化交流与传播时，要因地制宜，制定不同的传播策略，选择不同的文化传播重点，如此才能最有效地让普陀山观音文化走的更远、走得更好。

【关键词】观音文化　拉斯韦尔5W模式　层次分析

一、观音文化简介

（一）观音文化的起源

观音文化是一种社会性的文化（宗教）产物，其关键内核是观音信仰。观音信仰本质上是人们对"大乘佛法"中具有广大神通与智慧的"观世音菩萨"及相关派生所进行的崇拜和其他宗教文化现象的总和。经过上千年的发展与演化，强调"上求智慧，下度众生"的大乘佛法在中国本土佛教信徒的心中占有主导性地位，而其中具备无限广大"神通力"和胸怀对众生无尽慈悲心的观音菩萨则更是信徒们所崇拜与推崇的信仰对象之一。

在魏晋南北朝时期，国家分裂、社会动荡、民众生活动荡不安，经常过着朝不保夕、命如草芥的悲惨生活。统治阶级的腐化与无能让老百姓无法再信任国家对社会以及个人安全的保障能力，无力的民众只得转向精神性宗教性的追求来缓解肉体及精神痛苦,间接协调社会生产与人伦秩序[1]。发源于印度地区的佛教,在本土生根发展上百年后,其在汉唐时代已经在我国开始逐渐盛行。

(二)观音文化的内涵

观音文化的核心内涵是信众对观音菩萨的信仰及有关宗教文化活动的总和。但在论述观音文化的具体内涵前,梳理清楚"观音菩萨"等有关概念的内涵,将有助于我们进一步剖析观音文化的实质内容。

作为观音文化的核心主体,"观音菩萨"被普遍敬称为"观世音菩萨",唐代由于要避讳唐太宗李世民的"世"字名号,便将"观世音菩萨"改称为"观音菩萨","观音菩萨"全称尊号是"大慈大悲救苦救难观世音菩萨"。从尊号来看,观世音菩萨的全称便能体现其伟大品格与能力。"大慈大悲"体现观音菩萨悲悯众生、爱护人民、无边慈悲的超凡品格,也是大乘菩萨"下度众生"的最生动体现。"救苦救难"体现观音菩萨视一切众生如子女,无论穷富贵贱,无论男女老幼,只要信众自身遭遇苦难,均有获得观音菩萨救度的资格,而这也是大乘佛教所强调的"众生平等,皆具佛性"法旨的具体展现。

观音信仰在汉地之所以受到崇敬和普及,不仅在于观音菩萨拥有超凡的美好品格与无边神力,而且源于信众能与观音菩萨互动、交通方式的方便易行和所求必应。在普通信众的认知里,要想获得观音菩萨的救度或感应,无需像信仰其他神祇那样经过繁多的物质供养或长期的灵性修炼方可获得感应。对于观世音菩萨,只要信徒发心良善,又肯实行简易的有关法门,均有获得与观音菩萨感应的可能。正如佛教经典《妙法莲华经·观世音菩萨普门品》所云:"若有无量百千万亿众生,受诸苦恼,闻是观世音菩萨,一心称名。观世音菩萨,即时观其音声,皆得解脱。"[2] 按照经典所说,观音菩萨对任何时空环境下的任何众生,在按照观音法门进行一定修持的前提下产生的形形色色的乞求,均能以种种灵活的方式予以满足。同时,"观世音菩萨"名号本身也透露出观音菩萨这种能够满足无量众生愿望的能力来源——"观世音"法门。在佛教经典《大佛顶首楞严经》中,佛陀问诸菩萨各自修行从而证得圆通的方法,观音菩萨在最后一节《二十五圆通》中阐述了自己是通过何种方法修正佛法,从而证悟无上菩提智慧的:"我今白世尊:佛出娑婆界,此方真教体,清净在音闻。欲取三摩提,实以闻中入,离苦得解脱,良哉观世音。"也就是说,观音菩萨通过利用自身的耳根进行修行,用耳根的听力功能向自己的内在闻听,从而闻到能使自身耳根听闻的能闻的"本性",由此做到"动静二相,了然不生"[3]。观世音菩萨以耳根圆通为修行证道法门,在菩萨地度化众生时则"观"世间音声。

---

[1] 柳和勇:《论观音信仰的中国文化底蕴》,《学术界》2006年第4期,第178页。
[2] (姚秦)鸠摩罗什译:《妙法莲华经观世音菩萨普门品》卷七,《大正藏》第9册,第62页上。
[3] (唐)般剌蜜帝译:《楞严经》,《大正藏》第19册,第125页。

（三）观音文化的类别

根据已有的学术成果和实际内容，观音文化可以分类为观音宗教文化和观音世俗文化两大类别。观音宗教文化是观音信仰的基本义理和修持仪轨，它又可划分为两个方面：一是对观音所具神力的崇信；二是为获得观音神力加被而进行的论证以及在这种论证基础上提出的修道体系和修道实践[①]。

观音宗教文化的内涵主要有两大方面，一是信众对观音菩萨无边神力的信仰以及为了获得神力加持而进行的各类宗教活动。这种对观音菩萨的崇信，一方面是希望通过固定的修行获得观世音菩萨的"神力加持"得以解脱世俗苦难，积累世俗福报，从而达到世间法的圆满；另一方面是希望通过修行，获得观音菩萨的神力加持，得以减除修行过程中的"业障"，积累"功德"，助力自身修行菩提的进程，或是通过与观音菩萨获得感应，获得"神通"或是往生佛国净土，这种修行通常是诵念圣号和受持神咒两种，它是观音法门中缺乏理论思辨但强调绝对虔诚、持之以恒的部分。[②]二是信众对观音菩萨神力以及般若智慧的理悟及系统性修炼。这部分信众超脱了对观音菩萨的功利性的世俗崇拜，转向了对佛教经典研读、佛教修行方法的系统性修炼，例如修行"观音法门"以求得般若智慧和世俗超脱，或是研读跟观音菩萨修行方法有关的经典或修习其他仪轨得以超脱生死，证入无上菩提。

观音世俗文化就是佛家的观音信仰宗教文化体系的世俗化或世俗展现形式。观音世俗文化受到了中国历史文化结构及有关互动的深刻影响，是纯粹的佛教教义与中国传统文化土壤相互融合，共存共荣的体现，复杂的中国传统社会文化结构对观音信仰的特征、内涵、演化路径都产生了无法磨灭的影响。[③]虽然观音世俗文化是观音宗教信仰的低阶世俗形式，但是由于信众的佛教教义理解、信众关注目标、宗教互动形式方面存在巨大差别，因此观音世俗文化内部还是产生了世俗观音信仰与民间观音文化的分野。

世俗观音信仰是观音宗教信仰在民间普世化的一种表现形式，其特点在于信众的教义修持程度较低，不是那么注重追求观音信仰修炼体系中的般若智慧及解脱轮回，而是注重满足当下世俗需求以及福报积累。世俗观音信仰的信众多为普通民众，信众的修行方式多为称颂观音菩萨圣号以及念诵有关观音菩萨的佛经或咒语等。世俗观音信仰的信众很多虽然没有进行过系统性的观音法门或仪轨进行修持，但其深信自己通过长期和固定地进行有关观音菩萨的修持行为，由于观音菩萨的广大神通与感应，也能获得观音菩萨的神力加持乃至于修行上的成功。[④]他们认为虽然不能当下通过修持证得佛门最高智

---

① 李利安：《中国观音文化基本结构解析》，《哲学研究》2000年第4期，第44页。
② 李利安：《观音文化简论》，《人文杂志》1997年第1期，第78页。
③ 杜道琛：《中国民间观音信仰的特点》，《中国民族博览》2017年第8期，第16页。
④ 李利安：《观音文化简论》，《人文杂志》1997年第1期，第80页。

慧，但是通过持续的虔诚信仰和积德行善，可以逐渐摆脱世俗痛苦的烦恼，甚至可能获得死后往生佛国净土的资格或者为"来世"证得般若圣智、实现最高解脱打下基础。

民间观音文化是观音信仰被中国社会文化和民众认知结构浸润和改造后的最通俗化的观音文化表现形式，与世俗观音信仰相比，两者虽然都不能算作真正切合佛教终极教义与修行目标的观音文化普世化形式，但世俗观音信仰尚存较为稳定的修行方式和信仰活动规范，信众对观音文化有关的佛教教义与内涵尚知一二，信众与信仰对象进行的是持续性、规范性的宗教信仰互动，宗教虔诚色彩较深。而民间观音文化是千百年来，部分民众在功利主义心理作用下，以观音菩萨"有求必应，大慈大悲"的特性将其选择为崇拜祈祷对象。但这种崇拜祈祷的形式及内涵却也和世俗观音信仰大大不同。从古代开始，许多老百姓通过口耳相传以及民间神话的传播方式，了解到观音其"有求必应，大慈大悲"的特性，将其作为一种超自然的神祇去崇拜，但却并不了解观音菩萨及其信仰体系的真正内容，更不用说佛教体系内的其他深奥教义。例如闽南民间信仰中对观音的称呼也是与众不同的，闽南大部分信众或庙宇称其为"观音佛祖"，在晋江鳌溪寺，其所供奉的观音像甚至被称为"鳌溪观音佛祖"[①]。在这种民间观音文化的场域中，许多信徒对观音菩萨的认知以及其与别的神仙的区别不甚了解，更多是从观音菩萨的广大神通出发，进行更具有功利性色彩的神性崇拜及有关宗教性活动。比如中国民间有"无事不登三宝殿""用菩萨时挂菩萨，不用菩萨时卷菩萨"等俗语，充分体现了中国百姓对观音菩萨信仰的功利主义态度。有趣的是，在这种世俗化崇拜形式中，观音菩萨有求必应、随缘救度的特性也被信众充分应用，作为民间崇拜的神祇，观音菩萨具有多样化的信仰职能，如求子职能——送子观音、治病职能——叶衣观音等。除了功利性的膜拜，民间观音文化还体现在文学、诗歌、雕塑、民俗习惯上。文学上比如各类观音赞、观音偈、观音颂以及观音像题记、观音寺游记、观音殿堂厅阁楹联以及丰富多彩的观音变文、俗讲等。民俗习惯上还有一些地方产生了诸如观音灵签、观音阄这样的衍生宗教文化。[②]

综上所述，观音宗教文化是观音文化的主体和灵魂，是中国佛教的有机组成部分。观音世俗文化是观音宗教文化的副产品，它是中国传统文化的一个重要方面。没有观音宗教文化就没有观音世俗文化，而观音世俗文化的发展又促进了观音宗教文化的传播。在观音宗教文化和观音世俗文化的相互关系中，观音宗教文化含摄着中国观音文化的基本理论，是比观音世俗文化更深一层的文化结构。[③]

[①] 苏婷婷：《当代闽南民间观音信仰研究》，硕士学位论文，闽南师范大学，2021年，第17页。
[②] 周瑾：《普陀山宗教文化资源的开发与利用研究》，硕士学位论文，浙江海洋学院，2015年，第23页。
[③] 李利安：《中国观音文化基本结构解析》，《哲学研究》2000年第4期，第45页。

二、普陀观音文化分析

（一）普陀山观音文化的产生与发展

作为普陀山观音文化的物理承载，舟山市独特的地理环境和文化氛围是造就普陀观音文化的关键土壤。舟山市一直拥有着密如星盘的大小岛屿，千百年来，渔业劳动成为舟山人民生产生活的主要方式，今天的舟山渔场更是驰名世界。在古代，渔业生产是风险巨大且朝不保夕的劳作，渔民时时刻刻提心吊胆地过着"前有强盗，后有风暴，开船出洋，命靠天保"的日子。充满危险的工作条件和朝不保夕的生活状态，使得许多渔民需要一个能够保佑自己逢凶化吉、解除生活苦难的精神寄托。在经历过各类海神、龙王等神祇的原始崇拜后，佛教中"救苦救难、神通无边、大慈大悲"的观音菩萨成为了舟山人民的主要崇拜神祇，观音信仰在舟山地区逐步固定并传播下来。[1]

作为舟山观音信仰文化的核心区域，普陀山道场也见证了观音文化的起源与兴盛。普陀山道场位于浙江省舟山市舟山群岛的普陀山风景区内，岛上风光旖旎，洞幽岩奇，海天一色，风景怡人。"普陀"是"普陀洛迦"的简称，"补怛洛迦"和"普陀洛迦"都是梵语的音译，汉语意思为"美丽的小白花"。普陀山原来叫"梅岑山"，因了佛教经典才改名为"普陀山"。文字典籍中关于普陀山观音道场的记载，最权威的见于《千手千眼观世音菩萨广大圆满无碍大悲心陀罗尼经》："一时，释迦牟尼佛在补陀落迦山，观世音宫殿，宝庄严道场中。"[2] 由于人们认为补怛洛迦观音道场和舟山梅岑山的情景相似，所以后来普陀山也逐渐在佛教中国化的进程中演化为观音道场，经过千百年的建设与演化，普陀山也与九华山、峨眉山、五台山并立于世，合称为中国佛教四大名山，嘉定七年（1214），普陀山被御赐"圆通宝殿"额，被钦定为供奉观音的道场。至此，普陀山作为中国大陆观音道场的地位正式得到了确认。

普陀山观音文化的核心部分便是普陀山区域的诸多历史悠久的佛寺，普陀山上一共有32座寺庙，其中最出名的有3座。普陀山三大寺院为普济禅寺、法雨禅寺、慧济禅寺。其中普济禅寺又叫前寺，坐落在白华山南、灵鹫峰下，是供奉观音的主刹，大圆通殿是全寺主殿，人称"活大殿"，供奉着高8.8米的毗卢观音。此外法雨禅寺、慧济禅寺也都供奉着诸如圣观音、毗卢观音等各类观音菩萨圣像，具有极高的审美价值和艺术价值。另一核心地标便是普陀山南海观音造像，此观音佛像高18米，莲台2米，台基13米，总高为33米，坐落于普陀山双峰山南端的龙湾岗墩岗上，也是普陀山海天佛国的核心地标象征。由于普陀山土地资源紧缺，随着多年的旅游产业开发，空间资源的不

---

[1] 程俊：《论舟山观音信仰的文化嬗变》，《浙江海洋学院学报》（人文科学版）2003年第4期，第33页。
[2] （唐）伽梵达摩译：《千手千眼观世音菩萨广大圆满无碍大悲心陀罗尼经》，《大正藏》第20册，第106页上。

足也成了制约普陀山观音文化进一步发展的瓶颈,迫切需要有更大的平台用来承载观音文化的发展。经过多年规划与建设,终于在 2020 年 11 月成功开启了"观音法界"主题博览园。建筑上借鉴吸收了佛教建筑、皇家园林、私家园林的优点,成功打造了新时期以观音文化为主题,集朝圣、观光、体验、教化、弘法功能于一体,集观音菩萨和观音文化之大成的观音博览园。[1]

(二)普陀山观音文化的特征

一是海洋文化特性。[2]作为"海中之洲",普陀山的观音文化具有鲜明的海洋特色,使其成为孤悬海外的"人间净土"。普陀山上的佛寺大多临海而建,海岛周围的海洋自然环境和寺院景观和谐相融。每当山上的寺院传来诵经拜佛与晨钟暮鼓之声,都能与潮水拍岸声和谐共鸣,海浪击打岩石的声音一直在耳边环绕,大海成为背景,潮音如同在一起礼佛。旭日东升之时,海面景色与庙宇交相辉映,金色的日照仿佛神圣的佛光映射于岛上,十分壮观。此外,普陀山著名的潮音洞以及周边摩崖石刻,都凸显了普陀山观音道场的海洋气息,增添了普陀山观音信仰文化的海洋文化特色,成为利用海洋自然资源进行文化创造的一种独特成果。[3]除了自然环境与建筑景观的海洋特色,普陀山观音文化的宗教仪式以及其他民间活动也体现着独特的海洋特性。例如一些信众在祈雨祈晴时须到靠近海边的潮音洞领香;后又规定须渡海去另一海岛桃花山请圣,雨过之日再拨舟泛海送圣。又如一些信众遵循三步一拜上佛顶山,此并非佛教规制,但海岛信众为表示其观音信仰的虔诚,也常有三步一拜上佛顶山礼佛之举。遇到民间生产生活、丧事喜事等,相关仪式也具有鲜明的海洋特色。如沈家门渔民每逢渔场春汛时,大都到普陀山进行祈祷佛事,以求平安,祈求捕捞成果高产。一些附近海难事件发生后,相关人员举办的丧事礼仪也都具有鲜明的普陀观音文化特点,例如在 1949 年 7 月 24 日,浙东行署 40 多名官兵在莲花洋罹难,相关组织者便召集普陀山僧众千余人在普济寺做佛事超度,安慰亡魂。

二是景观旅游特性。普陀山在 1982 年被评为第一批国家重点风景名胜区,是当时唯一的以宗教圣山定义的海岛旅游胜地。与其他海滨旅游地相比,普陀山旅游业起步较早。改革开放以来,普陀山在国内外的影响日益扩大,来山览胜观光、调查考察、度假修养者与日俱增。避暑、度假、疗养、休养、考古、考察、交流、写生、影视摄制、民俗采风等项目已经成了普陀山旅游的招牌项目,普陀山旅游产业成为舟山市内旅游业名副其实的明星产品。普陀山文化旅游品牌的核心竞争力之一就是其自然景观资源。普陀山是自然奇山,拥有着被称为"五绝"的自然胜景:金沙、奇石、潮音、幻景、古刹。只有

---

[1] 李莹:《"观音法界"旅游地标功能提升策略研究》,《浙江海洋大学学报》(人文科学版)2018 年第 3 期,第 27 页。
[2] 柳和勇:《舟山观音信仰的海洋文化特色》,《上海大学学报》(社会科学版)2006 年第 04 期,第 54 页。
[3] 朱丽芳、胡世文:《舟山观音信仰与海岛居民的幸福感》,《浙江海洋学院学报》(人文科学版)2012 年第 29 期,第 8 页。

"古刹"是属于人文景观，其余的四绝都属于自然奇观。普陀山的石，奇异超常，云扶石、磐陀石、二龟听法石，被称为"三奇石"。普陀山的沙，被称金沙，沙色似金，纯净松软，宽坦软美。普陀山的洞门和潭洞数不胜数。著名的潮音洞是一个天然形成的潮洞。由于地形特殊，潮音洞会出现"幻境"，传说是"观世音现身处"。诸多的自然美景，以及历史悠久的寺庙景观，一同构成了普陀山引人入胜、叹为观止的独特风景。

三是社会心理特性。前往普陀山进行参拜的除了对观音信仰有了解的香客信众，也有数量巨大的普通游客，虽然前往普陀山游览的动机各不相同，但是普陀山给游客所带来的心理慰藉和疏导功能是不容忽视的。据调查发现，一些崇信观音信仰的游客，对于定期参拜普陀山赋予了诸如精神解脱、与菩萨"连接"的神圣意义，而对于一般的世俗游客，参拜普陀山以及了解普陀山观音文化更多是一种修身养性、放空身心的绝佳旅行体验，并无更深的宗教意味，每当游客前往普陀山，都可以放下世俗事务，登高观海，静听海潮音声。[①]这些并无固定宗教信仰的游客，也构成了普陀山游客的重要组成部分，其中甚至还存在着大量的"回头客"，而普陀山游览所带来的心灵慰藉功能是他们选择回游的重要原因。

三、拉斯韦尔5W理论下普陀山观音文化传播机理分析

（一）拉斯韦尔5W理论及适用性分析

拉斯韦尔是传播学领域极为重要的理论奠基人，他首次提出了著名的5W模式的雏形，用以分析复杂的大众传播过程，并可以得出科学结论。拉斯韦尔5W理论模型是一个适用于大众文化传播分析的经典理论，也是传播学领域中第一个传播沟通模式框架分析。拉斯韦尔在理论模型中将人类社会中的信息及文化内容传播拆分为了控制端、媒介端、内容端、受众端和效果端5个部分，也初步勾勒出了5W理论分析框架。5W模式提出后普遍应用于大众传播领域，它不是对传播过程片面的分析，而是对整个传播过程的结果进行分析，5W模式奠定了传播学研究范围和基本内容，对传播过程中的每一个环节都可以进行独立的研究。

观音文化的传播属于大众文化传播，它既是一个涉及多个主体的文化传播活动，也是一个涉及古今中外观音文化互动与建构的历史进程。只有通过理论模型来分析，才能帮助我们避免关注"观音文化"走出去过程中的过于细碎的研究对象，使研究的主力集中于研究和实践在"观音文化"推广过程的基本要素。

[①] 何菲：《舟山渔农村观音信仰研究》，硕士学位论文，浙江海洋大学，2018年，第23页。

（二）拉斯韦尔 5W 理论视角下普陀山观音文化"走出去"要素分析

拉斯韦尔 5W 理论中的 5W 分别是传播者（Who）、传播内容（What）、传播媒介（In Which channel）、传播受众（To Whom）和传播效果（With What Effect）[①]，而普陀山观音文化传播过程中各个要素也可以根据 5W 理论进行拆分：

1. 传播者（Who）要素分析。传播者是指利用特定手段向客体发送信息的主体。传播者的出现，代表着传播活动的开端，传播者可以是个人，也可以是媒体组织，当然，也可以是拥有现代社会技术的媒体、网络等等。普陀山观音文化"走出去"传播过程中的传播者可以是普陀山的宗教团体、文化旅游管理部门、艺术团体或个人、非政府组织团体等。不同的主体在普陀山观音文化"走出去"的进程中发挥着不同的作用，有的是积极主动的信息生产和传播职能，诸如专业宗教团体或是文化旅游管理部门，而有的主体则是对信息传播进行监管和规划，诸如宗教事务管理部门等。

2. 传播内容（What）要素分析。传播内容就是整个信息传播过程的核心，传播活动之所以能够开展，依托于传播内容的存在，传播者和受众的行为都会受到传播内容的影响。传播者在推广普陀山观音文化时，需要分清观音宗教文化与观音世俗文化的分野，针对不同的传播内容进行策略制定。对于观音宗教文化的内容，需要注重其理论的权威性和可靠性，尽量避免宣传内容的过度娱乐化与商业化。对于观音世俗文化，有关主体可以发挥主观能动性，取其精华去其糟粕，利用好观音世俗文化中有益于社会和谐、民族优秀文化传承的部分，进行内容的创造与改进，变为信众及游客喜闻乐见的形式。

3. 传播媒介（In Which channel）要素分析。在新媒体时代，普陀山观音文化的传播可以不仅仅局限于传统的现场活动或是电视新闻、文章报道等，积极利用当下手机直播、团体旅游、互联网新媒体等平台进行传播与报道，可以根据传播受众年龄采取不同的宣传形式。同时，可以根据"元宇宙""VR"技术等概念，开发新的普陀山观音文化产品与文化交流活动，吸引年轻信众与游客，与时俱进，增加普陀山观音文化传播活力。[②]

4. 传播受众（To Whom）要素分析。传播受众是传播信息输出所要到达的接收对象，它是传播者所认为的信息直接或者最终的接收客体。随着新时代的到来，普陀山观音文化的传播受众不再是传统意义上前来普陀山拜谒的香客、游人，亦或是普陀山有关文化产品的读者听众等，而是可以转变为任何能够参与到普陀山观音文化交流活动的参与主体，如何增加有关交流活动的普适性与开放性，也决定着未来受众的增长速度与范围。

5. 传播效果（With What Effect）要素分析。根据普陀山文化活动战略规划的核心要求，对普陀山观音文化活动传播效果进行评估的核心要素就是"普陀山观音文化品牌"

[①] ［美］哈罗德·拉斯韦尔著：《社会传播的结构与功能》，北京：中国传媒大学出版社，2013 年，第 31 页。
[②] 普陀山佛教网：《会长道慈大和尚在普陀山佛教协会 2021 年度年终总结大会上的讲话》，2022 年 1 月 13 日，https://www.putuo.org.cn/article/news/5500.shtml，2022 年 12 月 3 日。

的推广效果。[①] 但由于普陀山的"观音文化"品牌具有复杂的宗教属性、社会属性、文化产品属性等，所以从某个单一的维度来解析并评价当前普陀山观音文化的传播效果都会比较困难。所以本文将根据商业领域的品牌传播学原理及其对品牌传播的分析方法，来构建一个初步的关于普陀山观音文化品牌传播效果的评价体系。从品牌学角度来看，当传播主体的形象达到了所期望的知名度和影响力，并基于此能够直接或间接引导消费者对品牌相关商品的消费取向，那么该品牌便较为成功地传播了。[②] 同理，当该品牌能够提高传播标的物的知名度或者美誉度时，该品牌便可以成为一个成功的"社会品牌"。而普陀山的"观音文化"品牌便是由普陀山管理方及相关传播主体所欲打造的特色性"社会品牌"，以便于提高普陀山对外传播活动的知名度。

目前大多数研究者在评价商品品牌或社会品牌在传播受众中的影响力大小方面，提出以下几个指标是可以较好衡量品牌的传播效果，分别是：品牌知晓度、品牌偏好度、重复购买度、品牌满意度等。其中，品牌知晓度是指传播受众对产品名称或者产品标识的认知熟悉程度，例如传播受众一听到普陀山，就能联想到普陀山有关观音道场、寺庙、文旅产品等，就能体现出普陀山的观音品牌具有较好的品牌知晓度。品牌偏好度是指产品的品牌在与其他竞争性主体的产品相比之下，更容易获得传播受众的优先选择或者信息接收偏好。比方说一些游客想去参访观音道场类的旅游景点，第一个就会想到前往普陀山而非其他景点，那么就可以说普陀山在传播受众心中具有很高的品牌偏好度。重复购买度是指消费者对自己感到满意的产品在之后有需求的时候进行再次购买的行为。如果传播受众重复多次参与普陀山的观音文化系列活动，或者重复体验或购买普陀山的观音文化系列文化产品，那么就说明有关传播活动的效果是较为成功的。品牌满意度是指消费者或者传播受众在使用或体验完产品后，对产品所属的品牌形成的正向或消极的心理态度，甚至会影响其对该品牌之后的品牌偏好度、重复购买度等其他重要指标。

综合上述5W因素内涵介绍，若需要对普陀山近些年来为了让观音文化"走出去"的各项传播交流活动的内容和后续效果进行评价，就必须在既有的品牌传播效果评价要素的基础上，根据普陀山观音文化传播活动的内涵与特点，初步构建一个评价体系，来对各项活动进行评估，从而为下一章提出更有效和针对性的建议措施打下基础。从普陀山近20年来的各项文化交流活动来看，可以根据其活动重要性、活动举办次数等将各项交流活动分类为两种，分别是：传统型传播交流活动、非传统型传播交流活动两大类。传统型传播交流活动具有参与主体多元、活动持续性强、影响力重大等特点，多属于普陀山有关传播主体业已开发与运营较为成熟的传播交流活动，具有较为完善的活动组织机构、活动日程安排、活动合作方等，因此若想评估传统型传

---

① 普陀山佛教网：《会长道慈大和尚在普陀山佛教协会2021年度年终总结大会上的讲话》，2022年1月13日，https://www.putuo.org.cn/article/news/5500.shtml，2022年12月3日。
② 余明阳、杨芳平：《品牌学教程》，上海：复旦大学出版社，2005年，第49页。

播交流活动是否在品牌知晓度、品牌偏好度、重复购买度、品牌满意度等要素方面达到了相关主体的期望时，我们便可以从影响力扩展度、受众关联活跃度两个维度来统合这四个评估指标，从而对相关活动的传播效果做出较为科学的评价。影响力扩展度在网络媒体时代可以表现为是否在具有重大影响力的媒体平台上被大量报道，是否在受众舆论中形成了积极意义的讨论。而这正好符合了品牌知晓度、品牌偏好度这两个要素的考察要点。同理，非传统型传播交流活动大多是普陀山与其他主体所进行的非固定性交流，非传统型传播交流活动主要具有举办时间非固定、活动规模小、传播受众群体较为单一化等特点，这类活动在资金规模、人员规模上虽然不如传统型传播交流活动，但大多属于普陀山为了拓展文化交流内容而进行的创新性交流活动，这类活动只要在活动持续度、品牌扩展度上取得成功，那么也可以在品牌的重复购买度、品牌满意度等要素上推动普陀山观音文化品牌"走出去"，从而使得非传统型传播交流活动具备持久性地提高普陀山观音文化交流传播活动的可能性。[①] 所以，通过以上的普陀山多样化的观音文化传播活动进行了两种分类后，本文将对普陀山近些年所开展的两类传播活动效果的评价列入下方表格进行分析：

表一　传统型传播交流活动评估表　　来源：普陀山佛教网

活动名称	活动内容	影响力扩展度	受众关联活跃度	传播效果评价
普陀山南海观音文化节	以普陀山深厚的观音文化底蕴为依托，以"弘扬观音精神，传播观音文化"为理念，致力于打造普陀山文化名山的盛会佳节。	较强。国务院新闻办公室网站进行专篇转载介绍；凤凰网2011年、2013年连续专篇报道；北京晚报官网2019年进行有关新闻报道。	较好。南海观音文化节将观音信仰主题和丰富的民众活动与宗教仪式结合，活动环节设计完备，游客反馈良好，并自愿在其他媒体平台进行传播，在游客与信众中建立起活动品牌。	较好。文化节特色活动体验感强，内容丰富，舆论影响力逐步形成，受到宗教界及普通受众好评。
中国普陀佛茶文化节	中国普陀佛茶文化节活动旨在弘扬佛文化与茶文化，推进佛茶产业的交流与合作，延伸普陀佛茶产业链，丰富佛茶文化内涵，做好佛茶产业、佛茶文化与旅游产业、休闲农庄的结合文章。	强。2022年开幕式通过掌上普陀App、"中国舟山普陀"微信视频号、"嗨普陀"抖音号、"中国普陀"微博等平台进行网络直播和报道。普陀山佛茶、观音饼等特色产品在微博、抖音都有大量文章进行报道与宣传。	高。普陀山观音文化系列产品被"普陀山小帅"等多名百万粉丝级别"大V"进行专门宣传，受众有关反馈多为正向支持。普陀山特色纪念品也在淘宝、京东等各大网络平台进行销售，销量较好，但网络渠道购买基数与增长率较低。	较好。普陀山特色纪念品系列目前已经形成了较为稳固的产品系列和客户群，成为了普陀山旅游及观音文化的派生产品，进一步助力了普陀山观音文化品牌的建立与传播。

---

① 余明阳，杨芳平：《品牌学教程》，第57页。

活动名称	活动内容	影响力扩展度	受众关联活跃度	传播效果评价
普陀山"千人斋宴"活动	普陀山"千人斋宴"始创于2003年,秉承绿色素斋文化、和谐生活理念、慈善社会效益的宗旨,倡导"新六和"精神,弘扬观音文化,传递和合正能量。已在泉州、漳州、福州、石狮、厦门、三明、大连、深圳以及台湾、香港等地成功举办了多场斋宴晚会系列活动。	一般。被泉州网和温州网2009年进行报道,但有关读者并无跟帖及讨论。凤凰网2010年对千人宴活动进行了专页报道;浙江新闻网在2015年进行了报导。	一般。"千人斋宴"活动由于直接参与者与受众规模较小,同时在活动内容策划方面创新较少,导致受众反馈较为单一,相关报道受关注度较低。	一般。"千人斋宴"活动由于内容限制,直接传播受众人数较少,同时有关宣传传播活动新意不足,无法进一步扩大活动影响力。

表二　非传统型传播交流活动评估表　来源：普陀山佛教网

活动名称	活动内容	活动持续度	品牌扩展度	传播效果评价
普陀山"宗教智慧"系列总裁及企业研修班	普陀山智宗法师为北大国学总裁班授课;门肃法师应邀为加多宝集团开示佛法并做交流。	一般。"宗教智慧"系列总裁班目前只进行了两期连续培训,对其他企业的讲座和宣传活动也多为碎片化活动,没有形成固定培训课程计划。	较差。活动多局限于寺庙方与培训学员之间,并未与传播媒体或其他培训机构达成进一步活动安排。	一般。该系列讲座及研修班多面向小型团体,且有关宣传规模较小,无法对大众形成较好的宣传作用。但可以通过活动参与者在自身的社交网络中进行小范围的高质量宣传。
佛教文化个人艺术系列展览	"百态观音·慈航普渡"德化瓷艺大师暨全国书画名家作品展;洮砚精品与佛教书法展、《墨缘禅海》书画展等个人艺术展览活动。	较差。之后并无相关系列活动展开,也未形成类似活动举办的固定机制。	较差。与相关艺术团体或宣传媒体没有形成进一步的深度合作或者活动计划。	较差。相关艺术展览既无较大媒体平台进行报道,有关活动本身影响力和活动策划方面也还处于初级阶段,对普陀山观音文化品牌传播作用有限。
普陀山禅修体验系列活动	由普陀山风景区管委会于2014年出台《普陀山禅修旅游项目实施方案》,确定禅修基地及有关经营标准,标志着系列活动正式成型。游客通过机构报名,集体在普陀山有关场所参加禅修、野游、素食、抄经等系列活动,修身净业,体悟人生。	较好。普陀山禅修体验系列活动已经形成了较为成熟的宗教风格旅游产品品牌,已经成为当地固定的特色旅游产品,平均每年拥有18万人次以上的相关游客。	较好。禅修体验活动涉及餐饮、住宿、交通、禅修等多个环节,形成了较为成熟的运营链条,相关宾馆、旅行社、素食餐厅等主体均能有效提供优质服务,共同助力普陀山禅修项目发展。	较好。出台了有关指导方案和管理制度,对项目的服务标准、LOGO、着装、用具等内容进行了标准化运行,有关项目受到政府机构和商业机构的大力推荐。
普陀山其他社会公益性活动	2011年普陀山妙善文教慈善功德会为福建、山东病伤患者乐助善款。	一般。普陀山相关慈善捐赠和社会活动多为碎片化的单个活动,目前尚未形成固定对外机制。	一般。在活动安排和对外宣传中尚未形成普陀山独特的慈善文化品牌。	一般。该系列慈善活动多面向特定团体或个人,且有关宣传规模较小,无法对普陀山观音文化"慈善"品牌形成较好的宣传作用。

表三　非传统型传播交流活动评估表　来源：普陀山佛教网

活动名称	活动内容	活动持续度	品牌扩展度	传播效果评价
与港澳台宗教届、文化界进行的传播交流活动	2011年台湾灵鹫山心道大和尚带居士团、澳门利氏学社高照神神父来普陀山参访交流；2015年在普陀山普济禅寺大圆通殿举行台湾灵鹫山毗卢观音开光法会；2016年台湾花莲县县长傅崐萁参访普济禅寺；2018年普陀山佛教协会举行南海观音禅林与台湾青山寺结对交流十周年纪念法会；2019年台湾新北市佛教会一行参访普陀山进行交流。	一般。大多数活动多为配合有关主体部门进行的交流工作，并没有形成独立的活动系统安排。	较好。该项交流活动涉及两岸三地的宗教、政治、文化界知名人士与团体，对拓展普陀山观音文化知名度具有较好的推动作用。	较好。增强台湾宗教界和民间信仰对普陀山观音文化的认同感与归属感，为两岸宗教与文化合作交流打下良好基础，与有关宗教界团体和人士结下殊胜法缘。但在大众传媒和普陀山观音文化品牌建立角度来看影响力仍需进一步开发。
与浙江省外宗教届、文化界进行交流活动	2011年江苏金陵协和神学院参访中国佛学院普陀山学院；2018年普陀山佛教协会副会长率佛协第二组参学团赴河南参访交流；2020年北京市宗教文化研究会考察团到访普陀山考察交流。	一般。2019年江苏金陵协和神学院再次派团参访中国佛学院普陀山学院，但非双方固定文化交流机制。与其他地方团体的交流活动也多为非机制化。	一般。一些固有的省外交流也多是以其他官方机构（中国佛协等）名义下进行。	一般。并未形成普陀山与省外团体的固定交流与传播机制，宗教文化交流多局限于小规模团体交流或个体行为，呈点状分布，且相关新闻信息并未被大范围报道或被传播受众所熟知。
与国外宗教届、文化界进行友好交流活动	2011年普陀山高僧赴美国、加拿大等欧美国家进行弘法交流活动；2013年美国中华佛教会一行参访普陀山进行交流；2019年美国佛教联合会会长一行参访普陀山；2020年普陀山佛教协会向菲律宾、美国、日本等33座友好寺院捐赠口罩。	一般。与其他宗教团体进行多为非固定化的交流活动。	较好。在2006年首届世界佛教论坛上倡议出台了《普陀山宣言》，在宗教界极大地推动了普陀山观音文化品牌知名度。	一般。一方面，普陀山观音文化品牌在国内外宗教界的活动中愈发出彩，普陀山的诸多对外活动逐步具有特色；另一方面，普陀山对观音文化品牌传播路线和对外传播策略仍无清晰规划。
普陀山其他社会公益性活动	2011年普陀山妙善文教慈善功德会为福建、山东病伤患者乐助善款。	一般。普陀山相关慈善捐赠和社会活动多为碎片化的单个活动，目前尚未形成固定对外机制。	一般。在活动安排和对外宣传中尚未形成普陀山独特的慈善文化品牌。	一般。该系列慈善活动多面向特定团体或个人，且有关宣传规模较小，无法对普陀山观音文化"慈善"品牌形成较好的宣传作用。

四、层次分析视角下普陀山观音文化"走出去"策略分析

为了实施科学化与可持续的普陀山观音文化"走出去"策略,需要正确界定普陀山观音文化走向何方、走入何种深度。对普陀山观音文化"走出去"的时空与地理限制进行对应的层次分析与界定,分析不同情况下普陀山观音文化"走出去"所需要的具体实施主体力量和传播内容。通过对普陀山观音文化传播场域的层次划分与条件分析,制定不同的战略方向和内容,如此方能成功推广普陀山观音文化,造福社会文化,发扬佛教文化魅力。

所谓的层次分析理论,最知名的学术来源是国际关系领域中结构现实主义的奠基人肯尼思·华尔兹。1959 年华尔兹首次使用层次分析法完成《人、国家与战争:一种分析方法》,成为国际关系研究中的一种重要方法,也成为国际政治中众多学者的讨论焦点。从个人行为、国家内部结构与国际体三个意象的性质和行为出发,通过这三个层次分析古典政治学关于战争起源和性质的看法。[①]结构分析是国际关系理论中一个重要的视角,它不仅提供了一个切入繁杂国际关系实践的视角,而且对理论的科学化有着不可磨灭的贡献。结构分析主要有两个方面的优点:一是结构分析允许我们从整体上考察国际关系;二是结构分析能够使理论保持简约的同时可以建立拥有几个少数变量的理论[②]。但是层次结构分析在现实中的使用范围也不仅仅局限于国际关系领域,在社会学分析、公共政策分析等领域都有应用的成功案例。通过利用层次分析视角,可以帮助我们研究一些较为复杂的对象及其内部结构,提出针对性的分析。

普陀山观音文化"走出去"作为一个涉及多个领域、多个传播主体的跨时空历史文化进程,仅用一种层次视角或者单一策略分析,无法为普陀山观音文化传播提供一个综合性、持续性的整体解决方案,因此,层次分析视角可以帮助我们解决这个问题。由于文化辐射能力和时空条件限制,普陀山观音文化传播的层次按照地域范围划分可以分为浙江本省层次、中国大陆层次、东亚地区层次。具体而言对于在浙江省内层次而言,深耕本省,发展文旅结合的多元性普陀山观音文化及有关文化产业,形成核心文化竞争力是普陀山观音文化"走出去"的关键一步。在全国层次上,立足大陆,打造观音信仰文化的独特金名片,提升和维护普陀山观音文化在我国佛教界的话语权和影响力,成为中国"观音文化"的优秀代表者。在地区层面上,扩大对有关地区与国家的交流水平,形成辐射东亚地区的观音文化传播布局。

在层次结构分析之后,本文会根据上文中业已总结的普陀山观音文化传播的 5W 模

---

① 周骏:《战争根源的再探索:基于三种意象的层次分析方法——肯尼思·华尔兹〈人、国家与战争〉评介》,《军事政治学研究》2013 年第 4 期,第 144 页。
② 左希迎:《层次分析的反思与研究领域的拓展》,《世界经济与政治》2008 年第 7 期,第 63 页。

型内容进行层级划分与结合,从而提出具有针对性的普陀山观音文化传播战略。

(一)深耕本省,形成普陀山观音文化核心文化竞争力

普陀山道场虽然是以"观音菩萨信仰"闻名于浙江省内,每年都吸引着海量的香客信徒前往普陀山进行游玩参访,但这也并不意味着普陀山观音文化在文化传播、旅游市场等方面没有竞争者的挑战。从寺庙所承载的历史文化、自然资源禀赋、佛教圣物等角度来看,普陀山观音文化的进一步壮大仍然面临着诸多挑战者,例如杭州西湖湖畔的灵隐寺,不仅拥有着深厚的历史传承和宏伟的寺庙建筑,还拥有着西湖这样的得天独厚的自然旅游景观,拥有着巨大的文旅开发和运营潜力,也分流了部分前往普陀山参访的省内外游客。另外,诸如拥有佛陀真身舍利和舍利塔的宁波阿育王寺,以及天台宗重要佛寺的台州市天台国清寺,这类寺庙拥有着极具稀缺性的佛教圣物或教派历史遗产,在许多虔诚信徒心中的地位也是十分殊胜,具有巨大的参拜及游览吸引力。

在省级层次,普陀山观音文化需要增加自身的宗教特色和吸引力,提升普陀山地区在本省文化旅游市场的竞争力与影响力。结合5W理论内涵,在省级层次,普陀山观音文化想要提升自身竞争力与吸引力需要在以下几个方面进行努力:

一是用心经营传播内容,打造具有特色和理论深度的观音宗教文化和内涵丰富、引人入胜的观音世俗文化。要继续深挖"普陀山观音文化"的深刻内涵和理论特色,鼓励有关专业宗教研究人员、僧侣深入研究"普陀山观音文化"典籍,结合新时代,增添"普陀山观音文化"的理论魅力与时代活力。二是发挥好文化旅游、宗教团体等传播主体的创造性与积极性,形成聚合效应。舟山本地的文化旅游管理部门要充分发挥自身的文旅规划职能,深挖普陀山观音文化的文旅产业潜力,在保持产业良性开发与杜绝佛教"商业化"之间寻求平衡,提高普陀山文化旅游产业的繁荣与创造性,开发多元化的普陀山旅游体验项目与产品,打破目前普陀山文化旅游产品内容单一、品质参差不齐的尴尬现状。[1]宗教团体诸如普陀山佛教协会要发挥好自身佛学专业优势与地域优势,在打造精品观音宗教文化方向上下功夫,提高本地寺庙的教内素养和专业程度。继续开展普陀山观音艺术和观音文化研究工作,在《普陀山志》《观音文化研究》《普陀山佛学丛书》等一系列"普陀山佛教"研究系列成果的基础上,进行学术和专业内容集结,打造一批具有宗教学术高度的品牌作品,用以指导未来普陀山观音文化的理论创新与品牌打造。[2]此外,普陀山佛教协会近些年来,在基础设施建设、主题活动开展方面,都进行了开创性的尝试,例如定期举办了普陀山观音文化节,2013年起相继成立了普陀山佛教书画

---

[1] 干松长:《观音文化与普陀山旅游可持续发展研究》,《科学发展观与浙江旅游业论文集》2005年12月,第148页。
[2] 法音编辑部:《践行观音信仰弘扬慈悲精神——专访普陀山佛教协会会长道慈法师》,《法音》2021年第11期,第71页。

院和普陀山佛教造像研究院，2020年又建成了以弘扬观音艺术和观音文化为主题的普陀山观音文化园，这将为未来普陀山观音文化走出去提供坚实的人才基础与设施基础，增加普陀山观音文化的艺术研究潜力。三是利用好现有省内交流平台，改进文化交流品质，增加对普通信众和游客的持续吸引力。深挖诸如普陀山观音文化节、佛教用品博览会等品牌节庆活动的内容形式创新，增加活动的吸引力。

（二）立足大陆，打造观音信仰文化的独特金名片

未来，普陀山观音文化走出去的关键环节在于真正立足大陆，打造观音信仰文化的独特金名片，成为中国观音文化传播领域的中坚力量。从传播内容角度分析，普陀山观音文化有关的专业宗教团体以及研究人员要在广泛研究全国各地观音文化的优秀成果基础上，博采众长，做出具有普陀山观音文化特点的理论成果或实修成果，增强普陀山观音文化在我国佛教界的话语权和影响力。在传播平台上，利用现有的中国佛学院普陀山学院等传统交流平台，以及有关普陀山文化的微信公众号、网站等新兴传播形式进行理论成果交流，扩大普陀山观音文化的辐射范围和影响力。对于观音宗教世俗有关的内容，可以通过电影艺术创作、大型文艺表演等文化传播形式，在全国范围内进行传播与文化交流。普陀山已在2013年参与了佛教文化的电影《不肯去观音》的制作与全国展出，获得较好的传播效果。同时普陀山还举办了佛教用品博览会、普陀山之春旅游节等品牌节庆活动，并组织赴福建、港台等地举办"千人斋宴"，也是促进普陀山观音文化品牌推广的关键一步。

普陀山观音文化品牌在观音世俗文化推广方面，想要获得成功的另一大方面可以着力于打造具有普陀山品牌的全国慈善活动及组织架构建设。观音文化的核心是慈悲精神，观音文化在消弭社会矛盾、和谐人际关系等方面大有可为[1]。普陀山观音文化的有关主体可以在本地慈善以及宗教管理部门的协助和规划下，积极开展慈善公益事业，加大资金投入和慈善项目规划，让普陀山的慈善公益事业走上制度化、规范化、品牌化的道路。不仅可以专注于本省的赈灾助困、兴教助学等方面的慈善工作，也可以跳出本省，寻求与全国性的慈善机构力量进行制度化合作，不断提高慈善工作的能力和水平，促进慈善救助方式从传统的单一现金、实物救助向精神慰藉、心理疏导等精神层面的帮助转变。适时组织受助对象来山观光礼佛，令其在得到物质援助的同时，也得到精神道德方面的提升与帮助。[2] 按照《普陀山佛教协会慈善公益事业工作规程》等有关规范，做好慈善工作。从而进一步推广普陀山观音文化品牌，让观音文化名片的爱国护教、慈悲为怀的形象深入人心，进一步积累社会公信度和道德感召力。[3]

---

[1] 张云峰：《观音文化中生命关怀精神之探索》，《黑龙江史志》2013年第19期，第169页。
[2] 普陀山佛教网：《会长道慈大和尚在普陀山佛教协会2021年度年终总结大会上的讲话》，2022年1月13日，https://www.putuo.org.cn/article/news/5500.shtml，2022年12月3日。
[3] 舟山市宗教局：《普陀山佛教：重视观音文化的建设与弘扬》，《中国宗教》2018年第7期，第46页。

（三）辐射东亚，建立观音文化传播网络

舟山群岛位于长江入海口，守望宁波、杭州、上海等城市，辐射日韩、东南亚、中国港澳台地区，自古以来就有着促进地区经济文化交往与繁荣的天然地理优势。而普陀山位于的海域港湾航门狭窄，莲花洋上岬角突起，形成天然的避风防浪条件，它的东面是太平洋海域，水道纵横交错、四通八达。所以普陀山观音文化"走出去"具有天然的地缘优势，同时东亚地区的许多国家诸如日本、韩国、越南等，具有悠久的观音信仰历史，较为容易开展观音文化交流。过去普陀山一直承担着中日文化交流的桥梁作用，也和韩国与东南亚等国家和地区之间有久远的文化交往历史。改革开放之后，普陀山佛教协会和日本的观音文化交流取得了长足的发展，也与日本共建了中日友好观音长廊[1]。

在地区交流层面，普陀山也立足祖国统一大业和各地交流，开展了诸如"南海观音·慈航宝岛""毗卢观音·福佑宝岛"等品牌观音文化两岸友好交往活动，使普陀山成为大陆宗教文化对台交流的响亮品牌之一。[2] 在普陀山佛教协会的带领下，普陀山持续开展了与港澳台地区佛教界交往活动，港澳台地区佛教界交往日益频繁和广泛，每年都组织多个团组交流互访，并建立联谊机制，在文化研究、公益慈善、人才培养、举办佛教活动等方面开展了全方位的交流合作。

观音文化是中国佛教文化中独具魅力的重要一脉，具有无限的文化生命力与传播潜力，未来，将普陀山打造为全球最大的观音信仰弘法中心势在必行。在东亚地区层面，培养具有良好外语交流能力的国际性弘法人才；开展多层次的观音文化学术研讨会，探讨当代观音信仰的弘扬模式，深入挖掘观音经典中有利于社会进步、人类和谐的内容，以喜闻乐见的形式满足不同阶层信众的需求[3]；需要大力依靠专业宗教组织和民间力量的影响力和作用，根据《普陀山佛协实施观音文化走出去战略计划》等发展战略，做好海外弘法工作。

参考文献

1.（姚秦）鸠摩罗什译：《妙法莲华经观世音菩萨普门品》，《大正藏》第9册。

2.（唐）不空三藏译：《大悲心陀罗尼经》，《大正藏》第20册。

3.（唐）般刺蜜帝译：《楞严经》，《大正藏》第19册。

4. 程俊：《论舟山观音信仰的文化嬗变》，《浙江海洋学院学报》（人文科学版）2003年第4期。

5. 杜道琛：《中国民间观音信仰的特点》，《中国民族博览》2017年第8期。

---

[1] 王连胜：《普陀山观音道场之形成与观音文化东传》，《浙江海洋学院学报》（人文科学版）2004年第3期，第56页。
[2] 舟山市宗教局：《普陀山佛教：重视观音文化的建设与弘扬》，《中国宗教》2018年第7期，第46页。
[3] 释道慈：《践行观音信仰全球化构建人类命运共同体》，《法音》2019年第10期，第49页。

6. 法音编辑部：《践行观音信仰 弘扬慈悲精神——专访普陀山佛教协会会长道慈法师》，《法音》2021年第11期。

7. 干松长：《观音文化与普陀山旅游可持续发展研究》，《科学发展观与浙江旅游业论文集》2005年。

8. 郭庆光：《传播学教程》，北京：中国人民大学出版社，1999年。

9. 李莹：《"观音法界"旅游地标功能提升策略研究》，《浙江海洋大学学报》（人文科学版）2018年第3期。

10. 柳和勇：《舟山观音信仰的海洋文化特色》，《上海大学学报》（社会科学版）2006年第4期。

11. 李利安：《中国观音文化基本结构解析》，《哲学研究》2000年第4期。

12. 李利安：《观音文化简论》，《人文杂志》1997年第1期。

13. 柳和勇：《论观音信仰的中国文化底蕴》，《学术界》2006年第4期。

14. 普陀山佛教：《重视观音文化的建设与弘扬》，《中国宗教》2018年第7期。

15. 释道慈：《践行观音信仰全球化 构建人类命运共同体》，《法音》2019年第10期。

16. 苏婷婷：《当代闽南民间观音信仰研究》，硕士学位论文，闽南师范大学，2021年。

17. 王连胜：《普陀山观音道场之形成与观音文化东传》，《浙江海洋学院学报》（人文科学版）2004年第3期。

18. 周骏：《战争根源的再探索：基于三种意象的层次分析方法——肯尼思·华尔兹〈人、国家与战争〉评介》，《军事政治学研究》2013年第4期。

19. 张云峰：《观音文化中生命关怀精神之探索》，《黑龙江史志》2013年第19期。

20. 舟山市宗教局：《普陀山佛教：重视观音文化的建设与弘扬》，《中国宗教》2018年第7期。

21. 左希迎：《层次分析的反思与研究领域的拓展》，《世界经济与政治》2008年第7期。

22. 朱丽芳，胡世文：《舟山观音信仰与海岛居民的幸福感》，《浙江海洋学院学报》（人文科学版）2012年第29期。

23. 何菲：《舟山渔农村观音信仰研究》，硕士学位论文，浙江海洋大学，2018年。

24. 周瑾：《普陀山宗教文化资源的开发与利用研究》，硕士学位论文，浙江海洋学院，2015年。

25. ［美］哈罗德·D.拉斯韦尔著，杨昌裕译：《政治学：谁得到什么？何时和如何得到？》，北京：商务印书馆，2009年。

26. ［美］哈罗德·拉斯韦尔著：《社会传播的结构与功能》，北京：中国传媒大学出版社，2013年。

27. ［美］施拉姆著，何道宽译：《传播学概论》，北京：中国人民大学出版社，2010年。

观音信仰的中国化研究

《华严经·入法界品》的普陀圣境与观音法门

黄国清　（台湾南华大学宗教所）

【摘要】普陀山作为观音菩萨所住圣地，最早见于《华严经·入法界品》。此山的圣域风光，较早传译的六十《华严》与《罗摩伽经》描绘山林流泉的世外自然景观，观音菩萨坐于珍宝岩座，是自然山林与严净国土的融合。八十《华严》、四十《华严》多出二首偈颂，明言此山位于大海之中，由珍宝所成。四十《华严》与现存梵本在长行后增补长篇重颂，描述这是种种摩尼珍宝装饰的金刚山，观音菩萨安坐于莲花台的狮子座，严净国土意象浓厚。观音菩萨所授大悲行门属于善财童子所学普贤行的一环，教导与般若波罗蜜相应的无缘大慈与同体大悲，而大悲意涵特别凸显，即誓愿救护一切有情，使其脱离所有恐惧。忆念观音名号与修学大悲行门，自力与他力互相增上，依修持功德而有转生人天善趣与往生十方净土的利益；进而以观音菩萨为典范，悲智双运，广行拔苦与乐的佛法教化事业。

【关键词】补怛洛迦　入法界品　观音菩萨　大悲行门　普陀山

前　言

　　观世音（观自在、观音）菩萨是在大乘佛教圈中广受信敬的大菩萨，其所在的圣地相传是南印度一座名为"Potalaka"（补怛洛迦、普陀山）的山林胜境。讲述这处观音圣地最早的经典是《华严经》的《入法界品》，观音菩萨是善财童子参访五十三位善知识中的第二十七位。《入法界品》在初期大乘佛教时期是以单行经本形式流传，原名《不可思议解脱经》，后来被编入大部《华严经》的最后一品。[①] 在善财童子参访观音菩萨该章，描写了"Potalaka"的山明水秀风光，及论述菩萨所传的"大悲行解脱门"。

　　通过对《入法界品》的诸种汉译本与现存梵本进行经文对勘，这几种《入法界品》经本大致可归为三组：第一组时代较早，包括东晋佛陀跋陀罗所译六十卷《大方广佛华严经》（下简称六十《华严》）及西秦圣坚翻译的《罗摩伽经》（仅翻译序起部

---

① 释印顺：《初期大乘佛教之起源与开展》，台北：正闻出版社，1981年，第1011、1110页。

分）。第二组为唐实叉难陀所译八十卷《大方广佛华严经》（下简称八十《华严》）。第三组是由唐般若译出的四十卷《大方广佛华严经》（下简称四十《华严》）与现存梵本（Gaṇḍvyūhasūtra），这二种是增广本。对于观音菩萨的名称，第一组二本译为"观世音"，其余二本都译作"观自在"，梵本作"Avalokiteśvara"。后面二组经本比第一组在"观自在菩萨章"之前多出二首由鞞瑟胝罗（Veṣṭhila，安住）居士所说的诗颂，概述观音菩萨所住的海中圣山。第三组经本在观音菩萨传授大悲行门的长行之后，又增补了重颂，梵本有二十二颂，四十《华严》大概析分与增广为三十余颂（部分颂文将梵本一颂译为六句或八句），起头两颂略说观音菩萨住处的珍宝圣山，其后详述他救济世间有情的功德伟业。普陀圣境的景象在三组经本中有其发展层次；大悲行门也富含精深义理旨趣。

本文依据上述五种《入法界品》的汉文译本与现存梵本，互相对照，条分缕析，探讨经中对于观音菩萨住处——普陀圣境的景观描述，及这位大菩萨所传大悲行门的义理内涵，增进对印度普陀圣域与观音法门的总体理解，并为中国普陀山观音文化的探索提供一种印度佛教参照系。

一、补怛洛迦圣境风光

《入法界品》有三处提及"补怛洛迦"的圣境风光。其一，是在善财童子参访鞞瑟胝罗居士该章的结尾处，他指引善财前去咨问观音菩萨，用偈颂述及海上圣山补怛洛迦的胜妙景致。其二，是长行部分所述善财抵达补怛洛迦山后所见的山林景观。第三，是四十《华严》与现存梵本独有的重颂部分。由于六十《华严》与《罗摩伽经》并无鞞瑟胝罗所说的二首颂文，关于这一部分，以下主要对比八十《华严》、四十《华严》及现存梵本的文句（见下页表格）。

观音菩萨所住持的这座山梵名是"Potalaka"，音译作"补怛洛迦""补陀落伽""补陀落""逋多罗""褒多那""补多勒迦"等，其梵文原意不易索解。东晋佛陀跋陀罗所译六十卷《华严经》将山名意译作"光明山"；另外，西秦圣坚所译的《罗摩伽经》译作"金刚轮"，并说是一座独立高耸的山（孤绝山）。[①] 以上两种意译都与"Potalaka"的梵文语义难以对应。唐代智升所编《开元释教录》卷九介绍来自南印度的密教译经大师金刚智说："沙门跋日罗菩（上声）提（地之上声），唐云金刚智，南印度摩赖邪国人（此云光明国，其国近观音宫殿补陀落山）。"[②] 金刚智来自"摩赖邪"（Malaya），有"光明国"之称，那里的山脉富产白檀。补陀落山接近此国，或许是其"光明山"名称的由来。强德拉（L. Chandra）推测"Potalaka"的"光明"义源自南印度当地方言，"pottu"（potti）

---

① （西秦）圣坚译：《佛说罗摩伽经》卷上，《大正藏》第10册，第859页下。
② （唐）智升：《开元释教录》卷九，《大正藏》第55册，第571页中。

在泰米尔语（Tamil）有"照亮（像火一样）"的意思，在甘那达语（Kannada）意为"燃烧炽盛（flaming）"；而"pottige"在甘那达语含有"燃烧炽盛；火焰（flame）"之义。①这也是值得参考的一说，地名的意义常与当地方言关系密切。

六十《华严》卷五〇	八十《华严》卷六八	四十《华严》卷一六	梵本中译②
于此南方，有山名曰光明，彼有菩萨名观世音。汝诣彼问："云何菩萨学菩萨行？修菩萨道？"③（T9.717c-718a④）	于此南方，有山名补怛洛迦，彼有菩萨名观自在。汝诣彼问："菩萨云何学菩萨行？修菩萨道？"即说颂言："海上有山多圣贤，众宝所成极清净。华果树林皆遍满，泉流池沼悉具足。勇猛丈夫观自在，为利众生住此山。汝应往问诸功德，彼当示汝大方便。"⑤（T10.366c）	于此南方，有山名补怛洛迦，彼有菩萨名观自在。汝诣彼问："菩萨云何学菩萨行？修菩萨道？"尔时，居士因此指示，即说偈言："海上有山众宝成，贤圣所居极清净。泉流萦带为严饰，华林果树满其中。最胜勇猛利众生，观自在尊于此住。汝应往问佛功德，彼当为汝广宣说。"⑥（T10.732c）	"在这里的南方地区，有座名为补怛洛迦的山，那里住着名为观自在的菩萨。您前去向他咨问：'菩萨应如何学习菩萨行？应如何修行？'"在那时，他说了如下两首偈颂："善财啊！前去吧！在吉祥的大海当中，有补怛洛迦的壮丽山王，是英雄的住处。有珍宝所成的胜妙林树，繁花满布，具足庭园、莲池、流水。（1）勇毅、睿智的观自在为了世间有情的利益，住在那座山中。善财！前去向他咨问导师（佛）们的功德。他将教导广大胜妙的真理进入法。（2）"（第158页）

至于中国经典注释家对"光明山"的理解，唐法藏《华严经探玄记》卷一九如此解释："光明山者，彼山树花常有光明，表大悲光明普门示现。此山在南印度南边，天竺本名'逋多罗山'，此无正翻，以义译之，名'小树蔓庄严山'。又《十一面经》在此山说。"⑦他应该耳闻此山多有树花，发出光明，认为这是"光明山"的得名缘由。法藏说此山名称意译作"小树蔓庄严山"，所据应是梵文"pota"有"年幼的动物或植物"的意思；⑧"laka"若辨识为"latā"，意为"蔓生的植物"⑨，意谓山中生长着众多小树与蔓草。又如唐李通玄《新华严经论》卷二一依据法藏弟子慧苑的《新译大方广佛华严经音义》卷二说："观

---

① L. Chandra, "Origin of the Avalokitesvara of Potala", Kailash: A Journal of Himalayan Studies 7.1（1979），pp.5-25.
② 梵文中译所依据的现存梵文校勘本为 P. L. Vaidya ed. Gaṇḍvyūhasūtra, Buddhist Text No.5, Darbhanga: The Mithila Institute, 1960. 另对照 D. T. Suzuki and H. Idzumi ed., The Gaṇḍvyūhasūtra, Kyoto: The Society for the Publication of Sacred Books of the World, 1949. 在翻译上也参考梶山雄一监修：《さとりへの遍历：华严经入法界品》，东京：东京中央公论社，1994年。
③ （东晋）佛陀跋陀罗译：《大方广佛华严经》卷五十，《大正藏》第9册，第717页下—718页上。
④ 注：T9.717c-718a代表《大正藏》第9册，第717页下—718页上。行文中此体例格式的注释皆录自《大正藏》，不另作说明。
⑤ （唐）实叉难陀译：《大方广佛华严经》卷六八，《大正藏》第10册，第366页下。
⑥ （唐）般若译：《大方广佛华严经》卷一六，《大正藏》第10册，第732页下。
⑦ （唐）法藏：《华严经探玄记》卷一九，《大正藏》第35册，第471页下。
⑧ MomierMonier-Williams, A Sanskrit-English Dictionary: Etymologically and Philologically Arranged. New York: Oxford University Press, 1988, p.650a.（唐）义净译：《根本说一切有部毗奈耶破僧事》卷一："补多勒迦城（唐云'幼小'）。"（《大正藏》第24册，第103页中）
⑨ Monier-Williams, A Sanskrit-English Dictionary, p.895c.

世音住居补怛洛迦，此云'小白华树山'。观世音菩萨居之，为诸菩萨说慈悲经。此山多有小白华树，其华甚香。"① 提及此山多有小白花树，并未说到这些花会放出光明。李通玄多加一个"白"字，喻指观音菩萨以大慈悲行教化众生，使他们"不作小非，不舍小善"的行为白净意义。然而，"potalaka"并无"白"义。这种小白花树山的说法对澄观《华严经疏》、南宋法云所编《翻译名义集》、元代盛熙明所撰《补陀洛迦山传》及后代一些著述给予广泛的影响。② 唐不空所译《十一面观自在菩萨心密言念诵仪轨经》卷上述说此山的树花景致："薄伽梵住补陀落山大圣观自在宫殿中。其山无量娑罗、多么罗、瞻卜、无忧、阿底目多迦种种花树庄严。"③ 娑罗树（sāla）是一种常绿乔木，花淡黄色。多么罗（多摩罗，tamālaka）即藿香，一种灌木，花呈淡黄色。瞻卜（campaka），或译黄花树、金色花树，开黄色香花。无忧树（aśoka）为小型乔木，开橙红色花。阿底目多迦（atimuktaka），蔓草类，花为白色或红色。众多花树庄严，描绘了此山百花竞艳的意境。

六十《华严》卷二九《菩萨住处品》提到另一处"光明山"："西南方有菩萨住处，名'树提光明山'，过去诸菩萨常于中住。彼现有菩萨名贤首，有三千菩萨眷属，常为说法。"④ 八十《华严》卷四五《诸菩萨住处品》的对应译文如下："西南方有处名'光明山'，从昔已来，诸菩萨众于中止住。现有菩萨名曰贤胜，与其眷属诸菩萨众三千人俱，常在其中而演说法。"⑤ 前本的"树提光明山"在后本只译作"光明山"，推测"树提"是"jyotis"（光明、光辉）的译音，而"光明"是其汉文意译，六十《华严》应是将音译与意译重复迭合的译法。法藏则认为这座山与观音菩萨所在的光明山相邻，所以连写成"树提、光明山"，《华严经探玄记》卷一五说："树提光明山应是下文观音住处光明山相连。梵名'树提'，此云'照曜'。"⑥ 他主张"树提"是贤胜菩萨所住山名，而"光明山"方为观音菩萨所住圣地。其实，二经的"树提光明山"与"光明山"应指同一座山，且与观音菩萨的住处并无关涉，方位与所住菩萨都不同。

较早传译的六十《华严》与《罗摩伽经》中并无述说此山在海上的偈颂，后出的唐代二译与现存梵本则可见到相关颂文，因此，此山位于大海一事，是到唐代汉译的经本才明确说出。这座山耸立于吉祥大海之中，唐代译人因而有将其解为"海岛"者。⑦ 藉由大海可与世俗世界做出明显区隔，是一处独立于世外的佛教神圣场域。另外，这座山

---

① （唐）李通玄：《新华严经论》卷二一，《大正藏》第 36 册，第 863 页中。
② 陈怡安：《李通玄の potalaka 观及び梵语の理解度：小白花树山という译语とその影响を中心に》，《印度学佛教学研究》第 70 卷第 2 号，2022 年，第 177—180 页。
③ （唐）不空译：《十一面观自在菩萨心密言念诵仪轨经》卷上，《大正藏》第 20 册，第 139 页下—140 页上。
④ （东晋）佛陀跋陀罗译：《大方广佛华严经》卷二九，《大正藏》第 9 册，第 590 页上。
⑤ （唐）实叉难陀译：《大方广佛华严经》卷四五，《大正藏》第 10 册，第 241 页中—下。
⑥ （唐）法藏：《华严经探玄记》卷一五，《大正藏》第 35 册，第 391 页上。
⑦ （唐）阿地瞿多译《陀罗尼集经》卷二《释迦佛顶三昧陀罗尼品》说："佛在补陀落伽山中（此云'海岛'也）。"（《大正藏》第 18 册，第 800 页上）

由种种珍宝所构成，极为清净庄严，映现某种程度的净土风光。然而，佛国净土强调大地一片平坦，无山丘溪谷，如后汉支娄迦谶所译《阿閦佛国经》卷上说："其地平正，生树木无有高下，无有山陵溪谷，亦无有砾石崩山。"① 同样由支娄迦谶所译的《无量清净平等觉经》卷一说："其国土无有大海水，亦无小海水，无江河、恒水也，亦无山林溪谷，无有幽冥之处。"② 补怛洛迦圣境是清净庄严国土与人间山林景观的结合，与凡俗空间可说非即非离。《新华严经论》卷三七说："海上有山多贤圣者，此约南海之上，亦主生死海上。"③ 李通玄认为这座山既是在世间大海中，同时也喻指生死大海之中的一方大乘法化圣域。

受到鞞瑟胝罗居士的指点，善财继续踏上求道之旅，向南行进以寻访大善知识观音菩萨，逐渐来到补怛落迦山。经中对善财于途中的经历全缺书写，只说"渐次前行"，不知是否渡海。他登上圣山之后，四处寻访观音菩萨踪影，发现菩萨在此山西侧谷地，那是一处山清水秀、林木繁茂的佛教净域，观音菩萨受到菩萨大众所围绕，正为他们讲说深妙法门。各部经本的文句对照如下：

六十《华严》卷五一	《罗摩伽经》卷上	八十《华严》卷六八	四十《华严》卷一六	现存梵本
渐渐游行，至光明山，登彼山上，周遍推求，见观世音菩萨住山西阿。处处皆有流泉浴池，林木郁茂，地草柔软，结跏趺坐金刚宝座，无量菩萨恭敬围绕，而为演说"大慈悲经"，普摄众生。（T9.718a14-19）	渐渐游行，到彼孤山，步步登陟，念观世音，正念不舍，遥见经行在岩西阿。处处皆有流泉、花树、林池清渌，金花、香草，柔软鲜洁，皆从菩萨功德所生。至其山顶，见观世音坐于金刚八楞之座，座出光明，严饰无比，与无量菩萨眷属围绕，而为说法。（T10.859c21-27）	渐次游行，至于彼山，处处求觅此大菩萨。见其西面岩谷之中，泉流萦映，树林蓊郁，香草柔软，右旋布地。观自在菩萨于金刚宝石上结跏趺坐，无量菩萨皆坐宝石恭敬围绕，而为宣说"大慈悲法"，令其摄受一切众生。（T10.366c17-22）	渐次前行，至于彼山，处处求觅此大菩萨。见其西面岩谷之中，泉流萦映，树林蓊郁，香草柔软，右旋布地，种种名华周遍严饰。观自在菩萨于清净金刚宝叶石上结跏趺坐，无量菩萨皆坐宝石恭敬围绕，而为宣说"智慧光明大慈悲法"，令其摄受一切众生。（T10.733a8-14）	逐渐地走近补怛落迦山，登上补怛落迦山后，遍处寻找、访求观自在菩萨之时，看见了在此山西侧谷地的观自在菩萨。在清泉、池沼、河流优美回绕的广袤森林空地中，青翠、新嫩、右旋而生的柔软草地上，观自在菩萨在金刚宝岩石上盘腿而坐，受到坐在种种珍宝石面上的菩萨群体所围绕，正在说法，显明以摄受一切世间有情为观境的"大慈大悲门之明示"的法门。（第160页）

这里的山林景致是泉水、池沼、河流清澈萦绕，森林苍翠茂盛，青草吉祥右旋而布满林间空地。除了《罗摩伽经》，都未提及花树繁多的景象，但林木繁茂则百花烂漫，是很自然的事情。观音菩萨坐在金刚宝岩上，菩萨大众围绕着他，都坐在种种珍宝所成

---

① （后汉）支娄迦谶译：《阿閦佛国经》卷上，《大正藏》第11册，第755页下。
② （后汉）支娄迦谶译：《无量清净平等觉经》卷一，《大正藏》第12册，第283页上。
③ （唐）李通玄：《新华严经论》卷三七，《大正藏》第36册，第981页下。

的岩石面上，听闻大慈悲的教法。雷尼梅兹（M. Läänemets）阅读这段经文所留下的印象是这个处所非常美丽而仍为尘世之地，犹如地球上的一般土石山坡，非禅定境界中所现的七宝庄严佛土，除了观音菩萨及其追随菩萨群体所坐的珍宝岩座。观音菩萨的这种山中住处并未显著别异于《入法界品》中其他隐士们的住栖地，此事似乎说明一个假设，即这部经典的作者们在描述补怛落迦山与观自在这位佛教圣者时，可能在心中存有一处实际存在的地方。尽管如此，如同前述"鞞瑟胝罗章"末尾的二首偈颂所说，补怛落迦山是处在"波涛汹涌的水王（大海）当中"（inthemiddleofthekingofstormywaters），这对后来发展的一些神话与传说确实构成很大的影响，将观音菩萨的住处连结到大海，甚而说成一个海岛。再者，这两颂所述山中景观类似于后文的长行所述，但说为全是珍宝所成。[①] 补怛落迦可能是人间某处地景的投射，而后逐渐加入清净庄严的珍宝构作意象。"观自在菩萨章"的长行描写山林繁茂、流泉池沼、柔软草地，只有观音菩萨与听法菩萨们的坐处为珍宝所成，是被自然景观所包围的特殊神圣空间；在"鞞瑟胝罗章"末尾偈颂中，则标明整个圣境都是"珍宝所成"（ratna-maya）。

四十《华严》的重颂部分首先用七言诗颂体的十二句描述补怛落迦山圣境，对应到现存梵本的前二颂，两本经文对照如下：

四十《华严》卷一六	现存梵本
善来调伏身心者，稽首赞我而右旋，我常居此宝山中，住大慈悲恒自在。我此所住金刚窟，庄严妙色众摩尼。常以勇猛自在心，坐此宝石莲华座。天龙及以修罗众，紧那罗王罗刹等，如是眷属恒围绕，我为演说大悲心。（T10.733c12—17）	右绕与恭敬地赞叹后，已得良好调伏的善财步上南方之旅。他看见住在珍宝山峡谷的圣仙观自在，安住大悲者。（1）勇毅的（观自在）在种种摩尼珍宝所装饰的金刚所成山坡，坐在莲花台的狮子座上，受到天神、阿修罗、龙、紧那罗、罗刹及胜者之子（菩萨）们所围绕，为他们说法。（2）（第161页）

汉译本的文义与现存梵本有所差异，汉译本成为观音菩萨作为第一人称所表述的话语，开头即说善财前来赞叹与右绕礼敬及介绍自己的住处；现存梵本则为善财礼敬、赞叹鞞瑟胝罗居士后，出发向南行，抵达圣山后的所见。值得注意者有两点：首先，这二首诗颂对大海只字未提。其次，这座圣山全由珍宝所构成，观音菩萨坐在莲花台的高座上。除了保留山地意象，已接近于佛国净土的庄严清净光景。宋代施护所译《圣观自在菩萨功德赞》描写补陀落净土的美妙风光如下："菩萨常住三摩地，无边功德为所依，随顺方便现所居，补陀落山为住止。其山高广复殊妙，种种珍宝以庄严，彼有宝树数甚多，低罗迦及瞻波等；有诸异鸟止其上，常出清净妙好音。如是庄严圣所居，礼敬瞻仰而获福。"[②] 这种净土圣境是由观音菩萨的无边功德力与广大禅定力所显现，方便度化根

---

① Märt Läänemets, "Bodhisattva Avalokiteśvara in the Gaṇḍavyūhasūtra",《中华佛学研究》2006年第10期，第295—339页。
② （宋）施护译《圣观自在菩萨功德赞》，《大正藏》第20册，第69页上。

机契合的有情。这里的情境已超越凡俗空间，非是佛教信众徒步朝圣可至之处，必须勤修观音法门，于静定心中观想，朝拜与瞻仰。普陀圣域拥有双重身份，既是存在于某个地点的人间胜境，同时又是大菩萨修行功德所显化的严净宝地。

南印度自古以来确实存在称为"Potalaka"的观音菩萨圣地，在中国佛教旅行家的传记中留下记载。玄奘在7世纪游历印度各地，曾到过"布呾洛迦山"。据《大唐西域记》卷一〇所载，他先讲述秣罗矩咤国（Malakūṭa）在印度半岛最南端，故城在今马杜拉（Madurā）。此国南部滨海地区有秣剌耶山（Malaya，即今Cardamon山脉）；布呾洛迦山在此山东方，大抵位于现今的巴波纳桑山（Pāpanāsam）。① 根据玄奘的见闻，布呾洛迦山在南印度滨海地区，而非座落于海岛上。他的记述如下：

> 秣剌耶山东有布呾洛迦山，山径危险，岩谷欹倾，山顶有池，其水澄镜，流出大河，周流绕山二十匝，入南海。池侧有石天宫，观自在菩萨往来游舍。其有愿见菩萨者，不顾身命，厉水登山，忘其艰险，能达之者盖亦寡矣。而山下居人祈心请见，或作自在天形，或为涂灰外道，慰喻其人，果遂其愿。②

玄奘说到的布呾洛迦山形势陡峭，山径危险难行；山顶有个水池，池面澄清如镜，从这里流出一条河川，绕山环流二十圈，然后注入大海。池旁有座石造天宫，是观音菩萨常来游玩休憩的地方。此种自然山林景色与《入法界品》的描述有几分神似。玄奘还提到有人期望见到观音菩萨，不顾生命危险而涉水登山，能到达者却相当少数。反而住在山下者诚心祈祷请见，观音菩萨有时示现为自在天，有时化作涂灰外道，使他们获得慰藉与实现愿望。③《妙法莲华经·观世音菩萨普门品》说："应以自在天身得度者，即现自在天身而为说法；……应以婆罗门身得度者，即现婆罗门身而为说法。"④ 自在天是在古印度广受敬拜的神尊，涂灰外道也受到许多教徒尊崇，观自在菩萨会顺应世人的志趣和喜好，显现不同的色身形象，收到最佳的教化效果。

日本学者彦坂周参考高桑驹吉与卡勒德威尔（R. Caldwell）等前辈学者的推定，指出"Potalaka"山可能非如玄奘所记秣剌耶山以东的岩谷欹倾山丘，而是在秣剌耶山以南，从巴波纳桑（Pāpanāsam）到阿加斯底亚马莱（Agastyamalai）之间的地点，他曾经亲赴该处考察。阿加斯底亚山（Agastya）海拔2072.6米，泰米尔语的名称是"Potikai"，在泰米尔文古典中又有"Potiyil"或"Potiyam"之名，与普陀山的梵名接近。彦坂氏将其语义对应到梵文的"菩提"（Bodhi）的"家、场所"（il），解释为佛教修行僧、菩萨的

---

① （唐）玄奘述，辩机撰，季羡林等校注：《大唐西域记校注》，台北：新文丰出版公司，1987年，第857—862页。
② （唐）玄奘述，辩机撰：《大唐西域记》卷一〇，《大正藏》第51册，第932页上。
③ 在印度宗教文化中，观自在菩萨与自在天的信仰交融，可参见黄柏棋：《宇宙、身体、自在天：印度宗教社会思想中的身体观》第五章"菩萨与救度：从观自在之身看佛教与印度教的互动"，台北：商周出版社，2017年，第125—148页。
④ （姚秦）鸠摩罗什译：《妙法莲华经·观世音菩萨普门品》，《大正藏》第9册，第57页中。

住处。在泰米尔文的某部古典中,述说南方的"Potiyil"与北方的"Imayam"(Himālaya)是并列的圣山,山径极危险,山中有猛兽、原住民、恶灵栖息,山顶飘有云朵。此与《华严经》与《大唐西域记》的记述酷似。10世纪左右佛教徒书写的泰米尔文法书中,说泰米尔语最初是由观音菩萨授与投山仙人(Agastya)的。关于"Potiyil"与"Potalaka"的关系,他认为是南印度圣山的名称"Potiyil"传到《华严经》的编纂者,此时将泰米尔名称意译作梵文"Bodhi+loka"(菩提＋世界)或"Buddha+loka"(佛陀＋世界)的俗语形"Potalaka",而传向北印度。[1] 这是结合语言文献学与实地田野调查的一种研究成果,提供深入的观点。玄奘记述布呾洛迦山在秣刺耶山东边,现代学者推定为此山南边,不代表所说地点不同。古代的地理方位记载不一定准确,而且秣刺耶山脉绵延一段距离,说明在那个方位尚需考虑其定位点；[2] 还有,古代实际前往的道路方向如何,也是应加调查的一个元素。

布呾洛迦山是座滨海地区的高山,森木翁郁,形势峥嵘,山径危险,攀登不易,与世俗世界保有某种特殊距离,近在眼前,飘渺难及,增添几许神秘之感。当传播到远地的经典编纂者手中,将此滨海圣境进一步想象为立于大海当中(śirījalarājamadhye,吉祥的大海中),也不无可能。逐渐地,布呾洛迦山位在大海之中成为主导性的意象,尤其是对于远离南印度地理与文化语境的观音崇信者而言,大海给出了丰富的想象空间。法云所编《翻译名义集》卷三说:"补陀落迦,或云补涅洛迦,此云海岛,又云小白华。《大唐西域记》云:有呾落迦山,南海有石天宫,观自在菩萨游舍。"[3] 玄奘原本是说山上有河川流入南海,被精简成此山在南海中,与海岛之说达成一致；再者,唐代新译的《华严经》对此说法提供了明文经证。在中国佛教圈中,普陀山必然会到海上去寻访,如南宋志磐所撰《佛祖统纪》卷四二说:"山在大海中,去鄞城东南水道六百里,即《华严》所谓南海岸孤绝处,有山名补怛落迦,观音菩萨住其中也。"[4] 从宋代开始,许多重要官员、著名文人亲到这座岛屿巡礼,留下许多诗词、游记收录于普陀山志书中。[5] 普陀山与五台、峨眉、九华三山并列为中国佛教四大名山,唯有普陀山雄峙于东海中,福佑陆地与海上的善男信女。

---

[1] 彦坂周:《南印ボディヤ山,观音信仰发祥の圣地》,《印度学佛教学研究》第38卷第1号,1989年,第94—96页。
[2] 就经纬度来说,Potikai 山在北纬8.62度,东经77.25度,而 Malaya 山在北纬21.37度,东经85.27度。
[3] (宋)法云:《翻译名义集》卷三,《大正藏》第54册,第1099页上。
[4] (宋)志磐:《佛祖统纪》卷四二,《大正藏》第49册,第388页中。
[5] Chün-fang Yü, "P'u-t'o Shan: Pilgrimage and the Creation of the Chinese Potalaka", in Susan Naquin and Chün-fang Yü ed., Pilgrims and Sacred Sites in China. Oakland: University of California Press, 1992, pp.190-245.

二、观音菩萨的大悲行门

  《法华经》由竺法护在西晋时代首度译出，5世纪初（东晋时代）鸠摩罗什在后秦国重译全经，其中的《观世音菩萨普门品》后来单独流通，成为最盛行的观音经典。东晋时又有竺难提译出《请观世音菩萨消伏毒害陀罗尼咒经》，天台智𫖮依此经仪法制定"请观世音忏法"。这两部观音经典都以观世音菩萨为主角，在观音法门的实践方面具有代表性。《华严经》虽在东晋时代由佛陀跋陀罗译出包含《入法界品》在内的全本，然因观音菩萨只是善财童子参访的五十余位善知识之一，缺少独立流通性质，其中所说观音法门并未特别受到关注。唐代有八十《华严》与四十《华严》的新译，加上华严学的盛行，《入法界品》善财参访观音菩萨的叙事渐受重视。学者推测至迟到11世纪末已出现善财礼拜观音的造像，至南宋、金代更加普及。① 现今中国许多佛教寺院大殿的佛像背面，就刻画着善财童子参访与礼拜观音菩萨的图像或塑像。

  观音菩萨有多种译名，竺法护译成"光世音"；其后鸠摩罗什译作"观世音"，六十《华严》与《罗摩伽经》同此；唐代的八十《华严》与四十《华严》都译为"观自在"。"光世音"与"观世音"可能对应于梵文"avalokitasvara"，"avalokita"的意义是"观看；被观"，"svara"意为"声音"，而"光"与"世"的翻译有其词义辨识的曲折过程。"观自在"应该对应于梵文"avalokiteśvara"，这个复合词可拆分为"avalokita"与"īśvara"，后一词语义为"自在者；自在天"，整个复合词可解为"观看的自在者"或"被观看的自在者"。② 法藏于《华严经探玄记》卷一九对这三个译名的意涵有所分辨："《观世音经》中'即时观其音声皆得解脱'，解云：等观世间，随声救苦，名观世音。彼经中具有三轮：初语业，称名除七灾，谓水火等；二、身业，礼拜满二愿，谓求男女等；三、意业，存念除三毒，谓若贪欲等。并如彼说。若偏就语业，名观世音，以业用多故；若就身、语，名光世音，以身光照及故；若具三轮摄物无碍，名观自在。"③ 主张"观世音"之名是就语业而言，表现为闻声救苦的广大业用。"光世音"就身、语二业而言，兼及身体放光与闻声救苦的救济大用。"观自在"则具足身、口、意三业，以智慧运用三业广泛摄受有情而无碍自在。法藏如此解释恰巧反映出《入法界品》的观音法门具有深层的义理内涵。下文依照经文顺序解析其中观音法门的重要法义观点。

---

① 陈俊吉：《观音菩萨眷属中的善财》，"觉风文教基金会网页"，https://www.chuefeng.org.tw/article/dPKmhdEZRLbbmouSP。（检索日期：2022年11月11日）
② ［日］辛岛静志：《法华经文献学研究：观音的语义解释》，《佛典语言及传承》，裘云青、吴蔚琳译，上海：中西书局，2016年，第304—329页。
③ （唐）法藏：《华严经探玄记》卷一九，《大正藏》第35册，第471页下。

（一）同体大悲，广摄有情

在《入法界品》，观音菩萨住持说法的补怛落迦山风光明丽，流泉绿树，百花绽放，草地柔软，宝石为座，法音缭绕，是令观音法门的修行者神往的圣地。在这样一处适于佛法修习的清净圣域，观音菩萨正为菩萨追随者们讲授"大慈大悲门之明示"（mahāmaitrīmahākaruṇāmukhodyota）的法门，主要意义是为了开发对一切世间有情的摄受能力与方法。① 观音菩萨教授以大慈大悲为体的精深法义与观修行法，使闻法菩萨们藉此修习得以获致摄受一切有情的广大能力，这也是华严普贤行极为重要的一环。四十《华严》卷一六在这个段落将此法门名称译作"智慧光明大慈悲法"②，提示这种大慈悲法门是在深入般若智慧以照显法界真理之后的开展，是悲智交融的深广实践模式。

在唐代译出八十《华严》与四十《华严》以前，中国佛教学人研读此经大抵依本于六十《华严》；华严宗兴起以后，八十《华严》成为主流经本。下文讨论《入法界品》的观音法门，采取将此三部《华严经》加上现存梵本的经文对照方式，以求较好地掌握语义，进而诠解其观音思想与实践。首先，有关观音菩萨所行法门的名称与功用，诸本经文对照如下：

六十《华严》	八十《华严》	四十《华严》	现存梵本
我已成就大悲法门光明之行，教化成熟一切众生。（T9.718b9–10）	我已成就菩萨大悲行解脱门。善男子！我以此菩萨大悲行门平等教化一切众生，相续不断。（T10.367a14–16）	我已成就菩萨大悲速疾行解脱门。善男子！我以此菩萨大悲行门平等教化一切众生，摄受调伏，相续不断。（T10.733b14–17）	我了知名为"速疾大悲门"的菩萨行门。此速疾大悲门的菩萨行门是朝向对一切世间有情无区别地教化与调伏，通过使其全面地听闻与了知而摄受与教化有情。（第160页）

观音菩萨所传授的这种菩萨行法称为"速疾大悲门"（mahākaruṇāmukhāvilamba），③ "速疾"意谓毫不迟疑（avilamba）地迅速行动，④ 对于大悲行法得以实时、快速地施用出来。六十《华严》译作"大悲法门光明"，"光明"这样的译词可能还是依

---

① 六十《华严》对应译文是"演说《大慈悲经》，普摄众生"（《大正藏》第9册，第718页上）；八十《华严》译作"宣说'大慈悲法'，令其摄受一切众生"（《大正藏》第10册，第366页下）。《罗摩伽经》则译为"说《大慈悲经》，劝发摄取一切众生，入于普门示现法门"（《大正藏》第10册，第859页下），将此处的大慈悲法门与《观世音菩萨普门品》的普门示现法门加以联结。
② （唐）般若译：四十《华严》卷一六，《大正藏》第10册，第733页上。
③ Roberts的英译本依藏文译作"无碍的大悲门"（the unimpeded gateway to great compassion）。P. A. Roberts, The Stem Array. https://read.84000.co/translation/toh44-45.html.（检索日期：2022年11月11日）
④ 关于"速疾行"的语义，如四十《华严》卷四说："愿力如风速疾行，定心安住恒无动，普运一切诸含识，愿速令我载此乘。"（《大正藏》第10册，第678页下）"速疾行"表示法门功用的快速展现。

循先前经文"大慈大悲门之明示"（mahāmaitrīmahākaruṇāmukhodyota）的"udyota"而译。[1] 大悲行门的重点是平等无差别地教化（paripāka，使成熟）与调伏（vinayana）一切有情，所运用的教学方法是传授大悲法门，让听法者得以全面地（samantamukha，普门，所有面向）听闻与了知，而达到摄受与成熟他们的目标。换言之，观音菩萨具足圆满的智慧与卓越的教学能力，使受教有情全盘地听闻与了知大悲行门，以将他们摄受到大乘佛法中，成就菩萨修行功德。"平等"（asaṃbhinna，无区别）显示这种大悲行法是与般若波罗蜜相应的无缘大慈与同体大悲。

（二）无尽誓愿，施与无畏

观自在菩萨这种大悲行门是以大慈悲、大智慧、大神通的自觉修证成就为本，展开种种的善巧方便，以"四摄法"与"普门示现"广度有情。这位大菩萨安住于大悲行门所展现的教化事业，各本文义差异不大，现在以八十《华严》与现存梵本对比如下：

八十《华严》	现存梵本
我住此大悲行门，常在一切诸如来所，普现一切众生之前。或以布施摄取众生；或以爱语；或以利行；或以同事摄取众生。或现色身摄取众生；或现种种不思议色净、光明网摄取众生。或以音声；或以威仪；或为说法；或现神变，令其心悟而得成熟。或为化现同类之形，与其居而成熟之。（T10.367a14–23）	我安住于速疾大悲门的菩萨行门，在一切如来的面前不动，而现身于一切有情的［教化］事业。我或是以布施来摄受有情们；或以爱语；或以利益行动；或以共同目标（同事）来摄受有情。我或是透过示现色身来成熟有情们；或透过示现不可思议的清净颜色、形状与身形，或透过放射光网来使有情们欢喜而令其成熟。我或是透过发出合其所好的声音；或透过示现适悦其心的威仪举止；或透过教导种种合其信念的教法；或透过种种神通；或透过激发于积集善法怠惰的有情之心。或透过示现合其志愿的种种无量变化身；或透过示现种种同于有情所生种姓的身形；或透过同一住处，来摄受与成熟有情们。（第160页）

八十《华严》的译文语义比较精练，通过梵本文句的对读，可使整体文义显得相对明晰。这段经文举例说明大悲行门摄受有情的种种善巧方便。首先，说及达到这种高层修证境地的菩萨可身处如来面前，而在同时显现种种化身去从事广度众生的事业。诚如隋代智𫖮《妙法莲华经文句》卷一〇解《普门品》的题目名义时说："'观世音'者，不动本际也；'普门'者，迹任方圆也。"[2] 又如宋代施护所译《佛说圣观自在菩萨梵赞》说："身心无量遍沙界，不动本际应所求。"[3] 证得无生法忍位（第八地）以上的菩萨拥有"法性身"与"变化身"二身，菩萨的法性身为其真实身，超出三界，于诸佛的法性身面前

---

[1] 将"udyota"译作"光明"，应是将其语源追溯到接头词 ut（向上）加动词词根 dyut（放光），其使役形 uddyodayati，有照明、显明的意思，过去分词为 uddyota。Monier-Williams, *A Sanskrit-English Dictionary*, p.188b.
[2] （隋）智𫖮：《妙法莲华经文句》卷一〇，《大正藏》第34册，第145页上。
[3] （宋）施护译：《佛说圣观自在菩萨梵赞》，《大正藏》第20册，第70页上下。

不动，而能示现种种变化身进入三界，在各个世界应机说法，度脱有情。①观音菩萨居于菩萨阶位顶点的一生补处位，已极近于佛果功德，这种不动本际而应机示现的能耐自然不在话下。觉证诸法实相，心无所住，而能无边普现，广阔无尽的慈悲誓愿为重要的支撑与推进力量。其次，是布施、爱语、利行、同事这四种摄受有情的代表性行法，即"四摄法"。"慈悲"的基本定义是慈以与乐，悲以拔苦，将有情大众摄受到大乘佛法中，方能使他们真正获致利益与安乐，远离生命存在的一切苦厄。最后，大慈大悲还须满足一个重要意义，就是具足真正的力量将拔苦与乐的广大事业实现出来。观音菩萨的大悲行法顺应有情的种种根性与喜好，施展无量的善巧方便，来摄受与教化他们。

观音菩萨又有"施无畏者"（abhayadada）的称号，表彰其解除有情的恐惧，为他们带来安全与安乐的功德。这是因为观自在菩萨于过去久远修行历程中所累积的广大慈悲、智慧、神通，不仅具足无尽宽广的拔苦与乐之心，而且真正拥有伟大力量能落实弘大誓愿。正如《大智度论》卷二七说："小慈，但心念与众生乐，实无乐事；小悲，名观众生种种身苦心苦，怜愍而已，不能令脱。大慈者，念令众生得乐，亦与乐事；大悲，怜愍众生苦，亦能令脱苦。"②一般大乘行者虽然修习无量慈心与无量悲心，但只局限于愿望与观想层面，尚缺乏足够实力与资源予以落实，只能算是此处所说小慈小悲的层次。大菩萨并非如此，他们已在无法衡量的时间过程中扩充与深化大慈大悲，汇集无量无数的福德与智慧，真正能展现出力量去为无数有情拔苦与乐。观自在菩萨即为这种大慈大悲修证境地的最佳典范。

大悲心与发菩提心之间具有紧密关联，唐代澄观《华严经疏钞》卷五八说："菩提心依于大悲为根本故。"③因不忍众生苦而生发与长养大悲心，成为策动发菩提心的主要力量，誓愿追求佛果觉证以期广度有情。发菩提心即等同于发起"上求菩提，下化众生"的自他二利弘大誓愿，《华严经疏钞》卷三五说："大愿心即菩提心灯，大悲为油，大愿为炷，大智为光，光照法界故。"④菩提心与大愿心是合为一体的，即菩提誓愿，犹如灯炷；需有灯油作为燃料，喻指大悲心推动菩提心生成的作用，而后灯炷与灯油结合放射

---

① 《大智度论》卷三八《往生品》说："菩萨有二种：一者，随业生；二者，得法性身。为度众生故，种种变化身生三界，具佛功德，度脱众生。"（《大正藏》第25册，第340页上）"随业生"是指证无生法忍位以前的菩萨，尚留残余烦恼，依业力于三界转生。初期大乘佛教时期的佛身观只有二身说，"法性身"无量无边，具足相好，为法性身菩萨说法；同时能现无数"父母生身"（变化身），广度十方有情。如《大智度论》卷九说："佛有二种身：一者，法性身；二者，父母生身。是法性身满十方虚空，无量无边，色像端正，相好庄严，无量光明，无量音声，听法众亦满虚空。（此众亦是法性身，非生死人所得见也。）常出种种身、种种名号、种种生处、种种方便度众生，常度一切，无须臾息时。如是法性身佛，能度十方世界众生。"（《大正藏》第25册，第121页下—122页上）佛三身说可能成立于瑜伽行派的早期论书，参见印顺：《印度佛教思想史》，台北：正闻出版社，1988年，第105—106、277—279页。甚至大乘经典如《金光明经·三身分别品》的体系化三身说，学者推定是在《大乘庄严经论》与《宝性论》等典籍的影响下所作成。见［日］滨野哲敬：《〈金光明经·三身分别品〉について》，《印度学佛教学研究》第33卷第2号，1985年，第88—92页。
② （姚秦）鸠摩罗什译：《大智度论》卷二七，《大正藏》第25册，第256页中—下。
③ （唐）澄观：《华严经疏钞》卷五八，《大正藏》第36册，第456页上。
④ （唐）澄观：《华严经疏钞》卷三五，《大正藏》第36册，第269页上。

出智慧光明，广照法界有情。修习大悲行法，策发无量无边的菩提誓愿，欲令一切有情远离恐惧而广修菩萨万行，成就自觉觉他的菩提事业，八十《华严》卷六十八说道：

> 我修行此大悲行门，愿常救护一切众生。愿一切众生离险道怖，离热恼怖，离迷惑怖，离系缚怖，离杀害怖，离贫穷怖，离不活怖，离恶名怖，离于死怖，离大众怖，离恶趣怖，离黑暗怖，离迁移怖，离爱别怖，离怨会怖，离逼迫身怖，离逼迫心怖，离忧悲怖。复作是愿："愿诸众生若念于我，若称我名，若见我身，皆得免离一切怖畏。"善男子！我以此方便，令诸众生离怖畏已，复教令发阿耨多罗三藐三菩提心，永不退转。①

清代弘赞所编《观音慈林集》卷上对此段经文下了这样的注脚："此十八怖统摄六度、四摄、三十二应、七难、八苦，摄救众生之略文也。"②心怀大悲发起无尽菩提誓愿，欲使有情大众远离七难（《普门品》所说）、八苦等一切恐惧，从而施展六度、四摄、三十二应化身（依《楞严经》所说③）等方便大力来救度众生。

观音菩萨具足广大无尽的慈悲、誓愿与智慧，能展现广大神通方便以加护有情远离颠倒恐惧，在上一段所引经文中，还点出与菩萨感应的方法是意业忆念、口业称名与身业观看。然而，八十《华严》并未对此修习方法给出具体的展开。六十《华严》的对应译文说："我出生、现在正念法门、名字轮法门故，出现一切众生等身种种方便，随其所应，除灭恐怖而为说法，令发阿耨多罗三藐三菩提心，得不退转，未曾失时。"④这段汉译经文比起八十《华严》与四十《华严》更为贴近现存梵本文义，意思是说为了消除一切有情的恐惧，观音菩萨加持了"正念门"（anusmṛtimukha）与施设了自己的"名号轮"（svanāmacakra）；以及为了使世间有情在适切时机知见到他，观音菩萨将自身变现为类同世间有情的无数种种不同样貌。他透过这样的善巧方便来使有情们解脱一切恐惧，发起无上菩提心，趋向不退转境地，最终体得佛陀的一切功德。⑤观音菩萨救苦救难的种种示现，于下一项中再详细论述。

（三）闻名忆念，普门示现

六十《华严》与八十《华严》所示观音法门已如前文讨论，四十《华严》与现存梵本在长行之后增加了长篇重颂（两本的偈颂经文对照参见附录），讲述忆念观音名号的修行方法，及观自在菩萨出于大慈大悲救济有情种种苦难的广大事业，少数颂文谈及获

---

① （唐）实叉难陀译：《华严经》卷六八，《大正藏》第10册，第367页上—中。
② （清）弘赞：《观音慈林集》卷上，《卍续藏》第88册，第81页中。
③ 《大佛顶如来密因修证了义诸菩萨万行首楞严经》卷六说："由我供养观音如来，蒙彼如来授我如幻闻熏闻修金刚三昧，与佛如来同慈力故，令我身成三十二应，入诸国土。"见（唐）般剌蜜帝译：《大正藏》第19册，第128页中。
④ （东晋）佛陀跋陀罗译：《大方广佛华严经》，《大正藏》第9册，第718页中。
⑤ Vaidya ed., *Gaṇḍvyūhasūtra*, p.160.

得世俗福乐或往生佛国净土的修持效益。这个重颂部分并非单纯对长行进行精要的再次表述，而是对长行最后"愿诸众生若念于我，若称我名，若见我身，皆得免离一切怖畏"这句经文的大篇幅展开，行者藉由忆念观自在菩萨名号的修持方法，在种种生命存在的苦厄当中感得菩萨的救度与加持，主要的修行利益是获致现世的安稳与福乐，旁及命终往生人天善趣或清净佛土。人类生命存在的现实处境本就苦多乐少，修行上面对业障、报障、烦恼障等诸多障难，释迦牟尼佛所施设的佛法教学次第因此是先藉人天善业与六随念等法门，使学佛大众获得心灵慰藉与人生安乐，而后引导他们进入解脱道与成佛道。观音信仰传播广远，观音救度叙事的佛法深层意涵与生命教育启示值得深入探索。

现存梵本第（5）颂与对应的汉译颂文讲述观音菩萨所传授的大悲行门是"一相一味"的解脱门，是大悲与智慧融通合一的法门，这种无量无边的大慈悲将对己身的爱（ātmaprema）扩及一切有情，也就是爱一切众生如自己，开拓无边的救济与摄受事业，这是"闻声救苦"的深层理论依据。观音法门除了以观音菩萨的深广修证境地作为大乘佛法修行的理想典范外，同时，在面对生命存在的众多苦厄与菩萨道上的障碍与艰难，他力加护亦属重要凭借。自力与他力的相互增上应是《入法界品》之观音法门的精神意趣所在，依凭自力精进争取佛法修学的良好因缘与善根增长，仰仗他力加持获取修行条件的安稳及提升深妙佛法的领解。

忆念观音菩萨名号成为重颂这一部分经文的主要修持方法，藉此感得菩萨闻声救苦，与《普门品》的法义已非常靠近。妹尾匡海指出八十《华严》在"修行此大悲行门，愿常救护一切众生"以下一段经文，讲述观世音菩萨宣说大悲行门，向一切有情施与无畏之事。此处所揭示的现世危难像是险道、热恼、迷惑、系缚、杀害、贫穷、不活、恶名等等，及观音菩萨对这一切苦难所施行的救济，明显是与《法华经·普门品》的现世危难救济说是一致的。由于《普门品》成立较早，可推测《华严经》关于观音的经文受到《普门品》的影响。特别是《华严经》之《入法界品》属于《华严经》形成的最后阶段，其成立时，《普门品》的观音信仰已经普遍盛行，此事是可以确认的。然而，《普门品》并未言及"补陀落"，妹尾氏推论有二种可能：第一，可能《普门品》成立当时，补陀落思想尚不存在。第二，《普门品》知道补陀落说，因某种理由而全未提及。他似乎倾向认可第二点，援引后藤大用《观世音菩萨之研究》所说，认为观音菩萨的原型是南印度海滨的守护神，补陀落为其祭祀灵场，及受到大自在天神格的影响，佛教在将异教神祇取用到自教内部时，吸纳其现世危难救济性的性格内涵而进行佛教化的改造。[①] 这种异教影响观点推论成分居多，并无适当证据支持。《华严经》的《入法界品》是在初期大乘时期成立的经典，义理重点在指引进入佛陀所证"不可思议解脱境界"的普贤行

---

① ［日］妹尾匡海：《补陀落の一考察》，《佛教大学佛教文化研究所所报》第1号，1984年3月，第11—13页；［日］妹尾匡海：《补陀落思想と"普门品"の问题点》，《印度学佛教学研究》第35卷第2号，1987年，第37—39页。

愿，而在活动地域上与南印度关联很深。[①]《普门品》原为别行经典，主体部分大概在公元100年顷形成于西北印度。[②]《普门品》与《入法界品》的成立时代相距不远，比较可能的情况是空间上的遥远距离使《普门品》传述者并未耳闻补陀落山。观音菩萨普门示现的慈悲救济思想广泛传播，可适应不同地域文化而有差别的表现。

四十《华严》的"观自在菩萨章"重颂部分强调的修行方法是"忆念名号"（nāmadheyam…anusmaranti），梵本所用的动词是接头词 anu 加上词根 smṛ，古代有译作"随念"，是在心中忆念，而非口中称念名号。汉译本译为"称名"，可能受《普门品》"一心称名"（nāmadheyaṁdhārayiṣyanti）译词的影响。早期佛教经典中的"佛随念"法门是以"佛十号"作为忆念的所缘对象，思惟佛陀的伟大功德。《大智度论》卷二一说："得是九种名号，有大名称，遍满十方，以是故名为'婆伽婆'。经中佛自说如是名号，应当作是念佛。"[③]九个名号加"婆伽婆"（世尊）合为十号，思惟此十号的功德意涵来忆念佛陀。同样，忆念"观自在"菩萨名号，也应将其广大慈悲与普门示现的功德专注明念在心，思惟其义，以期感应道交。

重颂中所举观自在菩萨解脱有情众苦的救济行动都是思惟其大悲功德的凭借，依此扩充行者自己的悲心。解救苦难的案例如下：梵本第（6）颂遭到敌人捆绑、监禁、伤害；第（7）颂将遭处刑；第（9）颂在森林遭遇盗匪、敌人、猛兽；第（10）颂从山顶被推落、推入火坑；第（11）颂遭水漂溺、被火所烧；第（12）颂各种囚禁、冤屈、侮辱、殴打、威吓等；第（13）颂寻隙伤害、恶口咒骂；第（14）颂施用邪术、咒术；第（15）颂恶龙、鬼怪加害。这些都是悲心拔苦的救济行动事例，观音菩萨的智慧方便事实上是遍在一切处所的。解脱苦厄的例子占大多数，反映人世间的现实处境，苦难繁多，这是观音法门特别标举"大悲"的深义所在。

忆念"观自在"菩萨名号获得现世安乐的事例，如梵本第（8）颂官司获胜，增加声名、亲族与财富；第（13）颂获得友善对待和赞美；第（16）颂与亲爱者不别离、与敌对者不相遇、财产不耗尽、不陷入贫困；第（18）颂六根具足、声音清美、容貌端正。死后转生善处或往生净土的个例包括：第（17）颂不堕落三恶道与八难处，转生人天善趣；第（19）颂忆念名号与大修供养，心清净者往生观自在菩萨的国土，成为应受供养者；第（20）颂忆念名号的清净有情往生十方佛国净土，见佛闻法。观音法门也包含"大慈"的涵义，修习大悲行门的菩萨道功德本身就导向现世与来世的增上生及净土往生与佛果成就，何况自力精进之外还获得他力加持！

《入法界品》所讲述的观音菩萨大悲行法，是大慈悲与大智慧的相融无碍，展现出

---

① ［日］平川彰著，庄崑木译：《印度佛教史》，台北：商周出版，2002年，第215、237页。
② ［日］望月良晃：《法华经の成立史》，［日］平川彰编：《法华思想》，东京：春秋社，1982年，第47—78页。
③ （姚秦）鸠摩罗什译：《大智度论》卷二一，《大正藏》第25册，第219页下。

救济一切有情于苦难之中的普门示现行动，为大乘佛教行者的一种理想修学范式。忆念观自在菩萨名号为核心修持方法，并非口称名号，而是通过名号一心思惟观音菩萨的广大慈悲与智慧方便，寻求与其相应，感得菩萨加持，扩充慈悲与智慧心量，精进修习大悲解脱门。

结　论

普陀山作为观音菩萨所住圣地，最早见于《华严经·入法界品》。本文对勘此经各种汉译本与现存梵本，条分缕析，考察其中所述普陀圣境风光与观音法门教理。各种《入法界品》经典版本的普陀圣境景象呈现出发展的层次；而观音法门的大悲行法有其精深意趣。

普陀圣境的梵名是"Potalaka"，在汉译经典中有多种译名。采意译者如六十《华严》译作"光明山"，或与此山在南印度光明国境内有所关联，又经现代学者考证可能与南印当地方言的语义相关。采音译者有"补怛洛迦""布呾洛迦""补陀落"等。唐代法藏说其语义为"小树蔓庄严山"，这是就梵文字面意义推敲而得。学者推定"Potalaka"这个山名应该源自泰米尔语，位置是现今印度南端的滨海山峰。

关于这座山的圣域风光，较早译出的六十《华严》与《罗摩伽经》描绘林木蓊郁、流泉萦绕、芳草成茵的世外自然景观，观音菩萨与追随菩萨们坐于珍宝岩座，是自然山林景致与七宝严净国土的融合。这样的圣境风光书写共通于所有的《华严经》版本。八十《华严》、四十《华严》与现存梵本多出二首偈颂，明白说到此山是位于大海之中的壮丽山王，由珍宝所成。海岛情境成为中国普陀山文化的重要元素。大海阻隔，更增添神圣秘境的几许氛围；珍宝所成，强化庄严净地的某种涵义。与佛国净土有别的一点，是佛国净土强调大地一片平坦，全无山林溪谷的高低地貌，而普陀圣地仍保持着山林意境。四十《华严》与现存梵本在长行之后更增补长篇重颂，首二颂描述这是一座珍宝所成之山，在种种摩尼珍宝装饰的金刚山坡，观自在菩萨安坐于莲花台上的狮子座，为天龙八部所围绕，庄严清净国土的意象更浓厚。

观音菩萨所传授的大悲行门，属于善财童子所学普贤行的一环，依现存梵本或称"大慈大悲门之明示"，或称"速疾大悲门"，教导大慈大悲的高层菩萨法门，及其施行疾速与功用速效。这是与般若波罗蜜紧密结合的无缘大慈与同体大悲，而大悲的意涵特别凸显，誓愿救护一切有情，使他们脱离一切恐惧与苦痛。这种大悲行法是大智慧、大慈悲与大神通的合体，展现出来的广大无边力用是在世间一切苦难当中，与虔心忆念观音名号的有情感应道交，实时加持护佑，令其得获安稳。忆念观音名号与修学大悲行门本身即属菩萨道实践，自力与他力相成，依修持功德而有转生人天善趣与往生十方净土的利益；进而以观音菩萨为典范，悲智双运，广行拔苦与乐的佛法教化事业。忆念观音名号的核心修持方法是通过名号专注思惟观音菩萨的大慈大悲与智慧方便而与其相应，感得菩萨的加持与护念，获得安定无虞的修行条件，推进菩萨修学的顺利开展。

附　录

《入法界品》"观自在菩萨章"的重颂经文对照：

四十《华严》（T10.733c-734c）	现存梵本（括号内数字为梵本偈颂顺序）
善来调伏身心者，稽首赞我而右旋，我常居此宝山中，住大慈悲恒自在。我此所住金刚窟，庄严妙色众摩尼。	右绕与恭敬地赞叹后，已得良好调伏的善财步上南方之旅。他看见住在珍宝山峡谷的圣仙观自在，安住大悲者。（1）
常以勇猛自在心，坐此宝石莲华座，天龙及以修罗众，紧那罗王罗刹等，如是眷属恒围绕，我为演说大悲门。	勇毅的（观自在）在种种摩尼珍宝装饰的金刚所成的山坡，坐在莲花台的狮子座上，受到天神、阿修罗、龙、紧那罗、罗刹及胜者之子（菩萨）们所围绕，为他们说法。（2）
汝能发起无等心，为见我故而来此，爱乐至求功德海，礼我双足功德身，欲于我法学修行，愿得普贤真妙行。	［善财］看见后，生起了无比欢喜，走近后，顶礼功德海（观自在）的双足。他说："圣者！请生起悲心教我学习，让我获得（普）贤行。"（3）
我是勇猛观自在，起深清净大慈悲，普放云网妙光明，广博如空极清净。我垂无垢膊圆臂，百福妙相具庄严，摩汝深信善财顶，为汝演说菩提法。	清净有情的智者观自在于放出广大清净的光明云网时，垂下百福德装饰的清净手臂，放在善财的头上，讲说如下话语……（4）
佛子应知我所得，一相一味解脱门，名为诸佛大悲云，秘密智慧庄严藏。我为精勤常救护，起诸弘誓摄众生，怜愍一切如己身，常以普门随顺转。	"佛子！我了知此一相的解脱门，那是一切胜利者（佛）们之悲心满聚的智慧藏。［那是］为了一切世间有情的救济与摄受而出现，我的己身之爱扩及一切对象。（5）
我于无数众苦厄，常能救护诸群生，心念礼敬若称名，一切应时皆解脱。或遭牢狱所禁系，枷械囚执遇怨家，若能至心称我名，一切诸苦皆销灭。	我将一切人们从众多灾厄解救出来，像是落于敌人手中被紧紧捆绑者、身体负伤者及被关在牢狱者。忆念我的名号，受系缚者获得解脱。（6）
或犯刑名将就戮，利剑毒箭害其身，称名应念得加持，弓矢锋刃无伤害。	违犯国法，将被处刑，在那里忆念我的名号，所射的箭无法到达他们的身体，刀剑断裂，利剑转向。（7）
或有两竞诣王官，净讼一切诸财宝，彼能至诚称念我，获于胜理其名闻。或于内外诸亲属，及诸朋友共为怨，若能至诚称我名，一切怨家不能害。	有人陷入争讼而到国王那里，忆念我的名号，会打败所有对立者，获得吉利；一切名声、朋友、家族、财富都增长。（8）
或在深林险难处，怨贼猛兽欲伤残，若能至心称我名，恶心自息无能害。	进入森林者，有盗匪的恐惧与敌人的恐惧，充满狮子、熊、虎、野牛、野兽、蛇，忆念我的名号则远离恐惧，战胜一切敌人。（9）
或有怨家怀忿毒，推落险峻大高山，若能至心称我名，安处虚空无损坏。	怀有恶心者将其从山顶掷落，或为杀害而推入炭火坑中，凡是称念我的名号，火焰转化成充满莲花的海。（10）
或有怨家怀忿毒，推落深流及火坑，若能至心称我名，一切水火无能害。	一旦称念我的名号，被推入大海不会淹死其中，不会在河流中被漂走，不会在火中被烧，没有一切损害，而成就一切利益。（11）

《华严经·入法界品》的普陀圣境与观音法门

四十《华严》（T10.733c-734c）	现存梵本（括号内数字为梵本偈颂顺序）
若有众生遭厄难，种种苦事逼其身，若能至心称我名，一切解脱无忧怖。	像是枷锁、刑棍、捆绑、不公的处罚、侮辱、屈辱、监禁、辱骂、殴打、威吓、胁迫，当忆念我的名号时即获得解脱。（12）
或为他人所欺谤，常思过失以相雠，若能至心称我名，如是怨嫌自休息。	当听闻与忆念我的名号时，心怀怨恨想找机会伤害者，常怀着敌意恶口咒骂者，他们在相遇的同时，会具有慈爱心，说赞美的话。（13）
或遭鬼魅诸毒害，身心狂乱无所知，若能至心称我名，彼皆销灭无诸患。	凡有人忆念我的名号，施用起尸鬼、咒语、巫术想要伤害的敌对者会失去效力，毒药等一切都不能到达他们的身体。（14）
或被毒龙诸鬼众，一切恐怖夺其心，若能至诚称我名，乃至梦中皆不见。	龙王、罗刹群体、金翅鸟、毗阇遮鬼、鸠盘荼鬼、富多那鬼，想加害者、心性狰狞者、夺精气者、带来恐惧者，忆念我的名号，他们全部在梦中消失。（15）
若有诸根所残缺，愿得端严相好身，若能至诚称我名，一切所愿皆圆满。	人们持念我的名号时，在数千万劫时间，不会眼盲、独眼、耳聋、四肢残疾、凶暴、跛脚；而声音悦人，容貌好看，一切感官完备。（18）
若有愿于父母所，承顺颜色志无违，欢荣富乐保安宁，珍宝伏藏恒无尽；内外宗族常和合，一切怨隙不来侵，若能至诚称我名，一切所愿皆圆满。	一旦忆念我的名号，与父母、好友、亲族不会别离，与对立者不会相遇，财产不会耗尽，不会陷入贫穷状态。（16）
若人愿此命终后，不受三涂八难身，恒处人天善趣中，常行清净菩提道。	凡是忆念我的名号的清净有情，此世死后不会前去无间地狱，及畜生、鬼道和（八）难处，转生于天界与人界。（17）
有愿舍身生净土，普现一切诸佛前，普于十方佛刹中，常为清净胜萨埵，普见十方一切佛，及闻诸佛说法音，若能至诚称我名，一切所愿皆圆满。	凡是忆念我的名号的清净有情，于此世死后转升到十方世界诸佛面前，观见诸佛及听闻他们的教法。（20）
或在危厄多忧怖，日夜六时称我名，我时现住彼人前，为作最胜归依处；彼当生我净佛刹，与我同修菩萨行，由我大悲观自在，令其一切皆成就。	无对应。
或清净心兴供养，或献宝盖或烧香，或以妙华散我身，当生我刹为应供。	（忆念我的名号）'观（自在）'（avalokita），他们会前去善道。用一捧鲜花撒在我身上者、焚烧熏香者、布施伞盖者、做大供养者、具清净心者，成为我的国土中应受供养者。（19）
或生浊劫无慈愍，贪瞋恶业之所缠，种种众苦极坚牢，百千系缚恒无断；彼为一切所逼迫，赞叹称扬念我名，由我大悲观自在，令诸惑业皆销灭。	无对应。
或有众生临命终，死相现前诸恶色，见彼种种色相已，令心惶怖无所依；若能至诚称我名，彼诸恶相皆销灭，由我大悲观自在，令生天人善道中。	无对应。
此皆我昔所修行，愿度无量群生众，勇猛精勤无退转，令其所作皆成就。若有如应观我身，令其应念咸皆见，或有乐闻我说法，令闻妙法量无边。	无对应。

四十《华严》（T10.733c–734c）	现存梵本（括号内数字为梵本偈颂顺序）
一切世界诸群生，心行差别无央数， 我以种种方便力，令其闻见皆调伏。 我得大悲解脱门，诸佛证我已修学， 其余无量功德海，非我智慧所能知。	像这些与其他那么多方便，我用来调伏世间有情者，是不可衡量、不可穷尽。佛子！我［只］修习一相的解脱，而不了知有德者们的一切功德。（21）
善财汝于十方界，普事一切善知识， 专意修行无懈心，听受佛法无厌足。	于十方世界中，善财普遍亲近善知识。胜者之子于听闻教法时，不感到满足。听闻教法时怎么会不喜悦呢？"（22）
若能闻法无厌足，则能普见一切佛， 云何见佛志无厌，由听妙法无厌足。	无对应。

参考文献

1. （东晋）佛陀跋陀罗译：《大方广佛华严经》，《大正藏》第 9 册。

2. （西秦）圣坚译：《佛说罗摩伽经》，《大正藏》第 10 册。

3. （唐）阿地瞿多译：《陀罗尼集经》，《大正藏》第 18 册。

4. （唐）般若译：《大方广佛华严经》，《大正藏》第 10 册。

5. （唐）法藏：《华严经探玄记》，《大正藏》第 35 册。

6. （唐）李通玄：《新华严经论》，《大正藏》第 36 册。

7. （唐）实叉难陀译：《大方广佛华严经》，《大正藏》第 10 册。

8. （唐）玄奘述，辩机撰，季羡林等校注：《大唐西域记校注》，台北：新文丰出版公司，1987 年。

9. （唐）义净译：《根本说一切有部毗奈耶破僧事》，《大正藏》第 24 册。

10. 陈怡安：《李通玄の potalaka 観及び梵語の理解度：小白花樹山という訳語との影響を中心に》，《印度学佛教学研究》第 70 卷第 2 号，2022 年。

11. 黄柏棋：《宇宙、身体、自在天：印度宗教社会思想中的身体观》，台北：商周出版社，2017 年。

12. 释印顺：《初期大乘佛教之起源与开展》，台北：正闻出版社，1981 年。

13. ［日］妹尾匡海：《补陀落の一考察》，《佛教大学佛教文化研究所所报》第 1 号，1984 年 3 月。

14. ［日］妹尾匡海：《补陀落思想と"普门品"の问题点》，《印度学佛教学研究》第 35 卷第 2 号，1987 年。

15. ［日］平川彰：《印度佛教史》，庄昆木译，台北：商周出版社，2002 年。

16. ［日］望月良晃：《法华経の成立史》，平川彰等编：《法华思想》，东京：春秋社，1982 年。

17. ［日］梶山雄一监修：《さとりへの遍历：华严经入法界品》，东京：中央公论社，1994年。

18. ［日］辛岛静志：《法华经文献学研究：观音的语义解释》，《佛典语言及传承》，裘云青、吴蔚琳译，上海：中西书局，2016年。

19. ［日］彦坂周：《南印ボディヤ山，观音信仰发祥の圣地》，《印度学佛教学研究》第38卷第1号，1989年。

20. Chün-fang Yü, *P'u-t'o Shan: Pilgrimage and the Creation of the Chinese Potalaka*, in Susan Naquin and Chün-fang Yü ed., *Pilgrims and Sacred Sites in China*. Oakland：University of California Press，1992.

21. D. T. Suzuki and H. Idzumi ed., *The Gaṇḍvyūhasūtra*, Kyoto：The Society for the Publication of Sacred Books of the World，1949.

22. Märt Läänemets, *Bodhisattva Avalokiteśvara in the Gaṇḍavyūhasūtra*,《中华佛学研究》2006年第10期。

23. MomierMonier-Williams, *A Sanskrit-English Dictionary: Etymologically and Philologically Arranged*. New York：Oxford University Press，1988.

24. P. L. Vaidya ed., *Gaṇḍvyūhasūtra*, *Buddhist Text No.5*, Darbhanga：The Mithila Institute，1960.

从印度到中土：补怛洛迦山的层累建构及其艺术表达[①]

刘郑宁　（复旦大学文史研究院）

【摘要】 补怛落迦山（Potalaka）是华严、密宗两大叙事传统中共同承认的观音菩萨住处。它的现实原型可能是高耸陡峭的南印度圣山，经过文本的层累建构，增添了"海岛""小白华树""众宝所成"等特征。晚唐以来的艺术图像描绘观音菩萨住处时，选取岩石、流水、山林等基本元素，结合现实与想象实现其艺术表达。

【关键词】 补怛落迦山　观音菩萨　叙事传统　艺术表达

补怛洛迦山[②]（Potalaka）作为观音菩萨住处，在华严、密宗两大叙事传统中多次出现，汉地译经师们又将其名音译作"补陀落""补陀落伽"（"洛"与"落"、"伽"与"迦"常通用）"逋多罗"等，意译为"光明山""海岛山""小白华树山"（"华"与"花"常通用）等。经典中神圣而美好的描绘难免激发更多的疑惑——现实中的补怛洛迦山具有怎样的景观？"光明""海岛""小白华树"这三个看起来毫无关联的义项，是否同样来自梵名Potalaka？补怛洛迦山上的各种景象元素是如何在文本中层累建构的？晚唐以来以"善财童子拜观音""水月观音"等为题材的图像又是如何实现其艺术表达的？以往的学者在文献研究中较少注意到补怛洛迦山的景观具有"渐次叠加、逐步丰富"的特征，在图像研究中较少聚焦于观音菩萨所处背景中的花草树木、山石泉流。本文将略作试探，以就教于方家。

[①] 在本文的写作过程中，李利安（西北大学）、李星明（复旦大学）、汤铭钧（复旦大学）、王兴（复旦大学）、祁姿妤（复旦大学）、姚霜（清华大学）、陈怡安（驹泽大学）、张端成（复旦大学）等师友提供了宝贵的意见与建议，谨致谢忱。

[②] 除讨论具体材料中所使用的译名外，本文提及此山时均作"补怛洛迦山"。

一、释读梵名Potalaka

作为观音菩萨住处的梵名"Potalaka"可见于梵本《入法界品》(*Gaṇḍavyūha*)[①]、《观自在(菩萨)赞》(*Avalokiteśvarasya stotraṃ*)[②]等文献。与之对应的汉文意译大致分为三种,分别是:自东晋《六十华严》始的"光明",出现于7世纪中叶的"海岛",以及7—8世纪以来以"小树蔓庄严""小白华树"等为代表的植物类译名。藏文文献提及此山时一般写作"པོ་ཏ་ལ་"或"པོ་ཏ་ལ་",有时也意译为"གྲུ་འཛིན"(gru 'dzin),理解为"持舟"或"系舟岛"。[③]其中,藏文"gru"对应梵文"pota",是"船、舟"的意思,或许勉强可以与"海岛"相关联。而余下二种译名似乎与梵名相去甚远,这又应当如何解释?

"光明山"所对应的原语极有可能是一种南印度语言。L. Chandra指出,如果对"pota"进行溯源,在印度的达罗毗荼语系南部语族中,泰米尔语的"pottu(potti-)",卡纳达语的"pottu""pottige",图陆语的"potta"等,都有"火光、光亮"的含义。[④]这条语言学上的线索同样揭示出Potalaka的现实原型可能位于南印度。为此,大量学者试图寻找和确定它的现实所在。玄奘大概是古代学者中的第一位,他在《大唐西域记》卷一〇中记录道:

> 秣剌耶山东有布呾洛迦山,山径危险,岩谷欹倾,山顶有池,其水澄镜,流出大河,周流绕山二十匝,入南海。池侧有石天宫,观自在菩萨往来游舍。其有愿见菩萨者,不顾身命,厉水登山,忘其艰险,能达之者,盖亦寡矣。而山下居人,祈心请见,或作自在天形,或为涂灰外道,慰喻其人,果遂其愿。[⑤]

部分学者便以玄奘《大唐西域记》为依据,较有代表性的是R.F. Johnson所言的秣剌耶山东、印度最南端Cape Comorin附近,以及高桑驹吉主张的秣剌耶山南Pāpanāsam至Agastyamalai之间。彦坂周根据R. Caldwell所比定的Potikai山,发现其在泰米尔经典中被描写为住着伟大圣者的Potiyil山,他推断这个词可能由"bodhi(觉悟)-il(场所)"构成,并且Potiyil山的声名在向北印度传播的过程中该词被意译为"bodhi-loka"或"buddha-loka",又受俗语(Prakrit)影响最终形成"Potalaka"。[⑥]尽管众说纷纭,但这些山毫无例外都位于印度南部,且经过前辈学者的实地考察,发现大都具有"山径危

---

① 有关梵本《入法界品》校订本,参见 Daisetz Teitarō Suzuki, Hōkei Idzumi (eds.), The Gaṇḍavyūha Sūtra, Tokyo: Society for the Publication of Sacred Books of the World, 1949; P. L. Vaidya (ed.), Gaṇḍavyūhasūtra, Darbhanga: The Mithila Institute, 1960.
② 有关梵本《观自在(菩萨)赞》的最新校勘本,参见达娃群宗:《西藏所藏〈观自在(菩萨)赞〉梵文写本研究》,《西藏研究》2020年第6期,第80—90页。
③ 见词条4154 "potalakah",[日]榊亮三郎主编:《梵藏汉和四译对校翻译名义大集(京都文科大学藏版)》,京都:京都真言宗京都大学,1916年,第281页。有关补怛洛迦山在藏文文献中的研究,可参考姚霜:《汉藏佛教比较视域中的普陀胜地知识源流考》,《中国藏学》2023年第1期,第159—168页。
④ L. Chandra, *The thousand-armed Avalokiteśvara*, New Delhi: Abhinav Publications, 1988, p.33.
⑤ (唐)玄奘述,辩机撰:《大唐西域记》,《大正藏》第51册,第932页上。
⑥ [日]彦坂周:《南印ボディヤ山,観音信仰発祥の聖地》,《印度学佛教学研究》第38卷第1号,1989年,第94—96页。

险""常有猛兽出没""有泉流""有宗教修行的场所或痕迹"等基本特征。这可能便是补怛洛迦山的原初面貌。

"小树蔓庄严""小白华树"等译语的来源则更难确定。如果将"potalaka"一词进行拆分，无论是"pota（小植物）-laka（冠）>以幼小的植物为冠的（山）"还是"po（白）-tala（一种植物）-ka（小词缀）"，似乎都不具备太强的说服力。M. Bingenheimer曾作出一种有趣的猜测，认为这是将"补怛洛迦"的俗语形式"pautalaka"与"pauṇḍarīka"（白莲花）混淆后的结果——尽管这与梵语形式"potalaka"是如此的不同。①

二、补怛洛迦山的层累建构

补怛洛迦山原本朴素的面貌在以《入法界品》为核心的汉译华严经典文本，以及以不空罥索观音、十一面观音为题材的汉译密宗经典文本的不断更新中增添元素、层累建构，绘饰得生动鲜活，继而又愈加奇特神圣。

（一）《佛说罗摩伽经》中的"金刚轮山"

最早出现观音菩萨住处名称的汉译佛典，恐怕是来自西秦圣坚所译的《佛说罗摩伽经》②，该作品是《入法界品》的早期译本。《佛说罗摩伽经》卷上云：

> 于此南方，有孤绝山，名"金刚轮"，庄严高显。彼有菩萨名观世音，住其山顶。……渐渐游行，到彼孤山，步步登陟，念观世音，正念不舍。遥见经行在岩西阿，处处皆有流泉花树，林池清渌，金花香草，柔软鲜洁，皆从菩萨功德所生。至

---

① Marcus Bingenheimer, *Island of Guanyin: Mount Putuo and Its Gazetteers*, Published to Oxford Scholarship Online, 2016, p.196.
② （梁）僧祐：《出三藏记集》中，《佛说罗摩伽经》译者未知。直到隋法经《众经目录》中"《罗摩伽经》三卷（入法界品），西秦乞伏仁世圣坚别译"，（《大正藏》第55册，第119页下。）归入圣坚名下。隋费长房《历代三宝纪》卷九则最先谈及圣坚其人及其翻译此经的情况："乞伏国仁陇西鲜卑……尊事沙门。时遇圣坚，行化达彼，仁加崇敬，恩礼甚隆。既播释风，仍令翻译，相承五主四十四年。"（《大正藏》第49册，第82页中。）杜斗城指出"相承五主"有误，西秦仅历四主便覆灭。参见杜斗城：《西秦佛教述论》，《中华佛学学报》第13期，台北中华佛学研究所，2000年，第207—226页。然而，乞伏乾归在400—409年为后秦所败，并不在位，若此时圣坚仍在译经，则"五主"得解。另，此处言乞伏国仁遇见圣坚后"仍令翻译"，意味着可能圣坚此前奉前主时亦事佛典翻译工作。《历代三宝纪》同卷中又载："（乞伏西秦）《方等王虚空藏经》八卷（亦云《虚空藏所问经》，或五卷，六卷第二出。与法贤所译《罗摩伽经》本同文异，见《晋世杂录》，出《大集经》）……右一十四部合二十一卷。晋孝武世，沙门圣坚于河南国为乞伏乾归译。或云坚公，或云法坚，未详孰是，故备列之。依验群录，一经江陵出，一经见《赵录》，十经见《始兴录》，《始兴》即《南录》，或竺道祖《晋世杂录》，或支敏度《都录》，或《王宗》，或《宝唱》。勘诸译名人，似游涉随处出经，既适无停所，弗知附见何代。世录为正，今且依法上录总入乞伏西秦世云。"（《大正藏》第49册，第83页下。）可知《罗摩伽经》见竺道祖（？—419）《晋世杂录》；晋孝武帝在位时间是372—396年，乞伏乾归在位时间是388—400年、409—412年。《大唐内典录》《开元释教录》指出《方等王虚空藏经》与《罗摩伽经》非同本；后者补充了具体的翻译年代："沙门释圣坚……以乞伏秦太初年间，于河南国为乾归（谥武元王）译《罗摩伽》等经一十五部。"见（唐）智昇：《开元释教录》，《大正藏》第55册，第571页下。乞伏秦太初即388—400年。综上所述，《佛说罗摩伽经》译于4世纪末左右，应早于东晋佛陀跋陀罗元熙二年（420）译讫的《大方广佛华严经》。

其山顶，见观世音坐于金刚八楞之座，座出光明，严饰无比，与无量菩萨眷属围绕，而为说法。时观世音，身真金色，手执大悲白宝莲华，说大慈悲经，劝发摄取一切众生，入于普门示现法门。①

在此译本中，观音菩萨住处是一座"孤绝"的山，Gómez等学者将"金刚轮庄严高显"视作一个整体，认为这便是这座孤山的名称，并将其构拟作"Vajramaṇḍala-vyūha-abhyudaya"②。然而，此山疑似在《佛说罗摩伽经》卷中再次出现：

> 尔时，东方有一菩萨，名"无异行"，宝花承足，步虚而来，诣娑婆世界金刚轮山……随诸众生所应见身，为其示现，遍六趣已，到金刚轮山，至观世音所。③

"到金刚轮山，至观世音所"一句，揭示了观世音所在之处便是"金刚轮山"。因此，欲使前后文呼应，也许将前文的"名金刚轮庄严高显"断作"名金刚轮，庄严高显"更为合适。不过，如今可见的梵本《入法界品》（约7—8世纪）以及三个较完整的《入法界品》汉译本，即东晋佛陀跋陀罗译《大方广佛华严经》（《六十华严》）之《入法界品第三十四》（418—420）、唐实叉难陀译《大方广佛华严经》（《八十华严》）之《入法界品第三十九》（695—699）、唐般若译《大方广佛华严经·入不思议解脱境界普贤行愿品》（《四十华严》）（795—798）中却并非如此表述：

圣坚译《佛说罗摩伽经》	尔时，东方有一菩萨，名"无异行"，宝花承足，步虚而来，诣娑婆世界金刚轮山……
佛陀跋陀罗译《六十华严》	尔时，东方有一菩萨，名曰"正趣"，来诣此土，住金刚顶……
实叉难陀译《八十华严》	尔时，东方有一菩萨，名曰"正趣"，从空中来，至娑婆世界轮围山顶……
般若译《四十华严》	尔时，有一菩萨，名"正性无异行"，从于东方虚空中来，至此世界轮围山顶……
P. L. Vaidya（ed.），Gaṇḍavyūhasūtra	tena khalu punaḥ samayena ananyagāmī nāma bodhisattvaḥ pūrvasyāṃ diśi gaganatalenāgatya sahāyā lokadhātośCakravālaśikhare pratyaṣṭhāt / （试译：尔时，有一菩萨名曰"无异行"，在东方自天空而来，住于娑婆世界之轮围山顶……）
圣坚译《佛说罗摩伽经》	到金刚轮山，至观世音所。
佛陀跋陀罗译《六十华严》	然后来诣观世音所。④
实叉难陀译《八十华严》	然后来诣观自在所。⑤
般若译《四十华严》	然后来诣观自在菩萨摩诃萨所。⑥

---

① （西秦）圣坚译：《佛说罗摩伽经》卷上，《大正藏》第10册，第859页下。
② L. O. Gómez, *Selected verses from the Gaṇḍavyūha: Text, Critical apparatus and translation*, A Dissertation Presented to the Yale University, 1967, p. xxvii.
③ （西秦）圣坚译：《佛说罗摩伽经》卷中，《大正藏》第10册，第860页下—861页上。
④ （东晋）佛陀跋陀罗译：《大方广佛华严经》卷五一，《大正藏》第9册，第718页下。
⑤ （唐）实叉难陀译：《大方广佛华严经》卷六八，《大正藏》第10册，第367页中。
⑥ （唐）般若译：《大方广佛华严经》卷一六，《大正藏》第10册，第735页中—下。

| P. L. Vaidya（ed.），Gaṇḍavyūhasūtra | tasmiṃśca potalakeparvate'valokiteśvarasya bodhisattvasyāntikamupasaṃkrāntaḥ saṃdṛśyate sma[7]//（试译：然后往趣观音菩萨的那座补怛洛迦山。） |

可见，除《佛说罗摩伽经》之外，其余各本的情节大致均为无异行（ananyagāmin）菩萨先来到金刚轮山顶（cakravāla-śikhara），然后再来到观音菩萨住处（其中梵本明确指出是 potalaka）。也即，在后来的文献中"金刚轮山"（cakravāla）并非观音菩萨住处。

（二）新旧三译《华严经》中的"光明山""补怛洛迦山"

《六十华严》《八十华严》与《四十华严》中提及观音菩萨住处的段落同样来自"善财童子参拜观音"这一经历。三者相比，尤其是在"善财童子受指点""礼敬长者""思惟长者所教"等情节上，文字具有很高的相似性，相较于梵本也有较高的契合度。

《六十华严》	善男子！于此南方，有山名曰光明，彼有菩萨名观世音……[1]
《八十华严》	善男子！于此南方，有山名补怛洛迦；彼有菩萨名观自在……
《四十华严》	善男子！于此南方，有山名补怛洛迦；彼有菩萨名观自在……
Gaṇḍavyūhasūtra	gaccha kulaputra, ayamihaiva dakṣiṇāpathe potalako nāma parvataḥ / tatra avalokiteśvaro nāma bodhisattvaḥ prativasati /（试译：去吧！善男子！在此南方，确实有座山名为补怛洛迦山。有一菩萨名为观音，安住于此。）
《六十华严》	（缺）
《八十华严》	即说颂言：海上有山多圣贤，众宝所成极清净。华果树林皆遍满，泉流池沼悉具足。勇猛丈夫观自在，为利众生住此山。
《四十华严》	尔时，居士因此指示，即说偈言：海上有山众宝成，贤圣所居极清净。泉流萦带为严饰，华林果树满其中。最胜勇猛利众生，观自在尊于此住。
Gaṇḍavyūhasūtra	tasyāṃ velāyāmime gāthe abhāṣata - gaccho hi sūdhana śirījalarājamadhye girirājapotalaki śobhani sūrabhāge / ratnāmayaṃ taruvaraṃ kusumābhikīrṇamudyānapuṣkiriṇiprasravaṇopapetam // tasmiṃśca parvatavare viharati dhīro avalokiteśvaru vidū jagato hitāya / （试译：彼时说此偈颂——去吧！善财童子！在神圣勇猛的水之王中，是美丽的山之王补怛洛迦。众宝所成，佳树、花朵遍满，园林、池沼、泉流具足。智慧勇猛的观音安住于彼最胜之山，利益众人。）
《六十华严》	渐渐游行，至光明山。登彼山上，周遍推求，见观世音菩萨住山西阿，处处皆有流泉、浴池，林木郁茂，地草柔软，结跏趺坐金刚宝座，无量菩萨恭敬围绕，而为演说"大慈悲经"，普摄众生。[2]

---

[7] P. L. Vaidya（ed.），Gaṇḍavyūhasūtra，p.164.
[1] （东晋）佛陀跋陀罗译：《大方广佛华严经》卷五〇，《大正藏》第 9 册，第 717 页下—718 页上。
[2] （东晋）佛陀跋陀罗译：《大方广佛华严经》卷五一，《大正藏》第 9 册，第 718 页上。

《八十华严》	渐次游行，至于彼山，处处求觅此大菩萨。见其西面岩谷之中，泉流萦映，树林蓊郁，香草柔软，右旋布地。观自在菩萨于金刚宝石上结跏趺坐，无量菩萨皆坐宝石恭敬围绕，而为宣说大慈悲法，令其摄受一切众生。①
《四十华严》	渐次前行，至于彼山，处处求觅此大菩萨。见其西面岩谷之中，泉流萦映，树林蓊郁，香草柔软，右旋布地，种种名华周遍严饰。观自在菩萨于清净金刚宝叶石上结跏趺坐，无量菩萨皆坐宝石恭敬围绕，而为宣说智慧光明大慈悲法，令其摄受一切众生。②
Gaṇḍavyūhasūtra	...anupūrveṇayenapotalakaḥparvatastenopasaṃkramyapotalakaṃparvatamabhiruhyaavalokiteśvaraṃbodhisattvaṃparimārganparigaveṣamāṇo'drākṣīdavalokiteśvaraṃbodhisattvaṃpaścimadikparvatotsaṅgeutsasaraḥprasravaṇopaśobhitenīlataruṇakuṇḍalakajātamṛduśādvalalemahāvanavivarevajraratnaśilāyāṃparyaṅkaṃbaddhvāupaviṣṭaṃnānāratnaśilātalaniṣaṇṇāparimāṇabodhisattvagaṇaparivṛtaṃdharmaṃdeśayamānaṃsarvajagatsaṃgrahaviṣayaṃmahāmaitrīmahākaruṇāmukhodyotaṃnāmadharmaparyāyaṃsaṃprakāśayantam③/ （试译：……由此渐渐往趣彼补怛洛迦山。登上补怛洛迦山，寻求观音菩萨，见观音菩萨于西面山阿，那里泉流池沼庄严，青草鲜嫩柔软，呈螺状生长于地面，在大森林的空地，[观音菩萨]结跏趺坐于金刚宝岩，无量菩萨海会围绕，安坐于种种宝岩表面。[观音菩萨]宣说开示以一切众生为接受对象宣扬大慈大悲法的法门。）

各版本之间的差异显而易见：

晋译本，山名作"光明"，而唐译本，皆作"补怛洛迦"。后者无疑是"potalaka"的音译，而前者则如上文所分析，可能是遵循该山名的原意而译。佛陀跋陀罗虽成长于北印度，但也许早就听闻了南印度圣山的盛名。当然，新旧译本的梵本来源并不相同，佛陀跋陀罗所见梵本上并无"potalaka"一词也未可知。

晋译本缺少一段描写补怛洛迦山的偈颂，在唐译本及梵本均可见。该偈颂描写补怛洛迦山位于海中，众宝所成，遍布花木泉流。对比晋译本，唐译本首先是多了"海上"这一元素，这在梵本中大致可对应于"śirījalarājamadhye śūrabhāge"。值得一提的是，"海上"最早并非出现于《八十华严》，而是阿地瞿多653年至654年所译的《陀罗尼集经》卷二中的一处夹注：

> 如是我闻：一时佛在补陀落伽山中（此云海岛也），与大阿罗汉众一千五百人俱。观世音菩萨、大势至菩萨摩诃萨……来诣佛所。到佛所已，五体投地顶礼佛足。礼佛足已，绕佛三匝，却坐一面。④

此处的"补陀落伽山"被阿地瞿多注释作"海岛"，场景则是佛前来为观音菩萨等讲经，这显然不属于《入法界品》一系的华严叙事传统，而与后来密宗叙事传统中的"世尊前往观音菩萨住处说法"有几分相似。

其次，唐译本还多了"众宝所成"（ratnāmaya）这一元素，M. Läänemets 分析指出

---

① （唐）实叉难陀译：《大方广佛华严经》卷六八，《大正藏》第10册，第366页下。
② （唐）般若译：《大方广佛华严经》卷一六，《大正藏》第10册，第732页下—733页上。
③ P. L. Vaidya (ed.), *Gaṇḍavyūhasūtra*, pp.158-159.
④ （唐）阿地瞿多译：《陀罗尼集经》卷二，《大正藏》第18册，第800页上。

现实中的山也可能非常清净，遍满花木泉流，但绝不可能是众多宝物所形成的，如此便提升了补怛洛迦山的神圣性。①

（三）"小树蔓庄严山"与"小白华山""小白华树山"

大约8世纪初，补怛洛迦山忽然多了个别称，谓"小白华山"或"小白华树山"。这一名称的萌芽很可能与法藏有关，他认为该山名"无正翻，以义译之，名小树蔓庄严山"。"无正翻"意味着"potalaka"在汉文中没有直接对应的词，因而需要"义翻"。不过，法藏所译的"小树蔓庄严山"仅仅是言此山中多有小树，而后来的学者却更进一步，开始纷纷使用"小白华树山"等词。

李通玄719年后隐居起来潜心研究《华严经》直至730年逝世，在其《新华严经论》卷二一中写道：

> 观世音住居"补怛洛迦"，此云"小白华树山"，观世音菩萨居之，为诸菩萨说慈悲经。此山多有小白华树，其华甚香。②

无独有偶，法藏弟子慧苑的《新译大方广佛华严经音义》卷二中亦涉及"小花树山、小白花树"：

> 山名"补怛洛迦"（此翻为"小花树山"，谓此山中多有小白花树，其花甚香，香气远及也）。③

约8世纪末，另一位被尊为华严宗四祖的澄观在为《华严经》作疏时，同样坚持"补怛洛迦山"即"小白华树山"，《大方广佛华严经疏》卷五七：

> 在"补怛落迦山"者，此云"小白华树"。山多此树，香气远闻，闻见必欣，是随顺义。④

新旧译本《华严经》从未提及"小白华树"，就法藏、李通玄、慧苑、澄观等的表述而言，"小树蔓庄严山""小白华山""小白华树山"都属于"义翻"，并非直接来自"potalaka"，而更有可能是受现实中山上多有小白花或小白花树的影响而得名。所以，"小白华树"或"小白华"从何处来，还有以下三种可能的思路：

其一，在多罗那他《印度佛教史》中提到寂天曾在6—7世纪朝礼印度补怛洛迦山，他"到达山顶时，除了空空的无量宫中有点点花朵以外，别无一人"⑤。由此便将"点点

---

① M. Läänemets, *Bodhisattva Avalokiteśvara in the Gaṇḍavyūhasūtra*, 《中华佛学研究》2006年第10期，第295—339页。
② （唐）李通玄：《新华严经论》卷二一，《大正藏》第36册，第863页中。
③ （唐）慧苑：《新译大方广佛华严经音义》卷二，《高丽藏》第32册，第364页中。有关李通玄等人使用的"小白华树山"，参见陈怡安：《李通玄のpotalaka観及び梵語の理解度——「小白華樹山」という訳語とその影响を中心に》，《印度学佛教学研究》第70号2号，第862—859页。
④ （唐）澄观：《大方广佛华严经疏》卷五七，《大正藏》第35册，第940页上。
⑤ ［印］多罗那他：《印度佛教史》，成都：四川民族出版社，1988年，第357页。

花朵"与"小白花"对应起来。① 不过，依照原文，"点点花朵"（me tog tho re ba）意为"零碎、少许花朵"，这与华严学者所谓的"多有小白华树"并不吻合。②

其二，《三国遗事》卷三记载义湘回到新罗后命名"洛山"一事，作者一然（1206—1289）发表见解道："盖西域宝陀洛伽山，此云小白华，乃白衣大士真身住处，故借此名之。"③Richard D. McBride II 发现，尽管"白衣观音"在6世纪《陀罗尼杂集》等作品中已经出现，但"小白华"一词直到8—9世纪才开始在中国流行，所以他判定义湘不知道补怛洛迦山又名"小白华"，一然的看法有所疏失。④ 然而，若一然在此提及"白衣大士"乃刻意为之，那么我们产生了这样的猜测：6世纪密宗经典里常以白莲花之中的白衣观音来描绘观音菩萨形象，最终影响到了人们对于补怛洛迦山上花木的想象，"小白华山"便随之而来，继而又延伸出了"小白华树山"的称号。

其三，唐智升在《开元释教录》卷九介绍金刚智时，也曾出现补怛洛迦山："唐云金刚智，南印度摩赖邪国人（此云光明国，其国近观音宫殿补陀落山）。"⑤ "观音宫殿"是密宗经典中描述补怛洛迦山的常见形式。"摩赖耶"即"秣剌耶""摩罗耶"（Malaya），《一切经音义》卷二六："摩罗耶山（亦云摩罗延。摩罗，此云垢也。耶，云除也。山在南天竺境，因国为名。其山多白旃檀香，入者香洁，故云除垢也）。"⑥ "Malaya"并无"光明"之意，有"光明"之意的反而可能是"Potalaka"；秣剌耶山盛产白旃檀，香风远近闻名，又恰巧呼应"小白华树花香馥郁"的描述。因此，也许可以怀疑"小白华树山"的出现最初可能是因为人们混淆了秣剌耶和补怛洛迦这两座相邻的山。

（四）密宗经典中的补怛洛迦山

不同于华严叙事传统，密宗经典中的补怛洛迦山似乎拥有独特的情节和特征，也更具神圣色彩。前者在补怛洛迦山发生的情节是"善财童子参拜观音菩萨""观音菩萨为众生说法"，后者的情节则是"世尊前往观音菩萨住处说法"；前者没有宫殿，后者山顶有观音宫殿；前者不列举具体的树木名称，后者常常列举；前者仅在偈颂中谈及"众宝所成"，后者则反复强调"宝庄严"。

最早涉及观音菩萨住处的密宗译作——隋阇那崛多于587年所译的《不空罥索咒经》便是典型：

> 如是我闻，一时，婆伽婆在逋多罗山顶观世音宫殿所居之处。于彼山中多有婆

---

① 李利安、景天星：《论古代印度的补怛洛迦山信仰》，《人文杂志》2019 第9期，第61—69页。
② Tāranātha, *Rgya gar chos 'byung*, khreng tu'u: Si kron mi rigs dpe skrun khang, 1994, p.178.
③ （高丽）一然：《三国遗事》卷三，《大正藏》第49册，第996页下。
④ Richard D. McBride II, "Ŭisang's Vow Texts: Koryŏ-period Imaginaire of Silla Hwaŏm Buddhism on the Ground?", Seoul Journal of Korean Studies, Volume 32, 2019, pp.147-172.
⑤ （唐）智升：《开元释教录》卷九，《大正藏》第55册，第571页中。
⑥ （唐）慧琳：《一切经音义》卷二六，《大正藏》第54册，第479页上。

罗波树、多摩罗树、瞻卜华树、阿提目多迦华树等，更有种种无量无边诸杂宝树周匝庄严。与大比丘众八千人俱。①

唐菩提流志于707—709年所译《不空羂索神变真言经》卷一当属密宗经典中将观音菩萨住处描写得最为详细的作品：

> 如是我闻，一时，薄伽梵住补陀洛山观世音菩萨摩诃萨大宫殿中。其殿纯以无量大宝，上妙珍奇，间杂成饰。众宝交彻，出大光焰。半月、满月宝铎金铃、宝珠璎珞处处悬列，微风吹动皆演法音。宝盖幢幡奇花杂拂，真珠网缦种种弥布，而为庄严。绕殿多有宝楼宝阁，杂沓宝帐。诸宝树花重重行列，所谓宝娑罗树花、宝多罗树花、宝多摩罗树华、宝瞻卜迦树花、宝阿戍迦树花、宝阿底穆多迦树花，及余无量亿千万种诸宝香树，气交芬馥围绕庄严。复有无量宝池泉沼，八功德水弥满其中，香花软草处处皆有，众华映饰什可爱乐。其山多有种种异类一切禽兽，形貌姝妙皆具慈心，出众妙声和鸣游乐。一切菩萨真言明仙，三十三天共所娱乐。如来所居与大苾刍众八千人俱，皆阿罗汉，住于大智究尽明了，逾于世间名称高远，有大神通自在无碍，顶礼佛足右绕三匝会座而坐。②

除了对"宝庄严"这一特征极尽渲染，其中所写到的"泉沼""香花软草"不见于其他涉及补怛洛迦山的密宗经典，反而是华严传统中反复出现的特征，推测文本可能受到《华严经》的影响。

（五）"华严传统""密宗传统"的交错与合流

7—8世纪以来，以《入法界品》为核心的华严叙事传统和以不空羂索观音、十一面观音为题材的密宗叙事传统逐渐趋向成熟，既相互独立，形成了各自的架构与特征，又相互交错，不同程度地受到另一传统的影响。二者所指向的确实是同一座圣山吗？古正美认为南天摩赖耶、补怛洛迦山即是不空羂索观音信仰的发源地。③那么换言之，华严、密宗两个叙事传统其实是围绕南印度的补怛洛迦山而先后产生的。

在法藏看来也是如此。他可能是最先将这两个叙事传统关联起来的学者，《华严经探玄记》卷一九：

> 光明山者，彼山树花，常有光明，表大悲光明普门示现。此山在南印度南边，天竺本名"逋多罗山"。此无正翻，以义译之，名"小树蔓庄严山"，又《十一面经》在此山说。④

---

① （隋）阇那崛多译：《不空羂索咒经》，《大正藏》第20册，第399页上。
② （唐）菩提流志译：《不空羂索神变真言经》卷一，《大正藏》第20册，第227页上。
③ 古正美：《从南天乌荼王进献的〈华严经〉说起——南天及南海的〈华严经〉佛王传统与密教观音佛王传统》，《佛学研究中心学报》2000年第5期，第159—201页。
④ （唐）法藏：《华严经探玄记》卷一九，《大正藏》第35册，第471页下。

法藏言"光明山"表明其读的是《六十华严》;"逋多罗"则是出现在阇那崛多《不空胃索咒经》的山名音译;《十一面经》也是密宗经典,后来不空所译的《十一面观自在菩萨心密言念诵仪轨经》中有"补陀落山大圣观自在宫殿",支持此说。①

然而,净源从华严叙事传统内部出发阐发了不同的观点,认为"光明山"与"补怛洛迦山"并不是同一座山,但是它们又密切相连。《华严经疏注》卷七五:

> 光明山,昔云应是与补怛洛迦山相连。以晋译观音住山为光明,今文非观音住处,而云光明,故言连也。②

慧沼则以叙事传统分类为前提,认为"光明山"与"补多罗山"并不是同一座山。《十一面神咒经义疏》云:

> 答:是观世音菩萨,既为法身大士,无所不遍。故经曰:十方刹土中无刹不现身也。若依《华严经》曰:南方有山,名曰光明。彼有菩萨,名曰观世音。汝诣彼问。善财童子登彼山顶,推求见观世音菩萨住仙西阿。处处皆有流泉浴池,林木郁茂,池草柔濡。结跏趺坐金刚宝座,无量菩萨恭敬围绕,师为说法《大慈悲经》也。复次,《不空胃索经》曰:佛在补多罗山顶,观世音菩萨宫殿所住之处。复次,《大无量寿经》曰:正在西方安乐世界,阿弥陀佛补处菩萨也。③

慧沼试图说明观音菩萨处处皆可现身,就需要举出观音菩萨在不同地点的例子。他举了《华严经》"光明山"、《不空胃索经》"补多罗山顶观世音菩萨宫殿"、《大无量寿经》"西方安乐世界"三例,意味着在他的理解中"光明山"和"补多罗山"是不同的。

无论如何,随着7—8世纪《华严经》译者将"Potalaka"调整为音译而非意译,两个叙事传统最终由于共同分享"补怛洛迦(Potalaka)"之名在人们的印象中渐渐融合。

表 补怛洛迦山(Potalaka)建构史

时间	作者/译者	经典	文本内容	山名	特征
4世纪末	圣坚译	《佛说罗摩伽经》卷一	于此南方,有孤绝山,名金刚轮,庄严高显。彼有菩萨名观世音,住其山顶。……渐渐游行,到彼孤山……遥见经行在岩西阿,处处皆有流泉花树,林池清渌,金花香草,柔软鲜洁,皆从菩萨功德所生。至其山顶,见观世音坐于金刚八楞之座,座出光明,严饰无比,与无量菩萨眷属围绕,而为说法。时观世音,身真金色,手执大悲白宝莲华,说大慈悲经,劝发摄取一切众生,入于普门示现法门。	金刚轮山	孤绝;流水、花木、香草众多

---

① 在不空之前所译的《十一面经》现存三部,即(北周)耶舍崛多、阇那崛多共译《佛说十一面观世音神咒经》、(唐)阿地瞿多译:《十一面观世音神咒经》、(唐)玄奘译《十一面神咒心经》,均无类似表述。
② (宋)净源:《华严经疏注》卷七五,《卍续藏》第7册,第420页上。
③ (唐)慧沼:《十一面神咒经义疏》,《大正藏》第39册,第1007页上。

时间	作者/译者	经典	文本内容	山名	特征
418—420	佛陀跋陀罗译	《大方广佛华严经·入法界品第三十四》	此南方，有山名曰光明，彼有菩萨名观世音……渐渐游行，至光明山。登彼山上，周遍推求，见观世音菩萨住山西阿，处处皆有流泉、浴池，林木郁茂，地草柔软，结跏趺坐金刚宝座，无量菩萨恭敬围绕，而为演说大慈悲经，普摄众生。	光明山	流泉、浴池众多，林木茂盛，草地柔软
587	阇那崛多译	《不空罥索咒经》	如是我闻，一时婆伽婆在逋多罗山顶观世音宫殿所居之处。于彼山中多有娑罗波树、多摩罗树、瞻卜华树、阿提目多迦华树等，更有种种无量无边诸杂宝树，周匝庄严。	逋多罗山	观世音宫殿；各种宝树众多
560—661	伽梵达摩译	《千手千眼观世音菩萨广大圆满无碍大悲心陀罗尼经》	如是我闻：一时，释迦牟尼佛在补陀落迦山，观世音宫殿，宝庄严道场中，坐宝师子座。其座纯以无量杂摩尼宝，而用庄严，百宝幢幡，周匝悬列。尔时，如来于彼座上，将欲演说总持陀罗尼故。	补陀落迦山	观世音宫殿；众宝庄严
646	玄奘口述、辩机编撰	《大唐西域记》卷一〇	秣剌耶山东有布呾洛迦山，山径危险，岩谷敧倾，山顶有池，其水澄镜，流出大河，周流绕山二十匝，入南海。池侧有石天宫，观自在菩萨往来游舍。其有愿见菩萨者，不顾身命，厉水登山，忘其艰险，能达之者，盖亦寡矣。而山下居人，祈心请见，或作自在天形，或为涂灰外道，慰喻其人，果遂其愿。	布呾洛迦山	陡峭难行；流水围绕，入南海
653—654	阿地瞿多译	《陀罗尼集经》卷二	如是我闻：一时佛在补陀落伽山中（此云海岛也），与大阿罗汉众一千五百人俱。观世音菩萨、大势至菩萨摩诃萨……等五千人俱……	补陀落伽山、海岛	海岛；佛前来说法
695—699	实叉难陀译	《大方广佛华严经·入法界品第三十九》	于此南方，有山，名补怛洛迦；彼有菩萨，名观自在。……即说颂言：海上有山多圣贤，众宝所成极清净。华果树林皆遍满，泉流池沼悉具足。勇猛丈夫观自在，为利众生住此山。汝应往问诸功德，彼当示汝大方便。……渐次游行，至于彼山，处处求觅此大菩萨。见其西面岩谷之中，泉流萦映，树林蓊郁，香草柔软，右旋布地。观自在菩萨于金刚宝石上结跏趺坐，无量菩萨皆坐宝石恭敬围绕，而为宣说大慈悲法，令其摄受一切众生。	补怛洛迦山	位于海上；众宝所成，花果树林、泉流池沼、香草众多

时间	作者/译者	经典	文本内容	山名	特征
8世纪初	法藏撰	《华严经探玄记》卷一九	光明山者，彼山树花，常有光明，表大悲光明普门示现。此山在南印度南边，天竺本名"逋多罗山"。此无正翻，以义译之，名"小树蔓庄严山"，又《十一面经》在此山说。	光明山、逋多罗山、小树蔓庄严山	树花常有光明、南印度南边
707—709	菩提流志译	《不空罥索神变真言经》卷一	如是我闻：一时，薄伽梵住补陀洛山观世音菩萨摩诃萨大宫殿中。其殿纯以无量大宝，上妙珍奇，间杂成饰。众宝交彻，出大光焰。半月、满月宝铎金铃、宝珠璎珞处处悬列，微风吹动皆演法音。宝盖幢幡奇花杂拂，真珠网缦种种弥布，而为庄严。绕殿多有宝楼宝阁，杂沓宝帐。诸宝树花重重行列，所谓宝婆罗树花、宝多罗树花、宝多摩罗树华、宝瞻卜迦树花、宝阿戍迦树花、宝阿底穆多迦树花、及余无量亿千万种诸宝香树，气交芬馥围绕庄严。复有无量宝池泉沼，八功德水弥满其中，香花软草处处皆有，众华映饰什可爱乐。其山多有种种异类一切禽兽，形貌姝妙皆具慈心，出众妙声和鸣游乐。	补陀洛山	观世音宫殿；众宝庄严；泉沼、香花软草众多；动物众多，叫声美妙
719—730	李通玄撰	《新华严经论》卷二一	观世音住居补怛洛迦，此云小白华树山。观世音菩萨居之，为诸菩萨说慈悲经。此山多有小白华树，其华甚香。	补怛洛迦山、小白华树山	有香气的小白华树众多
约732	慧苑撰	《新译大方广佛华严经音义》卷二	山名"补怛洛迦"（此翻为"小花树山"，谓此山中多有小白花树，其花甚香，香气远及也）。	补怛洛迦山、小花树山	有香气的小白华树众多
746—774	不空译	《十一面观自在菩萨心密言念诵仪轨经》卷一	如是我闻，一时，薄伽梵住补陀落山大圣观自在宫殿中。其山无量婆罗、多么罗、瞻卜、无忧、阿底目多迦，种种花树庄严。	补陀落山	观自在宫殿；各种花木众多
8世纪末	澄观撰	《大方广佛华严经疏》卷五七、《华严经行愿品疏》卷七	在补怛落迦山者，此云小白华树。山多此树，香气远闻，闻见必欣，是随顺义。	补怛落迦山、小白华树山	香气宜人的小白花树众多

时间	作者/译者	经典	文本内容	山名	特征
795—798	般若译	《大方广佛华严经·入不思议解脱境界普贤行愿品》	于此南方，有山，名补怛洛迦；彼有菩萨，名观自在。……即说偈言：海上有山众宝成，贤圣所居极清净。泉流萦带为严饰，华林果树满其中。最胜勇猛利众生，观自在尊于此住。汝应往问佛功德，彼当为汝广宣说。……渐次前行，至于彼山，处处求觅此大菩萨。见其西面岩谷之中，泉流萦映，树林蓊郁，香草柔软，右旋布地，种种名华周遍严饰。观自在菩萨于清净金刚宝叶石上结跏趺坐，无量菩萨皆坐宝石恭敬围绕，而为宣说智慧光明大慈悲法，令其摄受一切众生。	补怛洛迦山	位于海上；众宝所成；花果树林、泉流、香草众多
980—1017	施护译	《佛说圣观自在菩萨不空王秘密心陀罗尼经》	如是我闻，一时，世尊在补陀落迦山圣观自在菩萨宫中。彼有无数大娑罗树、多摩罗树、瞻波迦树、阿输迦树、阿提目多迦树，如是等种种宝树而为严饰。	补陀落迦山	观自在菩萨宫；各种宝树无数
980—1017	施护译	《圣观自在菩萨功德赞》	随顺方便现所居，补陀落山为住止。其山高广复殊妙，种种珍宝以庄严。彼有宝树数甚多，低罗迦及瞻波等。有诸异鸟止其上，常出清净妙好音。	补陀落山	高广殊妙；众宝庄严；宝树众多；各种奇异的鸟，叫声美妙

三、补怛洛迦山的艺术表达

叙述观音菩萨住处的文本内容在7—8世纪趋于成熟，刻画观音菩萨居住在补怛洛迦山的艺术作品也在这一时期开始萌发。诚如陈清香的研究所揭示的，"竹林观音""水月观音"等观音图像的背景通常是竹林、树木、花草、泉石等，这便是为了表现观音菩萨住处的景致。宋元明清时期，"善财童子参拜观音菩萨"这一题材普遍流行，补怛洛迦山上的花草树木、山石泉流渐渐成为了象征观音菩萨的一种符号。[①] 诚然，此类观音图像还可能受到道教、本地民俗信仰等多方面的复杂影响，不过此处仅着眼于分析观音图像的背景中的岩石、花草、流水等基本元素到底是如何组合以展现补怛洛迦山的诸多特征的，以下将尝试在各个时间段选取一些代表性的作品进行大致的分析。

---

① 陈清香：《观音菩萨的形像研究》，《华冈佛学学报》1973年第3期，第57—78页。

莫高窟晚唐第 12 窟北壁下方屏风表现了"善财童子五十三参"这一主题，左起第二部分下方被辨识为"善财童子参拜观音"。[①]（图 1）画面背景较为简单，仅有山峦、青色的草地、青色偏蓝的泉流，采用"青草地"与"泉流"两种元素的组合便将观音菩萨住处大致展现了出来。画面上的元素并不多，究其原因，其一可能是受制于艺术形式的局限性，色彩种类不多、画面不大，画师未能尽情施展；其二是年代尚早，对"善财童子五十三参"的艺术表达尚在起步阶段。

图 1　善财童子五十三参　莫高窟晚唐第 12 窟北壁

大英博物馆藏五代敦煌水月观音图（图 2）所描绘的观音菩萨坐在岩石上，四周被流水围绕着，背后是巨大的满月。竹笋、竹子从岩石中破土而出，两朵红白相间的小莲花伸出了水面。菩萨的左脚踏在一朵大莲花上。能够表现观音菩萨住处的元素有岩石、竹子、流水、莲花四种。

榆林窟第 2 窟西壁门两侧各保留有一幅水月观音图（图 3），绘制精美，是西夏壁画中的上乘之作。主色调为石青、石绿，显得宁静素雅。观音菩萨通身笼罩着圆光，安坐在岩石上。岩石前是潺潺流水，水上漂浮着莲花。奇峰异石，竹林掩映，流云自在，灵鸟鸣啼。除了竹子，还有叶片状似针形、心形的植物（图 3 左）。图像背景中出现了岩石、流水、莲花、竹子、啼鸟等多种元素的组合，使得画面更为丰富、精致。

纳尔逊—阿特金斯博物馆藏元代水月观音绢画（图 4）所描绘的观音菩萨坐在悬空的岩石上，背后是一轮巨大的满月和一棵巨松。如白练一般的瀑布泉流从上方若隐若现的山峰倾泻而下，坠入岩石下面的水波中。水波起伏较大，似乎更像是海水。尽管画面风格简约，但岩石、松树、海水、瀑布等元素并不少。

[①]　方喜涛：《莫高窟第 12 窟华严经变图像解读》，《敦煌研究》2020 年第 3 期，第 37—47 页。

图2 水月观音图大英博物馆藏 五代斯坦因敦煌遗画（左上）
图3 榆林窟第2窟 西夏水月观音图（左下、右下）
图4 美国纳尔逊—阿特金斯博物馆藏 13世纪水月观音绢画（右上）

北京法海寺壁画水月观音图（图5）同样堪称精美至极。水月观音半跏坐于礁岩之上。背景云雾缭绕，圆月下方涌出海浪，画面左边缀以紫竹林，右边岩石长出红牡丹，清泉汩汩流入大海。右上角还有灵鸟欢喜飞来。岩石、海水、竹林、牡丹花、飞鸟等元素的搭配令画面华丽而灵动。其中，红牡丹独具特色，在其他观音图像的背景中较为罕见。

北京首都博物馆馆藏童子拜观音铜牌（图6）中，观音菩萨结跏趺坐于大莲花上，莲花漂浮在海面上，海水水波浩荡。左边飞来一只灵鸟，右边是一棵翠竹，构成一动一静。画面中，莲花在一定程度上是将"花"与"岩石"两种元素合二为一，又辅以流水、飞鸟、竹子，构思十分巧妙。

图5 清华大学美术图书馆藏 北京法海寺壁画明代水月观音（左）
图6 北京首都博物馆藏 清代童子拜观音铜牌（右）

以上是唐代以来较有代表性对观音菩萨住处的景观有所表达的部分"童子拜观

音""水月观音"艺术作品。其实历代还有大量的观音图像仅出现人物,对背景的描绘只是一笔带过甚至略而不画。

从文本到图像,我们可以提炼出以下三点:

岩石、流水、植物是观音菩萨住处的基本元素。将岩石和流水相组合,部分图像的水波纹刻意弯曲得十分夸张,这些都是为了表现补怛洛迦山的"海上有山""海岛"的特色。树木多为竹子,也有松树,还有其他各种树木,即便它们并非"小白华树",也与"小树蔓庄严"的特色相呼应。花则多为莲花,这也是观音菩萨的象征。部分文本谈及补怛洛迦山上存在灵兽灵鸟,部分图像中也有所呈现。

唐、五代及西夏图像画面瑰丽,宋元以降佛教图像受文人画影响,画面逐渐朴素,色调趋向淡雅。宋以后直至明清,以"善财童子参拜观音菩萨"为主题的绘画、雕刻作品也随着山水画的盛行而广为流传。士人喜爱竹子的高风亮节、松树的坚韧不拔、莲花的圣洁不染、牡丹的高贵绚丽,便把它们依托于文本中的"花果树林皆遍满",继而融入到了画中。

竹子虽远接印度"竹林精舍"之佛教传统,但入画成为观音菩萨的符号则依赖于中国文人将"竹"与"禅"结合的创新,浙江普陀山观音道场的紫竹林更是加固了"观音"与"竹"的关系。这便造就了描写补怛洛迦山的文本从未出现"竹",而对应的艺术表达却处处是"竹"的奇特现象。

结　语

补怛落迦山(Potalaka)的现实原型位于印度南部秣剌耶山附近,高耸陡峭、路径危险,很有可能存在宗教活动的痕迹,在当地曾兴起过观音信仰。山名在南印度可能有"光明"的意思。

此山与当地的观音信仰结合后,出现了一系列文本,将其描写为观音菩萨住处,不断提升其神圣性。较早出现的是以《入法界品》为核心的华严叙事传统,其主要情节为"善财童子参拜观音",补怛洛迦山在这类经典中有流水、花木、草地,并在发展的过程中增添"众宝所成""海岛""小白华树"等特征。随后出现的是以不空胃索经典为核心,辅以《十一面经》等经典的密宗叙事传统,其主要情节为"世尊前往补怛洛迦山说法",补怛洛迦山在这类经典中有观音宫殿、众宝庄严、众多具体的树木。

汉地佛教中,两个叙事传统在7—8世纪才建构完成并交错合流,从文本到图像也是自这一时间段开始。唐代以来的"善财童子参拜观音""水月观音"等图像的背景即是对观音菩萨住处的艺术表达,画面通常选取岩石、流水、山林等基本元素进行组合,并深受文人画、山水画的影响,充分体现了佛教艺术的中国化。

参考文献

1. （东晋）佛陀跋陀罗译：《大方广佛华严经》，《大正藏》第 9 册。
2. （西秦）圣坚译：《佛说罗摩伽经》，《大正藏》第 10 册。
3. （唐）玄奘述，辩机撰：《大唐西域记》，《大正藏》第 51 册。
4. （唐）李通玄：《新华严经论》，《大正藏》第 36 册。
5. （唐）慧苑：《新译大方广佛华严经音义》，《高丽藏》第 32 册。
6. （唐）澄观：《大方广佛华严经疏》，《大正藏》第 35 册。
7. （唐）实叉难陀译：《大方广佛华严经》，《大正藏》第 10 册。
8. （唐）般若译：《大方广佛华严经》，《大正藏》第 10 册。
9. （唐）阿地瞿多译：《陀罗尼集经》，《大正藏》第 18 册。
10. （唐）智升：《开元释教录》，《大正藏》第 55 册。
11. （唐）慧琳：《一切经音义》，《大正藏》第 54 册。
12. （隋）阇那崛多译：《不空罥索咒经》，《大正藏》第 20 册。
13. （唐）菩提流志译：《不空罥索神变真言经》，《大正藏》第 20 册。
14. （唐）法藏：《华严经探玄记》，《大正藏》第 35 册。
15. （唐）慧沼：《十一面神咒经义疏》，《大正藏》第 39 册。
16. （宋）净源：《华严经疏注》，《卍续藏》第 7 册。
17. 陈清香：《观音菩萨的形像研究》，《华冈佛学学报》1973 年第 3 期。
18. 达娃群宗：《西藏所藏〈观自在（菩萨）赞〉梵文写本研究》，《西藏研究》2020 年第 6 期。
19. 方喜涛：《莫高窟第 12 窟华严经变图像解读》，《敦煌研究》2020 年第 3 期。
20. 古正美：《从南天乌荼王进献的〈华严经〉说起——南天及南海的〈华严经〉佛王传统与密教观音佛王传统》，《佛学研究中心学报》2000 年第 5 期。
21. 李利安、景天星：《论古代印度的补怛洛迦山信仰》，《人文杂志》2019 第 9 期。
22. ［高丽］一然：《三国遗事》，《大正藏》第 49 册。
23. ［日］榊亮三郎主编：《梵藏汉和四译对校翻译名义大集（京都文科大学藏版）》，京都：真言宗京都大学，1916 年。
24. ［日］彦坂周：《南印ボディヤ山，観音信仰発祥の聖地》，《印度学佛教学研究》第 38 卷第 1 号，1989 年。
25. Daisetz Teitarō Suzuki, Hōkei Idzumi (eds.), *The Gaṇḍavyūha Sūtra*, Tokyo: Society for the Publication of Sacred Books of the World, 1949.
26. P. L. Vaidya (ed.), *Gaṇḍavyūhasūtra*, Darbhanga: The Mithila Institute, 1960.

27.Richard D. McBride II, "Ŭisang's Vow Texts: Koryŏ-period Imaginaire of Silla Hwaŏm Buddhism on the Ground?", Seoul Journal of Korean Studies, Volume 32, 2019.

28.L. Chandra, *The thousand-armed Avalokiteśvara*, New Delhi：Abhinav Publications, 1988.

29.Tāranātha, Rgya gar chos'byung, khreng tu'u: Si kron mi rigs dpe skrun khang, 1994.

30.M. Läänemets, *Bodhisattva Avalokiteśvara in the Gaṇḍavyūhasūtra*,《中华佛学研究》2006 年第 10 期, 2006 年。

31.Marcus Bingenheimer, *Island of Guanyin: Mount Putuo and Its Gazetteers*, Published to Oxford Scholarship Online, 2016.

32.L. O. Gómez, *Selected verses from the Gaṇḍavyūha: Text, Critical apparatus and translation*, A Dissertation Presented to the Yale University, 1967.

宋元明清时期民众观音信仰的社会根源

沈 奥 （西北大学历史学院）
李永斌 （西北大学历史学院）

【摘要】 宗教表现的问题实质是社会问题。佛教在中国的迅速传播和兴起，及其历史的发展和嬗变，都有其深刻的社会背景。宋元明清时期民众阶层的观音信仰，同样反映出他们生活时代的社会根源。观音信仰为民众在现实生活和精神追求两个方面都提供了观照，以救治各种病苦、战乱牢狱、生产劳动事故和往生净土、脱离恶趣为主要表现，直观地反映这一时期医疗落后、战争频发、政治黑暗等突出的社会问题。而这些社会问题也是民众选择观音信仰的主要原因和观音信仰在民众中广为流行的社会根源，社会现实问题的时代特征与地方特征，也决定了观音信仰职能、法门、经典等因素的变化。

【关键词】 观音信仰　民众阶层　民众佛教

任何一种思想的出现和流行，必有其深层的社会根源，是当时社会问题的真实写照。佛教之所以流行中国，经由两千余年的流变历程，也是社会需求和历史选择的结果。观音信仰在宋元明清民众中的流传，也反映出民众需求和选择的社会根源：一者为解决社会现实中诸如病痛、饥荒、战乱等问题；一者是对未来或来世美好希冀的精神追求。观音信仰在宋元明清民众中的传播，其中民众是与皇室贵胄、士大夫、僧侣相对应的社会阶层概念，并非与精英佛教、居士佛教、民间佛教等相对应的范畴。民众在一定程度上可以理解为平民，他们没有官僚、文人、僧侣等明显的社会属性，本文也不以贫富差距或特殊历史时期的社会地位差异做更加详细的区分。另外，民众当中也包含具有明显特征的佛教居士，与官僚、士大夫中的居士相同，他们的影响和作用都用以说明这一社会阶层与观音信仰的关系。

一、民众生活中的病苦

病痛至今仍是人类面临的巨大问题。古代社会医疗条件和技术水平都相对落后，病痛成为人们生活中最突出的社会问题之一。宋元明时期，大量关于观音治疗病痛的传说在民众中盛行，足以证明病痛是民众生活中的一大困扰。观音治病有以下几种方式。

第一种，观音在病人梦中示现，直接为其治病：

> 一婢曰来喜，目障交蔽，久益不见物。甫到王氏，当夜梦一僧唤曰："贺汝有缘，苟不至此，终身定成废疾，我故携药救汝。"即授以瓯。婢喜接而饮之。僧曰："可无虑也。"婢便觉目瞳了然，初无所碍，遂问僧曰："大师是何处僧？"僧曰："不须问我，我住汝家久矣。我闻汝声音之苦，誓心相救。"语罢，失其所之。天欲明，婢双眸炯然，全复其旧。众惊顾，争来咨扣，具以所梦言于人。罗后以告王秀才，备道于母夫人，母曰："是吾家观音也。吾家敬奉之，有疑则卜，厥应如响。"罗呼妾诣佛堂斋戒拜谢，至今犹存。①

这则记文中，王秀才之母率阖家敬奉观音，"厥应如响"，使得以其家为中心的一定地域范围内具有了神圣性。当罗家盲婢来喜因机缘巧合来到王家，在梦中观音以僧人形象显化，授药以医治来喜的眼病，使其恢复如初。文中并未交代来喜的宗教信仰及奉佛与否，但只要与佛菩萨"有缘"，并身处具有神圣性的空间内，就能够与观音产生感应。

第二种，观音为病人在梦中说药方，依药方服药而得到救治：

> 饶州民郭端友，精意事佛。绍兴乙亥（1155）之冬，募众纸笔缘，自出力以清旦净念书《华严经》，期满六部乃止。癸未（1163）之夏五，染时疾，忽两目失光，翳膜障蔽，医巫救疗皆无功，自念惟佛力可救。次年四月晦，誓心一日三时礼拜观音，愿于梦中赐药或方书。五月六日，梦皂衣人告曰："汝要眼明，用獭掌散、熊胆圆则可。"明日，遣诣市访二药，但得獭掌散，点之不效。二十七夜，梦赴荐福寺饭，饭罢归，及天庆观前，闻其中佛事钟磬声，入观之。及门，见妇女三十余人，中一人长八尺，着皂春罗衣，两耳垂肩，青头绿鬘，戴木香花冠如五斗器大。郭心知其异，欲候回面瞻礼。俄紫衣道士执笏前揖曰："我乃都正也，专为华严来迎，请归舍啜茶。"郭随以入，过西廊，两殿垂长黄幡，一女跪炉礼观音，帘外青布幕下，十六僧对铺坐具而坐。道士下阶取茶器，未及上，郭不告而退，径趋法堂，似有所感遇，夜分乃觉。明日，告其妻黄氏云："熊胆圆方，乃出道藏，可急往觅。"语未了，而甥朱彦明至，曰："昨夜于观中偶获观音治眼熊胆圆方。"举室惊异，与梦吻合。即依方市药，旬日乃成，服之二十余日，药尽眼明，至是年十月，平服如

---

① （宋）洪迈著，何卓点校：《夷坚志》夷坚三志辛卷七《观音救目疾》，北京：中华书局，2006年，第1441页。

初。即日便书前药方,灵应特异,增为十部乃止,今眸子了然。外人病目疾者,服其药多愈。①

按照病症的描述来看,郭端友的眼疾应该是今天所说的白内障。上述记文中,观音前后两次显化,第一次以"皂衣人"的形象告知郭端友疗疾的药方;第二次观音以女冠的形象示现,提示郭端友熊胆圆药方出于道藏。郭端友梦入道观,观音以女冠形象显现,以及用于治病的药方出自道藏,或反映出这一时期佛道交融的趋势。②

《医说》一书是宋代新安名医张杲所辑录的医学著作,保留了大量的医案材料。③其卷三就专门列有"神方"一门,即凡人通过与神灵发生感应,以获授医方。除了前揭郭端友一事以外,《医说》中另辑有两则观音授方的事例:"李景纯传,有一妇人久患痢,将死,梦中观音菩萨授此方,服之遂愈。用木香一味,细末,米饮调服。"④又:"洪辑,居溧阳县西寺,事观音甚敬。幼子佛护病痰喘,医不能治,凡五昼夜不乳食,证危甚。又呼医杜生诊视之,曰:'三岁儿抱病如此,虽扁鹊复生,无如之何尔!'辑但忧泣,办凶具,而其母以尝失孙,愁悴尤切。辑益窘惧,投哀请祷于观音。至中夜,妻梦一妇人自后门入,告曰:'何不服人参胡桃汤?'觉而语辑,辑洒然悟曰:'是儿必活,此盖大士垂教耳。'"⑤

值得注意的是,上述三则记文中,郭端友一则"外人病目疾者,服其药多愈",另外两则均详细记载了药方的药材及剂量。也就是说,借由这些佛教灵验故事的流传,相关的医疗知识也得到了传播。一方面,在佛教日益世俗化的进程中,佛教向下与民间医学不断融合,佛医这一特殊阶层也不断壮大。⑥同时,在这些佛菩萨授赐神方灵验故事形成的背后,我们也不能忽视医士群体的推动力量。

第三种,病人持诵观音经典或咒语,得到感应而痊愈。进入宋以后,与《高王观世音经》《十句经》相类似的经典非常流行,有念此类《观音经》而治好病人的灵感传说:

太平州芜湖县吉祥寺僧楚逞,俗姓石氏。嘉祐二年(1057)清明节,辄双目失明,乃发诚心,日于斋粥前默诵《金刚经》十卷,率以为常。至熙宁六年(1073)冬至后二日,右眼忽然明彻,今尚在,甲子七十二矣。又有老媪,亦患瞽疾,或者诵《观

---

① (宋)洪迈:《夷坚志》夷坚丙志卷一三《郭端友》,第475—476页。
② 关于宋代佛道关系的研究,参见[日]荒木见悟:《宋元时代の仏教、道教に关する研究回顾》,《久留米大学比较文化研究所纪要》第1号,1987年;潘桂明:《宋代佛道问题的综合考察》,《浙江学刊》1990年第1期,第61—66页;[日]横手裕:《看话と内丹——宋元时代における仏教、道教交涉の一侧面》,《思想》第814号,东京:东京岩波书店,1992年,第22—44页。
③ 参见邵冠勇:《关于〈医说〉及其校注》,《山东中医学院学报》1991年第1期,第44—47页。
④ (宋)张杲著,王旭光、张宏校注:《医说》卷三,北京:中国中医药出版社,2009年,第73页。
⑤ (宋)张杲著,王旭光、张宏校注:《医说》卷三,第73页。
⑥ 佛教经典本身就蕴含了大量的医疗知识,如李良松教授整理了藏经中的食疗养生文献并探讨了其所体现的食疗思想,参考氏著《佛医食疗养生文献论要》,《五台山研究》2017年第1期,第53—59页。清初喻嘉言就是僧人与医士结合的一个典型例子。关于他的研究,参见何明栋、王占霞:《喻嘉言佛医思想初探》,《五台山研究》2020年第1期,第22—26页。

音经》以授之。曰："观世音，南无佛，与佛有因，与佛有缘，佛法相缘，常乐我净。朝念观世音，暮念观世音，念念从心起，念佛不离心。"媪敬诵，未始一日废。弥久，目亦复故焉。①

僧人自己双目失明，发愿每天念诵《金刚经》，十数年后右眼得到恢复。而又妇人目盲，僧人却授以《观音经》，长期念诵以后也得到应验。《金刚经》在佛教经典中是篇幅比较小的，有五千多字，对于僧人来说，常年念诵自然可以烂熟于心。而对于目盲的老妇人来说，念《金刚经》就不太现实了，所以僧人教他字数更少的《观音经》，但是也非常灵验。这种在宋以后非常流行的《观音经》，对接受文化教育机会较少的民众来说，②具有很强的适应性。

持诵观音名号或经咒，能够救治的不止眼病，其最主要的表现是医不能治的疾病。如政和七年（1117），秀州魏塘镇李八叔患有麻风病，三年间尝试多种医方都没有效验。直到有一天，有一位游方僧人赠与他一粒药丸。当夜，李八叔梦见游方僧形象的观世音菩萨，醒后即服药，七天后果然肤发俱生，病即治愈。原来是李八叔患病之前曾诵大悲观音菩萨满三藏，因此当其患病以后，世俗的医术无法治愈，观世音菩萨即幻化为游方僧人，赠与他神药以治疗绝症。③

第四种，传说与观音有关可以治疗百病的泉水、井水等。如："横琴山：横亘县前之溪南，平广延袤如横琴然，亦名横琴冈。冈之后有井，凡有疾者，多取其水洗之，云有验也。以其上有观音庵，因名观音井。"④而这些观音泉、观音井往往在地理位置上与观音寺庵相近，在观音寺庵的辐射下，这些自然之物也具有了神力。

第五种，传说由礼拜观音而兴起的某处特定的观音道场，如普陀山：

泉州商客七人：曰陈、曰刘、曰吴、曰张、曰李、曰余、曰蔡，绍熙元年（1190）六月，同乘一舟浮海。余客者，常时持诵救苦观音菩萨，饮食坐卧，声不绝口，人称为余观音。然是行也，才离岸三日而得疾，旋即困忌。海舶中最忌有病死者。众就山岸缚茅舍一间，置米菜灯烛并药饵，扶余入处，相与诀别曰："苟得平安，船回至此，不妨同载。"余悲泣无奈，遥望普陀山，连声念菩萨不已。众尽闻菩萨于空中说法，渐觉在近。见一僧左手持锡杖，右手执净瓶，径到茅舍，以瓶内水付余饮之。病豁然脱体，遂复还舟。⑤

综上所述，可以看出民众生活中的病苦是他们非常难以解决的问题，而在观音菩萨

---

① （宋）章炳文：《搜神秘览》卷中，《续修四库全书》第1264册，第617页。
② 程民生教授探讨了宋代军人、医士、女子等多类民众的文化水平及识字率，参见氏著《宋代民众文化水平研究》，北京：社会科学文献出版社，2022年。
③ （宋）洪迈：《夷坚志》夷坚甲志卷十《李八得药》，第89页。
④ （明）黄仲昭编纂：《八闽通志》卷八《地理》，福州：福建人民出版社，2006年，第220页。
⑤ （宋）洪迈：《夷坚志》夷坚支志己卷二《余观音》，1318页。

种种示现救病苦的事例中，诵念入宋以来大为流行的《高王观音经》《十句经》等最为普遍。另外观音信仰往往受到不同地域文化和地理环境的熏染，形成各个地方化的特色，这也是此类观音感应故事中比较突出的现象。

二、战乱及牢狱灾难

五代及宋元明清时期，战乱频仍，给民众生活、生产环境带来了极大的破坏，他们或死于战火，或流离他乡，凄惨万分。《普门品》中有观音可救兵刀灾难的表述，称名即可救难："平江民徐叔文妻，遇金人破城，独脱身贼手。出郭，于水中行，惟诵观音佛名。首插金钗，恐为累，掷置水中。半途，迷所向，有白衣老媪在岸，呼之令上，指示其路曰：'遇僧即止。'又云：'恐汝无裹足，赠汝金钗。'视之，盖向所弃者。至一林中，见寺遂止，乃荐福也。次日，其婿蒋世永适相值，乃携以归。"①徐叔文妻因遭遇金军破城，从水路逃亡时迷失了方向，通过称颂观世音名号，观音以白衣老媪的形象显化向其指示方向，并将其先前舍弃的金钗还予。通过向观世音菩萨称名求救，徐叔文妻在战乱中不仅保全了性命，与家人团聚，而且财物也失而复得。又有观音菩萨主动下化救难的二则事迹：

> 妇负石在大理府城南。世传汉兵入境，观音化一妇人，以稻草縻此大石，背负而行，将卒见之，吐舌曰："妇人膂力如此，况丈夫乎！"兵遂却。②

还有民间佛道不分的崇奉，而救难时以观音显化的记述：

> 普济院：俗呼观音娘娘殿，居栖水之西市，世愚误称泰山娘娘，非也。嘉靖间有倭警，火及于殿，见白衣大士合掌演咒出梵音，以是垣堵无恙，其灵现从来久矣。③

封建社会，统治阶级掌握着民众的生杀大权，除了因犯法而入狱的人，还有大批因言获罪，或者无偿征用的劳力，因而牢狱是古代民众最大的灾难之一。宋代即有关于观音救牢狱苦的记述："湖州民欧十一，坐误杀人配广中，其妻在家斋素，日诵观音。欧在配所，见一僧呼曰：'汝家妻孥极念汝，欲归否？'曰：'固所愿。'遂出药擦其腕，初无痛楚，腕已堕地，血流不止。僧曰：'可持以告官，当得归。收汝断手，勿失也。'欧如言，得放还。及中途，复见僧曰：'汝断手在否？'曰：'在。'取而续之，吻合如初。"④湖州民欧十一是因误杀遭发配，因其妻子虔诚敬奉观音，而在其丈夫身上发生感

---

① （宋）洪迈：《夷坚志》夷坚甲志卷十《佛还钗》，第89页。
② （明）张岱著，刘耀林校注：《夜航船》卷一八《荒唐部》，杭州：浙江古籍出版社，2012年，第662页。
③ （明）吴之鲸：《武林梵志》卷四，杭州：杭州出版社，2006年，第87页。
④ （宋）洪迈：《夷坚志》夷坚甲志卷十《欧十一》，第90页。

应。观音以僧人的形象显化，通过其神力使得欧十一被放回原籍，夫妻二人得以团聚。相比病苦、战乱，观音显化救度牢狱灾较少，一者牢狱中的清白浑浊撰文者很难分清；二者与社会安定的教化有关，恐难流传。

三、生活中的突发灾难

农耕社会普通民众的生活生产，其规律是靠山吃山，靠水吃水。山林中多猛兽，江海中多风暴，这些随时可以发生的灾难，都影响到他们的生命安全。《普门品》所宣称的称名救难，是他们生活中面临这些危难的最后一道保证，民众普遍能够接受，并且有很多观音显化救难的记述。在印度大陆南部兴起解救"黑风海难"和"罗刹鬼难"的信仰，成为观音信仰的主要来源。[①] 这两种救难的信仰形态，在中国得到了延续。如："福州南台寺塑新佛像，而毁其旧。水上林翁要者，求得观音归事之。后数月，操舟入海，舟坏而溺，急呼观音曰：'我尝救汝，汝宁不救我？'语讫，身便自浮，得一板乘之。惊涛亘天，约行百余里，随流入小浦中，获遗物一笥，颇有所资而归。"[②] 当然，在中国也有救"罗刹鬼难"的，只不过不是罗刹鬼，而是中国传统宗教中的恶鬼：

  江夏西鄙某大家，夜作醮事，邻媪携幼女往观。丛众中有巨人狰狞可畏，拉女入，闭诸厢室。女号且詈，众若罔闻者。苦腹饥，巨人取所供饼饵，令嗅其气，饥顿减。移时人声寂，巨人携女出，强之行。路径崎岖，天色昏惨，忽东南隅红光隐隐，巨人惶惧，舍女奔。顷红光渐近，侍从林立，内一人璎珞被体，类观世音像，诘女所自，具述其故，且以里居姓氏告。问何省何县人，则茫然莫知。乃曰："余南海大士也，可随往，再觅归路耳。"俄至一处，碧水丹山，楼阁缥缈，迥殊凡境。大士顾侍者，不知作何。语顷，侍者偕巨人来，大士叱之，巨人瑟缩恐怖，俄有金甲神摔之去。一日见黄冠人叩谒，云来自某村，与女居址同。大士指女曰："识彼否？"黄冠人述其母奉佛终身，不茹荤。大士谓女曰："尔母善行可嘉，当随往，令母女重逢也。"黄冠人嘱闭目，觉履空而行，风涛震耳。顷声止，启目审视，则故乡也。黄冠人已杳。女归，见母与家人皆蹙额默坐，屡问不答。榻上卧一人，与己类，疑且讶，恍若有自后推合者，遂如梦觉。先母与女看醮事，时忽晕绝，第胸膈温暖不类死者，月余始苏。备述颠末，乃知为大士救拔也。女自此亦不茹荤，奉《观音经》弗懈云。[③]

通过记文可以看出，观音不但救了被恶鬼掠去的女子，而且能够对这些恶鬼进行有

[①] 李利安：《观音信仰的渊源与传播》，北京：宗教文化出版社，2008年，第76页。
[②] （宋）洪迈：《夷坚志》夷坚丙志卷一三《林翁要》，第475页。
[③] （清）王椷著，华莹校点：《秋灯丛话》卷一七，济南：黄河出版社，1990年，第295页。

效的震慑，同时，指引女童归乡的黄冠人，又分明是道士的打扮，这也反映了帝制晚期佛道的进一步融合，以及民众知识理念中佛道二教的混同。

另有观音显化于虎口救人的传说："万历己丑（1589），闽中有雷法振居深山中，以烧炭为业。家有鸭栏木颇佳，法振偶念欲刻观音大士像，未果。一日，入山烧炭，道遇猛虎，势将搏噬。忽有美妇人当前叱虎，虎即慑伏，叩首而退。法振再拜称谢，因询妇人姓名，答曰：'身是君家鸭栏木耳。'法振大悟，遂命工雕刻，终身奉祀不衰。"① 仅以起念要雕造观音像，而蒙观音救护，这种易行的观音信仰在民众中可以迅速传播。

称名救难等方式都是民众上求菩萨，菩萨感应救难，而菩萨主动下化救难的也很多。例如，面对地震等不可预测的灾难时，观世音菩萨主动下化，护佑民众从地震中逃生；传说信奉观世音的赵二舔舐《观音经》能够三年不饥，最终得救。②

由此可见，观音信仰从南亚次大陆南部多发海难的自然环境中兴起，经千余年的演变与发展，在民众中"上求般若"的成分日益淡化，而"下救诸苦"的信仰因传播地区、生产环境的变化愈发广泛。同时，这些感应故事也反映出民众生活中的现实迫切需要，观音信仰贴近民众生活的演变，也成为其普遍流行的内在原因。

四、往生极乐的信仰追求

佛教所说的极乐世界，与民众现实生活中的世界相比，确实具有非常大的吸引力。但凡能够接触到佛教，或者心生信仰者，必会以命终时往生极乐世界为美好愿景。这种思想的流传，也反映出民众对现实生活的种种不满。当然，在广大民众中，也有为佛教义理吸引的人，他们深信因果轮回，潜心修行，以期了脱生死。如明代周廷璋"素向佛法，晨起必诵《金刚》《弥陀》《观音》诸经各一卷，充然自得。曰：'吾不离日用，不涉贪爱，如是而已。'年八十七，以清明日上冢，决辞祖考。还谓其妇曰：'吾将行矣，弥陀迎我，观音、势至俱来也。'已而曰：'观音谓我，绝荤五日可西行。'遂日食一粥一蔬，至期，沐而冠，令子弟诵七如来名而已。诵经既毕，端坐而逝。翼日，有香发于体，貌如生"③。文中所记之周廷璋，显然是超越了一般物质性追求的佛教徒，依照佛教的理念修行，希冀得到精神世界的超越。他每日念诵经典，平日注重实践，最后能够预知生死，自言观音等前来接引往生极乐。又有：

宋孺人，长洲人，归太学生顾文耀，事姑谨。姑故奉观音大士，既即世，遗宋瓷大士像，孺人供奉日虔，垂十余年。已而其子晋芳，梦两大士，身衣破衲，如有

---

① （清）褚人获辑撰，李梦生点校：《坚瓠集》秘集卷一，上海：上海古籍出版社，2012年，第1136页。
② （清）王楲著，华莹校点：《秋灯丛话》卷四，第59页。
③ （清）彭希涑：《净土圣贤录》卷八，《卍续藏》第78册，第298页中。

所乞。旦遇一舟子，携两轴来售，一旧刻吴道子画僧相观音，一绣像送子观音也。急偿以直，属工庄新，送贮里中月声庵。逾年，晋芳复梦两大士，云将有行。急往视之，则庋置之壁间久矣。遂赍还家，张挂净室。孺人日侍像旁，诵西方佛名及诸经咒，瞻拜无虚日。一日，室中砖面忽现僧相大士，如道子画。其后八日，又现一尊作送子像，善财龙女，先后迸出。遂发砖刻像，金容烂然。自此迸除荤血，一心净业。晚得痹疾，日扶掖下床，课诵不辍。已而感热增剧，卧病半月。临终，训勉诸子，各敦本行，命同称佛名，勿哭。遂合掌至顶，诵所习咒。忽闻异香满室中，泊然而逝。时在乾隆五十七年（1792）五月，年五十四。①

这段记文中母子二人都虔诚奉祀观音，生前就屡获感应，临终时劝慰家人不要悲伤，诚心往生极乐世界。以上两例中，都是平时经过潜心的修道才得以往生，还有一心称名念佛亦可往生的记载："金奭，不详其所出，以渔为业。已而改行，断荤血，持佛名，日万声不辍。一日忽告家人曰：'我见阿弥陀佛与观音、势至矣，我将归净土也。'次日又曰：'有金莲华来迎我。'焚香安坐，以手结印而化。天乐异香，终日不散。事在宋政和六年（1116）。"② 此人平生以捕鱼为业，按佛教报应之说论当杀业深重，然而"因天华寺利行人结生莲社，蒙劝念佛"③，能够改行并一心念佛，最后得以往生极乐，有观音、势至来迎接。可见信众中哪怕是迫于生计而杀生售肉，但是对精神生命的解脱还是抱有希望。

当然，不是盲修瞎炼就能得到观音接引或往生净土，观音还会在修行中进行指点：

信州盐商范信之说，同辈孙十郎者，家世京师人，南徙信州。奉佛喜舍，日课诵观世音名万遍。每入市，逢人携飞禽走兽，及生鱼鳖虾蛤，必买而放之。惟大风雨则不出，采捕者利于速售，且可复取，纷纷集其门，或一日费钱二三万。老而病笃，见菩萨从空而下，孙力疾瞻敬，菩萨语之曰："汝本一善人，未应至此，缘朝夕挠害生命，故重患临身。"孙谢曰："弟子戒杀，初未尝损害众生，但知赎放物命耳，若何反得罪？"菩萨云："缘贪痴小辈，慕汝家钱，不应笼罩者亦皆致力，遂使罗网交络于山泽，使鸟兽水族，不能暂安，兹所以为罪。"孙惊而寤，冷汗浃背，所苦遂瘳。乃不敢循故习，弋者因亦少悛。④

一味地放生，却导致了更多的杀戮，因而得到不好的报应，观音示现为其说明缘由。这则记载与前文所述"以渔为业"的故事形成鲜明对比，可视为对因果报应的正反两说，于思考当世佛教放生之乱象，亦有所裨益。

---

① （清）胡珽：《净土圣贤录续编》卷四，《卍续藏》第78册，第346页上。
② （清）彭希涑：《净土圣贤录》卷九，《卍续藏》第78册，第304页下。
③ （宋）志磐著，释道法校注：《佛祖统纪》卷二八，上海：上海古籍出版社，2012年，第640页。
④ （宋）洪迈：《夷坚志》夷坚支志壬卷八《孙十郎放生》，第1526页。

五、脱离恶趣的终极追求

凡是有地狱说的宗教,将堕入地狱都描述得相当惨烈。中国佛道二教及民间各种信仰,大底都有这种论说。[①]佛教之中,更有六道轮回,而观音在其中救度各道众生之苦。民众对此亦深信不疑:

> 景祐五年(1038)京师疫,袁氏染疾而毙,已三日矣,尚未殓也。忽然而坐,不语,众睹以为更生。逾时遍体流汗,遂苏。因告其家属曰:"我始行一所,秽污所聚,不觉身之在其间。乃启念,欲得一清凉处。"忽见一白衣,端严修长,谓袁氏曰:"汝不当在此,何为而来?急去,急去。汝夫阴功甚多,子孙当有兴者。汝今尚未有嗣,胡为来此?"言未终,白衣人乃以手提袁氏之足,抛出秽污,遂乃复苏。袁氏自念常事白衣观音,精虔必有感应。[②]

又:"嘉定州乌尤山,山上有乌尤寺。相传为观音大士至此,见两岸鬼魅啾啾,乃化为鬼王,名面然云。"[③]民众的这个传说,一方面来源于《佛说救拔焰口饿鬼陀罗尼经》中的鬼王故事,同时也与中国传统宗教有密切的联系。又有观音救度蝎魔的故事在民众中流传:

> 西安有蝎魔寺,中奉大士,塑大蝎于栋间。相传明初有女子,素不慧,病死复生,遂明敏,以文史知名。时有布政某丧偶,娶之。后布政方视事,有所需,使仆入内取之。婢呼夫人不应,但见大蝎如车轮卧于榻。婢惊而出,白于主,不信。婢曰:"他日相公下堂,愿无声欬,伺之可见。"如言,果见老蝎伏榻上,顷之又成好女子,意颇羞涩矣,忽失所在。是夕人定,女子乃出,拜灯下曰:"身本蝎魔,所以夤缘见公者,非敢为幻惑,欲有求耳。公能不终拒,乃敢输情。"布政许之。因曰:"昔为魔得罪冥道,赖观音大士救拔免死,因假女尸为人,获侍左右,觊公建一兰若,以报大士之德耳。今丑迹已彰,幸公哀怜。"布政领之,女子遂隐。他日乃命所司建寺。[④]

综上所述,可以看出观音信仰在信众中的传播,有其社会现实根源和精神层面的根源。现实根源中,主要以信仰观音解决病痛、战乱、自然灾害、各种生活生产中无法预料的危难为主;精神根源主要以摆脱现实苦难世界,追求西方极乐为目标,当然也有对佛教精神解脱的追寻。另外,信众的观音信仰中也掺杂了许多道教以及民间宗教信仰和

[①] 佛教的传入对于中土本有的地域想象有着极大的改变,相关研究参见于为刚:《中国地狱观念的形成与演变》,《社会科学战线》1988年第4期,第98—103页;韩红:《佛教传入后中土冥界观演变研究》,《敦煌学辑刊》2017年第4期,第92—99页。
[②] 李剑国辑校:《宋代传奇集·张佛子传》,北京:中华书局,2001年,第150页。
[③] (清)陈祥裔著,王斌、靳雅婷校注:《蜀都碎事校注》卷二,成都:西南交通大学出版社,2017年,第94页。
[④] (清)褚人获辑撰,李梦生点校:《坚瓠集》余集卷一,第1269页。

神鬼传说的因素。

参考文献

1. （宋）洪迈著，何卓点校：《夷坚志》，北京：中华书局，2006年。
2. （宋）章炳文：《搜神秘览》，《续修四库全书》第1264册。
3. （宋）张杲著，王旭光、张宏校注：《医说》，北京：中国中医药出版社，2009年。
4. （宋）志磐著，释道法校注：《佛祖统纪》，上海：上海古籍出版社，2012年。
5. （明）黄仲昭编纂：《八闽通志》，福州：福建人民出版社，2006年。
6. （明）张岱著，刘耀林校注：《夜航船》，杭州：浙江古籍出版社，2012年。
7. （明）吴之鲸：《武林梵志》，杭州：杭州出版社，2006年。
8. （清）王椷著，华莹校点：《秋灯丛话》，济南：黄河出版社，1990年。
9. （清）褚人获辑撰，李梦生点校：《坚瓠集》，上海：上海古籍出版社，2012年。
10. （清）彭希涑：《净土圣贤录》，《卍续藏》第78册。
11. （清）胡珽：《净土圣贤录续编》，《卍续藏》第78册。
12. （清）陈祥裔著，王斌、靳雅婷校注：《蜀都碎事校注》，成都：西南交通大学出版社，2017年。
13. 程民生：《宋代民众文化水平研究》，北京：社会科学文献出版社，2022年。
14. 韩红：《佛教传入后中土冥界观演变研究》，《敦煌学辑刊》2017年第4期。
15. 何明栋、王占霞：《喻嘉言佛医思想初探》，《五台山研究》2020年第1期。
16. 李利安：《观音信仰的渊源与传播》，北京：宗教文化出版社，2008年。
17. 李良松：《佛医食疗养生文献论要》，《五台山研究》2017年第1期。
18. 李剑国辑校：《宋代传奇集》，北京：中华书局，2001年。
19. 潘桂明：《宋代佛道问题的综合考察》，《浙江学刊》1990年第1期。
20. 邵冠勇：《关于〈医说〉及其校注》，《山东中医学院学报》1991年第1期。
21. 于为刚：《中国地狱观念的形成与演变》，《社会科学战线》1988年第4期。
22. ［日］荒木见悟：《宋元時代の仏教、道教に関する研究回顧》，《久留米大学比較文化研究所紀要》第1号，1987年。
23. ［日］横手裕：《看話と内丹——宋元時代における仏教、道教交渉の一側面》，《思想》第814号，东京：东京岩波书店，1992年。

从文殊到观音：五台山金阁寺菩萨信仰考论

景天星　（陕西省社会科学院宗教研究所）

【摘要】五台山金阁寺始建于唐代，在建构唐密道场和镇国道场的进程中，形成以文殊信仰为中心的格局。唐武宗会昌法难时，金阁寺毁于一旦。历宋元，至明嘉靖时期再恢复为一大道场，不同的是，复建时由代王供养铸造千手观音铜像，遂演变成一座以观音信仰为中心的道场。从唐代尊崇文殊，到明代造立观音，显示了金阁寺菩萨信仰之转向。影响这一转向的因素，主要有四：其一，从历史来看，在五台山佛教历史上，虽以文殊信仰为主，但也有观音信仰的因素；第二，从社会来看，自宋代以来，在民俗佛教发展的基础上，观音信仰深入民间社会，影响广泛；其三，从政治来看，皇家对观音信仰的关注也是十分重要的一个因素；其四，从理论来看，文殊主智慧，观音主慈悲，"悲智双运"也是应当考虑的一大因素。

【关键词】五台山　普陀山　金阁寺　文殊信仰　观音信仰　悲智双运

【项目基金】国家社科基金重大项目"中国佛教方志研究与数据库建设"（20&ZD260）子课题"魏晋至宋元佛教方志研究"、西安市社会科学规划基金重点项目"隋唐长安佛寺地理研究"（22YZ13）阶段性成果

引　言

　　山西五台山是文殊菩萨的根本应化道场。最迟在北魏时期，佛教便已传入五台山，如北魏孝文帝曾巡行中台，建清凉寺、佛光寺、大孚图寺等。在经历北朝、隋唐、元明清等几个重要发展时期后，五台山已成为汉藏并存、显密共弘的道场，在传统上与普陀山、峨眉山、九华山并称中国佛教四大名山。五台山南台之北、中台之南的金阁岭上，有一座重要寺院——金阁寺。金阁寺创建并兴盛于唐代，后经明代造立观音铜像、清代重修，发展至今，1983年被国务院确定为汉族地区佛教全国重点寺院。

　　学术界对金阁寺的研究，多聚焦于其佛教历史和对外文化交流上，如王亚荣《五台

山金阁寺考》主要对金阁寺唐代五台山佛教历史进行了考证，[1] 肖雨《五台山佛教简史》从"大智大慧的文殊道场"和"大慈大悲的观音道场"两方面对金阁寺自唐代以来的佛教历史进行了更进一步研究，[2] 王承礼、李亚泉《山西五台山金阁寺和日本灵仙三藏》对圆仁巡礼五台山时所记载的金阁寺和日本僧人灵仙三藏进行了研究。[3] 另外也有人对金阁寺碑文进行整理，如悲明辑有《金阁寺碑文》，[4] 包括《哭日本国内供奉大德灵仙和尚诗并序》《云中代府张氏斋僧积善行实碑记》《山西五台山重建金阁寺造立大佛五丈三尺金身行实碑记》《重修金阁寺大阁前殿后殿碑记》等；赵林恩《五台山碑文》中录有自金贞元三年（1155）至今的23篇碑文。[5] 还有对金阁寺观音造像的研究，如胡春良《五台山金阁寺明代千手观音大铜佛》对千手观音的铸造工艺和造像风格进行了考证。[6]

从金阁寺佛教历史沿革和学界已有成果来看，有唐一代，文殊道场五台山金阁寺从创建到鼎盛，均是以文殊信仰为中心的。迨至明代，却造立千手观音铜像，时至今日，仍是五台山最高的观音铜像。为什么在明代会有这种转变？循此，本文从唐代以文殊信仰为中心的金阁寺、明代以观音信仰为中心的金阁寺以及金阁寺从唐代文殊到明代观音的信仰转向来探讨文殊道场五台山金阁寺的观音信仰，在此基础上对这一别具一格的文化现象进行考论。

一、金阁寺的创建

在五台山佛教历史中，金阁寺首先是以"化寺"见载于史籍的。《宋高僧传》之《唐五台山清凉寺道义传》载：唐玄宗开元年间（713—741），江东衢州僧人释道义在五台山"逢一老僧，其貌古陋，引一童子，名字觉一。老僧前行，童子呼请义，东边寺内啜茶去，乃相随入寺，遍礼诸院，见大阁三层，上下九间，总如金色，闪烁其目。老僧令遣义早还所止，山寒难住。唯诺，辞出寺，行及百步，回顾唯是山林，乃知化寺也"[7]。道义所睹"化寺"，大阁三层，上下九间，总如金色，闪烁其目。在《宋高僧传》的记载中，这座"化寺"，在唐代宗时得以建造，"（道义）却回长安。大历元载具此事由，奏宝应元圣文武皇帝，蒙敕置金阁寺，宣十节度助缘，遂召盖造都料。一僧名纯陀，为度土木造金阁一寺。陀元是西域那烂陀寺喜鹊院僧。寺成后敕赐不空三藏焉。义不测其终"[8]。

---

[1] 王亚荣：《五台山金阁寺考》，《五台山研究》1988年第4期，第30—33页。
[2] 肖雨：《五台山佛教简史》，《五台山研究》1997年第3期，第11—21页。
[3] 王承礼、李亚泉：《山西五台山金阁寺和日本灵仙三藏》，《北方文物》1993年第4期，第28—30页。
[4] 悲明：《金阁寺碑文》，《五台山研究》1997年第3期，第39—44页。
[5] 详参赵林恩：《五台山碑文》，太原：山西人民出版社，2016年，第555—611页。
[6] 胡春良：《五台山金阁寺明代千手观音大铜佛》，《铸造工程》2021年第3期，第67—69页。
[7] （宋）赞宁：《宋高僧传》卷二一，《大正藏》第50册，第843页下。
[8] （宋）赞宁：《宋高僧传》卷二一，《大正藏》第50册，第843页下—844页上。

据此，玄宗时期道义回到长安。直到数十年后的大历年间（766—779），宰相元载（？—777）才将道义目睹金阁化寺一事上奏宝应元圣文武皇帝，即唐代宗。唐代宗敕置金阁寺，宣十节度助缘，并请那烂陀寺喜鹊院僧纯陀设计寺院。从玄宗，历肃宗，到代宗，历经数十年才得以建寺，其中当有更多史料，《宋高僧传》未再记载。在《代宗朝赠司空大辨正广智三藏和上表制集》中，有一则不空上书的《请舍衣钵助僧道环修金阁寺》：

> 五台山金阁寺……先圣书额，寺宇未成。准开元二十四年衢州僧道义至台山所见文殊圣迹寺，号金阁院。有十三间居僧众，云有万人，台殿门楼，兹金所作。登时图画一本，进入在内。天下百姓咸欲金阁寺成，人谁不愿。（令）〔今〕泽州僧道环日送供至山，景慕道义禅师所见之事，发心奉为国家依图造金阁寺，院宇多少一如所见，今夏起手，工匠什物，兹自营办，将满先圣御额，终成道义感通。观夫此僧志愿非小，或谓文殊所假俾树胜因，且五台灵山寺额有五：清凉、华严、佛光、玉花，四寺先成。独唯金阁一所未就。既是圣迹，谁不具瞻？不空愿舍衣钵随助道环建立盛事。尝恐岁不我与，怨于宿心，屡亦奏闻，天恩矜允。夫以文殊圣迹，圣者为主，结构金阁非陛下而谁？栋梁者大厦是依，股肱者元首所托。共成一体，和叶万邦。金阁斯崇。非夫宰辅赞成、军客匡助、百寮咸续、千官共崇，则何以表君臣之美，以光金阁之大也。保寿寺大德沙门含光奉使回台恭修功德。伏望便于造寺，所奉宣圣旨，祈所厥诚。庶灵神照明，以介景福，康宁寰宇，保佑圣躬。如天恩允许，请宣付所司。①

《请舍衣钵助僧道环修金阁寺》上书于永泰二年（766）。据此，上述道义于五台山目睹"化寺"的具体时间是开元二十四年（736）。"台殿门楼，兹金所作"，故此寺院被命名为"金阁"。道义回长安后，将"化寺"制图并进奉朝廷。"先圣书额，寺宇未成"，文中所言"先圣"，有人说是唐玄宗，如严耕望《魏晋南北朝佛教地理稿》云："金阁寺为唐开元间玄宗书额，代宗永泰、大历初完成，凡十三院。"②有人说是唐肃宗，如王亚荣《五台山金阁寺考》云："'先圣书额'即肃宗赐'大圣金阁保应镇国寺'。"③肖雨《五台山佛教简史》云："肃宗御书金阁匾。"④言其为肃宗书额的依据是《代宗朝赠司空大辨正广智三藏和上表制集》所载《请舍衣钵同修圣玉华寺》，其中有"准乾元元年九月十一日，敕兴金阁寺同置"⑤之记载。是说乾元元年（758）九月十一日，新即位的肃宗下敕建金阁寺，但由于战乱，寺院并未正式启建。乾元元年，唐代宗被立为皇太子，宝

---

① （唐）圆照：《代宗朝赠司空大辨正广智三藏和上表制集》卷二，《大正藏》第52册，第834页上—中。
② 严耕望：《魏晋南北朝佛教地理稿》，上海：上海古籍出版社，2007年，第257页。
③ 王亚荣：《五台山金阁寺考》，《五台山研究》1988年第4期，第30页。
④ 肖雨：《五台山佛教简史》，《五台山研究》1997年第3期，第13页。
⑤ （唐）圆照：《代宗朝赠司空大辨正广智三藏和上表制集》卷二，《大正藏》第52册，第834页中。

应元年（762）登基。继位五年后，不空上奏建金阁寺，谓："结构金阁非陛下而谁？"①如此，则栋梁者大厦是依，股肱者元首所托，共成一体，和叶万邦，感得代宗敕建金阁寺，故金阁斯崇，非夫宰辅赞成、军客匡助、百寮咸续、千官共崇，则何以表君臣之美，以光金阁之大。文中又言"今夏起手，工匠什物，兹自营办"②，"今夏"即永泰二年夏，说明从766年开始，金阁寺开始营建。

关于金阁寺的营建，不空在大历二年（767）的《请修台山金阁玉华寺等巧匠放免追呼制一首》中载曰：

> 代州五台山圣金阁寺造寺都料僧：纯陀、道仙、法达。木匠：俟璨、谷礼、钊遗一（忻州定襄县）、檀命晖（五台县）、五茂林、阳喜子（唐林县）、雍日新。……先奉恩命，令含光捡校造前件寺（指金阁、玉花二寺）及普通供养处。其所须材木当山自有，既是灵迹，事资巧匠，前件匠等并远近所推，今见在山修造次第，恐所营州县或有追呼。特望天恩许毕功德。③

据此，"都料僧"是纯陀、道仙、法达。"都料僧"应是担任工程设计的僧人。工匠多是当地人，木材来自五台山本地。"都料僧"纯陀为印度那烂陀寺僧人，圆仁《入唐求法巡礼行记》载："斯之不空三藏为国所造，依天竺那烂陀寺样作"④，说明纯陀依据那烂陀寺的样式建造金阁寺。

二、唐代以文殊信仰为中心的金阁寺

不空上奏、代宗敕建的金阁寺，是以文殊信仰为中心的。代宗朝的佛教信仰甚浓，比如三位宰相均"好佛"，"元载、王缙、杜鸿渐为相，三人皆好佛，缙尤甚，不食荤血，与鸿渐造寺无穷"⑤。这和唐代宗重视佛教有很大关系。唐代宗登基不久，就与五台山文殊菩萨有所"感通"，《释氏通鉴》又载："（广德元年）十一月，吐蕃陷京师。帝奔陕，郭子仪兵至，败吐蕃，复京师。帝在华阴，五台文殊菩萨见帝，纳以秘语。十二月，帝归京，诏修五台文殊殿，铸铜为瓦，涂以黄金，费亿万计。"⑥广德元年，即公元763年。按此，登基第二年，唐代宗便诏修五台文殊殿。但其后的记载"铸铜为瓦，涂以黄金，费亿万计"却是众多文献对金阁寺的形容。金阁寺始建于766年，而诏修的这座文殊殿，不知是五台山哪座寺院的文殊殿。《释氏通鉴》为宋代文献，很可能在记载过程中

---

① （唐）圆照：《代宗朝赠司空大辨正广智三藏和上表制集》卷二，《大正藏》第52册，第834页上。
② 同上。
③ （唐）圆照：《代宗朝赠司空大辨正广智三藏和上表制集》卷二，《大正藏》第52册，第835页上—中。
④ ［日］圆仁撰，白化文、李鼎霞、许德楠校注：《入唐求法巡礼行记校注》卷三，石家庄：花山文艺出版社，1992年，第300页。
⑤ （宋）司马光：《资治通鉴》卷二二四《唐纪四十》，南京：南京出版社，2018年，第7196页。
⑥ （宋）本觉：《释氏通鉴》卷九，《卍续藏》第76册，第101页上。

将代宗 763 年诏修的"五台文殊殿"和 766 年始建的金阁寺的资料融在一起。建成的金阁寺，在《旧唐书·王缙传》中有载："五台山有金阁寺，铸铜为瓦，涂金于上，照耀山谷，费钱巨亿万。缙为宰相，给中书符牒，令台山僧数十人分行郡县，聚徒讲说，以求货利。"① 其记载虽涉及金阁寺的建筑风格，但看不到文殊信仰的特色。其更详细的建筑风格和特色，圆仁有载：

> 从竹林寺前向西南，逾一高岭，到保磨镇国金阁寺坚固菩萨院宿。……院僧茶语云："日本国灵仙三藏，昔住此院二年，其后移向七佛教诫院亡过。彼三藏自剥手皮——长四寸阔三寸——画佛像，造金铜塔安置。今见在当寺金阁下长年供养。"……开金阁礼大圣文殊菩萨：骑青毛师子，圣像金色，颜貌端严，不可比喻。……阁九间，三层，高百尺余，壁檐橡柱无处不画，内外庄严，尽世珍异，颓然独出杉林之表。白云自在下而暧叇。碧层超然而高显。次上第二层，礼金刚顶瑜伽五佛像。斯之不空三藏为国所造，依天竺那烂陀寺样作。每佛各有二胁士，并于板坛上列置。次登第三层，礼顶轮王瑜伽会五佛金像，每佛各一胁士菩萨，二菩萨作合掌像在佛前面，向南立，佛菩萨手印容貌与第二层像各异。粉壁内面，画诸尊曼荼罗，填色未了，是亦不空三藏为国所造。瞻礼已毕。下阁到普贤道场，见经藏阁，大藏经六千余卷，惣是绀碧纸、金银字、白檀玉牙之轴。看愿主题云："郑道觉，长安人也，大历十四年五月十四日巡五台，亲见大圣一万菩萨及金色世界，遂发心写金银字大藏经六千卷。"……自余诸物。不暇具录。②

据此，金阁九间三层，高百尺余，第一层是金色文殊像，骑青毛狮子，颜貌端严，不可比喻；第二层是金刚顶瑜伽五佛像；第三层是顶轮王瑜伽会五佛金像，粉壁内面画诸尊曼荼罗。显然，这是以文殊为核心的密宗道场布局。众所周知，不空对文殊信仰十分推崇，并因之相继采取了一系列举措，其中一大表现就是奏请建金阁寺。从这一布局看，金阁寺俨然是密教化的文殊道场，被作为弘扬密宗的一大据点；加之其镇国道场的身份，金阁寺文殊信仰的影响既深且广。圆仁还记载长安人郑道觉大历十四年（779）在五台山亲见大圣一万菩萨及金色世界，遂发心写《大藏经》六千卷，并将此经供奉在金阁寺。其所云大圣，就是文殊菩萨。又大历十三年（778）十二月十八日，西明寺沙门惠晓上表《进五台山修护摩功德表一首》，其中有言："今年四月十日，中使魏明秀奉宣进止，令微僧就五台山大圣金阁保应镇国寺修护摩功德者。惠晓虔愚诚精达圣意。修上件功德，陈文殊宿愿，启先师冥力，依俙有凭，响像来应。"③ 唐代宗批云："文殊大

---

① （后晋）刘昫：《旧唐书》卷一一八《王缙传》，北京：中华书局，1975 年，第 3418 页。
② ［日］圆仁撰，白化文、李鼎霞、许德楠校注：《入唐求法巡礼行记校注》卷三，第 298—300 页。
③ （唐）圆照：《代宗朝赠司空大辨正广智三藏和上表制集》卷六，《大正藏》第 52 册，第 859 页中。

圣，保护灵山。师虔诚之心，神贶昭感，至诚必应，深可嘉之。"①命长安西明寺僧人至五台山修护摩功德，以陈"文殊宿愿"。代宗批云"文殊大圣，保护灵山"。此亦可见金阁寺是以文殊信仰为中心的镇国道场。

三、明代以观音信仰为中心的金阁寺

金阁寺建于唐代，在创寺不久便臻至顶峰，不仅是文殊道场，而且是密宗道场，还是镇国道场，其地位如寺院名字般金光万照。但在唐武宗会昌法难时期，金阁寺遭到毁灭性打击。唐武宗从限佛到禁佛，有一个发展的过程。会昌二年（842），禁止民众供佛像，没收寺院财产。会昌三年，"焚烧内里佛经，又埋佛菩萨、天王像等"。会昌四年，"又敕下，令毁拆天下山房兰若、普通佛堂、义井、村邑斋堂等，未满二百间，不入寺额者，其僧尼等尽勒还俗，宛入色役"。是年还下敕云："代州五台山及泗州普光王寺、终南山五台、凤翔府法门寺，寺中有佛指节也，并不许置供及巡礼等。如有人送一钱者，脊杖贰拾。如有僧尼等在前件处受一钱者，脊杖贰拾。诸道州县应有送供人者，当处捉获，脊杖贰拾。"敕令一下，"因此四处灵境绝人往来，无人送供"②。不许到以上五台山等道场供养和巡礼，自然也包括金阁寺。会昌五年八月，武宗下达了最后的禁佛令，从诏书可以看到，"其天下所拆寺四千六百余所，还俗僧尼二十六万五百人，收充两税户，拆招提、兰若四万余所，收膏腴上田数千万顷，收奴婢为两税户十五万人"。③金光万照的金阁寺，在会昌法难中首当其冲，寺舍、经像均被毁坏。

北宋嘉祐五年（1060），延一在《广清凉传》"五台境界寺名圣迹"中，将金阁寺列入中台范围内的"今益唐来寺"④，一同列入的还有竹林寺、安圣寺、文殊寺、玉华寺、圣寿寺，均是唐代增加的寺院，但仅列寺名，对其在宋代的情况只字未提。北宋元祐三年（1088）六月，北宋宰相张商英"既抵金阁，日将夕，山林漠然无寸霭"，"南台之侧，有白云绵密"，"已见金桥及金色相轮，轮内深绀青色"。⑤除对寺院附近的化现景观有所记载外，对金阁寺的状况只字未提。说明金阁寺仍未恢复。值得一提的是，《广清凉传》卷二载有"道义和尚入化金阁寺"，情节比《宋高僧传》的记载更为详细，篇幅也更多，近一千五百字。道义在金阁寺游历的最后，参访了"十二院"，"遍历诸院修谒"。十二院题额各异，"东廊六院：大圣菩萨院、观音菩萨院、药王菩萨院、虚空藏菩萨院、大慧菩萨院、龙藁菩萨院；西廊六院：普贤菩萨院、大势至菩萨院、药上菩萨院、地藏菩

---

① （唐）圆照：《代宗朝赠司空大辨正广智三藏和上表制集》卷六，《大正藏》第52册，第859页中。
② ［日］圆仁撰，白化文、李鼎霞、许德楠校注：《入唐求法巡礼行记校注》卷四，第426、445、446、439页。
③ （后晋）刘昫：《旧唐书》卷一八上《武宗纪》，第606页。
④ （宋）延一：《广清凉传》卷一，《大正藏》第51册，第1105页下。
⑤ （宋）张商英：《续清凉传》卷一，《大正藏》第51册，第1127页中—下。

萨院、金刚慧菩萨院、马鸣菩萨院"①。大圣菩萨院，即文殊菩萨院。十二院中有观音菩萨院，只是不占主要地位。

明代的金阁寺，虽不如唐代之辉煌，但寺宇广大，且由主供文殊转为主供观音。金阁寺存一碑，碑阳刻有蒋应奎撰写的《五台山重建金阁寺造立大佛五丈三尺金身行实碑记》，对其史实记载甚详：

> 夫五台山者，乃文殊化现庄严之处，实诸佛接物利生之所。有十二区之大寺，乃□百处之名蓝。金阁寺者，乃其一也。始建于大唐贞观元年。有释道义远自江表而来，参礼大圣，至此悟入金阁寺。楼阁殿堂阶陛砌并十二院，纯以黄金所成。大圣与义说法，赐茶已毕，出寺忽失所在，方悟化寺。遂立石以记之，将所见之境以其图绘进上，太宗皇帝诏天下十度度使创焉。铸铜为瓦，渗金为饰，阁建三层九楹，并东西一十二院，皆以黄金为饰，极其壮丽。至于残唐五代之后，屡经兵燹，遗址尚存。迄我国朝嘉靖改元，壬午春，畿内衍法寺比丘了用来礼五台，遍访圣迹，张筵膜拜，尊礼灵圣。至嘉靖四年乙酉春。抵金阁寺，见其丘墟，愀然曰："余克意事佛，而缁庐毁迹，释辈之罪也。"于是苦行淘真，草衣木食，日迁月化，拔众惠生。遂于故基构成殿阁三层七楹，香厨、僧舍俱已完美。惟佛未造。是用同孙圆满，发心造佛充殿，以为十方瞻礼之表，于是诸方募化。间遥闻代藩睿主圣智慈贤，容物纳谏，三教同尊，由是敬诣代国，启上贤王，译次梵言，欣悦其善，有所感发，同植良因，共结胜果。命承奉正王相都工兼造。备启完寺之由与墟塌之故，台遂捐天禄若干金，谕诸戚里各出己资，易铜成造三头四十二臂大佛一躯，高五丈三尺，树立金躯，渗以金汁，俨然一新，壮观辉辉，晃若金山。工既毕，比丘用等复来恭启贤王：佛宇俱成，远近瞻仰，讽呗齐熏，感应明显，皆我贤王睿主大作宏麻之化也。上以庇皇图万龄之祯，下以闻寰宇无疆之福。今索文请勒诸石，以传永永。台曰：善善同清，台之心也。若曰积缘成业，以望天外之感，非台所知也。于是贤王圣量聪明，弗怖洪慈，明儒撰文，壮其始末。呜呼！自汉唐以来，圣教传于中国，佛寺虽多，罕闻淘冶铜像五丈三尺者，鲜矣。惟宋太祖于镇州造大佛一躯，高七丈三尺，乃天赐铜于井中，龙发木于滹沱，良为天助其像也。除此宋初之佛，再无过者。近岁以来，惟此一像而矣已。是役也，始于嘉靖二十三年甲辰春，成于嘉靖三十四年乙卯秋。姑为是记相传，乃为铭曰：贤王睿智，积善有余。下谕国戚，造佛金身，五丈三尺。端祝皇图，福及黎庶。慈云普复，利济一切。金枝繁茂，宫壶宁谧。正化谆谆，恩及万类。合国臣僚，高增禄位。八隅清平，四时顺序。烽息边庭，讼简调平。民安物阜，亿兆寿域。凡决有情，同圆种知。

---

① （宋）延一：《广清凉传》卷二，《大正藏》第51册，第1113页下。

时大明嘉靖三十七年八月吉日，代藩恒山立石。①

该碑立于嘉靖三十七年（1558），据此，嘉靖元年，衍法寺比丘了用参访五台。嘉靖四年春，抵金阁寺，见其丘墟，发心重修金阁寺。当年，确立了金阁寺的地理范围，在该碑的碑阴，有段记载："嘉靖四年二月初二日，本山左觉义都纲并各寺住持同立请状，内金阁寺山场地土，东至白头庵婆牛湾，南至南台，西至清凉岭，北至竹林岭。四至分明，永远为业。"②其中规定了金阁寺的东西南北之"四至"，这说明嘉靖时期的金阁寺占地面积及其所辖范围是非常广的。了用最终造殿阁三层七楹，香厨、僧舍俱已完善，惟佛未造。于是募化十方，感得代藩睿主出资布施，嘉靖二十三年开始铸造，嘉靖三十四年铸成，"成造三头四十二臂大佛一躯，高五丈三尺，树立金躯，渗以金汁，俨然一新，壮观辉辉，晃若金山"③。

"三头四十二臂大佛"，就是观音像。这尊铜像保存至今，立于金阁寺大悲殿。民国时，重修金阁寺，在铜像外覆盖泥皮，贴金彩绘。观音像总高17.7米，是五台山最高的观音铜像，顶饰阿弥陀佛，额饰朱记，着袈裟，胸前饰璎珞，帔帛从颈部下垂，经前胸至手臂后飘下，跣足立于莲座之上。共四十臂，④左右各二十，手中分别执箭、弓、甘露瓶、金刚杵、宝戟、宝剑、宝印、锡杖、宝轮、念珠、供器、莲花等，为明代佛教艺术珍品。可以看出，明嘉靖时期重修金阁寺时，其大殿的主尊已经由文殊菩萨改为观音菩萨，说明此一时期的金阁寺是以观音信仰为中心的重要道场，并传承至今。

四、金阁寺菩萨信仰转向的影响因素

唐代金阁寺是以文殊信仰为中心的，在明代重修时却不再以文殊为中心，而是铸造一尊观音铜像，作为主尊。作为文殊根本应化道场五台山的一座镇国道场，为何关注的焦点会从文殊信仰转为观音信仰，这是需要重点讨论的。对此，肖雨问了类似的问题："了用大机为什么不恢复原来的骑着青毛狮子的文殊像呢？"⑤他分析说："这是因为，文殊师利是一位大智大慧的菩萨，他的般若智慧是一种玄妙莫测的不可思议的思想。……而观音菩萨则是一位大慈大悲的、救苦救难的菩萨，因而深受人民群众，尤其是生活在社会下层的劳苦大众的信仰。……加之宋元以来，以观音为题材的各种文学艺术作品（如元代管仲姬的《观世音菩萨传》）的大量涌现，以及与此相关的医药保健、气功、伦

---

① 详参赵林恩：《五台山碑文》，第563—565页。
② 详参赵林恩：《五台山碑文》，第566页。
③ 同上。
④ 《五台山重建金阁寺造立大佛五丈三尺金身行实碑记》记载为"四十二臂"。今为四十臂。另外两臂不知去向，文献亦无记载。笔者在金阁寺调研时，向住持悟超法师提出此问，他认为很可能开始铸造时仅塑四十臂。
⑤ 肖雨：《金阁寺佛教简史》，《五台山研究》1997年第3期，第18页。

理思想等的流行、发展，更加深入到了人民群众之中。特别是经过五代十国和宋、辽、金、元的不断战乱，走马灯式的朝代更换，所以，到明代时候，观音信仰就和文殊信仰一样，也成了中国乃至东方文化的一个重要组成部分。"①最后他说："从此，金阁寺这一闻名遐迩的文殊道场就变成了群众喜闻乐见的五台山最大的观音道场。"②这一分析，聚焦的核心是：宋元以后的观音信仰深入民众之中，并在明代成为"中国乃至东方文化的一个重要组成部分"。在此基础上，我们可以综合历史、社会、政治、理论等四个因素深入探讨。

首先，在五台山佛教历史上，虽以文殊信仰为主，但也有观音信仰的因素。大历二年（767）三月二十六日，长安大兴善寺不空上表《请台山五寺度人抽僧》，"五寺"指五台山金阁寺、玉花、清凉、花严、吴摩子等寺，奏请"金阁等五寺常转《仁王护国》及《密严经》。又吴摩子寺名且非便，望改为大历法花之寺，常为国转《法花经》"。③将吴摩子寺改名为法华寺，常转《法华经》，说明不空对《法华经》的重视。而观音信仰是在《法华经》译出以后兴起的。楼宇烈曾撰有《〈法华经〉与观世音信仰》，④对此进行讨论。如前所引，宋延一《广清凉传》"道义和尚入化金阁寺"中所载唐代金阁寺"十二院"中，就有"观音菩萨院"。张商英在《续清凉传》中载："于清辉阁前松林中，祈见白光三道直起。万菩萨队仗罗列……白衣观音一。"⑤是说他在五台山见到了白衣观音。众所周知，浙江普陀山是观音菩萨的根本应化道场。关于普陀山开山的诸多观点中，有一则与日本僧人慧锷从五台山携带的"不肯去观音"有关的史料。《释氏稽古略》载："又庆元路（浙东道明州也）海中补怛洛伽山，乃菩萨示现之地……其后日本国僧慧锷者，自燕北五台山得菩萨画像，舍于山侧土人张氏，张奉之捐所居为观音院，《昌国志》云，梁贞明二年始建寺也。"⑥燕北五台山，即山西五台山。《佛祖历代通载》载："补怛洛伽山，观音示现之地。……其后日本国僧惠锷，自五台得菩萨画像，欲还本国。舟至洞，辄不往。乃以像舍于土人张氏之门，张氏屡睹神异，经捐所居，为观音院。"⑦具体是从五台山何处请得观音像？宋代文献《（宝庆）四明志》记载更详："有不肯去观音，先是大中十三年，日本国僧惠谔，诣五台山欲礼，至中台精舍，睹观音貌像端雅，喜生颜间，乃就恳求，愿迎归其国，寺众从之。"⑧不同文献所记载的不肯去观音院的建寺时间有所不同，或言"大中十三年"（859），或曰"梁贞明二年"（916）。但均指明：不肯去观音的

---

① 肖雨：《金阁寺佛教简史》，《五台山研究》1997年第3期，第18页。
② 同上，第18—19页。
③ （唐）圆照：《代宗朝赠司空大辨正广智三藏和上表制集》卷二，《大正藏》第52册，第835页中—下。
④ 详参楼宇烈：《〈法华经〉与观世音信仰》，《世界宗教研究》1998年第2期，第64—69页。
⑤ （宋）张商英：《续清凉传》卷二，《大正藏》第51册，第1131页下。
⑥ （元）觉岸：《释氏稽古略》卷三，《大正藏》第49册，第853页上—中。
⑦ （元）念常：《佛祖历代通载》卷一六，《大正藏》第49册，第642页中。
⑧ （宋）罗濬：《〈宝庆〉四明志》卷一一《郡志》，《宋元方志丛刊》第5册，北京：中华书局，1990年，第5132页。

来源是五台山,《(宝庆)四明志》将其位置具体到"中台精舍"。"中台精舍"在哪里,该文献未再详载。今有人说是法华寺,也有人说是普庵寺。崔正森《不肯去观音菩萨祖庭——五台山普庵寺》[①]对此考证甚详,关于普庵寺和法华寺的关系,他指出:"普庵寺的前身是护众庵,护众庵的前身在唐代时是由龙泉关来五台山路上的一个普通院……又以该普通院为著名的十大寺之一的法华寺的下院,故有的人也说慧锷是从五台山法华寺请得观音圣像的。"[②]总之,普陀山的"不肯去观音"源自五台山,说明五台山的观音信仰是有一定历史积淀的。

其次,自宋代以来,在民俗佛教发展的基础上,观音信仰深入民间社会,影响广泛。宋代是中国佛教发展的一个重要转型期,其中最突出的表现是民俗佛教的蓬勃发展,其主要特征是"以佛教与民间社会的民俗生活日益融合"[③]。李利安指出:"所谓民俗佛教,是指虽非正统佛教,也非对抗政治、危害社会的佛教异端,而是以佛教为内在依据或外在表现形式但又脱离正统佛教束缚的宗教文化现象。"[④]这一时期,开始于五代北宋,直至晚清。在民俗佛教发展进程中,观音信仰发展迅速,其中一大表现是出现了观音菩萨的新身世。宋代以前的观音身世,不论是何种身份全部来自佛经。其应化之思想,乃至辗转之道场,在经典中皆有明确记载。但是,从宋代开始,这一情况有了重大变化。其变化之最大者,乃是观音的身世不再拘泥于佛经,而是有了中国本土的传说。在这一传说中,观音应化为女性形象的妙善公主,这是观音信仰在中国演变的具有革命性的变化。观音身世的新传说——妙善公主的故事见于《香山大悲菩萨传》。[⑤]传记记载,这位妙善公主自幼好佛,喜欢读经。到了适婚年龄,她却不愿意婚嫁,并要求出家。她的父亲妙庄王极为恼怒,于是"驱五百军,尽斩尼众,悉焚舍宇"。后来,在山神的守护下,她在香山修行了九年并开悟得道。后妙庄王得重病,"竭国妙医,不能救疗"[⑥]。妙善献出了自己的手和眼调配药方,于是妙庄王得救。当妙庄王率众去香山道谢时,才得知妙善是千手千眼大悲观音。后经普明禅师《香山宝卷》和管道升《观世音菩萨传略》的推动,以妙善传说为核心的观音信仰深入民心。到了明代,千手千眼观音信仰更为兴盛,出现了《新刻出像增补搜神记大全》《全像观音出身南游记传》(简称《观音传》)等和妙善公主有关的观音信仰文献,如《新刻出像增补搜神记大全》载:"昔有一国王,号曰妙庄王。三女:长妙音、次妙缘、又次妙善,善菩萨也。……空中现千手千眼灵感观世音

---

① 崔正森:《不肯去观音菩萨祖庭——五台山普庵寺》,《五台山研究》2011年第4期,第58—61页。
② 崔正森:《不肯去观音菩萨祖庭——五台山普庵寺》,《五台山研究》2011年第4期,第60页。
③ 李四龙:《现代中国佛教的批判与反批判》,《佛学研究》1999年刊,第16—17页。
④ 李利安:《弥勒信仰研究·序》,王雪梅:《弥勒信仰研究》,上海:上海古籍出版社,2016年,第2页。
⑤ 香山大悲菩萨传碑又称《千手千眼观世音菩萨得道正果史话碑》,立于宝丰香山寺大悲观音大士塔底券洞内。2009年,宝丰书画研究院、香山寺共同编辑整理出版了《香山大悲菩萨传》(肖红、曹二虎、何清怀主编,北京:文物出版社,2009年)。
⑥ 肖红、曹二虎、何清怀主编:《香山大悲菩萨传》,第3—9页。

菩萨。"① 在这一传说中，妙善是千手千眼观音菩萨的化身。所以，我们看到，金阁寺明代观音铜像是千手观音像，且在像两侧塑立有一男一女两位老者，是传说中观音菩萨的父母，即妙庄王夫妇。可见，金阁寺观音铜像是受到了妙善传说影响的。

再次，从政治来看，皇家对观音信仰的关注也是十分重要的一个因素。如前所引蒋应奎《五台山重建金阁寺造立大佛五丈三尺金身行实碑记》："惟宋太祖于镇州造大佛一躯，高七丈三尺，乃天赐铜于井中，龙发木于滹沱，良为天助其像也。"宋太祖曾于镇州造七丈三尺大佛一躯，此即今河北正定隆兴寺大悲阁金铜大悲菩萨立像，又称千手千眼观音菩萨。所谓"七丈三尺"，实测是21.3米，是我国现存古代最高大的铜铸佛教造像。据载，此像始铸于北宋开宝四年（971），应于太平兴国三年（978）落成。② 这尊千手观音铜像，周身四十二臂，惜两侧四十臂已毁，已改为木质，为宋太祖赵匡胤敕建，与沧州狮子、定州塔、赵州石桥并称为河北"四宝"。宋太祖造千手观音铜像或许影响到了金阁寺观音造像。明代皇室的观音信仰对此也有重要影响，明成祖永乐皇帝之后仁孝皇后（1361—1407）曾有一部被认为是本土制作的观音经典——《大明仁孝皇后梦感佛说第一希有大功德经》。在永乐元年（1403）为该经所作的序中，皇后说："洪武三十一年（1398）春正月朔旦，吾焚香静坐合中，阅古经典心神凝定，忽有紫金光聚，弥满四周，恍惚若睡，梦见观世音菩萨于光中现，大悲像足蹑千叶宝莲华，手持七宝数珠，在吾前行。"③ 随后观音交给她一卷佛经，即是此经。诵三遍以后，她能忆持不忘，不久醒来，方知是梦。故该经也被认为是梦感经典。又《皇明纪略》载："成化壬寅八月，宪宗命监生杨黎、军舍孙知，往毗陵段铨家，取截江网，卢岐僧院取刻丝观音……"④ 成化壬寅，即明宪宗成化十八年（1482），宪宗命人取刻丝观音，对金阁寺的观音造像应有影响。又如，建于明初洪武年间的太原崇善寺，为明太祖御批准建，乃晋王府官修寺院，置有僧纲司，曾统领地方佛教事务。其大悲殿塑有千手观音像，左右各二十臂，共四十臂，高8.3米，保存至今。到明嘉靖年间，距太原不远的五台山金阁寺在重塑观音时，应也受到晋王塑千手观音像的影响。《五台山重建金阁寺造立大佛五丈三尺金身行实碑记》碑阴主要刻功德主，第一位就是"代藩代王廷埼"⑤，即朱廷埼（1526—1573）。朱是明朝第六代代王，于嘉靖十五年（1536）受封泰顺王，二十八年袭封代王，在位二十四年。蒋应奎在碑文中说"代藩睿主圣智慈贤，容物纳谏，三教同尊"，"代藩睿主"即朱廷埼。代府夫人张氏也施铜铸像，明代金阁寺开山了用大机专门写有《云中代府张氏斋僧积善行实碑记》，以颂张氏功德："今云中代府张氏者，乃其人也，幼入宫

---

① （明）无名氏：《新刻出像增补搜神记大全》，台北：学生书局，1989年，第169页。
② 刘友恒、张永波、李秀亭：《正定隆兴寺金铜大悲菩萨像铸造工期考》，《档案天地》2020年第3期，第59页。
③ （明）仁孝皇后：《大明仁孝皇后梦感佛说第一希有大功德经序》卷一，《卍续藏》第1册，第353页上。
④ （明）皇甫录：《皇明纪略》，收入《中华野史·明朝卷（一）》，济南：泰山出版社，2000年，第551页。
⑤ 详参赵林恩：《五台山碑文》，第565页。

围,觊受亲王之宠渥,恩莫大焉。虽膺王宫之荣,常思出世之因。……命本府新庵僧人德春,尝于五台山金阁等寺斋僧十万八千员,预修三次。又造佛三尊,又造大佛顶佛一尊,又请大钟一口、大鼓一面,又盖钟鼓楼二座。又于本府五岳城隍笔绘两廊,金碧交辉。又供水陆大会,又施千佛僧衣,又念《药师经》二藏,又造大佛,施铜千斤。如上功德,皆已周圆。"[1]张氏崇佛甚厚,造立观音像时又施铜千斤,不知是否受到了仁孝皇后的影响。

最后,从理论看,"悲智双运"也是应当考虑的一大要素。四大菩萨中,文殊表智,普贤表行,观音表悲,地藏表愿。悲智愿行,四德具足,方为菩萨。四大菩萨的关系是和谐的、互补的、圆融的。而文殊与观音所代表的智慧和慈悲之间的相互关系非常具有典型性。碑文说大功德主代藩睿主朱廷埼"圣智慈贤",此中"圣智",代表文殊菩萨之精神,即智慧。而"慈贤",代表观音菩萨之精神,即慈悲。"圣智慈贤",即"悲智双运"。在文殊道场铸造观音圣像,是悲智双运圆融的体现。李利安撰有《观音与文殊:悲智双运的理论价值与实践意义》,对"悲智双运"及其理论价值与实践意义进行了论述。他指出:"观音主悲,文殊主智;悲则救度无边众生,智则证悟无上菩提。这种既运用悲又运用智的救世策略在佛教中称作'悲智双运'。"[2]他认为,"悲智双运"对于处理物质生活与精神生活的关系、急缓关系、主客观关系、本质与现象的关系等都有重要的启发意义。如:悲,重在救当下之难,它偏重于人类的物质生活;智,重在观照人类现实问题的心灵根源,它偏重于人类的精神生活。又如:观音大悲,急众生当下之苦难,从而运用神通,解决人们所面临的急难;文殊大智,察众生问题之根源,从而运用智慧,开启众生的心扉,以便永久地解决众生的生存问题。最后,李教授指出:"观音主悲,以拔苦为职志,注重现实问题的解决;文殊主智,以除痴为职志,注重精神境界的提高。将这两个方面结合起来的悲智双运正是所有菩萨的基本理念。"[3]总之,"悲智双运"不仅契合中国大乘佛教基本理论架构,而且在整个大乘佛教实践体系中有重要地位。在文殊道场五台山铸造观音铜像,应是"悲智双运"精神的一大表征。

结 语

五台山金阁寺始建于唐代,在建构唐密道场和镇国道场的进程中,形成以文殊信仰为中心的格局。唐武宗会昌法难时,金阁寺毁于一旦。历宋元至明嘉靖时期,再恢复为一大道场,不同的是,复建时由代王供养铸造千手观音铜像,遂演变成一座以观音信仰

---

[1] 详参赵林恩:《五台山碑文》,第562—563页。
[2] 李利安:《观音与文殊:悲智双运的理论价值与实践意义》,《中国宗教》2005年第6期,第50页。
[3] 李利安:《观音与文殊:悲智双运的理论价值与实践意义》,《中国宗教》2005年第6期,第52页。

为中心的道场。从唐代尊崇文殊，到明代造立观音，显示了金阁寺菩萨信仰之转向。影响这一转向的因素，主要有四：其一，从历史来看，在五台山佛教历史上，虽以文殊信仰为主，但也有观音信仰的因素；其二，从社会来看，自宋代以来，在民俗佛教发展的基础上，观音信仰深入民间社会，影响广泛；其三，从政治来看，皇家对观音信仰的关注也是十分重要的一个因素；其四，从理论来看，文殊主智慧，观音主慈悲，"悲智双运"也是应当考虑的一大因素。

参考文献

1. （唐）圆照：《代宗朝赠司空大辨正广智三藏和上表制集》，《大正藏》第52册。
2. （后晋）刘昫：《旧唐书》，北京：中华书局，1975年。
3. （宋）罗濬：《（宝庆）四明志》，北京：中华书局，1990年。
4. （宋）赞宁：《宋高僧传》，《大正藏》第50册。
5. （宋）本觉：《释氏通鉴》，《卍续藏》第76册。
6. （宋）延一：《广清凉传》，《大正藏》第51册。
7. （宋）张商英：《续清凉传》，《大正藏》第51册。
8. （元）觉岸：《释氏稽古略》，《大正藏》第49册。
9. （元）念常：《佛祖历代通载》，《大正藏》第49册。
10. （明）仁孝皇后：《大明仁孝皇后梦感佛说第一希有大功德经序》，《卍续藏》第1册。
11. （明）皇甫录：《皇明纪略》，《中华野史》，济南：泰山出版社，2000年。
12. （明）无名氏：《新刻出像增补搜神记大全》，台北：学生书局，1989年。
13. 悲明辑：《金阁寺碑文》，《五台山研究》1997年第3期。
14. 崔正森：《不肯去观音菩萨祖庭——五台山普庵寺》，《五台山研究》2011年第4期。
15. 胡春良：《五台山金阁寺明代千手观音大铜佛》，《铸造工程》2021年第3期。
16. 楼宇烈：《〈法华经〉与观世音信仰》，《世界宗教研究》1998年第2期。
17. 李四龙：《现代中国佛教的批判与反批判》，《佛学研究》1999年刊。
18. 李利安：《观音与文殊：悲智双运的理论价值与实践意义》，《中国宗教》2005年第6期。
19. 刘友恒、张永波、李秀亭：《正定隆兴寺金铜大悲菩萨像铸造工期考》，《档案天地》2020年第3期。
20. 王雪梅：《弥勒信仰研究》，上海：上海古籍出版社，2016年。
21. 王亚荣：《五台山金阁寺考》，《五台山研究》1988年第4期。

22. 王承礼、李亚泉：《山西五台山金阁寺和日本灵仙三藏》，《北方文物》1993年第4期。
23. 肖红、曹二虎、何清怀主编：《香山大悲菩萨传》，北京：文物出版社，2009年。
24. 肖雨：《金阁寺佛教简史》，《五台山研究》1997年第3期。
25. 严耕望：《魏晋南北朝佛教地理稿》，上海：上海古籍出版社，2007年。
26. 赵林恩收录点校：《五台山碑文》，太原：山西人民出版社，2016年。
27. ［日］圆仁撰，白化文、李鼎霞、许德楠校注：《入唐求法巡礼行记校注》，石家庄：花山文艺出版社，1992年。

南诏时期大理地区观音信仰的两种主要形态：
以《南诏图传·文字传》为中心的考察

现　了　（中国佛学院普陀山学院）

【摘要】 观音信仰自形成以来，随着佛教的广泛传播而流行于各地，被誉为"半个亚洲的信仰"。然而流传到各地的观音信仰，均会因当地地域文化的影响而呈现出不同的信仰形态。本文以《南诏图传·文字传》为主要考察对象，结合历史史实，对于南诏时期大理地区的观音信仰进行论述，指出汉地观音信仰于7世纪中后期传入大理地区，在8世纪中期之前较为流行的主要形态无从考究。自8世纪中期之后，大理地区流行的观音信仰主要有两种形态：第一种为授记蒙氏建国，体现君权神授的梵僧观音信仰，主要盛行于公元8世纪中期至9世纪前期；第二种为阿嵯耶观音信仰，这种信仰经历了从9世纪中前期南诏民间普通的佛教信仰到9世纪中后期王权介入重新建构体现王权意志的观音佛王信仰的转变。南诏王室所建构的阿嵯耶观音信仰，体现出强烈的民族意识。

【关键词】 南诏　大理地区　梵僧观音　君权神授　阿嵯耶观音　民族意识

汉传佛教自唐朝初期传入云南地区以来，由于云南地处西南边陲、临近南亚及藏地的地理特征，使得云南当地的佛教传播呈现出三语系佛教并传的特色。大理周边地区作为唐、宋时期云南的政治、经济、文化中心，由于临近彼时吐蕃王朝的势力范围，受到汉、藏两种佛教文化的影响，其佛教信仰极具典型性地方特征。而作为佛教信仰体系中重要一支的观音信仰，自佛教传入云南时期起即随之传入大理地区，且由于南诏国、大理国官方政权的相续推崇及民间百姓的信奉而成为唐、宋时期大理地区的全民信仰。南诏国时期，大理地区的观音信仰与佛教的整体信仰相一致，呈现出既与汉地观音信仰有所交涉，又极具地方特色的独特形态。本文拟以《南诏图传·文字传》作为主要考察文本，对南诏时期大理地区的观音信仰的两种主要形态进行论述，以就教于方家。

一、观音信仰传入大理的时间

关于观音信仰传入大理的准确时间,部分学者认为应当以有文献记载的观音造像的出现为标志,故大体将其界定为 8 世纪,其依据来源于清代倪蜕所辑《滇云历年传》,其云:

> 唐玄宗开元二年(714),晟罗皮遣建成入朝,受浮图像并佛书以归。晟罗皮奏请大匠营造寺庙。朝廷令恭韬、徽义等至滇。晟罗皮奉请敕建崇圣、宏圣等寺,并造浮图以镇水患……天雨铜于大理崇圣寺,观音大士像成。①

据上述文字,云南地区最早有观音像之记载当在开元二年之后,彼时晟罗皮派遣张建成入供唐朝之后,唐朝赐以佛像、佛书而归,南诏遂兴建崇圣、宏圣等寺院,并且观音大士像的塑成还有着"天降雨铜"的神助之奇异。此中只知关于崇圣寺观音像塑造于崇圣寺建成之后,其具体时间却不甚明确。然而《杂异志》中关于此观音像的塑造却有着另一番详细记载:

> 天宝间,崇圣寺僧募化,造大士像。未就,夜骤雨。旦起视之,沟浍皆流铜屑。即用鼓铸,立像高二十四尺,如吴道子所画者。当其成像之时,白光弥覆三日夜。至今春夏之际,时时放光。②

据此,则崇圣寺观音像的模型来源于吴道子的绘画,其具体塑造时间应当为742—755 年之间。两则文献中所记载的观音像出现的大致年代也能从相应考古发现得到佐证。如李玉岷在《南诏大理佛教雕刻初探》中,对比了崇圣寺三塔出土的观音立像(标本号 TD 中:11)与美国旧金山亚洲博物馆藏观音菩萨立像后指出,"此尊观音的造型和风格特征,甚至璎珞的式样和佩戴方式,皆和 7 世纪至 8 世纪的唐代造像相同",推断此像"可能是一件受中土风格影响的南诏作品,它的制作年代约在公元 8 世纪左右"。③

虽然文献记载与考古证据都似乎指明观音信仰传入云南地区的时间应当是 8 世纪左右,然而云南地区自南诏初期以来即盛行细奴罗建立政权之前蒙观音授记之传说,如《僰古通纪浅述》云:

> 细奴罗一,自在禡祿,至于蒙舍,日渐长成,娶蒙织,生男罗晟既长,父子一日耕于巍山,妻炊麦饭将饷之。观者所化梵僧来家乞食,蒙织以饭饭僧。再炊而饷夫、男,僧又至。蒙织喜而复斋之。夫、男饥而放牛卧于树下,问曰:"何晏也?"妻告以饭僧之由,细奴罗甚悦。正食间,前僧又至。细奴罗见其貌像非常,趋而迎

---

① (清)倪蜕辑,李埏校点:《滇云历年传》,昆明:云南大学出版社,1992 年,第 102 页。
② (清)倪蜕辑,李埏校点:《滇云历年传》,第 102 页。
③ 李玉岷:《南诏大理佛教雕刻初探》,收录于蓝吉富等编:《云南大理佛教论文集》,新北:佛光文化事业有限公司,1999 年,第 359—396 页。

之。僧曰:"今日得汝家斋多矣,不必再饭。我此一来,为救民除罗刹,请汝为王。"细奴罗惊惧。僧乃取刀砍犁耙已,数有十三痕。僧曰:"自汝至子孙为王一十三代。我乃观音化身,奉天命受记汝也,汝其勉哉!"僧遂去。①

细奴罗在位的时间为649—674年,其蒙观音授记之传说在其建立蒙舍诏政权之前,其时正当唐贞观年间。故明代云南的墓志上还常见唐贞观时(627—649),观音大士"开化大理""摩顶蒙氏为诏"之语。②至其子逻盛炎时期(674—712在位)还有将观音所化梵僧留下的钵盂、锡杖"奏于垅圩山上,留着内道场供养"③的记载。

关于梵僧观音的记载语涉神异,并不能充分证明观音信仰在7世纪之时已经传入了大理地区。然而考古学的相关证据,却可以给蒙氏政权对于观音信仰的崇拜提供相应证明。1990年对蒙舍诏遗址垅圩于图山附近进行清理发掘时,曾发现一佛寺基址、一厅堂建筑基址和一方形佛塔塔基,并发掘出石雕佛像近二百尊,其中即包含一批观音造像。这批佛像的造像风格质朴,非常接近于南北朝至唐朝初期的中原佛像特征,④其中部分观音造像甚至具有晋代造像风格,具有南诏早期佛教造像风格的特征。⑤可见,其早期的观音信仰应当是由汉地传入。

虽然垅圩图山附近出土的这批观音像中并没有后世所传的授记蒙氏的梵僧观音形象,然而根据上述文献及考古学的证据可知,早在南诏初期,汉地的观音信仰即已传入云南地区,虽然此时大理地区独特的观音信仰尚未形成,然而蒙氏政权已经有了观音信仰。所以,观音信仰最早于7世纪中后期传入大理地区,大体是没有疑义的,其具体形态则不甚明确。

二、君权神授:"授记建国"的梵僧观音

云南地区的民间文献记载中,大理地区的早期历史与以观音菩萨信仰为代表的佛教紧密联系在一起。关于大理地区民众最早与梵僧观音信仰产生关联的民间文献记载,以成书于明代洪武至永历年间,由大理喜洲地区由白族大姓杨氏以白文所撰的展现民族意识的《白古通记》⑥为其重要代表。据载,观音菩萨显化为梵僧于洱海地区降伏罗刹,救

---

① 尤中:《僰古通纪浅述校注》,《尤中文集》卷四,昆明:云南大学出版社,2009年,第273页。
② 明《邓川大阿拶哩段公墓碑铭》、正统三年《段公墓志》、景泰元年《圣元西山记碑》等都有这样的记载,文见徐嘉瑞:《大理古代文化史》,昆明:云南人民出版社,2005年,第275—276页。
③ 尤中:《南诏图卷·文字卷》,《尤中文集》第387页。
④ 由于魏山出土的佛教造像风格大部早于初唐时期的风格,学界据此对于这批佛像的断代众说纷纭,最早推到晋代,最晚推至唐。大多学者认为是南北朝时期作品,也就是爨氏时期作品。然而根据相关证据,无论是藏传佛教还是汉传佛教,均于7世纪方始传入云南地区,笔者认为不能够简单以佛像风格来判断佛像的塑造年代。
⑤ 参考龚吉雯:《南诏大理国时期观音造像研究》,博士学位论文,云南大学,2019年,第43页。
⑥ 关于《白古通记》的成书时间、地点及其作者,笔者参考侯冲先生之观点,详见侯冲:《白族心史——〈白古通记〉研究》,昆明:云南民族出版社,2002年,第43—81页。

世开疆。如文云：

> 昔珥河之地，有罗刹一部出焉，啖人睛、人肉，号罗刹国。观音愍其受害，乃化为梵僧，牵一犬自西天来，历古宗、神川、义督、宁北、蒙茨和，入灵应山德源城主喜赊张敬家。敬，罗刹贵臣也。见梵僧仪容深礼敬之，介以见罗刹王。王甚喜，乃具人睛、人肉供之。僧辞曰："不愿肉食，王诚眷礼，愿受隙地为一亮居。"罗刹许之，且曰："广狭自裁。"僧云："止欲我袈裟一展、我犬二跃之地，足矣。"罗刹笑其少。僧云："王勿后悔，请立契券。"倾国观者百万人。既成契约，僧解袈裟一展，盖其国都；叫犬令跃，一跃尽其东西，再跃尽其南北。罗刹张皇失声曰："如今我无居地矣！"僧曰："不然，别有乐国胜汝国。"乃幻上阳溪石室，为金楼玉殿，以螺为人睛，饮食供张百具。罗刹喜，遂移居之。一入而石室遂闭，僧化为蜂由隙出。自此罗刹之患乃息。今此山及海东有犬跃之迹存焉。
>
> 于是老人凿河尾，泄水之半，人得平土以居。
>
> 时观音大士开疆，水退，林翳，人不敢入。有二鹤，自河尾日行其中。人始尾鹤而入，刊斩渐开，果得平土以居。①

根据上述传说，当时的洱海地区被罗刹所统治，观音菩萨悲愍当地民众饱受罗刹统治之苦，乃显化为梵僧来到大理地区，设计使罗刹立下送地契约，并将罗刹永远关在上阳溪石洞中，其后开凿河尾，泄水开疆，百姓才得以于平地居住。印度的观音信仰本就渊源于印度次大陆南段的解救黑风海难与罗刹鬼难的信仰，《白古通记》的此段传说明显具有早期观音现世救难信仰的典型色彩，其中的"袈裟乞地"环节颇与慧能及金乔觉类似。而观音于上阳溪化金楼玉殿封闭罗刹并建阁塔镇之，亦属文成公主建大昭寺以镇罗刹心窍"窝塘措"之移植。②

有人认为《白古通记》中梵僧观音出现在洱海地区的时间远早于上文所提及的给细奴罗授记的梵僧观音，③然而根据同书中"昔张敬佐观音平罗刹之害，观音命细奴罗为王，张大王争功，述之"④之记载可知，二者实为一人。当然，《白古通记》中的这段记载其意在于建立大理地区民众与梵僧观音的因缘，而对于南诏政权的建立起到决定性影响，彰显出观音信仰的君权神授色彩的，则非王奉宗、张顺二人应南诏皇帝舜化贞之诏于899年所作的《南诏图传·文字卷》中所记载的"观音七化"中的前三化及第七化莫属。

如第一化文云：

> 《铁柱记》云：初，三赕白大首领将军张乐尽求并兴宗王等九人，共祭天于铁

---

① 王叔武：《云南古佚书抄》（增订本），昆明：云南人民出版社，1996年，第56—57页。
② 参考徐嘉瑞：《大理古代文化史》，第272—274页。
③ 龚吉雯：《南诏大理国时期观音造像研究》一文持此观点，详见第34页。
④ 王叔武辑：《云南古佚书抄》（增订本），第66页。

柱侧,主鸟从铁柱上飞憩兴宗王之肩上焉。张乐尽求自此已后,益加惊讶。兴宗王乃忆,此吾家中之主鸟也,始自欣悦。此鸟憩兴宗王家,经于一十一月后乃化矣。又有一犬,白首黑身(号为龙犬),生于奇王之家也。瑞花两树,生于舍隅,四时常发俗云橙花,其二鸟每栖息此树焉。又圣人梵僧未至前三日,有一黄鸟来至奇王之家(即鹰子也)。又于兴宗王之时,先出一士,号曰各郡矣,着锦服,披虎皮,手把白旗,教以用兵。次出一士,号曰罗傍,着锦衣。此二士共佐兴宗王统治国政。其罗傍遇梵僧以乞书教,即封民之书也(其二士表文武也)。后有天兵十二骑来助兴宗王,隐显有期,初期住于十二日,再期住于六日,后期住于三日。从此,兵强国盛,辟土开疆。此亦阿嵯耶之化也。①

第一化所引乃是《铁柱记》的一段文字,描述的是南诏开国的总缘由,讲的是白蛮大首领张乐尽求与乌蛮领袖逻盛炎等九人共同会盟于白崖铁柱以祭天,有神鸟飞到逻盛炎的肩膀憩息,令张乐尽求大为惊讶。以及逻盛炎得武将各郡矣及阿嵯耶观音所化梵僧授予异书的文士罗傍之辅佐,再加上十二天兵相助而开疆拓土,奠定南诏基业的事情。关于张乐尽求主盟一事,《南诏图传·文字传》所依据的乃《巍山起因》《铁柱记》《西洱河记》及《张氏国史》等早期文献,若据此,则此事发生在674—712年期间。而到了后期的《僰古通纪浅述》中,似乎为了进一步增强南诏政权建立之初即与佛教有着莫大因缘,表明其始于君权神授的合法性及神圣性,则将此事移植到了细奴罗时期的649—674年,直接指出张乐尽求之所以会盟诸部酋长,乃因"闻观音命细奴罗为国王",后因布谷鸟主动飞到细奴罗的肩膀,主动"禅位"给细奴罗"遂避位于罗,而以其女妻之"②。而《南诏图传·文字传》中逻盛炎文武两辅臣,同样移植到了细奴罗麾下(《僰古通纪浅述》记载名为郭邵实及波罗傍),且被视为文殊菩萨及普贤菩萨之化身。③无论两则记载有何差别及语涉神异,在铁柱会盟之后,蒙氏政权取代张氏成为乌蛮与白蛮部落联盟的首领,势力得到极大增强是历史上不争的事实。后来唐朝政府之所以支持南诏统一六诏,除蒙氏政权与唐朝交好外,最大原因也是在此。

第二化、第三化文云:

第二化浔弥脚、梦讳等二人欲送耕饭其时,梵僧在奇王家内留住不去浔弥脚等送饭至路中,梵僧已在前,回乞食矣乃戴梦讳所施黑淡彩,二端叠以为首饰盖贵重人所施之物也,后人效为首饰也其时,浔弥脚等所将耕饭,再亦回施,无有吝惜之意。

第三化浔弥脚等再取耕饭家内,送至巍山顶上再逢梵僧坐于石上,左有朱梁白马,上出化云,中有侍童,手把铁杖右有白象,上出化云,中有侍童,手把方金镜

---

① 尤中:《南诏图卷·文字卷》,《尤中文集》卷四,第386页。
② 尤中:《僰古通纪浅述校注》,《尤中文集》卷四,第275页。
③ 详见尤中:《僰古通纪浅述校注》,《尤中文集》卷四,第280页。

并有一青沙牛。浔弥脚等敬心无异,惊喜交并,所将耕饭,再亦施之梵僧见其敬心坚固,乃云"悉汝所愿"。浔弥脚等虽申恳愿,未能遗于圣怀乃授记云:"鸟飞三月之限,树叶如针之峰,弃叶相承,为汝臣属。"授记讫,梦讳急呼耕人奇王蒙细奴逻等云:"此有梵僧,奇形异服,乞食数遮,未侧圣贤今现灵异,并与授记如今在此。"奇王蒙细奴逻等相随往看,诸余化尽,唯见五色云中有一圣化,手捧钵盂,升空而住。又光明中仿佛见二童子,并见地上有一青牛,余无所在。往看石上,乃有圣迹及衣服迹,并象、马、牛踪,于今现在。后立青牛祷,此其因也。①

第二化与第三化内容主要讲的是观音所化梵僧数次前往当时尚为普通农民的细奴罗家中乞食,细奴罗之妻浔弥脚及儿媳梦讳均恭敬布施,无有吝惜。因此,梵僧在巍山顶给浔弥脚及梦讳授记蒙氏当执掌云南地区政权,待细奴罗得知消息赶回来时,圣化已然升空,只在石头上留下了一应显化痕迹的事。《南诏图传·文字传》所载梵僧授记蒙氏当王云南之事,属于间接授记,或者说尚有母系氏族社会之影子。而到了《僰古通纪浅述》当中,为了着重强调君权直接源自神授的合法性,或者说彰显男权,梵僧的授记对象由细奴罗之妻子及儿媳变成了细奴罗本人,且梵僧直接表明自己乃观音化身,且由于此书成书之时,蒙氏政权覆亡已久,故梵僧授记的内容连蒙氏执掌云南的世系都交代清楚了。

通过《南诏图传·文字传》第一化至第三化的内容可知,梵僧这个形象最初并未明确为观音所显化,第一化后面的"此亦阿嵯耶之化也"乃王奉宗、张顺为顺应王室"崇观入国起因之图,致安邦异俗之化"的愿望时,而将授记的梵僧称作"阿嵯耶观音",使得梵僧直接跟观音产生了关联。② 而通过他人之口,间接表明当时授记蒙氏的梵僧乃观音化现的,乃第七化中的菩立陀诃,如第七化文云:

> 第七化全义四年己亥岁,复礼朝贺使大军将王丘佺、酋望张傍等部至益州,逢金和尚云:"云南自有圣人入国授记汝先于奇王,因以云南遂兴王业,称为国焉。我唐家或称是玄奘授记,此乃非也。玄奘是我大唐太宗皇帝贞观三年己丑岁始往西域取大乘经,至贞观十九年乙巳岁届于京都。汝奇王是贞观三年己丑岁始生,岂得父子遇玄奘而同授记耶? 又玄奘路非历于云南矣。"保和二年乙巳岁,一有西域和尚菩立陀诃来至我京都云:"吾西域莲花部尊阿嵯耶观音从蕃国中行化至汝大封民国,如今安在。"语讫,经于七日,终于上元莲宇。我大封民始知阿嵯耶来至此也。③

据文义可知,早在南诏劝利晟(819—824 年在位)在位的全义四年(819)之前,南诏上下及唐朝就有了授记蒙氏当王云南的梵僧到底是谁的探讨。南诏首先借四川金和尚的口指出授记的梵僧并非玄奘,到了劝丰祐(824—859 年在位)在位时期的保和二年

---

① 尤中:《南诏图卷·文字卷》,《尤中文集》卷四,第 386—387 页。
② 参考朴城军:《南诏大理国观音造像研究》,博士学位论文,中央美术学院,2008 年,第 13 页。
③ 尤中:《南诏图卷·文字卷》,《尤中文集》卷四,第 387—388 页。

（825）又借西域和尚菩立陀诃的口指出阿嵯耶观音曾经到过云南，成功地将梵僧与观音紧密联系在一起，使得观音化现为梵僧授记蒙氏成为一种定论。

从历史的角度考察，授记细奴罗建国的"梵僧"或许只是其创业初期辅弼其成就王图霸业的僧人军师，此僧人的身份及来历不详。其蒙舍诏（南诏未统一六诏前的称呼）政权成立之后，效法汉地的谶纬之术而将政权的建立归之于"君权神授"，故将普通僧侣神化为有神通的所谓"梵僧"。而终唐朝一代，蒙氏政权一直游走于唐朝政府与西藏吐蕃政权之间。蒙氏政权初建之时，得到了唐朝的支持而统一了六诏，故早期唐朝或南诏政权将授记的梵僧视为从未到达过云南的玄奘，南诏及唐朝均予以默认，其所体现的无非是将唐朝的现实支持隐喻为宗教层面的所谓"梵僧"玄奘的授记。而从751年至754年唐朝四次征伐南诏，南诏与吐蕃结盟，依附吐蕃之后，与唐朝及吐蕃之间也是时战时和。随着8世纪末、9世纪初南诏势力的进一步强盛，其民族意识顺势崛起，故原先的授记蒙氏的"梵僧"从唐人玄奘变成了经由吐蕃而来的西域莲花部主"阿嵯耶观音"。于南诏政权而言，梵僧是谁其实并不重要，"梵僧授记"所体现出的君权神授更重要。因此，当授记的梵僧确定为观音所化现之后，关于梵僧观音的信仰就成为南诏时期大理地区观音信仰的一种主流形态，而受到南诏政权的崇奉，如《南诏图传·文字传》赞颂文云：

> 阿嵯耶观音之妙用也，威力罕测，变现难思，运悲而导诱迷途，施权化而拯济含识，顺之则福至，逆之则害生。心期愿谐，犹声逐响者也。由是，乃效灵于巍山之上，而乞食于奇王之家。观其精专，遂授记箭龙飞九五之位，乌翔三月之程。同赞期共称臣妾，化俗设教，会时立规，感其笃信之情，遂现神通之力。则知降梵释之形状，示象马之珍奇，铁杖则执于拳中，金镜而开于掌上。聿兴文德，爰立典章，叙宗桃之昭穆，启龙女之轨仪。广施武略，权现天兵，外建十二之威神，内列五七之星曜。降临有异，器杖乃殊。启摧凶折角之方，广开疆辟土之义。遵行五常之道，再弘三宝之基。开秘密之妙门，息灾殃之患难。故于每年二月十八日，当大圣乞食之日，是奇王睹像之时，施麦饭而表丹诚，奉玄彩而彰至敬。当此吉日，常乃祭之。①

赞颂的开头虽然是"阿嵯耶观音"，主要叙述的对象却是其所显化的观音授记蒙氏建国、开疆，故每到观音乞食蒙家及细奴罗目睹梵僧圣迹的二月十八日，南诏政权均会祭祀梵僧观音，以示崇敬与纪念。而其形象也不断地出现于《南诏图传》《张胜温梵像卷》等大理地区的绘画作品及当时南诏势力范围所及的剑川及西昌的石窟塑像中。

综上可知，南诏的梵僧信仰经历了由早期的"梵僧"到后来与观音相联系而被视为观音化身的信仰转变过程。由于其身份特殊性，其所展现的面向世俗的功能也较为单一，其并没有民间普遍观音信仰中有感必应的赐福、送子等现世功能，也没有过分凸显出佛

---

① 尤中：《南诏图卷·文字卷》，《尤中文集》卷四，第388页。

教一般观音信仰意义上的慈悲救难功能。在南诏民众的心目中，其无论是降伏罗刹还是授记蒙氏，都是为了"建国"。其仅仅具备了建国所需要的神圣性、赋予性，因此在南诏乃至后来的大理国时期，对于梵僧观音信仰的基本认知就是其所赋予的特权性，正如龚吉雯所言："这种被赋予的特权性相当于一种认可，提醒人们这种认可来自佛教世界，这种认可不是通过人世间完成，而是由神佛世界所赐予，神佛的赐予有强大的神圣性，蒙氏家族顺理成章地接受神佛的赐予，从而完成从普通的外来者逐渐成为国家建立者的身份变化。"① 故蒙氏政权将其明确定义为"建国圣源"。

三、王权意志："佛王信仰"的阿嵯耶观音

上文已提及，给蒙氏授记的梵僧乃阿嵯耶观音所化现，既然如此，作为化现梵僧的本尊阿嵯耶观音亦必然受到南诏王室的重视。那么"阿嵯耶"究竟是何义？对此，学界有多种不同看法。有认为与"阿吒力"有所关联，来源于梵语"Acarya"之音译，别译为"阿阇梨"，即轨范师、导师之义②；有认为乃梵语观世音的"Avalokiteśvara"汉字直译③；有从《南诏图传》的文字题榜及《南诏图传·文字传》凡提及"阿嵯耶观音"均在前面冠以"圣"字，认为乃梵语圣观音"Arya-avalokitesvara"之音译。④ 若单从几个梵语词汇的角度去看，"阿嵯耶"三字更接近"Acarya"之音译，因此，虽然笔者也认同侯冲所提出的"阿吒力"一词见于明初《白古通记》成书后，与"阿嵯耶"并无关联的观点。⑤ 然而结合梵僧授记蒙氏、引导其建立蒙氏政权之行为，故笔者颇为认同"阿嵯耶"三字具备"阿阇梨"之梵文所具备的轨范师、导师的含义，意即能够化显梵僧，给蒙氏建国授记引导之师。

根据《南诏图传·文字传》之记载阿嵯耶观音在"观音七化"的第六化中，即曾显现过真身。如第六化文云：

> 第六化圣僧行化至忙道大首领李忙灵之界焉，其时人机暗昧，未识圣人。虽有宿缘，未可教化。遂即腾空乘云，化为阿嵯耶像。忙灵惊骇，打鏳鼓集村人。人既集之，仿佛扰见圣像放大光明。乃于打鏳鼓之处，化一老人云："乃吾解熔铸，作此圣容，所见之形，毫厘不异。"忙灵云："欲铸此像，恐铜鏳未足。"老人云："但随

---

① 龚吉雯：《南诏大理国时期观音造像研究》，第36页。
② 李东红：《大理地区男性观音造像的演变》，《思想战线》1992年第6期，第62页；杨德聪：《"阿嵯耶"考释》，《云南文物》1995年总第40期，第48—49页。
③ 杨延福：《云南"阿磋耶观音"究竟是什么》，《南诏大理白族史论集》，昆明：云南民族出版社，2004年，第103页。
④ 张锡禄：《大理白族佛教密宗》，昆明：云南民族出版社，1999年，第139—140页。
⑤ 侯冲：《南诏观音佛王信仰的确立及其影响》，《云南与巴蜀佛教研究论稿》，北京：宗教文化出版社，2006年，第25页。

铜铿所在，不限多少。"忙灵等惊喜从之，铸作圣像，及集村人铿鼓，置于山上焉。①

可知，观音所化的圣僧走到李忙灵所统治的芒乃道（今西双版纳地区）之时，意识到此地的民众因缘尚未完全成熟，便乘云腾空显化出阿嵯耶观音之本尊形象。李忙灵见状大为惊讶，便打铿鼓召集众人。众人聚集之后，阿嵯耶观音又化为一个白衣老人，让李忙灵收集铜器，铸造成了铜质的阿嵯耶观音像。

而这尊铜质的阿嵯耶观音像，据称在隆舜时期被再次发现。如《南诏图传·文字传》第七化之后文云：

> 帝乃欲遍求圣化，询谋太史扽托君，占，奏云：圣化合在西南，但能得其风声，南面逢于真化。乃下敕大清平官澜沧郡王张罗疋："富卿统治西南，疆界遐远，宜急分星使，诘问圣原，同遵救济之心，副我钦仰之志。"张罗疋急遣男大军将张疋傍，并就银生节度张罗诺、开南郡督赵铎咩访问原由，但得梵僧靴化为石，欲擎舁以赴阙，恐乖圣情，遂绘图以上呈。儒释惊讶。并知圣化行至首领张宁健及宋林则之处，余未详悉。至嵯耶九年丁巳岁，圣驾淋盆，乃有石门邑主罗和、李忙求奏云："自祖父已来，吾界中山上，有白子影像一躯，甚有灵异，若人取次无敬仰心，到于此者，速致亡□殒。若欲除灾禳祸，乞福求农，致敬祭之，无不遂意。今于山上，人莫敢到。"奏讫，敕遣慈双宇李行将兵五十骑往看寻觅，乃得阿嵯耶观音圣像矣，此圣像即前老人之所铸也，并得忙灵所打鼓呈示摩诃。摩诃倾心敬仰，熔真金而再铸之。②

据文意，当劝丰祐于保和二年（825）从菩立陀诃口中知晓阿嵯耶观音曾经来过南诏之后，便欲寻找阿嵯耶观音之踪迹，经太史占卜得知在大理西南地区，便让大臣四处找寻，但只找到梵僧靴子化成的石头，便将此圣迹绘图呈献给了劝丰祐。一直到隆舜（877—897年在位）在位的嵯耶九年（897），李忙灵的孙子李忙求汇报，他们那边山上有一尊神像颇具灵应。隆舜派人前往寻找，才得到了蒙观音所化现的老人指示所铸的阿嵯耶观音圣像。隆舜对此像崇敬异常，并亲自用真金再铸造了一尊阿嵯耶观音像。

综合《南诏图传·文字传》第六化、第七化及第七化之后的内容可知，南诏政权在825年之前，以梵僧观音信仰为其主流；从825年之后，才转向了阿嵯耶观音信仰。相较于功能较为单一的梵僧信仰，阿嵯耶观音信仰在普通民众心目中已经具备了普遍意义上观音信仰的消灾降福的现实功能。而897年正式出现在大理地区的那尊阿嵯耶观音圣像，则体现出明显的王权意识。为何会如此？我们需从阿嵯耶观音的造像风格并结合历史加以考察。

---

① 尤中：《南诏图卷·文字卷》，《尤中文集》卷四，第387页。
② 尤中：《南诏图卷·文字卷》，《尤中文集》卷四，第388页。

图一 阿嵯耶观音像

首先，从阿嵯耶观音的造像风格而言，南诏地区的阿嵯耶观音造像必然是出自云南地区本土雕刻技艺，然而其早期造型样式来源于何处，是值得考虑的。南诏早期的阿嵯耶观音造像基本都是正面直立的形态，额头方阔，眉毛呈弓形隆起几乎相连，鼻梁较低、嘴巴较宽、颧骨较高、宽肩细腰、纤细修长；其头顶结有高大的圆筒形发髻，用带子束紧，头发则编成辫子呈环形盘绕在头顶，更长的头发则在头的两侧梳成环形辫子垂落在双肩；其发髻冠较为朴素，并无其余装饰；其右手曲举在胸前，大拇指捻食指，其余三指竖起微屈，呈现出说法印之形态，手腕上有一串念珠；左手置于左胯部侧前方，掌心向上，手指微微弯曲。其全身装饰颇为丰富，有王冠、耳环、颈饰、臂饰、腰带及腹饰等。其王冠形状为宽薄带，上有三朵三角形花纹图案；耳环为倒垂的莲蕾状；颈饰式样为联珠纹链，下有一条宽扁的刻有花纹或者是卷叶纹的半圆或者是新月形饰带；臂样式为宽薄的联珠带上装饰着三角形花纹图案，戴在手臂最上端，紧挨着肩膀处。阿嵯耶观音的腰带为扁薄形，上点缀着一排花朵。腹饰也是薄带状，由几条细线表示，带子末端在腹前结成一个带褶的十字形图案，然后用一个镶嵌着珠宝的圆形花纹饰物固定起来。阿磋耶观音造像上半身裸露，下装为垂至足踝、贴身的褶纹长裙，长裙下摆，外展呈角状，裙子由镶嵌着珠宝的十字花形腰带固定着。褶纹有两种，一种是细密的竖线条，分布在裙子两侧和两腿中间；另一种是在紧贴两腿的部分，有对称的平行下垂的阴刻型粗线条。[①] 后期的造像则稍作调整，如鼻梁高挺，唇部比例协调，头顶佛像等（见图一）。虽然阿嵯耶观音造像的整体造型和风格无法与东南亚地区某个国家佛教造像的风格完全对应，[②] 然而其在形制、体型、头饰、发型、装饰、装束、手势等方面与东南亚不同地区佛教造像的造型风格存在诸多相似之处。因此，诸多学者认为阿嵯耶观音造型大体属东南亚系造像风格，且更接近于占婆造像，认为其原型极有可能就是从占婆被带到南诏。《南诏图传·文字传》中观音七化的第六化阿嵯耶观音本尊在西双版纳地区显化，且劝丰

[①] 关于阿嵯耶观音的形象描述，参考朴城军：《南诏大理国观音造像研究》，第53—55页。
[②] 龚吉雯：《南诏大理国时期观音造像研究》一文持此观点，详见第36页。

祐的太史占卜得知的"圣化当在西南"（南传佛教早在7世纪初期即已传入云南西部边境），均从侧面反映出阿嵯耶观音造像的风格应当来自南诏政权西南部的东南亚诸国，故而阿嵯耶观音造像的风格自然有受到东南亚占婆造像之影响；其名称来源于西域莲花部（即吐蕃宁玛派），也必然有受密宗之影响；同时也糅入了南诏国时期大理地区独特的地方特色，整体上而言呈现出以占婆造像为主，融合密宗及大理地区民族特色的独特风格。

其次，从历史的角度而言，《南诏图传·文字传》中的第六化所记载的阿嵯耶观音出现的时间是在9世纪前期，不会早于第七化讨论梵僧来源的全义四年（819），至保和二年（825）阿嵯耶观音的名号正式进入南诏王室的视野。彼时正值劝丰祐在位期间，其人颇为信佛，曾重修崇圣寺，虽欣慕汉文化，然而在位的三十多年间多次出兵侵犯唐朝边境，掳掠大批工匠、财物。由于南诏与唐朝政权的关系逐渐紧张，故原来隐喻唐朝支持的"梵僧"信仰，需要一个新的替代对象，此时来源于吐蕃莲花部的"阿嵯耶观音"遂成了化现"梵僧"的本尊，取代了原先的"梵僧"信仰。859年，劝丰祐去世，世隆（859—877年在位）继位之后，由于唐朝不愿册封其为云南王而与唐朝绝交，并自封为帝。① 其在位的十多年间，与唐朝之间战事不断"再入安南、邕管，一破黔州，四盗四川"，② 阿嵯耶观音造像的原型占婆造像，即来源南诏攻占安南之时。此时南诏由于世隆的开疆拓土而国势日盛，唐朝则由于农民起义等内乱导致国力日衰，且此时的吐蕃也正面临分崩离析的危机。面对如此有利的局面，使得南诏迫切想摆脱唐朝的影响而独立，坚决拒绝对唐称臣，对于唐朝派遣前往南诏结盟的使者坚决不行跪拜之礼。③ 可见其想割断与唐朝在历史文化上之关系的心意已决。世隆本人亦尤为崇佛，"主以四方八表夷民臣服，皆感佛维持，于是建大寺八百，谓之兰若，小寺三千，谓之伽蓝，遍于云南境中，家知户到，皆以敬佛为首务"④。故亟须一尊彰显南诏王权意志及民族意识的佛像来取代以往的汉地佛像样式。这种愿望，最终在隆舜在位时期得以正式实现。

隆舜于877年继位之后，虽然与唐朝的关系有所缓和，然而仍继承了世隆对唐朝的基本态度，其与唐朝的宗藩关系也想改为兄弟之国或舅甥之国。⑤ 此举虽未得唐朝政府之许可，但仍以皇帝自许，并改南诏国号为"大封民国"，可见南诏王室对待唐朝的强硬态度与自尊心态。隆舜其人亦颇为信佛，曾塑造阿嵯耶观音像，故登基之后自称"摩诃罗嵯耶"，关于此事《僰古通纪浅述》有如下记载：

主为世子时，好田猎，至巍山，遇一老人，告曰："世子能造观音像否？如造，

---

① 如《新唐书·南诏传》云："酋龙立，遂僭称皇帝，建元建极，自号大礼国。"
② （宋）欧阳修、宋祁：《新唐书》卷二二二中，北京：中华书局，2003年，第6292页。
③ 如《新唐书·南诏传》云："天子数遣使至其境，酋龙不肯拜，使者遂绝。"
④ 尤中：《僰古通纪浅述校注》，《尤中文集》卷四，第315页。
⑤ 如《资治通鉴》卷二五三载，879年南诏大臣对唐朝出使云南使臣徐云虔云："贵府谍欲使骠信称臣，奉表贡方物；骠信已遣人自西川入唐，与唐约为兄弟，不则舅甥。夫兄弟舅甥，书币而已，何表贡之有？"（宋）司马光：《资治通鉴》卷二五三《唐纪·六十九》，南京：南京出版社，2018年，第7896页。

声名所及，无不臣服。"曰："能之。若造，须如来之像方可。"乃以兼金铸阿嵯耶观音。至是，远见巍山巅有白气，使李姿奴往，挖得铜钟一，重三百两，阿嵯耶观音一位，自号摩诃罗嵯耶。[1]

此处实则已经暗示了隆舜铸造阿嵯耶观音像是为了达到"声名所及，无不臣服"的目的。当时东南亚诸国均信奉佛教，其欲借助佛教而达到威服诸国的目的，亦在情理之中。故其登基之后，即自号"摩诃罗嵯"。关于此名称，学界一般认为源于梵语"Mharajah"，义为"大王"。中国古代帝王对于佛教经典中的《仁王护国般若经》《金光明经》等君主护法的经典颇为重视，南诏政权亦不例外。大理地区现存最早的写经即为隆舜时期玄鉴所纂《护国司南抄》，《仁王经》中有十六国王与会听法之记载，《僰古通纪浅述》则描述隆舜征伐西域十六国之传说，且《南诏图传》隆舜像旁的题榜为"摩诃罗嵯土轮王担卑谦贱四方请为一家"。故隆舜的"摩诃罗嵯"称号应来源于《仁王护国般若经》中为"守护国土功德"而听受佛法，为护持佛法而住世的仁王之寓意。[2]

隆舜于889年即改元嵯耶，结合《僰古通纪浅述》的记载，其见到并铸造阿嵯耶观音像应当在《南诏图传·文字传》所述的897年之前。其之所以将年号命名"嵯耶"，既受到中国古代帝王天王传统的影响，如北魏太武帝拓跋焘，因道士寇谦之说其为"太平真君"转世，即将年号改为"太平真君"；亦受到佛教佛王传统中之观音王佛信仰的影响，关于此种信仰的形成，学界有诸多论述，在此不再赘述。7世纪之后，观音即是转轮王、转轮王即是观音的观音佛王信仰受到包括中国、印度、东南亚等地区帝王的广泛推崇及运用，成为一种流行的帝王与佛教结合的教化传统。南诏毗邻东南亚诸国，自然会受到这种影响的波及。"嵯耶"之年号即想向南诏臣民表明其乃教授众生的"轨范师"，亦即阿嵯耶观音；而其自称的"摩诃罗嵯耶"一词兼具"摩诃罗嵯"与"阿嵯耶"双重含义，[3]既表明其乃佛教转轮王，又寓示其乃阿嵯耶观音。正如古正美所言："虽以观音面貌面临其子民，然其本身还是一位以佛法治国的转轮王……他还要以'阿嵯耶'或宗教师的身份领导其人民走向成佛之道，在地上建立佛国。"[4]

至于《南诏图传·文字传》中所描述的其于897年所发现阿嵯耶观音乃观音亲自显化的本尊之像，其意无非是想借此灵应再次强调"君权神授"的重要性。隆舜亲自熔金铸造阿嵯耶观音像，无非是想表明南诏朝野崇奉的阿嵯耶观音信仰，其造像风格应以王室的制式为标准（这从后来阿嵯耶观音造像的制式风格标准均完全一致即可看出），以彰显王权意志；同时，以此事呼应观音所化白衣老人亲自铸造阿嵯耶观音之事，彰显隆舜即阿嵯耶观音。而此"阿嵯耶观音"真身像的正式出现，则标志着彰显王权意志及佛

---

[1] 尤中：《南诏图卷·文字卷》，《尤中文集》卷四，第388页。
[2] 参考朴城军：《南诏大理国观音造像研究》，第68页。
[3] 参考侯冲：《南诏观音佛王信仰的确立及其影响》，《云南与巴蜀佛教研究论稿》，第26页。
[4] 古正美：《南诏、大理的佛教建国信仰》，第13页，转引自朴城军：《南诏大理国观音造像研究》，第68页。

王传统的阿嵯耶观音信仰的正式形成。这从相关文献记载亦可以得到证明。据《巍山宝志》记载，在巍山城东约三华里的东山支脉山麓上，修建有嵯耶庙，其中供奉着南诏第十二君主隆舜及他的两个妃子，和他传说中的两个儿子——白鹦太子和四郎太子两位太子。"嵯耶"庙本应供奉阿嵯耶观音，供奉的却是隆舜一家，可见南诏王室试图在民众信仰中树立隆舜即是阿嵯耶观音的观念已然成功，因此"三十六部各建庙貌肖像，以崇祀，步祷明虔，用酬大德，庙曰嵯耶，谥曰武宣，盖中心诚服而不能忘也"。嵯耶庙的设置将隆舜与阿嵯耶观音有机融为一体，既推广了佛教，又宣扬了隆舜的功德，使得其更符合阿嵯耶观音所化显的护持佛教的轨范师的仁王身份，乃至于千余年之后，百姓仍尊崇不已"迄今千有余岁，帝之声灵赫灌，无敢或射其功德，从何识矣"[①]。

综上可知，南诏时期云南地区的阿嵯耶观音信仰大致起源于825年，刚开始主要在云南西南地区的民间流传。相较于梵僧观音信仰侧重于授记建国的单一功能，此时的阿嵯耶观音信仰具备了满足百姓"消灾祈福"的现实功能。至世隆、隆舜父子在位的9世纪中后期，开始受到南诏政权的重视。尤其是隆舜时期，其自号"摩诃罗嵯耶"，以"嵯耶"纪元，隐然有以阿嵯耶观音化身自许之意，其以世隆时期攻占安南时所得到占婆造像为原型，并结合大理地区本土风格而制作出阿嵯耶观音像，成为南诏王权意志的体现，并由此建构出观音佛王之信仰。897年所谓"阿嵯耶观音真身像"的出现，标志着9世纪前期及中期一般的阿嵯耶观音信仰已正式转型成为代表王权意志的观音王佛传统的阿嵯耶观音信仰。

结语：体现出强烈民族意识的南诏观音信仰

南诏时期大理地区的观音信仰起源于南诏政权初建的7世纪中后期，在8世纪中期之前，由于南诏蒙氏政权与唐朝政府关系颇为密切，大理地区的观音信仰以汉地的观音信仰为其主流。自8世纪中期天宝之战后，南诏转而依附吐蕃，与唐朝及吐蕃之间时战时和。此后南诏政权的民族意识逐渐萌芽，为抹去其早先得唐朝支持而统一六诏的印迹，将示其政权来自君权神授的"梵僧"授记建国神话转向"梵僧观音"之信仰。梵僧观音的功德较为单一，主要即是"授记建国"，与宋代之后大理地区梵僧本土化的"观音老爹"信仰所体现出的济世利民的功能截然不同。自9世纪前期，随着南诏与唐朝关系的越发紧张，且由于南诏国力日增，其民族意识逐渐崛起，原先关于"梵僧"授记的"梵僧"有谓乃玄奘者，这种有着隐喻唐朝政权支持的建国梵僧观音之信仰已然不太合适。故自825年之后即转向了来源自吐蕃宁玛派的"阿嵯耶观音"之信仰，这种信仰最初在南诏政权的民间较为流行，其功能也具备了普遍意义上观音信仰"消灾降福"的现实效

---

① 张锦蕴：《嵯耶庙碑记》，薛琳编纂：《巍宝山志》，昆明：云南人民出版社，1989年，第201页。

用。至世隆、隆舜父子在位的 9 世纪中、后期，随着唐朝国力日渐衰颓，且此时的吐蕃也面临着分崩离析，而南诏国力则越发强盛，其民族意识越发强烈，父子二人相继自行称帝，欲与唐朝建立平等关系而不得，故欲极力摆脱受唐朝影响之历史及文化，以树立独立的民族意识。南诏文化变革中的一个重要环节即是重塑本土的佛教信仰，故流行于南诏民间的"阿嵯耶观音"信仰受到南诏政权的重视。隆舜时期，这种信仰变革获得成功，其借助佛教的佛王信仰的传统，自号"摩诃罗嵯耶"，并以"嵯耶"年号纪元，自许为阿嵯耶观音的化身；其于 897 年以占婆造像为原型并结合大理地区特色所铸造的阿嵯耶观音像成为后世此像铸造的标准模板，也意味着这种体现出王权意志的佛教观音佛王传统的阿嵯耶观音信仰正式形成。如果说 9 世纪中前期的阿嵯耶观音信仰是南诏民间自发性质的，那 9 世纪中后期的阿嵯耶观音信仰却是南诏统治者有意识地创造出来的。其所缔造出的具有强烈民族意识的文化意象阿嵯耶观音王佛之信仰，重要的目的不仅仅是为了体现王权意志，而是借助君主乃观音的化身这一形象作为凝聚整个民族的代表，树立南诏上下作为一个自主的民族主体，以独立姿态来缔造自身历史及文化的形象。从隆舜去世后，以大理地区为主要代表的南诏各地区均建"嵯耶"庙以供奉隆舜来看，南诏政权对于观音信仰的改造无疑是成功的。

参考文献

1. （宋）欧阳修、宋祁：《新唐书》，北京：中华书局，2003 年。
2. （宋）司马光：《资治通鉴》，南京：南京出版社，2018 年。
3. （清）倪蜕辑，李埏校点：《滇云历年传》，昆明：云南大学出版社，1992 年。
4. 龚吉雯：《南诏大理国时期观音造像研究》，博士学位论文，云南大学，2019 年。
5. 侯冲：《白族心史——〈白古通记〉研究》，昆明：云南民族出版社，2002 年。
6. 侯冲：《云南与巴蜀佛教研究论稿》，北京：宗教文化出版社，2006 年。
7. 李东红：《大理地区男性观音造像的演变》，《思想战线》1992 年第 6 期。
8. 蓝吉富等编：《云南大理佛教论文集》，新北：佛光文化事业有限公司，1999 年。
9. 朴城军：《南诏大理国观音造像研究》，博士学位论文，中央美术学院，2008 年。
10. 王叔武：《云南古佚书抄》（增订本），昆明：云南人民出版社，1996 年。
11. 薛琳编纂：《巍宝山志》，昆明：云南人民出版社，1989 年。
12. 徐嘉瑞：《大理古代文化史》，昆明：云南人民出版社，2005 年。
13. 尤中：《尤中文集》，昆明：云南大学出版社，2009 年。
14. 杨德聪：《"阿嵯耶"考释》，《云南文物》1995 年总第 40 期。
15. 杨延福：《南诏大理白族史论集》，昆明：云南民族出版社，2004 年。
16. 张锡禄：《大理白族佛教密宗》，昆明：云南民族出版社，1999 年。

大理观音的特征及文化价值

廖文慧 （西北大学历史学院）

【摘要】 大理观音独具特色并自成体系，不同于汉传、藏传体系的观音。大理观音身世保持男性身份，显化以"观音伏罗刹"和"观音建国"两大主题为核心，演变过程与地方历史变迁相融，供奉于村落的本主庙或土主庙中，与民众间的关系则经历了从国王的化身到家族的神圣性来源的过程。每年三月十五到二十一是大理观音特有的节庆。大理观音既吸纳印度佛教中与观音相关的经典及东南亚地区观音的造型和内涵，又吸收中国化后汉传佛教体系的观音信仰。最后，再将所吸纳的观音信仰结合本土文化及信仰需求，进行本土化改造。大理观音蕴含着"和而不同"的文化内涵，成为不同民族间交往、交流、交融的纽带。

【关键词】 佛教　大理观音　多元文明　交流互鉴

以佛教为核心的文化传播突破了地域、民族、语言的界限，以平等友好的姿态在不同地域焕发出别样的生机。在文明交往互鉴中，佛教与不同地域的文化交融互嵌，既丰富了佛教的形式，又满足了民众的信仰需求，使佛教能在不同地域得以传播。

佛教传入中国后，观音因慈悲、普度众生的特性，成为了我国最受欢迎的佛教神祇，也是佛教中国化的典型代表。我国是一个多民族共居的国度，所以观音信仰在不同的地区也焕发出不同的形态，如汉传佛教体系之内的观音信仰、藏传佛教体系内的观音信仰。我国西南边疆为多民族聚集的大理地区，其观音信仰呈现出汉传佛教、藏传佛教体系之外的信仰特征，与大理地区的历史发展深度融合，融入到大理民众的日常生活之中，成为大理地区独具特色的佛教景观和人文符号。但遗憾的是，目前大理观音的相关研究多集中于对其造像特征进行民族学、美术学角度的分析，从宗教学角度对大理观音信仰特征及内涵进行研究的成果较为少见。本文以大理观音独具特色的身世、显化、演变、道场、与民众的关系、节庆六大方面进行梳理研究，以期勾勒出大理观音自成体系的特征及其文化价值。

一、大理观音的诞生背景

从时间上来看，大理观音诞生于唐朝年间南诏王隆舜时代，这一时期恰好是地方政权南诏国不再臣属于唐王朝并摆脱吐蕃王朝的扶持而最为强盛的时代。从空间位置上来看，大理观音诞生时期南诏国的领土也步入巅峰状态，其疆域北扼吐蕃、西控缅甸、东连巴蜀，范围辽阔。大理观音就诞生于这样的背景之下。从以阿嵯耶观音为代表的大理观音造像特征上来看，其融合了周边多国的文化特征。综上所述，南诏时期的大理观音不只是一种独特的宗教信仰标志，更是那一时代文化交往、地方民族精神的体现。从现存为数不多的官修史料中能看到南诏国的文化并不是孤立和封闭的，它与同时期的吐蕃文化、汉文化、东南亚文化以及印度文化都存在广泛的交流。大理观音之上多元文化汇合的特点，体现了以观音为核心的文化交流，在南方丝绸之路的连结下穿越国际、穿越海洋到达南诏，与洱海流域内南诏国不同类型的民族文化和谐共生的独特特征，具体表现在大理观音的身世、显化、演变、道场、与民众的关系和节庆六大方面。

（一）印度观音信仰向外传播路线与总体态势

印度文化在南亚诸国有极强的影响力，其中最为典型的便是佛教在南亚诸国的传播。4世纪后，印度的大乘佛教在东南亚半岛的扶南国及群岛的阇婆国等地广为传播，且形成了一定的规模。[①] 其快速传播的原因是印度的佛教被南亚诸国的君主借用，成为统治者身份的合法性来源。在东南亚统治者的推崇下，印度宗教在海外国家得到回应，印度与南亚之间的联系更加紧密。[②] 戈岱司先生将印度文化对南亚文化的影响与辐射做了更进一步的研究，将南亚诸国运用印度的佛教信仰建国的活动称之为"印度化"。[③]

7世纪，在佛教诞生地印度本土，佛教开始向密教化阶段发展。密教观音因其护国、祈雨等文化价值的加持，很快成为了南亚沿海多国共有的信仰，并定型为政教合一的一种南海诸国通行的文化模式。新加坡学者古正美认为，这种使用观音的面貌来治理天下的政治行为是密教金刚顶派的"神我同体"信仰。密教金刚顶派起源于阿育王的转轮王治世传统，其核心是观音佛王传统，即以观音为核心的佛教信仰与政治高度结合，行政上的最高统治者同时也是宗教地位最高之人。密教金刚顶派的"神我同体"信仰的基础在东晋时代翻译的《华严经》中就已确立[④]，该信仰模式很快得到同时期南海诸国的呼应，

[①] 聂德宁：《魏晋南北朝时期中国与东南亚的佛教文化交流》，《南洋问题研究》2001年第2期，第61页。
[②] Nandana Chutiwongs, *The Iconography of Avalokitesvara in Mainland South Asia*, ph.D.Dissertation, Rijksuniversiteit, Iei den, 1984.
[③] G.Coedes, *The Indianized States of Southeast Asia*, edited by Walter F. Vella, translated by Susan Brown Cowing, Kuala Lumpur: University of Malaya press, 1968, p.175.
[④] 古正美：《从南天乌荼王进献的〈华严经〉说起——南天及南海的〈华严经〉佛王传统与密教观音佛王传统》，《佛学研究中心学报》2000年第5期，第176页。

在南海各地生根发芽，如 7 世纪僧伽罗国的国王就以观音的形象来治理国家。① 后来该信仰模式遍及马来亚都城、吴哥时期的柬埔寨、室利佛逝时期的印度尼西亚、末罗瑜等国，这类以观音为核心的文化传播也影响了唐朝时的中原，以及前弘期的西藏。这也是大理观音诞生时，印度观音信仰向外传播的路线与总体态势。

（二）大理观音诞生时南诏的地理区位

大理观音诞生时的南诏，实力不断强大。随着实力的强大，领土范围也不断扩大。《新唐书·南诏传》记载南诏"东距爨，东南属交趾，西摩伽陀，西北与吐蕃接，南女王，西南骠，北抵益州，东北际黔、巫"②。大理观音诞生时南诏的地理区位北邻吐蕃（今西藏）、西近骠国（今缅甸）、东连巴蜀（今四川），恰好是当今三大语系佛教的所在地，大理地区也成为了三大语系佛教的交汇地带。这也是大理观音能具有多元文化融合特征的重要原因。

唐朝年间南诏国时期，南诏与周边东南亚诸国、西藏、成都等地的贸易交往、文化交流主要依靠西南丝绸之路来进行。西南丝绸之路也叫茶马古道，又称"蜀—身毒道"，即蜀通往印度的道路。这条道路的起点是四川，经过南诏达缅甸后直通印度，再辗转中亚、欧洲。这也是早期我国西南地区国际交流的重要通道。

当时强大的南诏国已经将势力延伸到了伊洛瓦底江上游，并打通了经骠国到钦敦江延伸至达曼尼普尔边界的线路，进一步确保了滇缅印间道路的通畅。此外，唐宋时期还开通了"南诏北通天竺道"这一由藏南入印的通道，此条通道的大部分路线与茶马古道相重合。

多条交通路线的开拓，使得南诏与周边的往来更加密切与便利。彼此之间的文化交流也更频繁。此时，南亚地区的佛教、西藏地区的佛教、中原地区的佛教都汇入大理地区，使得多种形态的佛教在此共存。大理观音就在如此丰富的佛教资源中诞生，大理地方文献《南诏图传》中就记录了这一独特的佛教景观："大封民国圣教兴行，其来有上，或从胡、梵而至，或于蕃、汉而来。"③

（三）南诏地方政权发展轨道转型

大理观音的诞生除了由于佛教本身的传播发展以及大理处于多元文化汇合之地外，也与当时南诏地方政权发展轨道转型密切相关。目前文物资料显示，最早的大理观音出

---

① 古正美：《东南亚的"天王传统"与后赵时代的"天王传统"》，《佛学研究》1998 年第 7 期，第 304 页。
② 王忠：《新唐书南诏传笺证》，北京：中华书局，1963 年，第 10 页。
③ 899 年完成的《南诏图传》现藏于日本友邻馆，1982 年台北"故宫博物院"重刊李霖灿先生的《南诏大理国新资料的综合研究》时首次公布原色彩版《南诏画卷》。参照李霖灿：《南诏大理国新资料的综合研究》中文字卷，台北"故宫博物院"，1982 年，第 147 页。

现于南诏王隆舜时代，这个时代的南诏地方社会处于一个巨变的阶段，自称鹤拓[①]，用观音建国的方式改写唐王朝扶持下南诏逐渐壮大的史实。

唐朝年间，大理地区分布着六诏，六诏彼此之间实力相当，所以形成了相对独立稳定的局面。开元二十二年（734），唐玄宗下诏令，公开支持南诏诏主皮逻阁攻伐降蕃诸部，赐予皮逻阁"蒙归义"。《蛮书·异牟寻与唐朝誓文》说：贞元十年南诏王异牟寻与唐朝使者盟誓时，答应归唐后"尽收复铁桥为界，归汉旧疆宇"[②]。在唐王朝的扶持下，南诏一统六诏，成为了西南边疆最强大的地方势力，唐王朝也用扶持南诏的方式来遏制吐蕃的势力。随着南诏政权的日益强大，唐王朝派往南诏的节度使日益嚣张，南诏与唐王朝之间友好的关系破裂，地方政权南诏国与唐王朝之间爆发了天宝战争。在天宝战争中，南诏与吐蕃合力，于天宝十一年（752），取得与唐王朝天宝战争的胜利。天宝战争胜利后，阁罗凤受吐蕃册封为"赞普钟（钟意为弟）南国大诏，赐为兄弟之国，又授阁罗凤子凤迦异为大瑟瑟告身都知兵马大将，南诏朝中大小官吏，均获吐蕃封赏"[③]，南诏遂以改年为赞普钟元年。但发展到后期，吐蕃与南诏间的关系逐渐疏离。大历十四年（779）九月，南诏王异牟寻继位，此时，吐蕃改封异牟寻为日东王，南诏与吐蕃之间的关系从兄弟之邦降为藩属之国。

即使南诏与唐朝的关系破裂，与吐蕃的关系疏远，但其实力仍不断增强。对内需要一种能与唐王朝、吐蕃王朝抗衡的文化力量，对外又处于多元文化交往的十字路口。在这种需求的催生下，吸纳了周边各地的文化，诞生了以梵僧观音、阿嵯耶观音为代表的大理观音。大理观音自诞生起就与南诏建国密不可分，这种特有的南诏建国叙事方式改写了之前在唐王朝扶持下南诏逐渐壮大的史实。

大理观音诞生于南诏王隆舜时期，在南诏王隆舜的父亲世隆时期，面对唐王朝的态度就已经开始发生转变，"恚朝廷不吊恤；又诏书乃赐故王。以草具进使者而遣。遂僭称皇帝，建元建极，自号大礼国"[④]。世隆改王称皇帝，改元建极，自号大礼，从此变化中，能感受到南诏与唐王朝的交往已不复当初。隆舜继位后，对佛教极为虔诚，《僰古通纪浅述·蒙氏世家谱》载："辛亥年（唐昭宗大顺二年，891），以黄金八百两铸文殊、普贤二像，敬于崇圣寺。以鄯郸（阐）为东京，以杨口为西京（即大理）。蒲蛮（今布朗族先民）火头塑主像，敬于巍山石洞，立生祠以祭之。曰：我百姓家宁，时世太平，不动刀兵，主之力也。主忻，用金铸观音一百八像，散诸里巷，律各敬之。"[⑤] 这位对佛

[①] 王忠：《新唐书南诏传笺证》，第1页。
[②] （唐）樊绰撰，向达校注：《蛮书校注》卷一〇，北京：中华书局，2018年，第265页。
[③] 南诏德化碑收入汪宁生编：《云南考古（增订本）》，昆明：云南人民出版社，1992年，第157页。
[④] 王忠：《新唐书南诏传笺证》，第83页。
[⑤] 尤中编：《僰古通纪浅述校注》，昆明：云南人民出版社，1989年，第81页。

教极为虔诚的南诏王,开始称南诏为大封民国,自称鹤拓,[①]与唐王朝的交往中,开始称弟不称臣,"骠信已遣人自西川入唐,与唐约为兄弟,不则舅甥。夫兄弟舅甥,书币而已,何表、贡之有?"[②]南诏王隆舜的诸多行为都显示了其与中原文化的疏离,南诏政权发展轨道的转型,以此借用佛教不断对自己进行新的包装。早期贵霜王就曾用"摩诃罗嵯"作为自己的转轮王号,而南诏王隆舜在此时自号为"摩诃罗嵯耶",并改年号嵯耶,铸造了大理地区所特有的阿嵯耶观音。[③]

二、大理观音的特征

大理观音的诞生是多元文明交流互鉴的结果。大理观音的诞生与大理所处三大语系佛教交汇地带、周边地区观音信仰的盛行,以及和地方政权深度呼应密切相关。最初大理观音被包装为建国观音信仰,这种南诏时期的信仰模式延续到了后来的大理国时期。随着历史的发展,观音建国信仰成为大理地区民众共有的历史记忆。最终,大理观音在地方社会的建构中深度参与,呈现出独具特色的特征。

从其身世上看,大理观音[④]并未与汉传观音一样经历从男身到女身的演变过程,而是依旧保持着男性身份。从其显化上看,大理观音并未像汉传观音一样拥有"三十三身",其显化主要集中于以"观音伏罗刹"和"观音建国"两大主题为核心的显化传说中。从观音的演变过程来看,并未像汉传观音一样与儒、道两种信仰杂糅,而是与大理地方历史变迁相融合。从其供奉的场所上来看,汉传佛教的观音有普陀山、南海等观音专门的道场,或是供奉于寺院中,而大理观音则多供奉于村落的本主庙或土主庙内。从与民众间的关系上来看,汉传观音是作为神圣对象被民众所祭拜,而大理观音则经历了国王的化身到家族的神圣性来源这样的变迁过程。从与观音相关的节庆来看,汉传观音在二月十九、六月十九、九月十九举行观音法会,而大理地区则是在三月十五到二十一举行观音街(也称三月街)。

(一)大理观音的身世

观音的身世具体指的是观音成道前的经历。在印度佛教中,观音的身世与古印度的

---

① 王忠:《新唐书南诏传笺证》,第1页。
② 王叔武:《云南古佚书钞》,昆明:云南人民出版社,1996年,第39—40页。
③ 《僰古通纪》载:"主为世子时,好田猎,至巍山,遇一老人,告曰:'世子能造观音像否?如造,声名所及,无不臣服。'曰:'能之、若造,须如来之像方可。'乃以兼金铸阿嵯耶观音。至是,远见巍山巅有白气,使李姿奴往,挖得铜钟一,重三百两,阿嵯耶观音一位,自号摩诃罗嵯耶。"(尤中编:《僰古通纪浅述校注》,第81页)
④ 大理地区是白、汉、彝、回等多民族共居之地。当下,大理地区既有汉传佛教体系下的观音信仰,也有大理地区特有的大理观音。本文讨论的便是南诏时期诞生,并一直延续至今,为大理地区所独有的自成体系的大理观音。

文化传统——轮回、多世，以及南亚大陆的神话传说相结合，共有七种身世。[①]在印度佛教中，观音的七种身世都为男性身份，其描述的重点是观音得道后的无边法力，着重强调观音在佛国世界的神圣性。当印度佛教传入中国后，将中国的文化传统与民众的信仰需求深度融合，佛教开始中国化。从两宋开始，观音在中国经历了从男身到女身的重大转型。[②]后随文学作品的渲染，观音三公主的传说广为流传[③]，中国观音身世描绘的重点是其得道之前的艰辛曲折。

大理观音的身世既吸纳印度佛教的特征，又结合佛教中国化后观音信仰中的中国文化传统，并融入大理地区的文化特色。关于大理观音的来历，地方史料《南诏图传》所录中兴皇帝敕文称："敕遣慈双宇李行将兵五十骑往看寻觅，乃得阿嵯耶观音圣像矣。此圣像即前老人所铸也。并得忙灵所打鼓呈示摩诃，摩诃倾心敬仰，镕真金而再铸之。敕大封民国圣教兴行，其来有上，或从胡、梵而至，或于蕃、汉而来"[④]，突出了大理地区所处的多元文化的交界地带，所以大理观音呈现多元文化汇合的特点。大理观音最初在大理地区传法，是以男身梵僧的形象进行的。与中国人受儒家文化影响而形成的文化心理所一致，最初以梵僧形象在大理传法的大理观音经历了各种磨难，《白国因由》载观音在大理云龙传法时，"遂呼众用棍棒追赶，将近而不得，遽近之，而棍棒不能及老人身上……遂将火缚于棍棒之上烧之，而火不能烧老人，反为自烧。众仍复举火又要去烧，则见老人已隔河而不能近矣"[⑤]。观音在大理西南传法时，再次经历了当地土著的奚落，"众白夷大怒，着力攒砍，又将老人砍死，又恐复生，仍取火将老人烧为灰烬，入于竹筒中，掷在大江心"[⑥]。最终，大理观音用其慈悲的特性及无边的神力，征服了大理地区的民众，使大理地区成为了妙香佛国。

大理观音随大理地区的历史发展而演化，经历了南诏时期的梵僧观音、阿嵯耶观音，大理国时期的易长观音到延续至今的观音老爹，一直是男身观音的形象，并未与中原汉地一样经历由男到女的转化。同时，与印度观音身世类似，有强烈的传说色彩。其经历的曲折传法过程，又与中国文化的传统心理"天将降大任于斯人也，必先苦其心志，劳其筋骨，饿其体肤"一致。大理观音的身世体现了中华文化大一统背景下，对周边文化的吸纳，以及其民族特性。

---

① 李利安：《中印佛教观音身世信仰的主要内容和区别》，《中华文化论坛》1996年第4期，第82—85页。
② 于君芳：《观音——菩萨的中国化演变》，北京：商务印书馆，2012年。
③ 如宋代朱弁《曲洧旧闻》、祖琇《隆兴编年通论》、管道升《观世音菩萨传略》等著作都对观音的身世进行渲染。
④ 李霖灿：《南诏大理国新资料的综合研究》中文字卷，第147页。
⑤ （清）寂裕：《白国因由》，方国瑜主编：《云南史料丛刊（卷一一）》，昆明：云南大学出版社，2001年，第171页。
⑥ （清）寂裕：《白国因由》，方国瑜主编：《云南史料丛刊（卷一一）》，第173页。

（二）大理观音的显化

观音因其慈悲的特性，而救度世间的众人。通过其无边神力，展现出庄严法相，而使苦难的众生脱离苦海。这是印度佛教体系中观音显化的核心，也是中原、西藏、大理等地区观音显化的内核。

在印度佛教体系中，观音的显化以佛教的宗教教义和宗教修持为核心。[①]集中体现为以《妙法莲华经·观世音菩萨普门品》为代表的三十三种显现[②]，而《华严宗》中，不止局限于三十三种显现，而是以各种各样的身份随机应化来救度众生。中国汉地的观音信仰吸纳了印度佛教中观音显化的精髓及基本原理，但其显化的范围与我国传统文化和实际情况所结合，观音在我国的显化呈现出了更丰富、更多变的形态。以不同的容貌、性别、形象、职业分布于中国的各个地区，在传说故事与文学小说的推动下，成为了我国所特有的三十三观音。

大理观音显化的基础是观音慈悲救世的特性，结合大理地区的历史发展与地方民族的信仰需求，诞生了独具特色的显化方式。大理观音的显化集中在以"观音伏罗刹"和"观音建国"两大主题为核心的显化传说中，观音伏罗刹的形成与大理地区所处的地理位置和观音早期在印度的救难职责密不可分；观音建国信仰则与当时大理地区的历史发展和南诏大理国时期统治者的信仰需要深度呼应。后在历史发展中，地方精英又将这两大主题的显化传说塑造为民族记忆以此维系其旧有的贵族身份，得以延续至今。

大理观音显化主题之一"观音伏罗刹"与早期观音在印度的救度密切相关。

罗刹在早期印度与观音相关的传说中常共同出现，表现为观音救度"黑风海难"和"罗刹鬼难"。这与印度东南毗邻大海的地理位置相关。而大理地区，因洱海与苍山十八溪带来的丰沛水源也使得水患时常发生，这也是罗刹故事在大理地区在地化的地理原因。在"观音伏罗刹"的显化中，大理观音化为老人，以其超人的智慧和无边的法力，制伏了地方恶霸罗刹，使大理坝子得以和谐安宁。[③]往后大理地区的传说叙事中，观音都显化为各种形象治理地方水患，并制伏恶霸罗刹。如明景泰元年（1450）《重修圣元西山碑记》载："按郡志：贞观癸丑，圆通大士开化大理，降伏魑魅，凿天桥，泄洱水，以妥民居。"[④]观音伏罗刹时，出力协助的张敬被观音奉为宾居大王，也称为"漏沟之神"，掌管地方水利。[⑤]大理观音伏罗刹的显化，随历史的发展还体现为与地方本土宗教本主教结合，如观音制伏罗刹后封海神姑娘为洱海新君主等。

[①] 李利安：《观音信仰的中国化》，《山东大学学报》（哲学社会科学版）2006年第4期，第65页。
[②] （姚秦）鸠摩罗什译：《妙法莲华经·观世音菩萨普门品》，《大正藏》第9册，第57页上—中。
[③] （明）谢肇淛：《滇略卷十·杂略》，方国瑜主编：《云南史料丛刊（卷六）》，第788页。
[④] 大理市文化丛书编辑委员会：《大理市古碑存文录》，昆明：云南民族出版社，1996年，第144页。
[⑤] （清）周钺纂修：《（雍正）宾川州志》，大理白族自治州文化局，1984年，第98页。

大理观音显化的另一主题"观音建国",其诞生的背景与当时大理所处的地理位置北扼吐蕃、西控缅甸、东连巴蜀密切关联。同时期,南诏与唐王朝之间的关系破裂,地方统治者的自我意识膨胀,多个原因导向以观音显化并点化南诏王细奴逻建立南诏的方式[①]改写了在唐王朝扶持下南诏得以建立壮大的历史史实。大理观音点化地方政权的统治者的显化方式,自南诏国开始,在大理国国王段思平时得以延续。[②]经历史的变迁,当地方政权不存后,观音建国的显化方式成为了大理地区民众共有的历史记忆,并在地方精英的书写中,作为地方历史保留延续至今。不但作为大理观音特有的显化方式,还是大理地区独特的历史书写方式。

大理观音的两大显化方式,一是大理观音建国,最初作为地方政权合法性来源,后成为大理地区民众的集体记忆;二是观音伏罗刹,治理地方水患。这两种独具特色的显化方式,恪守佛教教义,将观音慈悲救度的特征与大理地方社会的历史演进、地理环境相连,既丰富了我国观音显化的组成体系,又构成了地方社会特有的民间传说,使大理观音特有的显化方式在历史的演变中得以延续。

(三) 大理观音的演变

观音在印度佛教体系中随佛教的发展而演变,密教是印度佛教的最后一个形态,观音信仰在印度也随佛教的密教化而走向密教观音的演化。印度本土的密教观音主要为《不空罥索神变真言经》卷九《广大解脱曼拏罗品》所述方界坛场内院中的不空罥索观世音菩萨、白衣观世音菩萨、多罗菩萨、观自在菩萨、大梵天相观世音菩萨,以及方界坛场次院中的马头观世音菩萨、千手千眼观世音菩萨、如意轮观世音菩萨、青颈观世音菩萨、十一面观世音菩萨等。《补陀落海会轨》中除《不空罥索神变真言经》中提及的上述密教观音外,还有第一院息灾法中的毗俱胝观音、忿怒钩观音、不空观音、一髻罗叉观音等几种形态为代表,印度观音的演变也随印度佛教的发展,从显教走向密教化。

观音信仰在中原汉地呈现出与印度观音演化不同的形态,中原汉地的观音演化与中国传统文化中的儒、道思想杂糅,具体体现为送子观音所呈现出的儒家子嗣观念,观音作为玉皇大帝的手下一员[③]呈现出的道教神灵观念对于观音信仰的吸纳、接受与改造。中原汉地观音的演变以印度观音信仰为基础,又结合中国的文化传统与民众的信仰需求,演化为具有中国特色的观音信仰。

---

① 观音点化细奴逻建立南诏的记载最早见于《南诏图传》文字卷,参照李霖灿:《南诏大理国新资料的综合研究》中文字卷图片,第140—146页;点校参照侯冲:《白族心史》,昆明:云南民族出版社,2002年,第201—204页。
② 《董氏宗谱记碑》载:"次日,观音大士现长者身,引途进敌,杨诏败奔,思平即位。"碑立于清光绪二十一年(1895),原在鹤庆县太平村董氏宗祠,现存县文化馆。刊于张树芳、赵润琴、田怀清编:《大理丛书·金石篇(卷三)》,昆明:云南民族出版社,2010年,第1575页。
③ 赵望秦、贾二强校注:《三教源流搜神大全》卷四,西安:三秦出版社,1989年,第94页。

大理观音的演变则与地方历史发展紧密结合，并未与中原汉地一样与儒、道思想杂糅，而是随地方社会的历史发展不断演化，最终与大理地区的本土宗教所交融，呈现出大理地区所特有的多种宗教并存的和谐形态。大理观音最初以点化地方统治者的形态出现，赐予地方政权合法性，以观音建国的方式从南诏时期延续至大理国时期，是地方权力体系的重要组成部分。元朝开始，大理地区正式纳入中原王朝的统一管辖，地方政权不存后，大理观音并没有随之消失，而是在明清中央王朝、地方遗民、地方精英、地方僧侣的共同塑造下得以延续。观音建国传统成为了地方民众所共同认可的地方历史，随中央王朝对边疆治理的深入，大理观音整合了地方社会，成为解决地方遗民、知识精英身份冲突的历史记忆与文化符号。大理观音的演变随地方历史的发展而自成体系，从南诏时期点化细奴逻建立南诏的梵僧观音，到后来阿嵯耶观音成为地方政权合法性的来源延续到大理国时期，再到后理国时期，与国王合一的易长观音。当地方政权不存后，大理观音的建国叙事及男身形象得以保留，并与本土宗教结合，以观音老爹的形态出现于大理地区白族村落的本主庙中或是彝族村落的土主庙中，成为西南边疆少数民族聚集地的一道独特的文化景观。

（四）大理观音的道场

观音的道场在印度佛教体系中就已经多次论述。《华严经·诸菩萨住处品》直接谈到了"菩萨住处"，明确指出各大菩萨之道场，《入法界品》中又记载了观音的道场"补怛洛迦山"。《八十华严》载："于此南方有山，名补怛洛迦。彼有菩萨，名观自在……海上有山多圣贤，众宝所成极清净，华果树林皆遍满，泉流池沼悉具足。"[①]由此表明在印度佛教中，观音修行的道场在南方，名为补怛洛迦。唐玄奘《大唐西域记》对观音住地"布呾洛迦"有详细记载："国南滨海，有秣剌耶山，崇崖峻岭，洞谷深涧。其中则有白檀香树……秣剌耶山东有布呾洛迦山，山径危险，岩谷敧倾。山顶有池，其水澄镜，流出大河，周流绕山二十匝，入南海。池侧有石天宫，观自在菩萨往来游舍。"[②]观音道场在中原汉地，最初以观音寺、观音庵等方式延续，到明清之际，观音道场成为了中原佛教发展的主要特色。因为佛教在印度本土走向衰落并逐渐消失，没有新的佛教经典传入中国，所以中国也对观音道场进行大胆改造，形成了以浙江梅岑山为代表的观音道场，实现了观音道场的中国化。

大理观音的道场与印度、中原汉地的道场都存在明显区别，而与大理当地的本土宗教相融合，在大理地区白族与彝族的不同民族间呈现出类似的形态，但在具体的称呼上又有细微的差别。大理观音的道场在白族村落中，多与大理地区的本土宗教本主教相

---

① （唐）实叉难陀译：《大方广佛华严经》卷六八，《大正藏》第10册，第366页下。
② （唐）玄奘、辩机著，季羡林等校注：《大唐西域记校注》卷一〇，北京：中华书局，2000年，第859、861页。

融合，大理观音被供奉于村落的本主庙之中。大理的本主信仰体系庞大，涉及的神灵众多，与地方民众的生活息息相关，基本上每个白族村落都有属于自己村落的本主与本主庙，村落的历史一般与本主神相结合；本主庙是村落历史的展现，也是村民日常活动的中心。本主信仰是白族文化的典型体现。大理观音将白族的本主庙作为道场，主要有三种形式。第一种是大理观音直接作为本主，被供奉在村落的本主庙中，大理观音由此拥有佛教神祇与大理白族本主的双重身份。第二种，村落的本主是受大理观音点化，观音在本主庙中被供奉在中心位置，本主作为配神在观音旁。第三种，也是最为普遍的一种形态，观音作为配神供奉在本主庙中。在大理地区，除了白族外，彝族也修建土主庙或观音庙供奉观音。彝族所供奉的大理观音，其造像多为观音老爹的形态，与白族所不同的是，在祭祀的贡品上，彝族的大理观音是食荤的。

大理观音的道场体现了多元文化并存的大理地区多种形态的宗教模式在各个民族之间和谐共存的文化景观。

（五）大理观音与民众关系

在佛教体系中，观音所处的地位仅次于佛。观音已可成佛，但因其慈悲为普度众生而不愿成佛。所以在汉传佛教体系中，观音具有被民众祭拜的崇高地位，信众在危难之时，可以获得观音的救度。汉传佛教体系下民众对观音的祭拜与修持主要有两种形式：第一种是对观音所具有的无边法力的崇信，第二种是为得到观音的神力加持而进行的论证以及根据这种论证而提出的修道体系。[①]

大理观音与民众之间的关系则有所不同，这其中的区别与大理地区的历史发展密不可分。大理观音与民众间的关系经历了从统治者与被统治者到大理观音承载着民众的集体记忆，以及最终代表地方民众家族身份的神圣性的过程。大理观音与地方民众之间的关系处于不断变动的过程。在宋朝年间的大理国时期，大理国第十七代国王段正（政）兴[②]（又名易长），在位期间铸造了易长观音，[③] 形成了一种"神我同体"的观音形象。此时，在大理地方社会，观音与民众之间是地方统治者与被统治民众的关系。后来，大理地区正式纳入中原王朝的管辖，地方政权不存后，观音成为了地方民众共有的集体记忆。观音建国、观音伏罗刹等观音的演变被大理本土地方知识精英作为地方传统及历史，用极其隐晦的方式编写为适应中原王朝的文献，以《僰古通纪》《南诏野史》《白国因由》为

[①] 李利安：《中国观音文化基本结构解析》，《哲学研究》2000年第4期，第48页。
[②] 胡蔚本《南诏野史》载："正兴又名易长伪谥景宗正康皇帝。正兴，南宋高宗丁卯绍兴十七年即位。明年，改元永贞，又改元大宝、龙兴、盛明、建德……孝宗壬辰干道八年……正兴禅位为僧，在位二十五年，子兴智立。"[（明）倪辑辑，（清）王崧校理，（清）胡蔚增订，木芹会证：《南诏野史会证》，昆明：云南人民出版社，1990年，第283页。]
[③] 《张胜温梵画卷》第100开中（图二），有提名为"易长观世音菩萨"的观音像。《张胜温梵画卷》又称《宋时大理国描工张胜温画梵像》，绘于1180年，现收藏于台北"故宫博物院"。

典型。随着历史的发展,当大理观音与地方本土宗教本主教深度融合后,大理观音成为地方民众家族身份的神圣性来源。以大理州宾川县的葀村为例,其本主杨干贞曾在大理地方社会短暂建立过存在了九年的名为"大义宁国"的地方政权[1],该村落的民众认为其本主杨干贞是因观音的点化才得以建立这个地方政权的,而作为被观音点化过的杨干贞的后人,村落内的民众身份也具有神圣性。

从大理观音与民众之间的关系能看出,大理观音与汉传佛教体系中的观音具有显著区别。汉传佛教的观音与民众之间突出的是其宗教性,观音对民众心理的抚慰等特点,而大理观音与民众的关系则体现出大理观音与地方历史发展深度融合,大理地方民众随历史发展的需要而对大理观音进行大胆的改造,最终成为记载着大理地区文化变迁的标识。

(六)大理观音的节庆

在我国的佛教系统中,每年农历的二月十九、六月十九、九月十九是观音重要的三个会期,到这三个会期时,寺院会举办重大的仪式与相关活动,民众、信徒也会前往参与。在我国的民间传说中,这三个日子是观音最重要的三个阶段:二月十九是观音的诞辰日,六月十九是观音的得道日,九月十九则是观音挂缨络日。

而大理观音的重要节庆[2],则是在每年农历三月十五到三月二十二这七天之间,大理当地人称之为观音街,也叫做三月街。三月街的缘起,地方史料《白国因由》载:"观音令婆罗部十七人以白音口授之,不久皆熟。自是转相传授,上村下营,善男信女,朔望会集,于三月十五日在榆城西搭蓬礼拜方广经……后人于此交易,传为祭观音街,即今之三月街也。"[3]相传,大理三月街缘起于唐朝年间观音每年三月十五在大理城西讲经,后随着听经的人数不断增加,三月街的内容也不断丰富。延续至今,三月街已成为了东南亚地区重要的贸易交流枢纽。观音讲经举行三月街的那条街道,也被称为观音街。三月街更成为了大理地区白族民众的民族节,体现出观音信仰在大理地区的发展与地方民族的生活深度呼应。大理观音逐渐发展成为大理地区民族符号之一。

---

[1] 《白族简史》载:天成二年(927),权臣剑川节度使杨干贞利用人民的不满情绪,杀死第三王郑隆亶,灭了"大长和国",扶持清平官赵善政,建立了"大天兴国"。十月后,杨干贞废赵善政而自立为王,改称"大义宁国"。(《白族简史》编写组:《白族简史》,昆明:云南人民出版社,1988年,第97—98页)

[2] 明、清时期,大量汉族移民进入云南地区,所以汉传佛教体系的观音信仰也在大理地区流传。二月十九、六月十九、九月十九,大理地区汉传佛教寺院中也会有相应法会,但本文讨论的是大理地区所特有的自成体系的观音信仰。

[3] (清)寂裕:《白国因由》,《南诏大理历史文化丛书(第一辑)》,成都:巴蜀书社,1998年,第17—21页。

三、大理观音的文化价值

大理观音以印度观音信仰为基础，吸纳中原汉传佛教体系的观音信仰，结合大理地区的本土特色、民族文化以及民众的信仰需求，形成了自成体系的大理观音信仰，表现在大理观音的身世、显化、演变、道场、与民众关系和节庆六大方面；并随着历史发展与地方文化深度融合，成为了西南边疆多民族聚集地独具特色的文化符号。大理观音成为各民族间交往、交流、交融的纽带，对中华民族共同体的建设具有推动作用。

（一）大理观音蕴含着"和而不同"的文化内涵

大理的地理位置处于多种佛教文化的交界地带，所以从大理观音中也能看到多种文化交流互鉴的结果。大理观音既吸纳印度佛教中与观音相关的经典及传统，东南亚地区观音的造型和内涵，又吸收中国化后汉传佛教体系的观音信仰。然后，再将所吸纳的观音信仰结合本土文化及信仰需求，进行本土化改造，呈现出"和而不同"的文化内涵。

大理观音对印度佛教体系、汉传佛教体系的观音信仰进行吸纳，具体体现为以下三个方面：第一，体现在大理观音的身世上。大理观音延续了印度佛教体系中观音的男性身份。传教过程又吸纳了汉传佛教体系中儒家文化影响下的观音身世，磨炼心智才可抵达成功，然后将其中所涉及的地点与大理地方社会结合。第二，体现在大理观音的显化之上。其显化的基础是观音慈悲救度的特性，这是印度佛教、汉传佛教、藏传佛教观音信仰的核心所在。大理观音继承观音慈悲救度的特性后，根据地方社会的自然环境、信仰需求呈现出大理地区独有的特点。第三，体现在大理观音的演化上。大理观音与印度佛教体系的观音信仰、汉传佛教体系的观音信仰一致，其观音演化处于一个不断丰富与变化的过程中。

大理观音以观音慈悲救度的特性为基础，对印度佛教体系、汉传佛教体系的观音信仰进行吸纳后，又结合本民族特色，进行了大胆的丰富与创造。其独创性体现于大理观音的道场、与地方民众的关系以及相关的节庆三个方面。第一，大理观音道场，并非供奉于佛教寺院之中，而是与大理本土民族信仰及民族文化融合，在白族与彝族间，诞生出不同的样貌，大理观音供奉于白族的本主庙与彝族的土主庙中。第二，大理观音与地方民众的关系独具特色，这种随历史发展而演变的神人关系为大理地区所特有。从宋朝大理国时期，与大理国王同名的易长观音，到明朝年间，大理观音成为地方民众共有的记忆，再到当下，大理观音与本土地方宗教深度融合，成为了地方民众家族身份的神圣性来源。第三，是每年农历三月十五到三月二十二，因大理观音讲经而产生的大理地区所独有的节庆三月街。

大理观音这种和而不同的文化内涵也体现了佛教文化在传播过程中的主要特征。佛教文化在不同的地域、不同民族间传播的过程中，是以平等、友好、和平的姿态来进行的，在以佛教为核心的交流、交往中实现不同文化的交融。

（二）大理观音成为各民族交往交流交融的纽带

从独特的大理观音中能看到位于多种文化交汇地带的大理地区对周边文化的吸纳，大理观音是文明交流互鉴中交融与发展的结果。大理观音既有本民族文化的特征，又吸纳了印度佛教体系中的观音信仰，以及中原汉传佛教体系中的中国化观音信仰，最终成为大理地区的白族、彝族、汉族等多种民族共同信仰的对象。大理观音在彝族、白族之间相同的叙述促进了两个民族的交融，以大理观音为核心的仪式活动由大理地区的各个民族共同参与，促进了西南边疆少数民族地区中华民族共同体的形成。

观音信仰实现了跨地域、跨民族的传播，在少数民族众多的大理地区生根发芽并焕发出新的生机，成为了多民族共同信仰的一种社会文化现象，是多民族多元文化间和谐互融、共同发展的典型案例，对当下边疆少数民族地区的交往、交融具有借鉴意义。大理观音也成为了各民族间交往、交流、交融的纽带。

参考文献

1.（姚秦）鸠摩罗什译：《妙法莲华经》，《大正藏》第9册。

2.（唐）实叉难陀译：《大方广佛华严经》，《大正藏》第10册。

3.（唐）玄奘、辩机著，季羡林等校注：《大唐西域记校注》，北京：中华书局，2000年。

4.（唐）樊绰撰，向达校注：《蛮书校注》，北京：中华书局，2018年。

5.《白族简史》编写组：《白族简史》，昆明：云南人民出版社，1988年。

6.古正美：《从南天乌荼王进献的〈华严经〉说起——南天及南海的〈华严经〉佛王传统与密教观音佛王传统》，《佛学研究中心学报》2000年第5期。

7.古正美：《东南亚的"天王传统"与后赵时代的"天王传统"》，《佛学研究》1998年第7期。

8.李利安：《中印佛教观音身世信仰的主要内容和区别》，《中华文化论坛》1996年第4期。

9.李利安：《观音信仰的中国化》，《山东大学学报》（哲学社会科学版）2006年第4期。

10.李利安：《中国观音文化基本结构解析》，《哲学研究》2000年第4期。

11.聂德宁：《魏晋南北朝时期中国与东南亚的佛教文化交流》，《南洋问题研究》2001年第2期。

12. 汪宁生编：《云南考古（增订本）》，昆明：云南人民出版社，1992 年。

13. 王忠：《新唐书南诏传笺证》，北京：中华书局，1963 年。

14. 王叔武：《云南古佚书钞》，昆明：云南人民出版社，1996 年。

15. 尤中编：《僰古通纪浅述校注》，昆明：云南人民出版社，1989 年。

16. 于君芳：《观音——菩萨的中国化演变》，北京：商务印书馆，2012 年。

17. 赵望秦、贾二强校注：《三教源流搜神大全》，西安：三秦出版社，1989 年。

18. Nandana Chutiwongs, *The Iconography of Avalokitesvara in Mainland South Asia*, ph.D.Dissertation, Rijksuniversiteit, Iei den, 1984.

19. G.Coedes, *The Indianized States of Southeast Asia*, edited by Walter F. Vella, translated by Susan Brown Cowing, Kuala Lumpur: University of Malaya press, 1968.

佛教中国化研究

人文宗教与弥勒信仰中国化的形成：以"正月初一"弥勒诞辰日为中心的讨论

刘锦程　（中央民族大学哲学与宗教学学院）

【摘要】 "正月初一"是中国的农历新年，也是布袋和尚的诞辰，后世逐渐演化为弥勒圣诞。在印度佛教传统中，弥勒没有所谓的诞日；在佛教传入中国的过程中，弥勒的诞日从"四月初八"逐渐过渡到"正月初一"。这个文化习俗的形成是印度佛教与中国文化碰撞的产物：弥勒与农历新年具有共通的文化属性，它们都具有重此世、轻彼岸、积极乐观的人文内涵。对弥勒圣诞的历史演变和文化意义的梳理，有利于理解弥勒中国化进程，也为理解中国人文宗教的特征提供有益帮助。

【关键词】 弥勒信仰　布袋和尚　诞辰日　人文宗教

引　论

于中国佛教史而言，弥勒信仰是一个重要的信仰分支。其原因在于，弥勒信仰是佛教中国化的代表性产物，具有浓厚的人文宗教属性。唐宋之际，佛教与儒家、道家（道教）综合融会，逐渐形成了儒释道"三教合流""三教合一"的历史潮流。而在明清之际，"三教合一"思潮成为知识领域的主流，佛与儒道两家思想之间不仅有了深层次的交流，而且产生了许多富有价值的文化命题与文化现象，至今仍影响着中国知识领域。值得注意的是，三教之间的会通为中国民间宗教、民间风俗也平添异彩。由印度传来的佛教不再作为中国文化的"异端"，而是成为了中国文化的重要组成部分，比如弥勒信仰在中国扎根，产生了上生、下生、化生等宗教观念与信仰形式，衍生出礼拜、忏悔、念诵等宗教修行方式，极大程度上丰富了中国民间信仰及风俗习惯。可以说，弥勒信仰是佛教与中国文化交流碰撞的产物，它不仅促使中国宗教生态更加丰富，而且为中华民族文化精神的形成和发展提供了有力的保证。

弥勒信仰及其中国化是一个动态发展的、具有地域特征的历史进程。在印度佛教中，弥勒信仰和弥勒净土信仰是两个不同范畴的文化体系。有学者指出，印度的弥勒信仰经历了三个阶段：第一阶段是未来佛形态的弥勒，它是传承释迦教法的菩萨；第二个阶段是弥勒下生信仰，因大众对弥勒成佛的期待，产生了弥勒下生的观念及其信仰体系；第三个阶段是弥勒上生信仰，因弥勒正处于补处菩萨之位，大众对其的皈敬之心产生了上生兜率的观念，故形成了上生信仰。[①] 简言之，弥勒信仰由最初形态的弥勒信仰和净土形态的弥勒信仰构成，后者又包括上生信仰和下生信仰。

一般认为，弥勒是大小乘共同信奉、崇拜的对象。[②]原始佛教时期的《长阿含经》《中阿含经》《增一阿含经》以及一些早期大乘经典中都有弥勒其人其事的记载。弥勒最初是历史上真实的人物，他曾跟随婆罗门师波婆离学习，后随释迦出家修行。后来，弥勒的形象逐渐被理想化，出现了未来佛形象的弥勒。在经典中，释迦向其弟子弥勒授记，称他将于未来成佛："未来久远人寿八万岁时，当有佛，名弥勒如来……"[③] 释迦对弟子们说，弥勒将于久远劫后成佛，并赠给他金缕衣，表明这一授记的可靠性。释迦授记不仅表明弥勒对释迦教法的继承，而且赋予了弥勒未来佛的身份，使得弥勒从凡夫形象转变为具有神话色彩的未来佛形象。弥勒未来佛形象也出现在《中阿含经》中，这里的弥勒已经是释迦身边的菩萨，向佛请教菩萨行法并引发了佛为其授记。尽管这些经典中已经出现了未来佛形象，但弥勒未来佛身份的正式确立见于《弥勒下生经》。经中记载，在久远劫以后，弥勒将降生于婆罗门家，其面貌是三十二相、八十种好，周身大放光明的佛形象。长大后，弥勒仿效释迦牟尼出家学道的过程，也将于菩提树下证得佛果。值得注意的是，弥勒来到此世界教化众生时，人间的模样已经不同于释迦佛时期的"五浊恶世"形象，那时的人间几乎等同于天堂乐园、佛国净土，如《佛说弥勒下生经》载：

> 尔时阎浮地东西南北千万由旬，诸山河石壁皆自消灭，四大海水各减一万。时阎浮地极为平整，如镜清明。举阎浮地内谷食丰贱，人民炽盛，多诸珍宝。诸村落相近，鸡鸣相接。是时，弊华果树枯竭，秽恶亦自消灭；其于甘美果树、香气殊好者皆生于地。尔时，时气和适四时顺节，人身之中无有百八之患：贪欲、瞋恚、愚痴、不大殷勤。人心均平，皆同一意，相见欢悦，善言相向。[④]

当弥勒下生人间成佛时，人间的面貌已经不同于今日：在自然环境方面，海域面积减少，陆地面积增加；土地平整、丰沃，花果繁茂，气候适宜；四时和顺，五谷丰登，人们生活快意畅然，不用遭受苦难、灾害等烦恼的侵袭。在社会活动方面，人们相互尊

---

① 王雪梅：《弥勒信仰研究》，上海：上海古籍出版社，2016年，第35页。
② 日本学者松元文三郎在《弥勒净土论》中否认了弥勒信仰与小乘佛教之间的关系，他认为目前小乘教典中出现的弥勒形象均受到了大乘佛教的影响。对这一观点，我国学者曹晓虎、王雪梅都有过相关的梳理和讨论，驳斥了松元的观点，论据清晰、条理分明，具有说服力。
③ （东晋）僧伽提婆译：《中阿含经》卷一三，《大正藏》第1册，第510页中。
④ （西晋）竺法护译：《佛说弥勒下生经》，《大正藏》第14册，第421页上—中。

重、友爱,彼此之间没有防戒之心,夜不闭户、路不拾遗;臣民关系也极为融洽,没有刀兵、水火等劫难,转轮圣王不以武力便可一统天下。在个人生活方面,每个人的欲望较低,精神上也没有什么烦恼逼迫,内心喜悦;财富自由,大小便时土地自然打开,完成后土地自然关闭。经中的记载进一步强化了弥勒信仰的神秘色彩,为弥勒净土信仰的产生提供了文献基础。

弥勒下生信仰建立后,由于受到大乘佛教思潮和印度生天观念的影响,弥勒信仰又产生了上生一系。2至3世纪,《弥勒上生经》广泛传播,丰富了弥勒的信仰方式和修行方式,也使得弥勒上生信仰正式确立。至此,印度弥勒信仰达到了完善的阶段,标志着弥勒信仰将从未来佛形态转变为上生和下生并存的弥勒净土形态。

中国对弥勒信仰的接纳始于西晋,兴盛于南北朝时期。据记载,十六国时期就出现了弥勒造像,"苻坚遣使送外国金倚像,高七尺,又金坐像、结珠弥勒像、金缕绣像、织成像各一张"。[①] 这段引文是弥勒造像在中国传播的最早文献记录,它指出,中国早期的弥勒造像由外国传入并在中国得到了一定范围内的传播。据此推测,弥勒造像的传入应该比这一时期更早,但由于普通民众对弥勒信仰的观念尚未形成,也就无法准确记载弥勒造像传入的最早时间。从译经方面看,中国最早出现弥勒形象的佛经为汉安世高译《大乘方等要慧经》,般若系经典《道行般若经》(卷五)、《放光般若经》(卷一一)都有弥勒形象的记载,[②] 但它们没有涉及弥勒净土信仰,只是把弥勒作为探讨般若学的"配角"。也就是说,汉魏之际我国的弥勒净土信仰尚未展开,没有形成弥勒上生或下生的观念,弥勒形象自身并未成为关注对象。西晋竺法护翻译了一些弥勒信仰的经典,这才让弥勒信仰进入到公众的视野中。而道安及其弟子们发愿往生兜率天的行为,标志着中国弥勒净土信仰的兴盛。《高僧传·道安传》记载:"安每与弟子法遇等,于弥勒前立誓,愿生兜率。"《昙戒传》中补充道:"弟子智生侍疾,问何不愿生安养,诫曰:'吾与和上等八人,同愿生兜率。和上及道愿等皆已往生,吾未得去,是故有愿耳。'言毕,即有光照于身,容貌更悦,遂奄尔迁化,春秋七十,仍葬安公墓右。"道安的友人竺僧辅也说:"辅与释道安等隐于濩泽,研精辩析,洞尽幽微。后憩荆州上明寺,单蔬自节,礼忏翘勤,誓生兜率,仰瞻慈氏。"[③] 从上述记载可知,道安和弟子、友人多以往生弥勒净土、面见弥勒本尊为修行主旨和归宿。由于道安是东晋时期极有影响力的一位僧团领袖,在他身边应该还有一大批以往生弥勒净土为志向的修行群体,由此形成了弥勒上生信仰的兴盛期。

东晋以后,弥勒信仰开始流行起来,从知识精英到普通民众都不同程度地信奉弥勒。对知识精英而言,口诵心念弥勒圣号,死后求生弥勒兜率天是为了探寻佛法义理,

---

[①] (梁)慧皎:《高僧传》卷五,《大正藏》第50册,第352页中。
[②] 周绍良:《弥勒信仰在佛教初入中国的阶段和其造像意义》,《世界宗教研究》1990年第2期。
[③] (梁)慧皎:《高僧传》卷五,《大正藏》第50册,第353页中、356页中、355页中。

解答心中的疑惑。道安弟子僧叡说："先匠所以辍章遐慨思决言于弥勒者，良在此也。"①僧叡指出，道安等人之所以要求生弥勒净土，就是要为平日里思考的教理教义寻求正确的解答。上生兜率面见弥勒后，既解决了思想中的疑问，又为自己所理解的教理寻求证明。道安在《僧伽罗刹经序》描绘了僧伽罗刹往生至弥勒净土并与弥勒对谈请教的场景："寻升兜术，与弥勒大士高谈。彼宫将补佛处贤劫第八。"②在《婆须蜜集序》中，道安还想象出弥勒及其后补者（弥妬路、弥妬路刀利及僧迦罗刹）相谈甚欢的场景："兹四大士集乎一堂，对扬权智，贤圣默然，洋洋盈耳，不亦乐乎。"③对普通民众而言，弥勒信仰能够带来身心上的安宁，生活的富足，于是出现了大量的弥勒礼赞文和弥勒塑像。④江南地区则出现了一些弥勒相关的诗文作品，如宋明帝的《龙华誓愿文》、齐萧子良的《龙华会记》、齐周颙的《京师诸道造弥勒像三会记》等，可见这一时期弥勒信仰的流行程度。隋唐之际，弥勒信仰在造像、经典传播方面曾得到统治阶层的扶持，也保持着兴盛的发展态势。但由于弥勒信仰常常与民众的反抗暴力活动联系在一起，统治阶层在镇压这些暴力活动时也牵连到弥勒信仰，导致弥勒信仰的发展趋势不如唐初。佛教内部弥陀净土的兴起也吸引了不少民众，分散了弥勒信仰的部分信众。⑤在这些因素叠加下，弥勒信仰呈现出衰微态势，不再成为后世净土宗的主要信仰类型。

尽管弥勒信仰在隋唐之后不再成为净土宗的主流，但它却又走向了另外的发展方向。有学者指出，隋唐之后的弥勒信仰朝向民俗化和民间化的方向发展：就前者而言，衍生出了布袋和尚的弥勒化身信仰；就后者而言，弥勒与民间秘密宗教相结合，产生了弥勒教、白莲教等秘密宗教，成为社会动乱时期改旗易帜的精神象征。⑥从某种程度上看，隋唐以降弥勒信仰并未衰微，而是走向了另外的发展模式——它在走向民间的过程中完成了自身中国化的历史进程，现在供奉于各个寺院天王殿的布袋和尚像以及"正月初一"的圣诞日习俗便是弥勒信仰中国化的成果，这也是本文所要关注的主要内容。以布袋和尚为标志的弥勒化身信仰是极具中国化特征的。从某种程度上说，布袋和尚与弥勒信仰之间的张力构成了解释中国人文宗教的基本线索。是以，布袋和尚"正月初一"诞日的确立，对于本文观察并讨论诸多问题提供了独特的视角。比如，在弥勒信仰中国化的过程中，佛教与中国民间社会发生了哪些积极的互动？怎么看待弥勒形象的新转变、新形态和新特征？由此如何理解中国人文宗教？等等。

---

① （梁）僧祐：《出三藏记集》卷八，《大正藏》第55册，第5页上。
② （梁）僧祐：《出三藏记集》卷一〇，《大正藏》第55册，第71页中。
③ （梁）僧祐：《出三藏记集》卷一〇，《大正藏》第55册，第71页下。
④ 日本学者佐藤智永在《北朝造像铭考》中统计了中国的石窟及传世金铜像的类别与数字，指出释迦牟尼像178尊、观世音像171尊、弥勒像150尊、阿弥陀佛像（无量寿佛像）33尊，弥勒像仅次于释迦和观音，表明了这一时期弥勒信仰在民众中广泛流传。
⑤ 华方田：《隋朝的弥勒信仰》，何劲松主编：《布袋和尚与弥勒文化》，北京：宗教文化出版社，2003年，第143页。
⑥ 王雪梅：《弥勒信仰研究》，第229页。

一、布袋和尚诞辰日的背景和来源

下面笔者将具体分析布袋和尚诞辰日这一习俗的背景和来源。

首先必须指出的是，布袋和尚诞辰日这一习俗是在弥勒信仰中国化的背景下形成的，布袋和尚形象是弥勒信仰的一部分。在印度佛教中，弥勒的形象通常是菩萨像或佛像，并没有出现居士或僧众的形象。古印度的佛教造像兴起于犍陀罗地区，其艺术特征是"佛像造型朴素，身着僧衣，而菩萨造型则有如贵族，华美雍容。其头上束发，身上饰有项圈、臂钏、腕镯等等璎珞珠宝，布帛绕体，形容庄严"[1]。弥勒造像是犍陀罗地区极具代表性的佛像，它们数量众多且造像精美，手持净瓶是这一时期弥勒造像的主要特征之一。犍陀罗佛像也曾传入中国，目前保存在日本京都藤井有邻馆的一尊弥勒造像，被认为是中国最早的弥勒造像。该造像就表现出浓厚的犍陀罗艺术风格，头部装饰和面部表情都是中亚人的形象特征。我国现存魏晋时期的石窟、壁画及出土文物也展现出这一时期弥勒形象的主要特征：交脚坐姿与头戴宝冠的菩萨形象。[2] 同时，在新疆拜城的克孜尔石窟中，保存着很多以弥勒兜率天宫说法为主题的壁画，表现的内容和《弥勒上生经》中的记载类似。[3]《弥勒上生经》记载，弥勒在成佛降生人间之前，将有很长的时间居于兜率内院，其身份是"候补佛"，形象是菩萨像。经中记载：佛告优波离："谛听谛听，善思念之。如来、应、正遍知，今于此众说弥勒菩萨摩诃萨阿耨多罗三藐三菩提记。此人从今十二年后命终，必得往生兜率陀天上。尔时兜率陀天上，有五百万亿天子，一一天子皆修甚深檀波罗蜜，为供养一生补处菩萨故，以天福力造作宫殿，各各脱身栴檀摩尼宝冠。"[4] 这里指出，弥勒在上生至兜率天宫时为"一生补处菩萨"，将于后世下生人间之际才能成佛。由此推断，菩萨形象的弥勒造像与上生信仰的广泛传播具有共时性，这意味着中国早期弥勒信仰以菩萨形象的弥勒为对象，以上生兜率为修行目标。在北魏之后，菩萨形态的弥勒造像数量锐减，逐渐被佛形象的弥勒造像取代，这表明弥勒信仰形态开始发生了转变，即从上生信仰逐渐转变为下生信仰。在《下生经》的记载中，弥勒不再是居于兜率天宫的补处菩萨，而是将于人间诞生的未来佛。据此，佛陀形态的弥勒造像应该与下生信仰关系密切。在考古文物方面，四川成都出土了南齐永明八年（490）的弥勒造像，"正面为弥勒佛，背面为交脚弥勒菩萨，坐在屋形龛内，表现的是弥勒菩萨在兜率天敷演众释的形象"。[5] 有学者指出，这种佛、菩萨形象相结合的造像是弥勒上生信仰和下生信仰相结合的产物，表现出这一时期弥勒两种信仰共存的状态。

---

[1] 张总：《弥勒造像形态探胜》，《布袋和尚与弥勒文化》，第100页。
[2] 赵超：《略谈中国佛教造像中弥勒形象的演变》，《中国历史文物》1993年第2期。
[3] 干树德：《弥勒信仰与弥勒造像的演变》，《宗教学研究》1992年第2期。
[4] （刘宋）沮渠京声译：《佛说观弥勒菩萨上生兜率天经》，《大正藏》第14册，第418页下。
[5] 赵超：《略谈中国佛教造像中弥勒形象的演变》，《中国历史文物》1993年第2期。

隋唐之后，弥勒下生信仰得到广泛的传播，这一点可以在弥勒经变画图中得到证实。比如敦煌莫高窟中保存有弥勒下生、弥勒得道、弥勒说法的壁画，其中也有对弥勒下生时周遭环境的描绘。同时，这一时期雕刻的众多大型石雕佛像，均为弥勒坐像，即弥勒下生说法的形象，体现出弥勒下生信仰的鲜明特征。唐中后期，弥勒造像有所减少，菩萨形态的弥勒像基本绝迹，佛形态的弥勒像逐渐与释迦、阿弥陀像趋同，仅有少部分的区别。受到布袋和尚为弥勒化身之说的影响，在五代之后，弥勒造像又发生了极大的转变，不再以菩萨、佛形象为原型，而是以布袋和尚为原型，产生了大肚弥勒像。宋代《鸡肋编》载："昔四明有异僧……今世遂塑画其像为弥勒菩萨以事之。"① 根据上述记载，以布袋和尚为原型的大肚弥勒像的出现时间不晚于北宋，这意味着，弥勒信仰在唐宋之际就基本完成了中国化转型，完全融入到了中国文化之中。

非常值得注意的是，弥勒化身的说法首先见于梁武帝时期的傅翕，其次才是五代时期的布袋和尚。他们两个人都具有神话色彩，处世怪诞，言语行为颇难揣测。但他们都乐于助人，常常使用神通、异迹救人于危难之际，言谈话语之间能够显露机锋，融佛学义理于伦常日用之间，因此，历代神异录和僧人传记中都有他们的记载。傅翕和契此在临终之前，通过各种方式暗示自己与弥勒之间的关系，故被大众视为弥勒化身。尽管印度佛教的弥勒信仰中并没有类似的记载或传说，但这种信仰形式依然可以视为弥勒信仰的一个分支，或者说是具有中华民族特色的弥勒信仰。无论是否可以证实傅大士、布袋和尚为弥勒化身的说法，仅从他们宣称自己为弥勒化身的言辞就可以看到，他们与弥勒信仰之间具有必然的关联性。因此，对布袋和尚及其诞日的研究应该建立在弥勒信仰中国化的背景下，也就是将布袋和尚置于弥勒信仰发展及其演变的历史过程中，才能够理解布袋和尚所具有的象征意义。

同时也应该看到，布袋和尚诞辰日的产生还要从弥勒信仰中国化的角度寻找根源，也就是说，布袋和尚形象本身就是弥勒信仰中国化的集中表现。布袋和尚是真实存在的历史人物，在很多佛教文献中都有他的记载和介绍。目前可见最早的文献记载是《宋高僧传》，其中记载称：

> 释契此者，不详氏族，或云四明人也。形裁腲脮，蹙頞皤腹，言语无恒，寝卧随处。常以杖荷布囊入廛肆，见物则乞，至于醯酱鱼菹，才接入口，分少许入囊，号为长汀子布袋师也。曾于雪中卧，而身上无雪，人以此奇之。有偈云"弥勒真弥勒，时人皆不识"等句，人言慈氏垂迹也。又于大桥上立，或问："和尚在此何为？"曰："我在此觅人。"常就人乞啜，其店则物售。袋囊中皆百一供身具也。示人吉凶，必现相表兆。亢阳，即曳高齿木屐，市桥上竖膝而眠；水潦，则系湿草屦。人以此

---

① （宋）庄绰撰，萧鲁阳点校：《鸡肋编》，北京：中华书局，1983年，第52页。

验知。以天复中终于奉川，乡邑共埋之。后有他州见此公，亦荷布袋行。江浙之间多图画其像焉。①

这段材料有三个方面值得注意。首先，介绍了布袋和尚的外貌特征和生平经历。布袋和尚名为"契此"，是四明人，身材肥胖，大腹便便；言语无常，居无定所；衣衫不整，身上常挂有一个布袋，无论别人给他什么东西，都随手装在布袋中，人们形象地给他起了"布袋和尚"的外号。不过，这里没有详细记载布袋和尚的圆寂时间，只说在天复（901—903）年间命终于奉川。宋道原《景德传灯录》、元昙噩《布袋和尚传》和明广如《布袋和尚后序》都说他在五代后梁贞明三年（917）于奉化岳林寺东廊下去世，如《景德传灯录》记载了他示寂的时间和过程："梁贞明三年丙子三月师将示灭，于岳林寺东廊下端坐磐石。而说偈曰……偈毕安然而化。"②志磐《佛祖统纪》卷四二记载他死于贞明二年（916）。对布袋和尚出生年月的记载更为有限，据《佛祖统纪》载："师昔游闽中，有陈居士者，供奉甚勤。问师年几，曰：我此布袋与虚空齐年。又问其故。曰：我姓李，二月八日生。"③按照这一说法，布袋和尚的诞日应该是二月初八，但联系上下文语境，这段材料的记载很可能是布袋和尚的禅语机锋，也许是为了破除众生的分别心与执着心而展开的教化，因而二月初八生日的真实性也就值得怀疑；与此同时，其他文献的记载也没有更有力的说明，寺院的风俗习惯中只以"正月初一"为布袋和尚（弥勒）生日，可见二月初八的说法非常值得怀疑，故本文仍采用"正月初一"为布袋和尚（弥勒）诞辰日的通俗做法。

其次，对布袋和尚的最早记载也体现出他自身的神异色彩及其与禅宗的关联。布袋和尚是个有传奇色彩的人物，无论是他那能装一切的布袋子，还是他对天气阴晴、人世吉凶的预示，都显示出他具有超自然的神通力量。布袋和尚也是一个禅僧，正如杨曾文指出的那样——从契此的偈颂、语录、诗文中都看到了"即心是佛"和"平常心是道"的禅宗色彩。④除了布袋和尚本人所具有的禅学倾向，历代的文献记载也强化了他的禅宗属性。布袋和尚的生平事迹大多数被保留在禅宗文献中，《五灯会元》更是把"明州布袋和尚"列在了"六祖下五世"条目下的"西天东土应化圣贤"一栏中，构建出布袋和尚与禅宗六祖之间的法脉传承关系。这种做法既肯定了契此的禅学成就，又表明契此已经被禅宗正统法系所接纳，成为中国禅宗的代表人物。宋代以后的禅宗典籍对布袋和尚事迹的记述越来越丰富，越来越详细，很多禅师将布袋和尚作为教化、教学的题材之一，无不表明布袋和尚在中国佛教，尤其在禅宗中的影响程度。

---

① （宋）赞宁：《宋高僧传》卷二一，《大正藏》第50册，第848页中。
② （宋）道原：《景德传灯录》卷二七，《大正藏》第51册，第434页中。
③ （宋）志磐：《佛祖统纪》卷四二，《大正藏》第49册，第390页下。
④ 杨曾文：《弥勒信仰的民族化——布袋和尚》，《布袋和尚与弥勒文化》，第68页。

再次,《宋高僧传》的记载揭示出布袋和尚和弥勒之间的关系,指出布袋和尚是弥勒的化身,为后来弥勒化身信仰的展开提供了理论依据。据《宋高僧传》记载,"弥勒真弥勒,时人皆不识"的偈语被时人看作为弥勒化身的依据①,但这里保存的偈语并不完整。《景德传灯录》以及之后的文献对这首偈语的记载更为完整,不仅从上面的两句变为"弥勒真弥勒,分身千百亿;时时示时人,时人自不识"四句②,而且指出了这首偈语是布袋和尚临终示寂前向世人亮明身份的标志。从字面上看,这首偈语只提到弥勒有无数化身,这些弥勒化身就在世人身边,它们常常向世人表明自己的身份,但大家都没有留心,不认得这些弥勒化身。如果单凭这首偈语,可能也不太能看出布袋和尚与弥勒之间的关系。但通过《景德传灯录》对这首偈语的描写和渲染,则肯定了布袋和尚为弥勒化身的论断。在此基础上,出现了《宋高僧传》和《景德传灯录》所载"江浙之间多图画其像焉"③、"于是四众竞图其像"的情形④,即南方地区的信众们大多自发绘制布袋弥勒画像,从而取代了佛菩萨形象的弥勒画像。这意味着,在禅宗典籍的影响下,民众普遍将布袋和尚看作是弥勒化身,甚至把它当作弥勒佛本尊。有研究指出,从北宋开始,出现了一批布袋弥勒像,如目前保存最早的北宋崔白《布袋图》,苏轼所作的《应身弥勒图》等。元代以后,布袋弥勒像的数量更是急剧增加,并且向东亚地区传播开来。⑤可见,布袋和尚传记及偈颂、语录的记载是促使弥勒化身说法产生的文献依据,也是布袋弥勒形象向民间展开的重要基础。

另外,中国"正月初一"的传统习俗也是构成布袋和尚诞辰日观念的主要背景和根本来源。"正月初一"是中国古代新年,它又被称为元旦、岁首、正朔、正旦等,传统历法将它看作一年的开端。"正月初一"的"正月"是一个极具政治色彩的文化符号。从夏、商、周三代到秦汉之际,每个王权建立的同时都要制定出一套新的历法,即"制礼作乐",借此为自己的王权统治做出合理性解释。如《尚书大传》记载道:"夏以孟春月为正,殷以季冬月为正,周以仲冬月为正。"⑥上古三代王权均以不同的月份作为新年的伊始,从而显示出各自不同的政权特征和社会秩序。我们现今所使用的农历历法是夏历,以一月为正月。

"正月初一"是一个富有文化象征性的节日。孔子在《论语》中,推荐使用夏历(正月初一)作为治理国家的基础,朱熹对此解释称:"取其时之正与其令之善。"⑦这就是说,孔子认为用"正月初一"作为一年的开端是符合自然时令的。《史记》有谓"正月

---

① (宋)赞宁:《宋高僧传》卷二一,《大正藏》第 50 册,第 848 页中。
② (宋)道原:《景德传灯录》卷二七,《大正藏》第 51 册,第 434 页中。
③ (宋)赞宁:《宋高僧传》卷二一,《大正藏》第 50 册,第 848 页中。
④ (宋)道原:《景德传灯录》卷二七,《大正藏》第 51 册,第 434 页中。
⑤ 刘桂荣:《禅宗"布袋"形象的哲学溯源及其美学蕴涵》,《西北大学学报》(哲学社会科学版)2013 年第 5 期。
⑥ (汉)伏胜撰,(汉)郑玄注,(清)陈寿祺辑校:《尚书大传》卷三,北京:中华书局,1985 年,第 126 页。
⑦ (宋)朱熹:《四书章句集注》,北京:中华书局,2016 年,第 165 页。

旦，王者岁首"，"正月初一"代表着政治变革，每当政权发生变动之际，改旗易帜都是以"正月初一"为重要的时间标志。董仲舒《春秋繁露·三代改制质文》中指出，君主必须在正月"改正朔，易服色，制礼乐"[①]，表明自己上承天命，具有一统天下的权威。"正月初一"就成为新旧政权交替的节点，既是对过去旧政权的变革，又是对未来新时代的开创。不过，对国家政权而言，"正月初一"代表政权的交替；对普通大众而言，"正月初一"是辞旧迎新的重要节日。辛亥革命后，中国改用公历纪年，以公历元月一日为新年节日，以夏历正月初一为农历新年，即春节。由此，"正月初一"的政治属性逐渐被节日风俗所取代。

总之，布袋和尚诞辰日确立的背景及其来源是在印度弥勒信仰和中国传统民俗的基础上创造出来的，具有印度佛教文化和中国传统文化的双重属性。对于布袋和尚诞辰日这一习俗而言，它并不是印度佛教和中国佛教任何一方所独有的，而是在中印思想结合的基础上创造性开展的，并且极大丰富了中印佛教各自的精神世界。相对而言，中国佛教、中国民间风俗的影响更为浓厚，尤其对"正月初一"这一风俗习惯的把握，体现出中国人时节风俗的节律特征。至于印度佛教中的弥勒信仰，它更注重宗教教理教义方面的把握，具有浓厚的宗教属性。事实证明，纯粹强调印度弥勒信仰的原生性或中国佛教的特殊性都不恰当。印度弥勒信仰的确在隋唐之际走向衰微，甚至被弥陀净土所取代；布袋和尚诞辰日的风俗又不完全是中国文化的产物，它由印度弥勒信仰转变而来，极大程度上继承了印度弥勒信仰的核心观念与教理教义。正是在两种文化的交融、交织中，布袋和尚信仰及其诞辰日习俗得到了确立。可见，印度佛教与中国佛教之间的张力在布袋和尚诞辰日的风俗习惯中得到了整合与提升。

二、布袋和尚诞辰日的文化内涵

从佛教中国化的角度来看，布袋和尚诞辰日的确立是非常具有独创性的。那么，布袋和尚诞辰日的观念有哪些方面的内涵呢？具体而言，可以从下面五个层次理解。

第一，布袋和尚诞辰日的确立是弥勒信仰与中国传统民俗有机结合的产物，缺少其中任何一种要素都不能构成这一节日风俗。一方面，布袋和尚形象是弥勒信仰中国化的产物。根据元代《定应大师布袋和尚传》的记载，泉州莆田县令王仁熙，曾得到契此和尚手写"弥勒真弥勒"偈语一份，其背面写有"不得状吾相，此即是真"九字[②]，这暗示着布袋和尚就是弥勒化身，彼时大众皆称："至是乃知师是弥勒佛也。"[③]弥勒信仰是布袋

---

① 苏舆撰，钟哲点校：《春秋繁露义证》，北京：中华书局，1992年，第185页。
② （元）昙噩：《定应大师布袋和尚传》卷一，《卍续藏》第86册，第44页上。
③ （元）昙噩：《定应大师布袋和尚传》卷一，《卍续藏》第86册，第44页上。

和尚形象产生的根源,如果没有弥勒信仰传入中国,大众也不会有弥勒化身的观念,布袋和尚可能会以另外的形式出现,但绝不可能与弥勒关联起来。另一方面,中国传统民俗的节庆礼仪是影响弥勒信仰的另一要素。"正月初一"诞辰的节日观念是中国民俗的产物,脱离中国社会就不可能形成这一风俗习惯。印度佛教典籍中没有记载弥勒的生卒年月,寺院也没有举行弥勒诞辰的仪式庆典活动,只有在中国民俗文化的语境下,才可以产生布袋和尚诞辰日的观念。如圣凯法师说:"在中国流传的一些佛菩萨的圣诞日是根据中国的高僧大德的生日来计算的……正月初一日是布袋和尚契此的诞日,而布袋和尚是弥勒菩萨的化身,所以就以这一天为弥勒菩萨的诞日。"① 只有在弥勒信仰与中国民俗相结合的基础上,弥勒信仰广泛的传播开来,布袋和尚诞辰日才可以产生应有的社会影响力。对弥勒信仰和中国民俗而言,两者缺一不可,它们只有在互相配合、综合融贯的基础上,才能够相得益彰,促使弥勒信仰被中国大众所接受。

第二,单纯强调弥勒信仰与中国民俗两个要素的任何一方都是存在弊病的,仅重视原生形态的弥勒信仰并不能演变出布袋和尚诞辰日。比如中国早期弥勒信仰的社会影响主要局限在知识精英阶层,在民众中的影响力要弱一些。正如徐文明指出的那样,弥勒上生信仰需要高深的修为才可以被理解,一般的信众对此只能望而却步,产生不了亲近感和归属感,这使得弥勒上生信仰在中国思想领域只能兴盛一时,未能持久。徐文明也指出,弥勒净土信仰的式微并不代表弥勒信仰的衰微,弥勒信仰从上层僧众阶层转入到民间信仰后反而让民众产生了极大的兴趣。② 可见,未经中国化的弥勒信仰并不能受到中国民众的追捧,也就不能在中国社会中扎根。只有迎合中国民众心理的布袋和尚形象的出现,才能够让弥勒信仰为中国民众所接纳,成为中国文化的重要组成部分。当然,我们也应该看到,如果没有弥勒信仰的传入,"正月初一"就只是中国民俗节日中的新年,不能同佛教产生联系,也就失去了这个节日更为丰富的佛教文化内涵。

第三,布袋和尚诞辰日着重从民俗的角度理解弥勒信仰的文化内涵,扭转了隋唐之际弥勒信仰的颓势。从魏晋时期开始,弥勒下生信仰逐渐与中国民间宗教相结合,成为煽动农民起义、造反的主要依托。最早以弥勒名号发动暴乱的是北魏法庆,天监十四年(515)法庆以"新佛出世"的名义煽动群众起义:

> 六月,魏冀州沙门法庆以妖幻惑众,与勃海人李归伯作乱,推法庆为主。……贼众益盛,所在毁寺舍,斩僧尼,烧经像,云"新佛出世,除去众魔"。秋,七月,丁未,诏假右光禄大夫元遥征北大将军以讨之。③

这场运动虽以失败告终,但法庆却开启了以弥勒下生名号发动反叛活动的先河。以

---

① 圣凯:《中国汉传佛教礼仪》(增订版),北京:商务印书馆,2020年,第60页。
② 徐文明:《弥勒形象的定型与中国人的民族性格》,《布袋和尚与弥勒文化》,第155页。
③ (宋)司马光:《资治通鉴》卷一四八,北京:中华书局,1956年,第4615—4616页。

隋朝为例，在它仅仅三十多年的历史中，以弥勒名义发动的造反就多达三次；唐代也有类似的事件发生。这时，弥勒下生信仰已经逐渐走向异化，变成了统治阶层的极大威胁。究其原因，弥勒自身的双重身份、下世救生的情怀迎合了历史动荡时期的民众心理。[①]不过，弥勒信仰与政治过于密切的关联决定了它终将被统治阶层遗弃。《资治通鉴》卷二一一记载，开元二年七月唐玄宗发布政令，禁止官员与道士、僧人往来。随后，唐玄宗于开元三年发布了《禁断妖讹等敕》：

> 敕：释氏汲引，本归正法；仁王护持，先去邪道。……比有白衣长发，假托弥勒下生，因为妖讹，广集徒侣，称解禅观，妄说灾祥。或别作小经，诈云佛说；或辄蓄弟子，号为和尚；多不婚娶，眩惑闾阎；触类实繁，蠹政为甚。……自今以后，宜加捉搦。[②]

很明显，唐玄宗发布的政令针对的是假托弥勒信仰而开展暴乱的民间宗教组织，并非打击正规的弥勒信仰活动。但弥勒信仰与民间信仰之间的密切联系，难免会波及到弥勒信仰自身，从而削弱了弥勒信仰的势力范围。正如唐长孺先生所说："我们认为弥勒造像渐衰于北朝末期而罕见于唐代，禁止弥勒教派至少是一个重要原因。"[③]在官府的大力整顿下，弥勒信仰同弥勒教一起呈现出式微趋势。

政治上的影响让弥勒信仰处在进退两难的位置上。唐中后期，弥勒信仰已经不能成为社会的主流。而五代时期出现的布袋和尚，不仅扭转了弥勒信仰的窘迫局面，而且让弥勒信仰从政治层面转向民俗层面，打开了弥勒信仰中国化的新路径。从弥勒到布袋和尚，形象上的转变带来了文化内涵上的转变：布袋和尚是一个典型的游方禅僧，他居于下层平民中间，又富有神异色彩，能够受到民众的拥护；对官方来说，布袋和尚不露锋芒、处事中庸的性格不会构成政权上的威胁，受到了统治者的喜爱，宋代便授予他"定应大师"的称号。之后，布袋和尚的塑像逐渐替代了佛菩萨形态的弥勒像，在汉地寺院中广泛传播起来。可以说，布袋和尚与民间文化的结合，有助于扭转弥勒信仰的颓势，促使弥勒信仰的再次兴盛。这种从民俗角度寻求弥勒信仰转型的方式找到了佛教中国化的可行路径，值得我们深入反思。

第四，非常有必要指出的是，布袋和尚诞辰日的确立具有深刻的宗教学意义，它继承并发展了弥勒信仰的思想内涵，也暗合了"正月初一"的文化内涵；同时，基于弥勒信仰还创建出一套仪轨系统。印度弥勒信仰的发展经历了未来佛信仰形态、上生信仰形态和下生信仰形态三个阶段，后两种形态建立在未来佛形态基础上，并由它转化出来。

---

① 戴继诚：《弥勒信仰与中国民众的反叛运动》，《青海社会科学》2009年第1期。
② （宋）宋敏求编：《唐大诏令集》，北京：商务印书馆，1950年，第588页。
③ 唐长孺：《北朝的弥勒信仰及其衰落》，《魏晋南北朝史论丛续编·魏晋南北朝史论拾遗》，北京：中华书局，2011年，第206页。

可以说，未来佛形态的弥勒信仰是最为本初的形态，其思想内涵也具有原生性。[①] 就未来佛形态的弥勒信仰而言，弥勒是释迦的继承人，将于未来成佛，通过"龙华三会"的方式度化众生，使大众得到精神上的解脱。无论是上生信仰还是下生信仰以及布袋和尚信仰，都离不开这一本初思想。也就是说，弥勒信仰的最初目标在于人间理想生活的实现，弥勒代表着美好、幸福、解脱苦难的意义，"未来佛"的身份则代表了时代与世界的"新生"，正如印顺指出的："因为弥勒菩萨下生成佛，有二种好处：一、弥勒下生成佛时候的世界，和我们现在所住的五浊恶世不同，那时候的世界是清净幸福的。依据经文所说，那时世界和平，人口众多，财富无量，没有苦痛与困难，真是快乐极了。所以佛弟子希望弥勒早早下生到这个世界来，大家好同享和平自由的幸福。二、弥勒菩萨下生成佛，佛法昌隆，所谓龙华三会，有众多众生发出离心了生死，众多众生发菩提心志愿成佛。从世间方面看，那时的世界是繁荣幸福的；从佛法方面看，是充满了真理与自由的。必须这两方面具足，才可称为快乐幸福的世界。如佛法昌隆，而世人却生活在苦痛之中，这当然是不够圆满的。如世界繁荣，而没有佛法，如天上一样，大家不向上求进步了生死、成佛，那也是不够理想的。弥勒菩萨降生的世界，这两个问题同时解决。世界既安乐幸福，人们也知道依佛法了生死，发菩提心。这是太好了！"[②] 从布袋和尚的有关传记中可以发现，布袋和尚也传承了弥勒信仰的这一观念：一方面，布袋和尚常常为大众解脱苦难，改变人们的身心苦恼，赋予人们永恒的希望；另一方面，布袋和尚也随缘度众，灵活运用方便善巧、禅语机锋在日常生活中开显佛法的真谛。可以说，布袋和尚的行状同弥勒并无二般，既要满足众生物质层面的需求，又在心灵上教化众生，帮助他们摆脱无明烦恼的侵袭。

同时，将"正月初一"确立为布袋和尚诞辰，符合中国文化语境下"正月初一"的文化内涵。"正月初一"是整个汉民族最为盛大的节日，它代表了新旧时节的交替，是一年中最具希望的时间节点，正如大众编纂的对联中所言"除旧布新，明知往者非来者；掀天揭地，始信今人胜古人"[③]，这意味着，在传统文化语境下，"正月初一"的"新"都指向了中国文化"生生不息"的生命哲学。

"生生"是儒释道三家生命哲学的核心要义。《周易》有言："天地之大德曰生"，"生生之谓易"[④]。"生生"的观念就是创造性，天地始终处于永恒的创造性活动中。星辰斗转、寒来暑往，天地之运动从没有停歇之时，人类活动也要仿效天地运动的自然规律，保持生命的创造力，时时刻刻以"新生"为目标归宿。生命要实现"新生"，就要向内、

[①] 王雪梅：《弥勒信仰研究》，第 205—206 页。
[②] 印顺：《南无当来下生弥勒佛》，张曼涛主编：《现代佛教学术丛刊（69）·弥勒净土与菩萨行研究》，台北：大乘文化出版社，1979 年，第 77—78 页。
[③] 李金龙主编：《北京民俗文化考（下）》，北京：北京邮电大学出版社，2017 年，第 695 页。
[④] （春秋）孔子：《周易·系辞上》，北京：中华书局，2016 年，第 6 页。

向外双向开拓：向内开拓就是要学习圣人的德行，"圣希天，贤希圣，士希贤"，时时更新自己的生命境界，将自己的生命境界与天地之道保持一致；向外开拓就是要充分利用外在的物质资源，努力创新，开辟新世界，塑造出一个人类文明的新高度。创造、新生乃儒家"生生"哲学的题中应有之义。老庄哲学虽不多言"生生"，但它也具有"生生"的品格。"道生一，一生二，二生三，三生万物"①，天地产生的根源在于道的运行，万物不是由造物主主观创造，而是自然运动的结果。《庄子·大宗师》言："夫道有情有信，无为无形；可传而不可受，可得而不可见；自本自根，未有天地，自古以固存；神鬼神帝，生天生地。"②具有本体论意义的"道"是万物存在的根源，天地万物都由它生成。道家虽不重视"生生"，但它强调"道法自然"。自然是一个不断发展变化的动态过程，人也应该以自然为遵循，处在大化流行的状态中。佛教重视解脱，它追求的是生命的寂灭和轮回的跳脱。当它传入中国后，与中国固有文化相结合，形成了中国大乘佛教。与原始佛教相比，中国大乘佛教更重视此世的解脱，追求"常乐我净"的最高境界。对于处在苦痛烦恼的现实人生来说，终极的涅槃是生命的"新生"，是对现实生命的彻底颠覆和完全转化。近现代佛教重视"人间净土"的创造，这一思想的终极目的是将现实世界彻底净化，实现人间净土的转型。可见，儒释道三教都以"生生"作为立论的哲学基础，重视现实世界的新生与创造。方东美说："它（指中国哲学）肯定天道之创造力充塞宇宙，而人道之生命力禀含辟弘，妙契宇宙创进的历程，所以两者足以合德并进，圆融无间。"③在这个意义上，由"正月初一"具有的文化属性上反观布袋和尚诞辰的确立，不难看到它们两者之间的共通性：无论是弥勒未来佛身份，还是上生、下生信仰形态，它都可以被理解成生命自我更新的文化符号。如方立天指出，弥勒信仰和释迦信仰分别代表了被统治者和统治者的利益和愿望，前者具有"破旧立新"的功能和意义，从而使得弥勒成为下层民众的象征性偶像。④也就是说，弥勒既是宗教学意义的释迦继任者、新佛、度化众生的亲教师，又是施乐、赐福的神明，它象征着人们对未来世界、当下生活的美好期望。这种象征性也是"正月初一"民俗节日的文化内涵。

  正如钱寅所指出的，将弥勒圣诞安排在"正月初一"这个日子，是具有"破旧立新"意义的弥勒形象与中国传统思想中"正月初一"的"改元正朔"的变革理论相契合，两者的融合是中国人刻意为之的结果。⑤布袋和尚诞日当然是具有政治意味的节日，历史上打着弥勒旗号的反叛活动比比皆是，但是政治内涵并不是这一节日的唯一意义，它本

---

① （春秋）老子：《老子》，南京：东南大学出版社，2014年第125页。
② 钱穆：《庄子纂笺》，北京：九州出版社，2011年，第53页。
③ 方东美：《中国人生哲学》，北京：中华书局，2012年，第165页。
④ 方立天：《中国佛教与传统文化》，北京：中国人民大学出版社，2012年，第195—196页。
⑤ 钱寅：《弥勒圣诞与正月初一——"革命"与娘娘命之谶》，刘怀荣主编：《中国传统文化研究（第二辑）》，青岛：中国海洋大学出版社，2020年，第130—138页。

身也具有文化上的更广泛的意义。同时也如一些民俗学者指出的那样,"正月初一"的新年是家庭的团聚,社会的和谐以及对宇宙万物的感激,它不仅是物质层面的吃喝玩乐,"还有种种工作上和生活上除旧布新的作为,以及敦亲睦族、社群公益、宗教祭典、全民康乐的活动"。[①] 这种民俗活动是中国"生生"哲学的重要表现形式。

有必要指出的是,汉传佛教寺院中有一套弥勒佛祝圣仪轨,专门用于庆祝正月初一弥勒圣诞。[②] 有学者指出,佛教的仪式、仪轨是印度佛教戒律和中国儒家礼仪融合的产物,尤其是对儒家礼乐制度的承袭和改造。[③] 佛教仪礼不仅保存了已经失传的儒家礼乐传统,延续了古代仪礼的精神命脉,而且成为儒释道"三教合流"的形式载体。弥勒祝圣仪也是中国礼乐传统与佛教弥勒信仰相融合的产物,是"三教合一"的物质载体。布袋和尚诞辰日举行弥勒祝圣活动,对信众、寺院都有现实意义:一方面,它满足了一般信众新年祈福、纳祥、祝祷的精神需要,又给信众提供了一套现代佛教的修行方式;另一方面,祝圣仪式拉近了弥勒信仰与民众之间的联系,帮助佛教宣传弥勒信仰,使大众更好地接纳弥勒形象及其信仰形态。

第五,布袋和尚诞辰日体现了中国人善良、喜乐的民族性格,丰富和发展了弥勒信仰的精神境界。传说中的契此"蹙頞皤腹,形裁腲脮",[④] 他外貌滑稽、不拘礼法,是一个看似有些疯癫的胖和尚。这种形象似乎有丑化佛教僧人之嫌,但从另外的角度来看,契此的形象贴近民众的生活,更为亲近、朴素。在中国文化中,肥胖的外形是多福、长寿的象征;大肚子体现了宽容仁厚的性格;袒胸露腹表现出天然无雕饰的精神追求;笑口常开则让见者心情愉快、轻松喜乐,愿意与之交往。总而言之,布袋和尚体现出凡圣平等、容忍大度、乐观处世、本然天真、超然洒脱的精神内涵。[⑤] 以布袋和尚为原型塑造弥勒像,可以消除佛菩萨的威严感与距离感,尤其是消除了下层民众对佛菩萨的畏惧感与自卑心理。实际上,布袋和尚的自身形象并不会损害佛菩萨的庄严法相,也不会玷污、扭曲佛教义理。在原始佛教中,释迦的形象就是一位慈悲、智慧、朴素的长者,大乘佛教才逐渐将其神化,成为头戴宝冠、身披璎珞、五色光气围绕的神明;同时,布袋和尚传达出来的随缘任用、云淡风轻、无拘无束的生命状态是禅宗的精神境界,没有违

---

① 王俊:《中国古代节日》,北京:中国商业出版社,2015年,第124页。
② 祝仪开始是"香赞":"戒定真香,焚起冲天上,弟子虔诚,熱在金炉上,顷刻纷云,即遍满十方,昔日耶输,免难消灾障。"后接"南无香云盖菩萨摩诃萨(三称)"。其次,称圣号"南无当来下生弥勒尊佛(三称)";后分别诵《如意宝轮王陀罗尼咒》十四遍以及《般若波罗蜜多心经》一遍"。之后唱诵《弥勒赞偈》:"位居补处,万德周圆,龙华树下真诠愿生兜率天,长侍佛前,当来授记先过去曾做智光仙,大慈三昧妙难宣,庄严南无海岸国,补处上升兜率天,心识圆明十方界,性修功德一时圆几多内院往生辈,会启龙华授记先,南无兜率内院,万德周圆,位居补处,当来下生,弥勒尊佛。"后接"南无当来下生弥勒尊佛(数百声)"。接下来是拜愿,依次是"南无本师释迦牟尼佛(三拜),南无当来下生弥勒尊佛(十二拜),南无文殊师利菩萨(三拜),南无普贤菩萨(三拜),南无十方菩萨摩诃萨(三拜)",最后进行"三皈依"。至此,弥勒佛圣诞祝仪完毕。
③ 唐忠毛:《佛教礼仪中国化及其传承意义略论》,夏金华主编:《佛教与儒家礼仪论集(第一辑)》,上海:上海社会科学院出版社,2020年,第157—166页。
④ (元)昙噩:《定应大师布袋和尚传》卷一,《卍续藏》第86册,第43页上。
⑤ 吕有祥:《略说弥勒菩萨中国化及其精神内涵》,《佛学研究》2008年。

背缘起性空的佛教主旨。由此可知，以布袋和尚生日为弥勒诞日，以布袋和尚形象替代佛菩萨形象的弥勒这一做法没有歪曲、污损佛教精神，反而尽最大可能地将中国人的民族品格融入到弥勒信仰中，既丰富和发展了弥勒信仰，也提升了中国人的精神境界。

总之，布袋和尚诞辰日对于弥勒信仰和中国传统民俗的关系处理得非常具有融通性和整全性。在这样的融合中，布袋和尚诞辰日结合信仰本体、修养工夫（仪轨）和精神境界建构起一套完整的信仰体系。在历史文献记载中，供佛、游寺庙成为传统习俗的一部分，《北平岁时志》载："正月初一日，东便门外三忠祠，东直门外铁塔寺，东四牌楼三官庙，北新桥精忠庙，均开庙一日，香火极盛。德胜门外大钟寺，开庙十五日……游人争登楼。"[1]近现代以来，各个寺院都会在正月初一举行大型法事活动，既为弥勒佛庆生，又为信众在新年祝祷。布袋和尚诞辰日习俗的确立充分体现了中国传统文化重视生活、重视实践的特色。在这样的特定节日中，印度与中国的距离消除了，弥勒与契此的差异融贯了，弥勒信仰回归到中国人的日常生活中。由此，最终可以看到，布袋和尚诞辰日是佛教中国化的"缩影"，看似简单的节日背后承载着中印两种文明间的交往、交融的历史，它是印度佛教与中国文化所能达到的最佳契合点。

三、布袋和尚诞辰日的意义与价值

布袋和尚诞辰日既是一个非常有价值的民俗节日，也是富有文化意义的民俗观念。这一节日的直接意义可以从以下几点进行说明。

第一，深化了弥勒信仰向民间的传播，为佛教与中国文化的融合奠定了良好基础，尤其是促使弥勒信仰与民间文学、民间艺术的结合。诚如上文所探讨的那样，布袋和尚诞辰日的确立将弥勒信仰与中国正月初一的传统民俗相结合，极大推动了弥勒形象的传播。对此，弥勒信仰对民间文学和民间艺术的创作具有启发意义。以民间文学为例，坊间流传着不少以弥勒信仰为核心的宝卷、伪经，如《龙华誓愿文》《弥勒三会记》《龙华会记》《弥勒颂》《弥勒佛说地藏十王宝卷》《三教应劫总观统书》《大圣弥勒化度宝卷》等等，它们以弥勒为主角，增加了很多不见于佛经典籍中的故事情节，虽不属于佛教正统思想，但它们的文学色彩浓厚，是弥勒信仰走向民间的标志。流行最为普遍的是明代小说《西游记》，在其第六十六回"诸神遭毒手，弥勒缚妖魔"一章，弥勒帮助孙悟空降伏妖怪的故事情节家喻户晓。这里对弥勒的描写显然是以布袋和尚为原型"大耳横颐方面相，肩查腹满身躯胖。一腔春意喜盈盈，两眼秋波光荡荡。敞袖飘然福气多，芒鞋洒落精神壮。极乐场中第一尊，南无弥勒笑和尚"[2]。可以想见，弥勒信仰在民间文学的

---

[1] 李金龙主编：《北京民俗文化考（上）》，北京：北京邮电大学出版社，2017年，第59页。
[2] （明）吴承恩著，黄肃秋注释，李洪甫校订：《西游记》，北京：人民文学出版社，2010年，第813页。

广泛流传中逐渐推广，并被中国民众所接受。正是在这种民俗文化的影响下，佛教中国化的程度进一步加深。

第二，布袋和尚诞辰日的观念有助于促进近现代佛教的形态更新，尤其在弘扬"人间佛教"的发展上多有裨益。在印度弥勒信仰中，弥勒是未来佛的身份，他的降生以及"龙华三会"着重解决未来世界的问题，与当下现实之间存在一定距离。即使产生了弥勒上生信仰，但它也只是解决了死后归属的问题。不过，弥勒的未来佛身份与当下的现实不是完全没有关联的，《弥勒下生经》指出，只有当世间的环境得到改善，才能够感应到弥勒下生。而且弥勒下生也是出于悲悯浊世恶苦众生，帮助他们离苦得乐的目的。正如印顺所说："弥勒的净土思想，起初是着重于实现人间净土，而不是天上的，这如《弥勒下生经》所说。……人间净土的实现，身心净化的实现；这真俗、依正的双重净化，同时完成。佛弟子都祝愿弥勒菩萨早来人间，就因为这是人间净土实现的时代。"①印顺延续了太虚的"人间佛教"思想，认为佛法的主旨是"人间净土"的创建，通过个人的努力把人间建设的更加美好才符合佛法本义。因此，印顺站在"人间佛教"的角度特别重视弥勒信仰，他认为弥勒信仰同"人间净土"的主旨类似，着重于现实世界的建设与完善。布袋和尚诞辰日作为弥勒信仰的重要组成部分，它是沟通弥勒信仰与"人间佛教"的桥梁：既能够让信众忆念、祈祷弥勒早日降生，而且可以借此弘扬"人间净土"的修行理念。在这个意义上，布袋和尚诞辰日成为推动佛教现代化转型、佛学义理创新性发展的重要机缘。

第三，将布袋和尚诞辰日看作弥勒中国化的典型代表，实际上有助于从整体上把握佛教，开拓佛教研究的新角度、新思路、新视野。在一般的学术传统中，佛教思想方面的研究占据了绝大比重，很少关注到思想以外的学科领域。但从现实中看，佛教不是抽象的哲学理论，也不是玄妙的观念系统，而是包含了教理教义、修行实践、僧伽团体等多方面要素的综合体。正如许理和指出的那样，佛教从来也不只是一种理论，而是"救世之道""生命之花"，是一种社会组织形式。②这种说法意味着佛教始终面对的是现实世界，呈现出一种社会生活方式。对于弥勒信仰而言，亦是如此。王雪梅认为，弥勒信仰是"包含了宗教信仰形态的经典教义、修道方式、心理皈依等内在基本要素，以及关于信众、场所、活动等外在要素"，③是一套完整的宗教信仰形态。如果只关注佛教的思想层面，无疑会造成某种偏颇性。而布袋和尚诞辰日集中了佛教典籍、修道体系、民俗生活等多方面要素。在这个意义上，从布袋和尚诞辰日审视佛教中国化的过程，能够将佛教还原到现实生活中，关注到作为"整体"的佛教系统。站在学术研究的角度，这种"整体佛教观"也给现代佛教研究注入了新生活力，开启了佛教研究的新境界。

---

① 释印顺：《净土学论集》，北京：中华书局，2010年，第43页。
② ［荷］许理和著，李四龙、裴勇等译：《佛教征服中国》，南京：江苏人民出版社，2017年，第2页。
③ 王雪梅：《弥勒信仰研究综述》，《世界宗教文化》2010年第3期。

余 论

还是回到本文开头部分提出的人文宗教这个话题上。可以确定的是，布袋和尚诞辰日作为弥勒信仰的重要分支，它符合中国人文宗教的基本属性。综观弥勒信仰的中国化历程，弥勒上生信仰、弥勒下生信仰以及弥勒信仰民俗化既是弥勒信仰与中国文化相结合的过程，也是弥勒信仰从印度宗教转变为中国人文宗教的过程。我们加以总结概括，则可以发现其中具备的人文精神。

第一，弥勒信仰具有人文精神的某些要素，这是它能够与中国文化相结合的必要条件。从以上研究可知，弥勒的形象是未来佛，弥勒信仰最终目的是通过"龙华三会"使一切众生了脱生死、圆成佛果。但不同于其他神道教，弥勒信仰的修行方式仍是以个体修行为主要方法，无论是下生信仰还是上生信仰，都具有这种重自力的特征。比如经中记载弥勒所居的兜率净土同现实世界差异极大：一个是殊胜、安详的佛国；一个是变动无常、充满污秽的现实苦难世界。上生至弥勒净土的众生不仅能够享受身心的愉悦和舒适，而且能够时时听闻到弥勒讲经说法，这是天道与净土最大的差异。但这种净土观念并非完全依靠弥勒的神力所造设，而是弥勒及其信众共同修行的结果。太虚解释称："若从内院说，如《弥勒上生经》说生兜率内院者，皆是发大乘心而不退转的；且说有三品修，如有犯戒而忏悔者，临命终时弥勒亦来接引。"[1] 在这里，信众们通过信奉、礼拜、诵念弥勒圣号，死后能够得生净土，获得解脱。但最终能否上生弥勒净土，还是要以个人的修行水平为衡量标准与往生依据。正如太虚所言："弥勒净土，是由人上生。故其上生，是由人修习十善福德成办，即是使人类德业增胜，社会进化成为清净安乐；因此可早感弥勒下生成佛，亦为创造人间净土也。"[2] 弥勒信仰重视人的自救自度，以人的修持、人的自律为解脱方法。这种重人文不重神力的特征与中国人文精神传统相匹配，从而使得弥勒信仰成为中国宗教信仰的重要组成部分。

第二，弥勒信仰体现了中国人文宗教的教化特点，这也是中国儒释道三教的共同特征。注重人文教化是中国人文宗教的主要特点，这一特点将宗教看作是指导人们日常生活、规范人们语言行为、引导人与人之间和谐共存的方式。弥勒信仰在与中国文化相结合的过程中，由印度宗教逐步转变为中国人文宗教，也重视对人们的教化与引导。一方面，布袋和尚形象是一个极具神异色彩的僧人形象，他的日常行事以教化大众为主要宗旨，而这种教化不仅重视出世、解脱，而且也有中国传统道德观念、人伦日用的引导，是一位即出世即入世的禅僧代表。另一方面，布袋和尚诞辰日的确立既是追思、缅怀布袋和尚的纪念行为，又是传承布袋和尚生前教化理念的主要方式。无论何者，它们都是

---

[1] 释太虚：《中国佛学》，《太虚大师全书》（2），北京：宗教文化出版社，2005年，第158页。
[2] 释太虚：《兜率净土与十方净土之比较》，《太虚大师全书》（10），第365页。

借用布袋和尚的形象对大众展开教化的方式。而且，将布袋和尚诞辰日与中国传统历法中的"新年"相结合，更展现出人文宗教的教化特征，引导大众在新的一年中效法布袋和尚的精神特质，修正自己的言行，提升精神追求。

第三，弥勒信仰与中国民俗的结合体现出人文宗教精英文化与市民文化相互影响的特征，这表现出人文宗教的世俗化特征。楼宇烈先生指出，中国的宗教分有不同的层次，注重精英文化与大众文化的分别，尽管这两个层次在宗教信仰的表现方式上不相一致，但它们却可以相互影响，同为一体。① 中国的宗教对任何群体都是平等的，宗教既不是某些阶层的特权，又不是划分社会阶层的标准。不过，现实中人与人存在着各种各样的差别，所谓"物之不齐，物之情也"（《孟子·滕文公上》），社会阶层的高下决定了宗教信仰的浅深，这是中西方宗教的一大差异。就弥勒信仰而言，知识精英阶层更倾向原生形态的弥勒信仰，他们日常念诵、研习弥勒相关经典，希望死后上生兜率天向弥勒请教佛理，未来跟随弥勒下生度化众生；对一般大众而言，弥勒近似于仙佛，能够消灾解难、赐福纳祥。后者也是布袋和尚弥勒形象能够被民众接受的主要原因。每到正月初一，大家都会前往寺院祈福礼拜，布施财物。他们这样做不是为了寻求佛理、开启智慧，只是希望佛菩萨能够满足自身的愿求。虽然不同阶层对弥勒信仰的认知和目的各异，但他们都能够融洽共处，互相影响。从某种程度上说，宗教信仰世俗化的特征成为弥合阶层差异的方式，有利于促进不同阶层群体的交流交往。

第四，弥勒信仰的中国化既体现出中国文化的包容性格，又展现出佛教的圆融精神，这是中国人文宗教具有的独特性。如果说中西方宗教存在着极大的差异，那么兼容性或包容性是两者差异的集中体现。纵观全部历史，中国从来没有发生过宗教战争（或仅限于边疆地区）。在西方文明中，不仅宗教战争频发，而且基督徒与异教徒之间的分歧至今也没有得到妥善解决，成为社会暴乱的根源。佛教中国化的成功经验表明中国文化具有包容性，它可以兼容不同文明间的差异，在此基础上，能够与外来文化相融合、创新，产生具有本土特色又不失其本性的信仰体系。以弥勒信仰为例，它在中国社会的传布并不是一蹴而就的，而是逐步融入到中国文明体系之中的。在这一过程中，中国文化始终以开放的态度和心胸接受他族文化。只要弥勒信仰没有违反中国的法律与政策，没有对政权统治产生绝对威胁，就不会受到禁止。另外，佛教本身所具有的适应性、圆融精神也让它在保留自身主体性的前提下融入到中国文化中。弥勒信仰在中国本土的流传过程中，始终围绕着中国化、本土化这一价值目标，主动融入到中国政治、文化生活中去，不会对中国本土宗教产生直接威胁。如楼宇烈先生所说："'（佛教中国）化'并不是说佛教失去自身的价值观念和主体性，完全融化于中国文化，完全等同于儒、道，

---

① 楼宇烈：《中国的人文信仰》，北京：中国大百科全书出版社，2021年，第88页。

而是彼此之间'你影响我,我影响你,你中有我,我中有你'。"[①] 这不仅是弥勒信仰的特征,而且是儒释道三教的共同特征,显示出中国人文宗教的独特属性。

总之,中国汉传弥勒信仰经历了一个历史发展的过程,从上生信仰、下生信仰到布袋和尚的化身信仰,这一过程展现出佛教与中国文化交流、交往、交融的主要方式,为反思佛教中国化的历史进程提供了新的角度和方法。同时,对这一文化现象的考察也为探讨中国宗教信仰的特征和模式、构建新型宗教观提供了重要参照。可见,从人文宗教的视域反思弥勒信仰乃至佛教文化,是具有深刻价值的议题,值得进一步深入探讨。

参考文献

1. (后汉)支娄迦谶译:《道行般若经》,《大正藏》第 8 册。
2. (西晋)竺法护译:《佛说弥勒下生经》,《大正藏》第 14 册。
3. (东晋)僧伽提婆译:《中阿含经》,《大正藏》第 1 册。
4. (姚秦)鸠摩罗什译:《佛说弥勒大成佛经》,《大正藏》第 14 册。
5. (姚秦)失佚:《一切智光明仙人慈心因缘不食肉经》,《大正藏》第 3 册。
6. (刘宋)沮渠京声译:《佛说观弥勒菩萨上生兜率天经》,《大正藏》第 14 册。
7. (梁)慧皎:《高僧传》,《大正藏》第 50 册。
8. (梁)宗懔:《荆楚岁时记》,太原:山西人民出版社,1987 年。
9. (宋)道原:《景德传灯录》,《大正藏》第 51 册。
10. (宋)赞宁:《宋高僧传》,《大正藏》第 50 册。
11. (宋)志磐:《佛祖统纪》,《大正藏》第 49 册。
12. (宋)庄绰撰,萧鲁阳点校:《鸡肋编》,北京:中华书局,1983 年。
13. (元)昙噩:《定应大师布袋和尚传》,《卍续藏》第 86 册。
14. (元)脱脱等:《宋史》,北京:中华书局,1977 年。
15. 陈扬炯:《中国净土宗通史》,南京:江苏古籍出版社,2002 年。
16. 曹晓虎:《驳松本文三郎的弥勒信仰起源论》,《兰州大学学报》(社会科学版)2017 年第 5 期。
17. 戴继诚:《弥勒信仰与中国民众的反叛运动》,《青海社会科学》2009 年第 1 期。
18. 干树德:《弥勒信仰与弥勒造像的演变》,《宗教学研究》1992 年第 2 期。
19. 何劲松主编:《布袋和尚与弥勒文化》,北京:宗教文化出版社,2003 年。
20. 刘桂荣:《禅宗"布袋"形象的哲学溯源及其美学蕴涵》,《西北大学学报》(哲学社会科学版)2013 年第 5 期。

---

① 楼宇烈:《中国的人文信仰》,第 44 页。

21. 楼宇烈:《中国的人文信仰》,北京:中国大百科全书出版社,2021年。

22. 李金龙主编:《北京民俗文化考》(上下),北京:北京邮电大学出版社,2017年。

23. 钱寅:《弥勒圣诞与正月初一——"革命"与娘娘命之谶》,刘怀荣主编:《中国传统文化研究》(第二辑),青岛:中国海洋大学出版社,2020年。

24. 任继愈主编:《中国佛教史》(第三卷),北京:中国社会科学出版社,1988年。

25. 吕有祥:《略说弥勒菩萨中国化及其精神内涵》,《佛学研究》2008年第0期。

26. 圣凯:《中国汉传佛教礼仪(增订版)》,北京:商务印书馆,2020年。

27. 释太虚:《太虚大师全书》,北京:宗教文化出版社,2005年。

28. 唐长孺:《魏晋南北朝史论丛续编·魏晋南北朝史论拾遗》,北京:中华书局,2011年。

29. 王雪梅:《弥勒信仰研究》,上海:上海古籍出版社,2016年。

30. 王雪梅:《弥勒信仰研究综述》,《世界宗教文化》2010年第3期。

31. 印顺:《南无当来下生弥勒佛》,《现代佛教学术丛刊(69)·弥勒净土与菩萨行研究》,台北:大乘文化出版社,1979年。

32. 赵超:《略谈中国佛教造像中弥勒形象的演变》,《中国历史文物》1993年第2期。

33. 周绍良:《弥勒信仰在佛教初入中国的阶段和其造像意义》,《世界宗教研究》1990年第2期。

34. [荷]许理和著,李四龙、裴勇等译:《佛教征服中国》,南京:江苏人民出版社,2017年。

35. [日]松本文三郎著,张元林译:《弥勒净土论》,北京:宗教文化出版社,2001年。

汉传佛寺布局的本土化演变

温　静　（东京艺术大学）

【摘要】 论文以汉传佛教寺院的布局特征为研究对象，关注汉传佛寺布局演变的三个重要转折点，以及各阶段新式布局的典型要素，即隋唐时期的双塔对峙、宋元时期的禅院规制和明代寺院中轴线的新式规划。并结合东亚地区的文献史料、考古资料与现存实例，关注各阶段代表性寺院的布局特征及其在东亚范围内传播的路径，梳理汉传佛寺本土化演变历程的主体脉络。

【关键词】 汉传佛教　东亚　寺院布局

引　子

在汉传佛寺布局的演变历程中，隋唐—宋元—明清三个历史阶段更替之时均发生了佛教思想或制度层面的转向，也是佛寺大规模建设或更新的时期。下文将对代表这三个历史阶段的佛寺布局特征作一梳理，提取新式布局中的典型要素，探讨佛教寺院如何完成在中国的本土化历程。

一、双塔对峙——统一王朝的新气象

（一）立塔为寺传统的本土化

隋唐以前，立塔为寺是汉传佛教寺院的主流特征。据《牟子理惑论》记载，东汉永平年间，明帝"于洛阳城西雍门外起佛寺，于其壁画千乘万骑绕塔三匝"[①]。又《魏书·释老志》中所载："自洛中构白马寺，盛饰佛图，画迹甚妙，为四方式。凡宫塔制度，犹依天竺旧状而重构之，从一级至三、五、七、九。世人相承，谓之'浮图'，或云'佛

---

① （梁）僧祐：《弘明集》卷一，《大正藏》第52册，第5页上。

图'。"①白马寺建寺之说虽存争议，但证明至迟在汉末已有建造佛寺的行为，而营建的主体是一座具有强烈精神性的宫塔式浮屠，是典型的立塔为寺，并直接传承自西域传统。因天竺传统的浮屠多为土石砌筑，外壁布满佛龛象征"天宫千佛"，故称"宫塔"。以宫塔为中心的佛寺在敦煌以西地区历经汉代直至唐代一直是佛寺形制的主流。魏晋以后，儒学的没落和玄学的兴起为佛教进一步扩大影响创造了社会环境，伴随大量佛教经典的译注与传播，佛寺也迎来了第一次建设大潮。这一时期，汉地佛寺在积极吸收西域佛教艺术的同时，受到本土木结构传统的影响，在形态、结构与功能上开始了本土化发展。《后汉书》记载东汉末年笮融在徐州"大起浮屠寺。上累金盘，下为重楼，又堂阁周回，可容三千许人"。②这座浮屠显然已经褪去天竺旧制演变为重楼，宫塔外的佛龛被供奉于塔内的佛像所取代，人们还可以通过阁道进入塔内礼拜。由此，汉地佛寺在西域传统的基础上完成了第一次本土化演变，形成了以重楼为中心的寺院格局，又被称作楼塔式。

南北朝时期，以单座佛塔为核心依然是汉地佛寺的主流布局，建寺即立塔。甚至于当时南北方皆有以塔的层数作为寺名的情况，如《出三藏记集》卷一五《道安法师传》记载道安"住长安城内五重寺"；《广弘明集》卷一二《宣验记》记载"谢晦身临荆州，城内有五层寺"等等。③

（二）双塔对峙形式的发展

文献中最早关于东西双塔的记载是东晋时期，唐人张彦远的《历代名画记》中载王廙为武昌昌乐寺东西二塔作画："时镇军谢尚于武昌昌乐寺造东塔，戴若思造西塔，并请廙画。"④但二塔的具体相对位置不详，与中轴线的关系也不明确。

至南北朝时期，出现了更多并立双塔的记载，但建塔的背景情况不一。⑤如《南齐书·虞愿传》记载南朝宋明帝在湘宫寺建造双塔："帝以故宅起湘宫寺，费极奢侈。以孝武庄严刹七层，帝欲起十层，不可立，分为两刹，各五层。"⑥按照文献的说法，造立双塔是因技术限制而不得已作出的选择，虽然还不能确定双塔模式是否出于着意的设计，但已经解答了可行性，尽管仍无法提供双塔相对位置关系的细节信息。另一种情况则有明确的意图，北魏《大代宕昌公晖福寺碑》（488年立）记载宕昌公王庆时造立双塔："于本乡南北旧宅，上为二圣造三级浮图各一区。"塔三载而就，建成后"崇基重构层栏

---

① （北齐）魏收：《魏书·释老志》卷一一四，北京：中华书局，2018年，第3029页。
② （刘宋）范晔：《后汉书》卷七三，北京：中华书局，2016年，第2368页。
③ 参见宿白：《东汉魏晋南北朝佛寺布局初探》，收录于《庆祝邓广铭教授九十华诞论文集》，石家庄：河北教育出版社，1997年，第36页。
④ 刘敦桢：《中国古代建筑史》（第二版）提及《历代名画记》卷五《晋·王廙》有此记载。
⑤ 参见玄胜旭：《南北朝至隋唐时期佛教寺院双塔布局研究》，《中国建筑史论汇刊》2013年第2期，第131—144页。
⑥ （梁）萧子显：《南齐书》卷五三，北京：中华书局，2019年，第916页。

叠起，法堂禅室通阁连晖"①。以此记载，可知这两座塔是为二圣，即孝文帝和冯太后所建，分立于寺院的南北，并且有各自附带的建筑组群。这一时期，"二圣"之名屡见于文献，在云冈石窟中也开凿了多处双窟，是当时政治形势下的特殊产物。②

隋代以后，双塔继续被建造，但尚未确立一殿双塔格局。如位于隋大兴城西南隅的和平坊、永阳坊建有两座禅定寺。《续高僧传·慧乘传》记载："至（大业）八年（612），帝在东都，于西京奉为二皇双建两塔，七层木浮图，又敕乘送舍利瘗于塔所。"③意为这两座七层塔是隋炀帝时期同时建造。《法苑珠林》卷一〇〇《传记篇·兴福部》也记为同时建造："长安造二禅定并二木塔，并立别寺一十所，官供十年。"④但是，在更晚的文献中却出现了更多细节，成书于唐开元十年（722）的《两京新记》和成书于北宋熙宁九年（1076）的《长安志》都记载了和平坊、永乐坊中具体的寺域范围，综合两部文献的内容，即居于南侧的永阳坊东半部名为大庄严寺、西半部名为大总持寺；居于北侧的和平坊东半部归庄严寺、西半部归总持寺。大庄严寺是隋文帝仁寿三年（603）为献后所立的禅定寺，而大总持寺是炀帝在大业元年（605）为文帝所立的禅定寺。根据以上种种文献，两禅定寺不论先后还是同时造立双塔，双塔无疑分属不同寺院，且设计背后的动机与北魏为二圣造立之浮图相近。但值得注意的是，在炀帝以后，二禅定寺双塔在都城一隅确实形成了东西对峙的景象，这一特色的城市景观或许以扎根进集体记忆的方式影响了其后寺院布局设计的走向。

《两京新记》另记载了隋文帝建造的双塔："（怀远坊）东南隅，大云经寺。'开皇四年（584），文帝为沙门法经所立。'寺内二浮图，东西相值。"⑤似乎已经出现在同一寺院内双塔东西对峙的形式。宿白先生认为，隋代这类双塔对峙的形式或许是隋吸收江南梁武和北朝晖福寺之制，"建寺取法南北之新式样，亦极有可能也。"⑥笔者希望强调的是，以上关于双塔寺院的记载，无一例外传达出塔依然作为寺院表征的信息，我们在其中看不出是否有佛殿居伽蓝中心的描写，隋代的文献中对于佛殿的记述也极少。可以说，以佛殿为中心、双塔对峙于殿前的形式尚未确立为一种制度。

（三）一殿双塔模式的确立与传播

如前所述，双塔在隋代已经是有宗教内涵的设计。根据敦煌壁画中的图像信息，寺院中轴线上开始出现高阁，并取代佛塔成为寺院中心，这也是隋唐时期佛寺布局中国化

---

① 参见赵力光编：《晖福寺碑》，上海：上海古籍出版社，2012年。
② 参见宿白：《平城实力的集聚和"云冈模式"的形成与发展》，收录于《中国石窟寺研究》，北京：生活·读书·新知三联书店，2019年，第136—137页。
③ （唐）道宣：《续高僧传》卷二四，《大正藏》第50册，第633页下。
④ （唐）道世：《法苑珠林》卷一〇〇，《大正藏》第53册，第1026页中。
⑤ （唐）韦述撰，辛德勇辑校：《两京新记辑校》卷三，北京：中华书局，2020年，第112页。
⑥ 参见宿白：《隋代佛寺布局》，《考古与文物》1997年第2期，第29—33页。

的重要特征。高阁的盛行一方面受佛寺形式渐渐趋同于帝王宫殿的影响，另一方面则是由于隋代以后供奉高大立像成风。除了在中轴线上立高阁之外，唐代佛寺中还出现了许多以阁道相连的次要建筑物也采用高阁形式。如《戒坛图经》中记载的佛殿两侧的三重楼、说法大殿两侧的五重楼，中院末端的五重楼与三重阁的建筑组群等。伴随高阁大像的流行，"一阁二楼""一殿双阁""一殿双塔"等组合形式在隋代也初显端倪。[①]

唐代以后，中原地区大规模官寺中双塔的记载仅见于文献，朝鲜半岛与日本则有实物遗存或考古材料的支撑。据朝鲜半岛的考古材料，新罗四天王寺最早出现双塔一金堂形式，新罗统一半岛之后，这种形式被推广为统一王朝官寺的标准模式。在飞鸟奈良时代的日本，效仿唐王朝里坊制建设的第一座都城藤原京（694—710）中即出现了成熟的双塔模式，即东西塔对峙于寺院中轴线两侧。考古资料显示大官大寺和本药师寺原本规划都是一殿双塔，其中大官大寺的西塔虽未及完成，本药师寺则东西塔基俱全，并在迁建为平城京（710—784）的药师寺之后延续了这一布局。平城京采用一殿双塔布局的寺院中，最负盛名的当属东大寺，在大佛殿占据的中院前部，中轴线东西两侧各建七重高塔并环绕有东西塔院。东大寺的规划布局思想显然是在沿袭大官大寺（迁入平城京后改名大安寺）和药师寺的基础上有所发展，进一步拉长寺院中轴线，彰显了佛国庇佑下官寺的权威。

有关一殿双塔布局的空间形式来源，宗教美术学界的主流观点认为双塔的佛教思想依据是《法华经·见宝塔品》二佛分座场景的图像化乃至空间化，却未能解答佛殿前双塔对峙这种空间格局的源流问题。建筑史学者针对这一问题提出了补充看法，认为或许承自汉地双阙的空间格局，与"双树"的意向相关。[②]佛教建筑学者则从佛教教理解读寺院布局的变迁，提示我们注意佛教镇护国家思想所依托的三部经典分别是《法华经》《仁王经》《金光明经》，[③]可见一殿双塔模式是在中土大统一的隋唐王朝、统一三国的新罗王朝，和引入律令制建设统一国家的日本为镇护国家目的而推崇的一种权威图像。

二、宋元禅院——仪式与空间的全面本土化

宋元以后蓬勃发展的禅宗在仪式层面采取了特殊的形式，彻底吸收了中国本土的儒家文化，形成丛林的集体认识基础和行为模式。惟勉在《丛林校定清规总要》的序中，非常直白地说道："吾氏之有清规，犹儒家之有礼经，礼者从宜，因时损益。"[④]王月清指出，百丈清规的创制标志着中国特色僧团伦理规范的形成，其中糅进了儒家忠孝伦常的

---

① 参见王贵祥：《隋唐时期佛教寺院与建筑概览》，《中国建筑史论汇刊》2013年第2期，第3—64页。
② 参见赵晓峰、张麟：《对双塔并置空间布局艺术设计的探源》，《艺术与设计》（理论）2021年第7期，第59—61页。
③ 参见李兴范：《韩国古代的伽蓝配置について》，《印度学佛教学研究》1997年第45卷第2号，第197—199页。
④ （宋）惟勉编：《丛林校定清规总要》，《卍续藏》第63册，第592页上。

思想内容及中土家族伦理的组织形式，思想方面以忠孝为先，组织人事方面则类似封建家族成员的关系。[①]

禅宗清规是中国化的宗教仪式，也催生了中国特色的禅院空间。唐代以后独立成宗的禅宗寺院因其鲜明的制度性和突破旧制的革新性，成为汉地佛寺里引人关注的一个门类。禅宗的寺院空间与宗教实践高度匹配，被日本禅宗传统概括地称为"七堂伽蓝"，也奠定了后世汉传佛寺布局进一步演化的基础。

（一）"七堂伽蓝"的提炼成型

禅宗初传时，祖师达摩"来梁隐居魏地，六祖相继至大寂之世，凡二百五十余年，未有禅居"，[②]禅师"多居律寺，虽列别院，然于说法、住持未合规度"[③]。时至中唐，百丈怀海禅师才制定"百丈禅门规式"，创立了一套禅宗独行的寺院规式。规式中与佛寺布局相关的内容包括：其一，不立佛殿，唯树法堂；其二，除方丈外，其余僧人不论高下尽入僧堂，实行集体生活。然而不立佛殿的极端做法毕竟与佛教传统及信众的礼拜需求不符，五代以后的禅院进行了调整，恢复设立佛殿。

入宋以后禅宗盛行，南宋淳熙年间宁宗钦定五山十刹，制定了禅院等级。南宋五山十刹制度和禅院建筑形制继而传入日本，影响了日本禅院的建制。日本江户时代的僧人道忠所著的《禅林象器笺》"伽蓝"条中记载："法堂、佛殿、山门、厨库、僧堂、浴室、西净为七堂伽蓝，未知何据，各有表相如图"，[④]并配有示意图。而据传南宋时期日本僧人游历五山记录而成的《五山十刹图》记录了当时灵隐寺、天童寺、万年寺的平面形制，所示寺院布局、建筑配置都与"七堂伽蓝"制度基本吻合，可知禅院的"七堂伽蓝"在南宋时已基本确立。

南宋五山禅院的经典布局以一组沿纵轴线依次布置的山门、佛殿、法堂、方丈为主体，两侧成对布置附属建筑，如僧堂对厨库，浴室对西净（东司）等。中轴线主要为宗教礼仪性建筑，两侧更多供僧人日常起居生活。宋元以后，随着禅宗日益兴盛，这种布局思想对整个汉地佛寺的建设都产生了普遍而深远的影响，隋唐以来的佛寺在后世的改建、重建中也都被整改为纵轴式布局。事实上，这种布局比起廊院式更加强调中心轴线的序列性，符合中国汉民族传统的等级观念，层层递进的院落更与汉地传统住宅一脉相承。这种纵长形的平面布局无论在宋代以后兴起的街巷城市肌理中，还是台地式的山林寺院中，都具有更大的适应性和灵活性，因此得到了后世进一步的继承和发展。

---

① 王月清：《禅宗戒律思想初探——以"无相戒法"和"百丈清规"为中心》，《南京大学学报》（哲学、人文、社科版）2000年第5期，第100—108页。
② （宋）善卿：《祖庭事苑》卷八，《卍续藏》第64册，第430页上。
③ （宋）杨亿：《古清规序》，（元）德辉重编：《敕修百丈清规》卷八，《大正藏》第48册，第1157页下。
④ ［日］无著道忠：《禅林象器笺》卷下，《大藏经补编》第19册，第12页。

（二）禅院仪式与空间的本土化

在禅院仪式与空间的匹配方面，现存清规文本中所描述的禅院活动多有涉及建筑的内容出现。在众多类型的禅院活动中，日常活动一般而言都在特定的一二建筑中即可完成，而特殊的仪式涉及的建筑则更多。笔者考证了"新任住持入院"这一特殊仪式如何遵循一套仪式流程来有次序地使用禅院各个建筑空间。在整套仪式中，清规明确制定了仪式的流程如何在各个建筑中循序推进，对不同职务和身份的人员如何行动，甚至在哪一环节面向何方位都有所约束，可见禅院仪式是基于僧众共有的空间观念才得以成立。

新住持入院的第一项仪式即为三门下烧香，可见这一节点在禅院仪式空间中的重要性。三门全称为三解脱门：空门、无相门、无作门，在宋元五山禅院中，是一座大体量的重层建筑，日本《禅林象器笺》中记录三门上多供奉十六罗汉像，中央设宝冠释迦或观音，或立五百罗汉。如天童寺在绍兴（1131—1161）初期所建的三门又称五凤楼，这一名称在盛唐时已出现，指的是宫城的正门，楼上安置千佛名曰千佛阁，文献曾载有当时的状况"门为高阁，延袤两庑，铸千佛列其上"①。日本京都东福寺在1243年由宋僧圆尔辨圆开山，按照宋代寺院形态建置，现存三门经镰仓末年重建，是一座重层的五开间建筑，中央三间开门，上层现安置释迦牟尼佛坐像和十六罗汉，而据文献在初创时上层安置的是千体释迦，可见这些特征与南宋时期的天童寺一脉相承。②

在不同历史时期制定的清规文本中，新住持入院的仪式流程出现了值得注意的一处改动，即新住持入院于三门下烧香后，由先至僧堂挂搭改为先至佛殿烧香。在北宋传统中，僧堂挂搭是住持入院的核心意义，住持在入院的一天中往返僧堂多次，与大众一同在其中用斋、吃茶，停留的时间也很长，在僧堂中的一系列仪式活动，都强调了住持作为僧众一员加入丛林的姿态。南宋以后，新住持入佛殿烧香的仪式被提至僧堂挂搭之前。回廊环绕的佛殿是隋唐以来寺院传统的神圣空间，遍历这一神圣空间来完成寺院管理者身份的建立是传统的方式。而禅宗寺院在初期经历"不立佛殿，唯树法堂"的发展阶段，法堂和僧堂的仪式地位被建立起来，然而随着佛殿回归禅院，两种仪式传统需要被兼顾。因此新住持入院的古法和新法，其本质是"礼拜佛殿"和"僧堂挂搭"两套仪式传统在空间序列上的进退。

此外，禅院基于方丈这一居住空间，生出许多外延的公共性功能，赋予了方丈建筑空间表达住持权力的性格。③新住持入院的仪式流程中，新住持身份的确立经由在方丈交接寺印完成必要程序，之后于前方丈（寝堂）中举行的请耆旧献汤、诸山外客相见、请点心的环节则完成了对丛林的公示。方丈也是重要仪式环节之间用于衔接的空间：在

---

① （宋）楼钥著，顾大朋点校：《楼钥集》卷五七《天童山千佛阁记》，杭州：浙江古籍出版社，2010年，第991页。
② ［日］关口欣也：《东福寺三门》，［日］铃木嘉吉：《国宝大事典》，东京：讲谈社，1985年，第281页。
③ 参见王大伟《宋元禅宗清规研究》（北京：宗教文化出版社，2014年，第89—109页）从权力视角对方丈的讨论。

开堂升座前要在前方丈准备,巡寮完成后要回到方丈,以及仪式的最末环节等待大众散去后要邀请本寺长老至前方丈点茶,出场次数多达4次,突出了作为仪式主体的新住持的权威。

通过以上种种细节可知,宋元禅院的高度秩序化的仪式与空间充分融入了儒家思想礼仪的底色中。正如温金玉在《丛林清规的历史考察与当代建构》中对于清规的评价:"清规的确立使得中国的僧团走向制度化、合理化的僧伽生活。正是由于清规的建立与普及,佛教中国化的过程才算是从理论层面至实践层面得以最终完成。"① 与之相似,宋元禅院的布局模式也从仪式到空间完成了佛教寺院的全面中国化。

三、明清寺院中轴线——诸宗融合与秩序强化

随着元明以后佛教思想的发展演变,诸宗融合的主流趋势也为佛教寺院布局带来影响。明代宗教改革以后,寺院中轴线的对称性及建筑等级秩序被全新的天王殿、对峙的钟鼓楼、相对的配殿、工字殿等元素进一步强调。官寺从整体布局上更是与王府官邸住宅趋同化,揭示了世俗世界秩序对于佛寺空间秩序的全面统御,也是佛寺布局中国本土化的终极表现。

(一)明代官寺布局的变化趋势

明太祖朱元璋对佛教制度进行全面整理后,禅宗寺院的布局产生了较大的变化:中轴线序列被加强,佛殿崇盛而法堂渐趋弱化,方丈移至禅堂附近,不再位于中轴线上。在明初佛寺"禅、讲、教"的分类下,禅寺强调修行坐禅,僧堂进一步分解为禅堂和斋堂,禅堂位居殿西而斋堂加入东序。随着城市报时功能的鼓楼被纳入寺院,钟鼓楼对峙的形式也取代钟台经台对峙的旧俗成为新的格式。

明代官寺的寺院格局完整保留至今的实例并不多,以下参考《金陵梵刹志》对明代南京的国家级官寺作一分析。以静海寺、天界寺、灵谷寺和大报恩寺为例,各寺院的中轴线依次分布山门(或金刚殿)—天王殿—佛殿—法堂(或毗卢殿)等殿堂建筑,而轮藏殿和观音殿或祖师殿与伽蓝殿相峙于殿堂建筑的东西两侧。中轴之外,禅堂位于西侧,库院与斋堂居于东侧,与上文所提及的《百丈清规》中所规定的东西序对应。这些寺院虽然所处的方位和地形大不相同,居于城中或居于山岭,其主要殿宇的布局都具有高度一致性。以当时僧录司所在的大寺天界寺为例,中轴线上首先是山门,其后为正殿院落,中轴线上为天王殿、大雄宝殿和三圣殿,两侧左有观音殿、右有轮藏殿。正殿院后即为

---

① 参见温金玉:《丛林清规的历史考察与当代建构》,《中国宗教》2021年第8期,第24—26页。

僧录司和毗卢阁形成的院落，左侧为伽蓝殿院，右侧为祖师殿院。此为殿宇类型和分布都相当典型的案例。在能仁寺、弘觉寺、鸡鸣寺和静海寺中，均有中轴线两侧分布观音殿和轮藏殿的现象，而伽蓝殿与祖师殿对应的布局则出现在报恩寺、弘觉寺、鸡鸣寺和栖霞寺中。

此外，也有一些寺院出现特殊功能。如静海寺出现井亭取代鼓楼与钟楼对应的现象，意即形式对应大于功能对应，而天界寺北部则出现了全国佛教管理部门僧录司。同时，作为皇家寺庙，大报恩寺还设置了公学，由三个单体建筑围合形成内庭院，紧邻禅堂，学习"先之律以严其戒，继之经论以示其义，大都责以禅、讲，而瑜伽无取也"[1]。在轴线关系上，明初的四座寺庙除了纵向轴线之外，都有严整的横向轴线，布局规整，同时重要的功能都分布在轴线或轴线交点处，如斋堂，禅堂等。灵谷寺和大报恩寺则由于都存在琉璃塔而有了一系列的变化。为了供应琉璃塔的照明，大报恩寺特地设置了油库位于西侧，属于特例。[2]

再以宋明之间天童寺伽蓝的变迁为例。天童寺始建于唐代，首建食堂，是禅宗寺院建筑中香积厨的前身。[3]宋朝天童寺香火旺盛，建筑群组复杂，明朝以后经历了大规模的修建，虽然部分资料已经丢失，但通过《五山十刹图》和《天童寺志》依然可以大致复原和对比宋明时期的天童寺布局变化。可以发现明代天童寺布局中院落特征更强，虽然两者都围绕中轴线布局，但宋代天童寺强调中轴线建筑的重要性，而明代强调轴线的对称性，两侧功能并无明确的区分，例如"东禅堂""西禅堂"等仅是方位的简单划分。

总结来看，明代寺院的空间布局模式是：中轴线上不再有高大的重层三门，取而代之的是建筑等级降低的单层的山门或金刚殿，其次为天王殿，有时也兼作山门，它是正殿院落的开端，往往左有钟楼、右有鼓楼；天王殿之后有正佛殿，或称大雄宝殿，之后为次大殿和禅堂、法堂等用于宗教活动的场所，或者是藏经阁这样的功能性建筑。在大殿两侧一般会有一到两组布局和规模完全对称的偏殿，经典格式是伽蓝殿与祖师殿相对，观音殿与轮藏殿相对。这些殿宇群从宗教意涵上糅合了元明以来的显密思想，在建筑规模和等级上则严格遵守自山门起至正殿层层递进的秩序，并且以多组对峙的建筑多次强化中轴线上的对称布局，从视觉图像而言加强了权威性。

（二）明代太原崇善寺的案例解读

由于明初金陵官寺都已不存，有关其布局信息的资料又主要来源于成书于万历年间的《金陵梵刹志》。因此，在明初佛教制度改革背景下，汉地佛寺新的布局模式是如何

---

[1] （明）葛寅亮：《八大寺重设公塾碑记》，《金陵梵刹志》卷一六，《大藏经补编》第29册，第194—195页。
[2] 参见周永华：《明代南京大报恩寺复原研究》，硕士学位论文，南京工业大学，2013年。
[3] 参见党蓉：《禅宗各宗派及其重要寺庙布局发展演变初探》，硕士学位论文，北京工业大学，2015年。

被确立的,是一项需重点阐述的课题。有幸的是,位于山西省太原市的崇善寺内存有《崇善寺建筑全图》(下简称《全图》)一幅,完整记录了明成化年间崇善寺的整体格局。①崇善寺创建于明初洪武年间,是朱元璋第三子晋王朱棡就藩后创立的寺院,有明一代作为太原府僧纲司。崇善寺建成后,即成为晋藩发展佛教事业并举行重要佛事法会的场所。根据嘉靖四十二年(1563)的重修碑记:"嗣后,凡正旦、冬至、万寿圣节,率于此习仪,及赍节命使暂以驻跸,近二百载,诚一国仰瞻不可废者。"②可见崇善寺承担了许多国家庆祝仪式的举办,并且有代表晋藩接待中央使臣的重要职能。种种材料说明,崇善寺是在明初宗教政策的指导下建立的官寺,它的主要职能是统领地方佛教界和承担帝国信仰系统在地方的仪式。

《全图》除摹写寺院整体布局之外,还包含建筑群名称、建筑单体的规模及立面形式等信息,是复原当时崇善寺的重要图像资料。基于《全图》,参考第四代晋王朱钟铉于成化复兴之后所立《重修崇善禅寺碑记》的内容:"鸠工计材,营建正佛殿九间,周以白石栏楯,螭首承霤,海鱼护甍,合殿穿廊一百零四楹,高十余仞。后立千手千眼大悲殿七间,东西回廊有十八罗汉。前门三塑护法金刚,重门五列四大天王,经阁、法堂、方丈、僧舍、厨房、禅室、井亭、藏轮,无不具美矣。成化壬辰岁夏四月一日,予谒寺炷香,发心捐赀。又增盖伽蓝神祠,左右相向。"③可以推断,崇善寺在创立之后,主体格局并未经过改动。

由图文材料可知,明代崇善寺中轴线由金刚殿—天王殿—正佛殿—毗卢殿—大悲殿—金灵殿构成。其中正殿院由天王殿起至毗卢殿止,其后有以大悲殿为中心的大悲殿院。中轴线两侧轮藏殿与罗汉殿相对,习惯与轮藏殿成对的观音殿以大悲殿的身份出现在了正殿院后方的独立院落中,并在这一院落的尽头增设了独有的金灵殿(据一些材料声称是朱元璋的生祠)。由此可以看出,崇善寺的中轴线布局既反映了明代寺院空间布局的一致特征,同时也有其作为山西地方第一丛林的独特性。

崇善寺的正殿院由山门、配殿和廊庑形成矩形院落,庭院后在中轴线上前后相重建二殿,主殿院之北并列建三小院,东西侧南北相重各建八小院,小院、主殿院之间间隔以巷道,形成全寺。由《全图》可知,崇善寺虽为廊院式布局,其正殿在中心偏北的位置。事实上,明代以后的北方大中型寺院多采用廊院式布局,在主殿院左、右、后三面建若

---

① 实物上无年代信息。此图在1940年代就曾被专门拍摄过,1980年代刘敦桢绘制了粗略的复原平面图,其后傅熹年绘制了复原鸟瞰图,并称其绘制年份为成化十八年。《崇善寺建筑全图》绘有增盖的两座伽蓝神祠,而尚无嘉靖年间增置的钟鼓碑亭六座,符合成化十六年所立《重修崇善禅寺碑记》记载的寺貌,故推测图绘成于成化复兴之后。
② 碑文为笔者整理,参见笔者已发表论文 Wen, J. Memories of Ups and Downs: The Vicissitudes of the Chongshansi in Taiyuan. Religions 2022, 13, 785. https://doi.org/10.3390/rel13090785
③ 碑文为笔者整理,参见笔者已发表论文 Wen, J. Memories of Ups and Downs: The Vicissitudes of the Chongshansi in Taiyuan. Religions 2022, 13, 785. https://doi.org/10.3390/rel13090785

干小院，这种格局最迟在唐代已经形成，广泛运用于大型寺观宅邸，从金代后土庙图碑上可知宋代的国家级祠庙即是如此。北京现存的几处大型明清寺庙也多采用这一方式，例如建于明正统年间的智化寺、明末扩建的北京西山碧云寺等。这几座廊院式寺院，其主殿院都是中轴线上一门二殿，周以廊庑，第一间主殿多位于主殿院的几何中心位置。

工字殿是崇善寺中极具代表性的建筑形式，在图中出现三处，并且都与正殿院相关。一是由正殿和毗卢殿加连廊形成的工字殿，二是居正殿院回廊西部的轮藏殿与其背后西茶寮院中的选佛场加连廊形成的工字殿，三是居正殿院回廊东部的罗汉殿与其背后东茶寮院中的旃檀林加连廊形成的工字殿。先从中轴线两侧而言，"选佛场"和"旃檀林"，在宋元江南禅院中分别指代功能复合的僧堂和用于饮茶读经的众寮。[①] 在《全图》中，选佛场和旃檀林分别以工字殿形式与轮藏殿和罗汉殿相连，并在入口处通过特殊的重墙结构形成了一个可以单独进入东西茶寮的入口，同时东西茶寮的纵向图签和甬道与选佛场及旃檀林的横向图签相对比，表明了这应当是两种氛围完全不同的空间，虽位于同一院落空间中，但需要强调其差异性。

工字殿形制从唐代就开始出现，渤海国上京第四、第五宫殿遗址显示了殿宇之间以连廊串联的特征。至宋时，工字殿的使用可以从当时的画卷中获知一二。宋代赵彦卫著《云麓漫钞》载："本朝殿后皆有主廊，廊后有小室三楹，室之左右，各有廊通东西正廊。"[②]《宋会要辑稿》中记载北宋东京皇宫主殿大庆殿、文德殿都有后阁，应当就是赵彦卫文中所指的"小室"，因此可以推断这两者均为工字殿。根据傅熹年先生对于王希孟《千里江山图》中所绘的北宋建筑的平面分析，工字殿在当时已经成为较为常见的建筑形式，与之类似的还有十字形和丁字形的殿宇。这些异形的建筑平面都是对原有的较为规整的建筑排列形式的整合，一方面增加了建筑之间的通达性，增加了可使用的建筑空间，另一方面也构建了新的空间形式，使得传统建筑空间的构型更为丰富。元代以后，工字殿的使用越发广泛。据元代陶九成《南村辍耕录》中"宫阙制度"记载，元大都宫殿正殿大明殿是一座工字形平面的大型建筑，前为正殿十一间，后为寝殿五间，前后殿设连廊七间，为"前堂后寝"的平面布局，这也是继承了宋金时期宫殿建筑的布局形式。而宗庙建筑中，元代北京东岳庙的主殿也为工字形。至明代以后，工字殿已被确立为宫殿和王府核心建筑群的形式。

综上，崇善寺作为明代初年分封于山西太原的晋藩主持修建的寺院，其整体格局遵循了宋元以来王宫贵胄营建宅邸常用的廊院制，融合了宋元以来禅院的功能布局特征，又大大强化了中轴线建筑空间序列的仪式性。中轴线建筑群三处组合形成的工字殿，是宋代以来渐趋成型的建筑群组合形式，又在元明两代被提升直至确立为宫殿的高等级建

---

① 详见张十庆编著：《五山十刹图与南宋江南禅寺》，南京：东南大学出版社，2000年。
② （宋）赵彦卫著，傅根清点校：《云麓漫钞》卷三，北京：中华书局，1996年，第48页。

筑制度，这一形制的选用也匹配崇善寺作为僧纲司的官寺身份。

结　语

本文将讨论对象主要限定于由官方创建的佛教寺院，意在提炼传统营建行为中有组织、有意识的设计行为。经文章梳理，明确了汉传佛寺布局演变的三个阶段。隋唐时代一殿双塔式布局与统一王朝的佛教镇护国家思想相契合，因而成就了其在东亚范围内的广泛传播，是世俗权力的诉求下佛寺布局实现定制化的重要转折。而后伴随禅宗的盛行，颇具儒家礼制底色的宋元禅院再次从佛寺的空间形态到空间的使用层面完成了全面本土化。至明清以后，佛教世俗化程度加深，官寺布局愈加向国家权威建筑靠拢，建筑组群的布局形式渐渐失去了佛教的独特性，而纳入到高度同质化的中国传统建筑组群中。

总而言之，西来的佛教思想、佛教图像与中国特色的权力结构、空间传统在不同时期的融合甚至角力，是汉传佛寺布局演变的动因，这一持续的作用力推动了佛教寺院的中国本土化进程。

参考文献

1. （刘宋）范晔：《后汉书》，北京：中华书局，2016年。
2. （北齐）魏收：《魏书》，北京：中华书局，2018年。
3. （梁）萧子显：《南齐书》，北京：中华书局，2019年。
4. （梁）僧祐：《弘明集》，《大正藏》第52册。
5. （唐）道宣：《续高僧传》，《大正藏》第50册。
6. （唐）道世：《法苑珠林》，《大正藏》第53册。
7. （唐）韦述撰，辛德勇辑校：《两京新记辑校》，北京：中华书局，2020年。
8. （宋）惟勉编：《丛林校定清规总要》，《卍续藏》第63册。
9. （宋）善卿：《祖庭事苑》，《卍续藏》第64册。
10. （宋）楼钥著，顾大朋点校：《楼钥集》，杭州：浙江古籍出版社，2010年。
11. （宋）赵彦卫著，傅根清点校：《云麓漫钞》，北京：中华书局，1996年。
12. （元）德辉重编：《敕修百丈清规》，《大正藏》第48册。
13. 党蓉：《禅宗各宗派及其重要寺庙布局发展演变初探》，硕士学位论文，北京工业大学，2015年。
14. 李兴范：《韩国古代の伽蓝配置について》，《印度学佛教学研究》1997年第45卷第2号。

15. 王贵祥：《隋唐时期佛教寺院与建筑概览》,《中国建筑史论汇刊》2013 年第 2 期。

16. 王大伟：《宋元禅宗清规研究》, 北京：宗教文化出版社, 2014 年。

17. 王月清：《禅宗戒律思想初探——以"无相戒法"和"百丈清规"为中心》,《南京大学学报》(哲学、人文、社科版) 2000 年第 5 期。

18. 温金玉：《丛林清规的历史考察与当代建构》,《中国宗教》2021 年第 8 期。

19. 玄胜旭：《南北朝至隋唐时期佛教寺院双塔布局研究》,《中国建筑史论汇刊》2013 年第 2 期。

20. 宿白：《隋代佛寺布局》,《考古与文物》1997 年第 2 期。

21. 张十庆编著：《五山十刹图与南宋江南禅寺》, 南京：东南大学出版社, 2000 年。

22. 周永华：《明代南京大报恩寺复原研究》, 硕士学位论文, 南京工业大学, 2013 年。

23. 赵力光编：《晖福寺碑》, 上海：上海古籍出版社, 2012 年。

24. 赵晓峰、张麟：《对双塔并置空间布局艺术设计的探源》,《艺术与设计》(理论) 2021 年第 7 期。

25. ［日］无著道忠：《禅林象器笺》,《大藏经补编》第 19 册。

26. ［日］铃木嘉吉：《国宝大事典》, 东京：讲谈社, 1985 年。

居士佛教研究

早期佛教的家庭伦理：
以夫妻关系为中心的讨论[①]

广　兴　（香港大学佛学研究中心）

【摘要】 许多人，包括学者在内，认为佛教对家庭没有任何教导，即使有，也是权宜性的。菩提比丘郑重地提醒我们，其实这是一种错误的认识。菩提比丘指出，巴利文五部尼柯耶中有很多的经典是对在家居士而讲的。可以说，早期佛教的家庭伦理是很系统、很有逻辑的。本文以中译《阿含经》与巴利文五部尼柯耶为主要原始材料，集中讨论佛陀对家庭尤其是夫妻关系的教导。早期经典中对家庭伦理提出以下几项重要的观点。首先，作为家长的夫妻在家庭中起关键的作用，因为他们是子女和亲人学习的典范与榜样，有道德、有信仰的家长是子女和亲人的最好依靠，可以为他们带来幸福与安乐。第二，夫妻之间的伦常关系以五戒为基础，夫妻要相互挚爱、相互尊敬，和谐美满的夫妻关系是家庭幸福的关键。第三，好妻子以家庭为中心，照顾好家里的每一位老少，好丈夫念妻亲亲，没有外遇。第四，那拘罗父母相亲相爱是模范夫妻。第五，夫妻如能做到"信具足、戒具足、施具足、慧具足"，不仅会今生幸福，来生也会幸福。

【关键词】 早期佛教　《阿含经》　夫妻伦常关系

前　言

美国的菩提比丘（Bhikkhu Bodhi）在他的英译巴利文《增支部》的前言中，特别提到佛陀所讲的家庭伦理。同时，菩提比丘也指出西方人对佛教的误解，认为佛陀只讲与解脱或涅槃有关的教导。这种误解在东方的佛教徒——甚至是学者——当中都存在。他们认为佛教是追求出世的宗教，度人到极乐世界，因此佛教主张出家修行；而佛教对世间、对家庭没有任何教导，即使有，也是权宜性的，其最终的目标还是出世。菩提比

[①] 本文在写作过程中得到温金玉教授、李利安教授和崔中慧教授的帮助与建议，在此表示感谢。

丘郑重地提醒我们，其实这是一种错误的认识。《杂阿含·1096经》明确地说："我已解脱人天绳索，汝等亦复解脱人天绳索。汝等当行人间，多所过度，多所饶益，安乐人天，不须伴行，一一而去。我今亦往郁鞞罗住处人间游行。"①巴利文的《相应部》与《律部大品》讲得更加明确。佛陀成道后三个月，对他的六十位解脱的弟子说："比丘们！为了众生的善益，为了众生的幸福，出于对世间的怜愍，为了天人与人的善益、幸福、安乐，你们去游行吧，两个人不要走同一条路。比丘们！你们弘法吧，此法开头是善、中间是善、结尾亦是善；意义正确，文字正确。"②经典中讲得很明确，为了人间与天人的幸福和善益，佛陀与他已经达到解脱的弟子们一起去人间弘法。如《杂阿含·914经》的《家庭经》讲："如来长夜欲令诸家福利增长，亦常作是说。"③与本经相对应的巴利文经是《相应部》42.9《家庭经》，其内容与中文本完全一样。

菩提比丘讲得很清楚：佛陀的教法是为了指导人们获得人生的幸福，这里的幸福有三个方面：

> 第一是通过履行个人的道德责任与社会义务，而获得现世的福祉与幸福。
>
> 第二是通过多做善事，而获得来世的福祉与幸福。
>
> 第三是通过修行八正道而获得涅槃的幸福。④

菩提比丘指出，大多数人错误地认为，佛教只是为了获得最后一种幸福：涅槃的幸福。其实，佛陀的教法是为以上三方面的幸福。包括学者在内的许多人只是注重佛陀教法的第三种，认为那就是佛陀最基本的教义。但是我们必须了解，三方面一定要平衡。

当我们阅读中译《阿含经》与巴利文五部《尼柯耶》的时候，我们发现，佛陀有很多的教导是针对在家居士而讲，可以说，早期佛教的家庭伦理是很系统、很有逻辑的。《阿含经》讨论了家庭之中各种不同的人际伦理关系，第一是有德行、有正见的家长（也是管家）对一个家庭的领导与模范的作用；第二是夫妻之间的伦理道德；第三是父母与子女之间的伦理道德，也就是孝道；第四是主人与仆人之间的伦理道德；第五是师长与弟子之间的伦理道德；第六是朋友与朋友之间的伦理道德；第七是僧俗伦理，宗教师与信徒之间的伦理道德。前三种是家庭之中最重要的伦理道德，尤其是夫妻伦理和亲子伦理，所以《阿含经》对这两方面有多处详细的讨论。后四种则是相对次要的家庭与社会伦理道德。

本文以中译的《阿含经》与巴利文的五部《尼柯耶》为主，专门讨论佛陀对家庭尤其是夫妻关系的教导。国际佛教学者公认，中译《阿含经》与巴利文的五部《尼柯耶》

---

① （刘宋）求那跋陀罗译：《杂阿含经》卷三九，《大正藏》第2册，第288页中。
② 《相应部》4.5也讲到。
③ （刘宋）求那跋陀罗译：《杂阿含经》卷三二，《大正藏》第2册，第230页中。
④ Bhikkhu Bodhi edited., *In the Buddha's Words: An Anthology of Discourses from the Pali Canon*, Boston：Wisdom Publication, 2005, p109. 本文作者翻译。

是最早的佛教文献，称之为早期佛教。因为笔者早前出版了《早期佛教的孝道》一文，[①] 已经对父母与子女之间的伦理道德有专门的讨论，所以本文不讨论孝道，只讨论早期佛教对夫妻的教导，如作为家长之夫妻对子女等亲人的伦理道德典范作用，家长在家庭中作为管家的重要性，夫妻之间的伦常关系，如何做一个好妻子、好丈夫等。

华人乃至世界佛教学术界对家庭伦理的研究相当的少。但是近二三十年来，这种现象有所改变，华人佛教学者对家庭伦理的研究多起来，大部分集中在对《善生经》（又名《六方礼经》）的研究。[②] 其他专门讨论佛教家庭伦理，如夫妻关系的文章少之又少。继雄法师的《初期佛教家庭伦理观》是唯一一本对早期佛教家庭伦理研究的专著，主要分析了巴利文经典与汉译阿含经，是目前对早期佛教家庭伦理研究最全面的论著。[③] 本书前半部分讨论亲子伦理，也就是孝道，后半部分讨论夫妻之间伦常关系与兄弟之间伦常关系。但是还有很多巴利文经藏中讲家庭伦理的经典没有被讨论，如讲到家长在家庭中起到伦理道德典范作用的经典，如何做一个好妻子的经典等。菩提的《佛教家庭伦理观初探》一文基本分析的都是汉译经典，没有分析巴利文经典，大部分讲到家庭伦理的巴利文经典没有被讨论。[④]

近年来，国际佛教学者也出版了几部有关家庭伦理的英文学术著作。美国学者科尔（Alan Cole）的《中国佛教的母亲与儿子》以中国佛教之伪经为主要依据，讨论中国佛教中母亲与儿子的关系。[⑤] 科尔认为，中国伪经的作者们想要说服儿子们，通过给寺庙捐献，请法师们为他们的母亲举行佛教仪式，挽救母亲在生育时所产生的罪恶，由此佛教寺院可以获得收益。这是该书的中心议题。因为作者既没有分析中国佛教正统的经典，更没有参考任何印度早期佛教的经典，如阿含经，所以他的理论有很大的问题。第二本

---

① 方立天、学愚主编：《佛教传统与当代文化》，北京：中华书局，2006年，第285—306页。Guang Xing, "Filial Piety in Early Buddhism", *Journal of Buddhist Ethics*, Vol.12（2005），pp.82-106.
② 近二十年来，有多位学者注意到佛教的家庭伦理，但是大部分的学者都是围绕《善生经》来讨论的，涉及《阿含经》内其他有关家庭伦理的经典之讨论比较少。以下所列举的都是华人学者所写的论文，不包含日本学者的。如业露华：《从〈佛说善生经〉看佛教的家庭伦理观》，《中华佛学学报》2000年第13期，第69—82页。王开府：《善生经的伦理思想——兼论儒佛伦理思想之异同》，《华梵大学第四次儒佛会通学术研讨会论文集》，2000年，第225—241页。邱敏捷：《佛教〈六方礼经〉之伦理观探析》，《正观杂志》2005年第35期，第65—100页。熊琬：《六方礼经之探讨：从〈六方礼经〉看佛教的伦理思想》，《法光杂志》1993年第40期。吕凯文：《对比、诠释与典范转移（2）：以两种〈善生经〉探究佛教伦理的诠释学转向问题》，《正观》2005年第35期，第5—64页。释启明：《〈佛说善生子经〉中的伦理思想浅探》，《五台山研究》2005年第4期。郑志明：《〈善生经〉的生命修持观》，《宗教与民俗医疗学报》2006年第3期，第53—87页。释明圆：《巴利语〈教授尸迦罗经〉与四部汉之对照研究》，圆光佛学研究所2006年毕业论文。释惠敏：《伦理与方位："心六伦"运动与〈六方礼经〉》，《人生杂志》2007年第288期，第100—102页。丘金品：《在家人的佛教伦理——以巴利本〈善生经〉为对比之研究》，硕士学位论文，南华大学，2010年。
③ 继雄法师：《初期佛教家庭伦理观》，台北：法鼓文化事业股份有限公司，1997年。
④ 菩提：《佛教家庭伦理观初探》，《法音》2003年第5期，第4—10页。还有买小英的《敦煌愿文中的家庭伦理管窥》（《敦煌学辑刊》2015年第1期，第13—21页）以敦煌愿文为主。最近有高登的《近现代汉传佛教家庭伦理思想研究》（硕士学位论文，华侨大学，2021年），但是与本文没有多大关系。
⑤ Alan Cole, *Mothers and Sons in Chinese Buddhism*, Stanford：Stanford University Press, 1998. 2000年，于君方教授在《哈佛亚洲研究学刊》[Harvard Journal of Asiatic Studies, 2000, vol. 60（1）] 上对此书做过深度的评论，认为本书的结论不可靠，不能成立。

书是克拉克（Shayne Clarke）的《印度佛教寺院生活中的家庭事情》。[1]本书主要依据佛教的律典与金石文献讨论佛教寺院僧尼与家庭的关系，作者所讨论的家庭问题很有创新意义，许多的问题是前人没有注意到的。但是本书没有讨论夫妻之间伦常关系。威尔逊（Liz Wilson）所编辑的《佛教的家庭》是一本以讨论家庭问题为主的论文集。[2]本书一共收集了十一位学者的十一篇论文，内容覆盖广阔，但是没有讨论早期佛教家庭伦理的文章。威尔逊（Liz Wilson）的《佛教与家庭》一文主要讨论与介绍了2014年之前对佛教家庭伦理学术研究的专著与论文，是一个带有总结性的评论。[3]但是对阿含经的家庭伦理基本没有研究。

一、具福德智慧之家长在家庭中的重要性

中国与印度的思想一样，都认为在一个家庭当中，家长扮演着很重要的角色。但是印度的婆罗门教与儒家所强调的家长是男主人，女主人基本没有地位。佛教同样强调家长在家庭的重要性，但是佛教对作为家长的男女主人都重视。换句话说，佛教主张男女平等。夫妻双方在家庭里是男女主人，上有老人，下有子女、奴仆等，他们扮演着很多的角色，如父母、家长或管家（管理家庭的一切事务）。这里我们首先强调的是，夫妻作为一家之长，他们的道德行为对家庭成员，尤其是对子女的典范作用与影响是深远的。有道德的家长对子女等家庭成员有正面积极的影响，因为父母就是子女学习的典范与榜样，他们的一言一行都深深地影响着子女的人生观与价值观。俗话说，有其父，必有其子。早期佛教认为，如果家长有信心，他们可以为家庭带来三种增长，如《增支部》的《山王经》讲到：

> 如一家之主的家长有信心，依靠他所生活的家庭成员有三种增长，哪三种呢？信心增长、道德增长、智能增长。……若家长具信心与善行，妻儿与亲戚依止他而增长，朋友、亲族和其他依赖他的人依止他而增长。有洞察力的人眼见善人（家长）之善业、施舍与善行，他们会效仿他（家长）。依止善法今世住，此是善道向善趣，渴望欲乐者充满喜悦，在天众中庆喜。[4]

首先，经典所强调的是有信心的家长，他具有"善业、施舍与善行"，他是"善人"，他对家庭成员有正面的影响。这里的家庭成员包括"妻儿与亲戚"，"朋友、亲族和其他依赖他的人"。也就是说，不仅家里的妻子、儿女，还有他的亲戚与朋友和其他依赖他

---

[1] Shayne Clarke, *Family Matters in Indian Buddhist Monasticisms*, Honolulu: University of Hawaii Press, 2014.
[2] Liz Wilson, *Family in Buddhism*, Albany: State University of New York Press, 2013.
[3] Liz Wilson, "Buddhism and Family", *Religion Compass*, 2014, 8/6, pp.188-198.
[4] 《增支部》3.48《山王经》。

的人,都会受到他的正面影响,会效仿家长的善行。其结果是,妻儿与亲族等会今生快乐、充满喜悦,来生升到天上。由此可见有信心、有道德的家长对家庭的重要。

其次,这里所讲的信心指的是对佛陀的诚信,对佛陀教导的诚信。《杂阿含·647经》讲,信就是对佛的深信不疑:"何等为信根?若比丘于如来所起净信心,根本坚固,余沙门、婆罗门、诸天、魔、梵、沙门、婆罗门、及余世间,无能沮坏其心者,是名信根。"①

《增支部》的《善人经》讲到,善人生在家中,他能为众多人带来善益、安乐和幸福。

> 当善人出生在家中时,他能为众多人带来善益、安乐和幸福。(1)他能为父母带来善益、安乐和幸福;(2)他能为妻子与儿女带来善益、安乐和幸福;(3)他能为奴仆、工人、佣人带来善益、安乐和幸福;(4)他能为朋友、同事带来善益、安乐和幸福;(5)他能为祖先带来善益、安乐和幸福;(6)他能为国王带来善益、安乐和幸福;(7)他能为诸天带来善益、安乐和幸福;(8)他能为沙门、婆罗门带来善益、安乐和幸福。②

这里所讲的善人就是家长、是管家,因为他们上有父母,下有妻子与儿女、奴仆、工人、佣人。可见如果家长是善人时,他们不仅为家庭中的父母、妻子、奴仆等带来"善益、安乐、和幸福",也为整个社会带来"善益、安乐和幸福",同时也为祖先与天人带来"善益、安乐和幸福"。可见若家长是善人时,他对家庭和社会都有巨大的贡献。

《增支部》第四集的《家族经》又从反面指出,家庭的财富是否能够保持恒久,与作为管家的家长是否有德行有直接的关系。如果家族的管家无德,即使是大富家庭,他们的财富也不会保持很久。如果家里的管家有德行,他们的财富就会保持很久。

> 比丘们!凡积聚了大量财富而不能长久保持的家庭,是因为四个原因,或其中之一。哪四个呢?(1)他们不寻找遗失的;(2)他们不修复老衰的;(3)他们沉迷于饮食;(4)他们任用无德行的男子或女子做管家。
>
> 比丘们!凡积聚了大量财富并能保持很久的家庭,是因为四个原因,或其中之一。哪四个呢?(1)他们寻找遗失的;(2)他们修复老衰的;(3)他们不沉迷于饮食;(4)他们任用有德行的男子或女子做管家。③

笔者认为,本经所讲的"男子或女子做管家"正是《增支部》的《山王经》讲到的"家长",也是《增支部》的《善人经》讲到的"善人",都是家庭里的重要成员,而不是从外面请来的管家。管理家庭的财务是家长的重要责任之一。《相应部》的《家族经》

---

① (刘宋)求那跋陀罗译:《杂阿含经》卷二六,《大正藏》第2册,第182页中。
② 《增支部》8.38《善人经》,与《增支部》5.42《善人经》相同,只是后者少了三项:"(5)他能为祖先带来善益、安乐和幸福;(6)他能为国王带来善益、安乐和幸福;(7)他能为诸天带来善益、安乐和幸福。"参考庄春江译本。安世高翻译的《七处三观经》也讲到同样的思想。
③ 《增支部》4.258《家族经》。

也讲到家庭的事业与财富损亡的八种因缘：

> 聚落主！家之损亡有八种因、八种缘。（1）家或为国王所损亡，（2）家或为窃盗所损亡，（3）家或为火所损亡，（4）家或为水所损亡，（5）或不得积蓄（由于管理不善而事业失败），（6）或家人懒惰抛弃家业，（7）或由于败家子生于家，挥霍、浪费、糟蹋家庭的财富，（8）无常者为第八。聚落主！此等八种因、八种缘为家损亡之因。①

经中所讲家庭的事业与财富损亡的八种因缘中，前四因与第八因是外部的原因，第（5）、（6）、（7）因是内部的原因。外部的原因是客观的，是家长或管家无法控制的，而内部的原因与家庭的家长或管家有直接关系。由于家长或管家管理不善，或败家子挥霍、浪费、糟蹋家庭的财富，家庭的财富就会损亡，这都与一家之长有关系。所以前一经讲到，作为一家之长的管家要有德性，家庭的财富才能保持很久。但是这些经都没解释，什么是"善人"，什么是"有德性的人"。

二、善人的定义

有关善人的定义，巴利文的《增支部》第四集有善人品，共有六部经，解释了六种善人。根据《杂阿含·1047经》所讲的，受持五戒是善业，不贪、不恚是善心，有正见不颠倒是善见，我把这六种善人分成三大类型：（1）善业善人，（2）善心善见善人，（3）上品善人三种。

> 云何为善业？谓离杀生、不乐杀生，乃至不绮语，是名善业。云何善心？谓不贪、不恚，是名心善。云何为善见？谓正见不颠倒，乃至见不受后有，是名善见。是名业善因、心善因、善见因，身坏命终，得生天上。譬如四方摩尼珠，掷着空中，随堕则安；如是彼三善因，所在受生，随处则安。②

《杂阿含·1039经》进一步解释，善心是"离于贪欲，不于他财、他众具作已有想，而生贪着，离于瞋恚，不作是念：挝打缚杀，为作众难"。正见不颠倒是指"正见成就，不颠倒见，有施、有说报、有福，有善恶行果报，有此世，有父母、有众生生，有世阿罗汉于此世他世，现法自知作证：我生已尽，梵行已立，所作已作，自知不受后有"③。

首先，《增支部》第四集善人品论述的第一种善人，奉持五戒的人就是善人：

---

① 《相应部》42.9《家族经》，参考元亨寺翻译。与本经相对应的中译《杂阿含·914经》讲到九种家庭财富损亡的原因："聚落主！有八因缘，令人损减福利不增。何等为八？（1）王所逼，（2）贼所劫，（3）火所焚，（4）水所漂，（5）藏自消减，（6）抵债不还，（7）怨憎残破，（8）恶子费用，有是八种为钱财难聚。聚落主！我说无常为第九句。"（刘宋）求那跋陀罗译：《杂阿含经》卷三二，《大正藏》第2册，第230页下。
② （刘宋）求那跋陀罗译：《杂阿含经》卷三七，《大正藏》第2册，第274页上。
③ （刘宋）求那跋陀罗译：《杂阿含经》卷三七，《大正藏》第2册，第272页上。

诸比丘！谁是善人呢？世间有人，离杀生，离不与取，离邪欲者，离虚诳语，离谷酒、果酒之酒分放逸处者。诸比丘！此名善人者。

诸比丘！谁是上等善人者耶？世间有人，自身离杀生，又劝他离杀生；自身离不与取，又劝他离不与取；自身离邪欲行，又劝他离邪欲行；自身离虚诳语，又劝他离虚诳语；自身离谷酒、果酒之有酒分放逸处，又劝他离谷酒、果酒之有酒分放逸处。诸比丘！说此是上等善人者。①

本经讲到，凡是奉持五戒的人就是善人，因为五戒之完满奉持是"道德上的成就"。五戒是佛教认为做人最基本的道德行为。五戒的巴利文是 pañcasīla。菩提比丘说：戒（sīla），也就是巴利文的道德准则，具有三个层面的意思：（1）内部的品德善，也就是具有满足，简单，信任，忍耐等善的质量。（2）身、语的行为表现出内在的善。（3）身、语的行为规范，使它们与道德理想一致。② 所以，pañcasīla 应当翻译为"五善"。根据佛教的思想来说，五戒是一种忠告，而不是要求一定要做，因为受持五戒的人有好的未来，不持五戒的人未来会有痛苦与灾难。自己奉持五戒，又能劝说他人也奉持五戒，就是上等善人。

第二，离杀生、离不与取、离邪欲行、离虚诳语、离离间语、离粗恶语、离杂秽语者是善人。这七项正是十善业道的前七项，包括在身善业和语善业当中。与上面所讨论的五戒相同，只是把五戒的第四不妄语分成四项，没有酒戒，因为酒戒是遮戒不是性戒。

诸比丘！谁是善人？世间有一类，是离杀生，离不与取，离邪欲行，离虚诳语，离离间语，离粗恶语，离杂秽语者。诸比丘！此名善人者。

诸比丘！谁是上等善人？诸比丘！世间有一类，是自身离杀生……劝他离虚诳语；又自身离离间语，又劝他离离间语；又自身离粗恶语，又劝他离粗恶语；又自身离杂秽语，又劝他离杂秽语者。诸比丘！此名上等善人。③

以上两种善人都可以归类为善业善人，因为这是身体与语言方面的善行。这是佛教所说善人的最基本的道德行为。

第三，有信、有惭、有愧、多闻、精进、正念、具慧者是善人。

诸比丘！谁是善人？世间有一类，是有信、有惭、有愧、多闻、勤恳、正念、

---

① 《增支部》第四集有善人品，第一部就是《增支部》4.201 经，参考元亨寺译本。
② Bhikkhu Bodhi, *Going for refuge and taking the precepts*, Sri Lanka：Buddhist Publication Society, 2009, online edition, p24. 古人把 Sīla 翻译成"尸罗"，它与"戒"所指的范围不同，尸罗的范围要广且大，如中文的"善"，所以尸罗包括戒在内；而"戒"在大多数的情形下是指规范语言和身体行为的具体戒条，如五戒或十戒，比丘和比丘尼戒等。但是这里所讲的最高形式的持戒，正好与尸罗相同。如《大智度论》卷一三也讲道："尸罗（秦言性善），好行善道，不自放逸，是名尸罗，或受戒行善，或不受戒行善，皆名尸罗。尸罗者，略说身口律仪有八种：不恼害、不劫盗、不邪淫、不妄语、不两舌、不恶口、不绮语、不饮酒及净命，是名戒相。"（《大正藏》第 25 册，第 153 页中）
③ 《增支部》4.203 经。

具慧者。诸比丘！此名善人。

　　诸比丘！谁是上等善人？诸比丘！世间有一类，是自身有信，而又劝他有信；又自身有惭，而又劝他有惭；又自身有愧，而又劝他有愧；又自身多闻，而又劝他多闻；又自身发勤，而又劝他发勤；又自身住念，而又劝他住念；又自身具慧，而又劝他具慧者。诸比丘！此名上等善人。①

《长阿含经》的《众集经》提到七正法："复有七法，谓七正法：有信、有惭、有愧、多闻、精进、总持、多智。"②《长阿含经》的《十上经》也提到七正法："谓七正法：于是，比丘有信、有惭、有愧、多闻、不懈堕、强记、有智。"③当我们查看相对应的南传《长部》的《众集经》与《十上经》时，两经都讲到一样的七圣法："有七圣法：有信、有惭、有愧、多闻、精进、出离、智慧。"《中阿含·86经》的《说处经》也讲到七力："阿难！我本为汝说七力，信力，精进、惭、愧、念、定、慧力。阿难！此七力，汝当为诸年少比丘说以教彼，若为诸年少比丘说教此七力者，彼便得安隐，得力得乐，身心不烦热，终身行梵行。"④以上所列的七项，只有第六项"正念"不同，其余六项都相同。《中阿含·69经》的《喻经》讲到："若比丘、比丘尼成就正念为守门将者，便能舍恶，修习于善。"⑤可见正念对于修善的重要。

第四，离杀生，离不与取，离邪欲行，离虚诳语，离离间语，离粗恶语，离杂秽语者，是无贪欲者，是无瞋恚心者，是正见者，是善人。这里共有十项，正是佛教所讲的十善业，有正见就是不痴，包括身体、语言、思想三个方面。

　　诸比丘！谁是善人？世间有一类人，离杀生，离不与取，离邪欲行，离虚诳语，离离间语，离粗恶语，离杂秽语者，是无贪欲者，是无瞋恚心者，有正见者。诸比丘！此名善人。

　　诸比丘！谁是上等善人？诸比丘！世间有一类人，自身离杀生，又劝他离杀生，自身离不与取，又劝他离不与取，自身离邪欲行，又劝他离邪欲行，自身离虚诳语，又劝他离虚诳语，自身离离间语，又劝他离离间语，自身离粗恶语，又劝他离粗恶语，自身离杂秽语者，又劝他离杂秽语，自身是无贪欲者，又劝他无贪欲，自身是无瞋恚心者，又劝他无瞋恚，自身有正见者，又劝他正见者。诸比丘！此名上等善人。⑥

与巴利文相对应的汉译经典是《杂阿含·1055经》，其内容完全一样。这里无贪是

---

① 《增支部》4.202经。
② （姚秦）佛陀耶舍共竺佛念译：《长阿含经》卷八，《大正藏》第1册，第52页上。
③ （姚秦）佛陀耶舍共竺佛念译：《长阿含经》卷九，《大正藏》第1册，第54页下。
④ （东晋）瞿昙僧伽提婆：《中阿含经》卷二一，《大正藏》第1册，第565页中。
⑤ （东晋）瞿昙僧伽提婆：《中阿含经》卷一五，《大正藏》第1册，第519页上。
⑥ 《增支部》4.204经，参考元亨寺译本。

指没有自私的心理，不会为了自己的种种荣华富贵、名利、五欲等做坏事。无瞋是指要生起慈悲心。印顺导师《大乘广五蕴论讲记》中说：慈悲"这在世间上是一个很高贵的道德。中国孔老夫子讲'仁'，墨子讲'爱'，都是差不多，都是对于人的一种广泛的同情、慈爱"。笔者将在下面分析正见，这里暂时不解释。所以无贪、无瞋、有正见就是佛教说的道德或"善心"。《杂阿含·791经》讲到，共有十项是"正道"："何等为正道？谓不杀、不盗、不邪淫、不妄语、不两舌、不恶口、不绮语、无贪、无恚、正见。"①

以上的第三与第四种善人的定义基本一样，因为正念可以引导惭愧升起，有惭有愧可以引导正见升起。巴利文《增支部》的《念经》解释道：

> 若有正念正智，则于具足正念正智者，具足惭愧之所依。若有惭愧，则于具足惭愧者，具足诸根防护之所依。若有诸根之防护，则于具足诸根之防护者，具足戒之所依。若有戒，则于具足戒者，具足正定之所依。若有正定，则于具足正定者，具足如实知见之所依。若有如实知见，则于具足如实知见者，具足厌患离贪之所依。若有厌患离贪，则于具足厌患离贪者，具足解脱知见之所依。②

"具慧者"也是有正见者，因为佛教所讲的慧的内容包括正见。从本经讨论来看，有惭、有愧、正念、具慧是修行的基础和要素。如果有因缘，学人继续努力用功，可以证得佛教最高的成就——解脱涅槃。《杂阿含·749经》又讲到有惭有愧可以引导正见升起，正见升起八正道就会升起。

> 若起明为前相，生诸善法时，惭愧随生。惭愧生已，能生正见。正见生已，起正志、正语、正业、正命、正方便、正念、正定，次第而起。正定起已，圣弟子得正解脱贪欲、瞋恚、愚痴。③

《杂阿含·1243经》也讲到，有惭有愧之人，"知有父母、兄弟、姊妹、妻子、宗亲、师长尊卑之序"。也就是说有惭有愧之人是有伦理道德之人，会奉持五戒。

> 世尊告诸比丘："有二净法，能护世间。何等为二？所谓惭、愧。假使世间无此二净法者，世间亦不知有父母、兄弟、姊妹、妻子、宗亲、师长尊卑之序，颠倒浑乱，如畜生趣。以有二种净法，所谓惭、愧，是故世间知有父母乃至师长尊卑之序，则不浑乱，如畜生趣。"④

以上第三与第四的内容很相近，笔者把这两种善人归类为"善心善见善人"。这是高一层次的善人，因为在奉行五戒的基础上有善心与正见做指导。也就是说，在正见指导下所做的善业都不是盲目的。他不仅知道善业是好的，而且知道为什么善业是好的，

---

① （刘宋）求那跋陀罗译：《杂阿含经》卷二八，《大正藏》第2册，第205页上。
② 《增支部》8.81《念经》。
③ （刘宋）求那跋陀罗译：《杂阿含经》卷二八，《大正藏》第2册，第198页中。
④ （刘宋）求那跋陀罗译：《杂阿含经》卷四七，《大正藏》第2册，第340页下。

因为这些善业是发自清净的心。

第五，奉行八正道的人是善人。根据佛教的思想，凡是奉行八正道的人都已经是趋向解脱之辈。

> 诸比丘！谁是善人？世间有一类，是正见、是正思惟、是正语、是正业、是正命、是正精进、是正念、是正定者。诸比丘！此名善人。

> 诸比丘！谁是上等善人？世间有一类，是自身正见，而又劝他正见；又自身正思惟，而又劝他正思惟；又自身正语，而又劝他正语；又自身正业，而又劝他正业；又自身正命，而又劝他正命；又自身正精进，而又劝他正精进；又自身正念，而又劝他正念；又自身正定，而又劝他正定者。诸比丘！此名上等善人。①

八正道已经包括了五戒，正语与正业就包括了前四戒的内容。奉行八正道的人已经是圣者，所以是上等善人。

第六，奉行八正道，并有正智、正解脱的人是善人。根据佛教的思想，凡是有正智、正解脱的人是已经解脱之辈。

> 诸比丘！谁是善人？世间有一类，是正见、是正思惟、是正语、是正业、是正命、是正精进、是正念、是正定、是正智、是正解脱者。诸比丘！此名善人。

> 诸比丘！谁是上等善人？世间有一类，是自身正见，而又劝他正见……乃至……又自身正智，而又劝他正智；又自身正解脱，而又劝他正解脱者。诸比丘！此名上等善人。②

凡是具有正见、正思惟、正语、正业、正命、正精进、正念、正定、正智、正解脱者已经是解脱之人，是圣人，所以也是最上等的善人了。阿罗汉、大菩萨、佛等都是解脱之圣者。

以上第五与第六的内容很相近，笔者把这两种善人归类为"上品善人"，也就是最高层次的善人。根据菩提比丘的《八正道：趣向苦灭的道路》，正见可分为世间正见与出世正见。"世间正见意味着：正确掌握业的法则——行为的道德力——名为'自业正见'。"③菩提比丘解释道："业与果的正见，提供了从事善行将在轮回中获生善道的理论基础。"也就是说，世间正见是对善恶因果的正确认识，善有善报，恶有恶报。这是第二种"善心善见善人"的正见。出世正见是对四正谛的正确认识。正见是八正道第一项，菩提比丘解释说："洞察四圣谛的正见，出现在道的终点而非起点。我们必须从顺应真理的正见开始，透过学习获得，并经由思惟而增强。"④这是"上品善人"所具有的正见。

---

① 《增支部》4.205 经。
② 《增支部》4.206 经。
③ 菩提比丘：《八正道：趣向苦灭的道路》，香光书乡编译组译，嘉义：香光出版社，2009 年，第 29 页。
④ 菩提比丘：《八正道：趣向苦灭的道路》，第 37 页。

第五，奉行八正道的人是善人。第六，奉行八正道，并有正智、正解脱的善人。这两种善人是正向解脱和已经获得正解脱圣者，包括菩萨与佛，是最高的层次善人，因此笔者称之为"上品善人"。

由上面的讨论我们知道，佛教所说的善人或有德行的人最少要奉守五戒。五戒是佛教戒律的基础，是做人的根本和最低的准则。根据佛教的教义，一个人能奉守五戒，他就可以保证来生也做人，甚至升天。五戒也是社会生活的重要伦理道德，奉守五戒是对社会的无畏惧布施。《佛说五大施经》解释得很清楚：

> 以何义故，持不杀行而名大施？谓不杀故，能与无量有情施其无畏。以无畏故，无怨、无憎、无害。由彼无量有情得无畏已，无怨憎害已，乃于天上、人间得安隐乐。是故不杀名为大施。不偷盗、不邪染、不妄语、不饮酒，亦复如是。①

对善人的进一步要求是有善心、有正见。只有有了对伦理道德的正确认识，生命就可以提升。如果一家之长是善人，有善心、有正见，的确可以为家庭带来无限的幸福。《增支部》末伽梨品讲到：

> 诸比丘！有一人生于世，为众人善益，为众人安乐、为众人之福利、为天人、人之善益、为安乐而生。其一人为谁？具正见而见不颠倒者。彼能使众人离非法而住于正法。②

萨达提沙（Saddhatissa）长老在他的《佛教伦理学》一书中也讲到，家庭团结很重要。

《木法本生经》（RukkhadhammaJataka）借用林中之树的比喻，讲述了家庭团结一致的重要性：森林中的树木能够抵挡风的暴力，而一棵孤立的树，不论如何巨大，也抵挡不了。佛陀肯定并强调家庭关系，他告诫那些决定过世俗生活的人，要保持家庭的纽带，同时也要保持家庭作为社会单位的荣誉和尊严。③

大家都知道家庭团结很重要，但是如何才能让家庭团结更加重要。佛教认为，家庭的团结依赖家长，也只有家长才能做到。夫妻双方都是家长，上有老下有小。如果家长是我们上面讨论的第二种善人，即夫妻双方都是奉守五戒的善人，是无贪欲心、无瞋心、无恚心、具有正见的善人，家庭一定能够团结。

三、夫妻要相互挚爱、相互尊敬

在家庭关系中，最重要的是夫妻关系，如果夫妻关系和谐美满，他们的子女也会幸

---

① （宋）施护等译：《佛说五大施经》，《大正藏》第16册，第813页中—下。《增支部》的《等流经》《增一阿含·声闻品第二十八》《大庄严论经》卷八（四八）》、《众经撰杂譬喻》卷上（九）、《出曜经·信品第十一》等都提到"五大施"。
② 《增支部》1.319经。
③ [英]萨达提沙著，姚治华、王晓红译：《佛教伦理学》，上海：上海译文出版社，2007年，第94页。

福成长，成长为有自信、有道德、有热情、爱生活的人。菩提比丘讲得好：

> 保持与印度社会规范一致（实际上所有传统的土地所有制社会），佛陀认为家庭是社会融合与适应的最基本单元。尤其是父母与子女之间那种亲情，可以促进（子女的）道德感与富于同情心的责任感，这会使社会和谐。在家庭中，这些价值代代相传，社会和谐就十分依靠父母与子女和谐。
>
> ……
>
> 父母与子女之间的健康关系依靠丈夫和妻子之间相互的挚爱与尊敬，因此佛陀对已婚夫妇主动提出适当的关系准则。这些强调了一个对伦理行为与精神理想的共同承诺。在许多婚姻很快以离婚结束的时代，特别值得我们注意的是佛陀对恩爱的那拘逻父亲与母亲的忠告，关于夫妻之间如何维持强烈而持久的爱，在来生也要重聚。《那拘逻父亲经》与《那拘逻母亲经》证明，佛陀并没有要求他的在家弟子摒弃世间的希望，而是有准备地为被世间渴望所驱使的人们指示如何获得他们所渴望的目标。佛陀所提出的一个要求是，欲望的满足要符合道德准则。[①]

《增支部》第四集的《共住经》讲到，那拘罗的父母相亲相爱，他们和佛陀说："我们希望来世彼此能再度相遇。"这里很有意义的是，佛陀没有批评说他们不以获得涅槃为目的，反而说只要是有相同的信、戒、舍、慧，两人就会再度相遇。也就是说，佛陀对在家居士与出家法师的要求不同。

> 居士！若夫妻两人皆已在这一世相遇，又希望来世能再度互遇。那么，两人必须共同具备相同的信、相同的戒、相同的舍、相同的慧。如此，两人已在此生互遇，来世亦能再度相遇。

佛教把男女之间的爱批评为"渴爱"，因为这种爱属于有染污的贪爱，是欲界贪爱（欲贪）中最强烈的。如《杂阿含·5经》佛陀对出家的比丘们说，不断欲贪，心不解脱，心不解脱，就不能断苦。

> 诸比丘！于色不知、不明、不离欲贪、心不解脱，贪心不解脱者，则不能断苦；如是受、想、行、识，不知、不明、不离欲贪、心不解脱者，则不能断苦。
>
> 于色若知、若明、若离欲贪、心得解脱者，则能断苦；如是受、想、行、识，若知、若明、若离欲贪、心得解脱者，则能断苦。[②]

但是佛陀对在家居士说法时，他的态度完全不同。佛陀并没有批评那拘罗父母，反而说有相同的信、戒、舍、慧，两人就会再度相遇。这也就是说，佛陀认可居家之士夫妻之间的正当爱情，正当的"渴爱"。但是，《中阿含经》的《拘楼瘦无诤经》解释，这是凡夫之乐：

---

① Bhikkhu Bodhi edited., *In the Buddha's Words: An Anthology of Discourses from the Pali Canon*, p110. 本文作者翻译。
② （刘宋）求那跋陀罗译：《杂阿含经》卷一，《大正藏》第2册，第1页中。

云何有乐，非圣乐是凡夫乐，病本、痈本、箭刺之本，有食有生死，不可修、不可习、不可广布，我说于彼不可修也？彼若因五欲功德生喜生乐，此乐非圣乐，是凡夫乐，病本、痈本、箭刺之本，有食有生死，不可修、不可习、不可广布，我说于彼则不可修。①

《杂阿含·752经》解释说，五欲本身不是欲，欲的根本是内心的"贪着"。

佛告迦摩："欲，谓五欲功德。何等为五？谓眼识明色，可爱、可意、可念，长养欲乐。如是耳、鼻、舌、身识触，可爱、可意、可念，长养欲乐，是名为欲。然彼非欲，于彼贪著者，是名为欲。"②

因此同经结尾讲到，心才是贪欲的根本："世间杂五色，彼非为爱欲，贪欲觉想者，是则士夫欲，众色常住世，行者断心欲。"《法句经·爱欲品》也有同样的解释："若觉一切法，能不着诸法，一切爱意解，是为通圣意。""欲我知汝本，意以思想生，我不思想汝，则汝而不有。"③这里明确地解释，人的思想才是贪爱的根本。

为了提升在家居士的爱情、超越情爱，佛陀指出了方向：相同的信、戒、舍、慧。相同的信是指两人同样深信佛陀的智慧；相同的戒就是两人共同守五戒；相同的舍就是两人共同慷慨大方，常行布施。相同的慧是最重要的，但是关于什么是慧，有不同的解释。《增支部》4.61经解释："什么是慧具足呢？这里，有男子是智者，他具有明辨生灭、为圣、抉择之智能，导向苦的完全灭尽。"《增支部》4.61经《有收获行为经》解释："能够知贪、恶欲、瞋、掉举、惛沉、疑、悔恨是心杂染，断除如此心杂染，名大慧、广慧、明见、具慧。此名慧具足。"可见了解自己内心是杂染，并且断除心的杂染是大智慧。《杂阿含·91经》解释："谓善男子苦圣谛如实知，习、灭、道圣谛如实知，是名善男子慧具足。"④慧具足是对四正谛的如实知，这是高层次的慧。四正谛是佛教的人生观，八正道是以正见为指导的佛教的生活方式，也是不走极端的中道的生活方式，它是出家和在家佛教徒共同实践的修行方式，唯有依八正道才能真正净化人的身心。因此《杂阿含·752经》讲到，佛告比丘："有八正道，能断爱欲，谓正见、正志、正语、正业、正命、正方便、正念、正定。"⑤《出曜经》："世无爱欲乐，越诸染着意，能灭己憍慢，此名第一乐。"⑥《法句譬喻经》讲了一个故事，说明要超越世间的贪欲。

佛告四比丘："昔有国王名曰普安，与邻国四王共为亲友，请此四王宴会一月，饮食娱乐极欢无比。临别之日，普安王问四王曰：'人居世间以何为乐？'一王言：

---

① （东晋）瞿昙僧伽提婆译：《中阿含经》卷四三，《大正藏》第1册，第702页下。
② （刘宋）求那跋陀罗译：《杂阿含经》卷二八，《大正藏》第2册，第199页上。
③ （孙吴）维祇难等译：《法句经》卷下，《大正藏》第4册，第571页中。
④ （刘宋）求那跋陀罗译：《杂阿含经》卷四，《大正藏》第2册，第23页下。
⑤ （刘宋）求那跋陀罗译：《杂阿含经》卷二八，《大正藏》第2册，第199页上。
⑥ （姚秦）竺佛念译：《出曜经》，《大正藏》第4册，第755页中。

'游戏为乐。'一王言:'宗亲吉会音乐为乐。'一王言:'多积财宝所欲如意为乐。'一王言:'爱欲恣情此最为乐。'普安王言:'卿等所论,是苦恼之本、忧畏之原,前乐后苦,忧悲万端,皆由此兴。不如寂静,无求无欲,淡泊守一,得道为乐。'四王闻之欢喜信解。"①

因此《增支部》第四集的《共住经》讲到,夫妻要有相同的智慧,就是要把他们引导至高层次的、无染污的大爱。在此大的前提下,《阿含经》对各种夫妻关系与夫妻伦理都做了进一步分析。

第一,夫妻最重要的就是同守五戒。《增支部》第四集的第五十三与五十四经同名,为《(夫妻)同住经》。经中讲到四种夫妻关系:卑夫与卑女同住,卑夫与天女同住,天神与卑女同住,天神与天女同住。②佛教最赞成的是最后一种夫妻。那么什么是"卑夫"与"卑女",什么是"天神"与"天女"呢?经文讲得很清楚。

> 居士们,什么是卑夫跟卑女同住呢?
>
> 居士们,丈夫杀生、偷盗、邪淫、妄语、饮酒,没有道德、本性邪恶,在家而内心被吝啬所缠缚,责骂、憎嫉沙门婆罗门;妻子杀生、偷盗、邪淫、妄语、饮酒,道德不好、本性邪恶,在家而内心被吝啬所缠缚,责骂、憎嫉沙门婆罗门。居士们,这就是卑夫跟卑女同住了。
>
> ……
>
> 居士们,什么是天神跟天女同住呢?
>
> 居士们,丈夫不杀生、不偷盗、不邪淫、不妄语、不饮酒,具有道德、本性善良,在家而内心不被吝啬所缠缚,不责骂、憎嫉沙门婆罗门;妻子不杀生、不偷盗、不邪淫、不妄语、不饮酒,具有道德、本性善良,在家而内心不被吝啬所缠缚,不责骂、憎嫉沙门婆罗门。居士们,这就是天神跟天女同住了。③

"卑夫"与"卑女"是指不守五戒,"没有道德、本性邪恶,在家而内心被吝啬所缠缚,责骂、憎嫉沙门婆罗门"。反过来,天神与天女是受持五戒,"具有道德、本性善良,在家而内心不被吝啬所缠缚,不责骂、不憎嫉沙门婆罗门"。换句话说,佛陀认为最好的夫妻是,双方都受持五戒,具有道德、本性善良,内心慷慨,不责骂、不憎嫉他人。这正与上面讨论第二种善人的定义基本相同,只是没有正见:"受持五戒,无贪欲、无瞋恚心,有正见者是善人。"无贪欲就不会吝啬,无瞋恚心就不会责骂、憎嫉他人。也就

---

① (西晋)法炬共法立译:《法句譬喻经》卷三,《大正藏》第4册,第595页下。
② "卑夫"与"卑女"在巴利文经典用的词汇分别是chava与chavāya,本意是"死尸",指没有灵魂的人,引申为行尸走肉。继雄法师把它译为"卑男"与"卑女",把deva与deviyā译为"善男"与"善女"。元亨寺译本将其译为"尸男"与"尸女",庄春江居士译为"男悲惨者"与"女悲惨者"。笔者采用了萧式球居士的翻译"卑夫"与"卑女"。
③ 《增支部》4.53《共住经》。

是说，佛教所说的好的夫妻一定要是受持五戒的善人。此经典结尾赞扬了受持五戒的好夫妇：

> 夫妻具敬信，慷慨而自律，生活如法行，互相说善语。
> 两人同守戒，能得大利益，同住常安乐，怨敌不能侵。
> 两人同守戒，依法而实践，同生于天上，享受天欲乐。①

《摩诃僧祇律》也讲到，如果婚嫁时，出家人应当为新婚夫妇作如下的祝愿：

> 女人信持戒，夫主亦复然，由有信心故，能行修布施。二人俱持戒，修习正见行，欢喜共作福，诸天常随喜，此业之果报，如行不赍粮。②

这里所强调的同样是，夫妻要共同受持五戒，有信仰，能行布施，共同修习正见。

第二，在守五戒的基础上，《善生经》进一步清楚地讲解了夫妻的关系，丈夫与妻子在家庭中各自的义务与责任。丈夫要"以五事爱敬供给妻子"，"妻复以五事恭敬于夫"。这里最重要的一点是，在平等的基础上，夫妻相互挚爱与尊敬。《善生经》现存四个中文译本，加上巴利文本，共五个版本，其内容大同小异。③ 我把这五个版本经典的内容归纳总结如下。

首先，丈夫"以五事爱敬供给妻子"：第一，先生应当尊敬、爱戴妻子，经常体贴和关怀妻子，对妻子不轻慢，没有怨恨之意。第二，把家中的事都交给妻子管理，叫"委付家内"。第三，要为她提供充足的饮食与衣服等日常用品。第四，要经常给妻子装饰打扮，赠与饰品，以示爱意。第五，先生要对妻子忠诚，没有外遇，经常"念妻亲亲"，也就是经常意念自己的妻子，不想其他的女子。

其次，妻子"复以五事恭敬于夫"：第一，妻子要爱敬先生，在行事上要态度敬顺、言辞温婉、善体夫意。第二，善于料理家务，这与上面的第二点对应，因为先生把家里的事交给妻子管理。第三，对先生忠诚，"不得有淫心于外夫"，"不违犯贞洁"，支法度译为"阃门待君子"。第四，"善摄眷属"，妻子要对家里的老人、小孩等眷属，以及婢仆善加对待，"辞气和，言语顺"，"前以瞻侍，后以爱行"。第五，守护家中财物，对于一切事务勤劳精巧。这里也包括供养沙门梵志。

巴利文本在结尾讲到："居士子！丈夫以这五种方式奉事西方的妻子；妻子也以这五种方式爱护丈夫。这样，西方便获得保护，平安、没有恐惧。"也就是说，夫妻平等互敬，妻子就得到保护，家庭就会平安、和顺。

从这里的描述我们可以看到，佛教对夫妻关系的论述是建立在印度社会的背景之

---

① 《增支部》4.53《共住经》。
② （东晋）佛陀跋陀罗共法显译：《摩诃僧祇律》卷三四，《大正藏》第 40 册，第 402 页中。
③ 《长阿含》的《善生经》，《中阿含》的《善生经》，安世高译《尸迦罗越六方礼经》，西晋沙门支法度译《善生子经》和巴利文《长部》的《教授尸伽罗越经》。

下。妻子在家里扮演着重要的角色，她既是管家，料理家里的大小事务，同时又是媳妇与慈母，对家里的老老少少都要照顾好。作为一位女性，"国立台南大学"的邱敏捷教授有如下的评论。

> 这种夫妇伦理观，看到了夫妻间情感交流的一面，同时也显示出夫妻间婚姻生活中艺术化的一面，观点相当新颖。因为仅有责任的消极规范，已不足以维持婚姻关系于永久幸福。如此，增加夫妻间相慕与互爱的动力，也把婚姻的基础、婚姻的道德地位进一步稳定起来。由此，可见有婚姻经验的佛陀很懂得女人心。[①]

四、如何做一个好妻子

《阿含经》也把妻子分成七种：三恶四善。汉译《增一阿含经·非常品》第九经讲到四种妻子：三善一恶。巴利文《增支部》的第七集第六十三经讲到七种妻子：三恶四善。《佛说阿遫达经》讲到七种妻子：三恶四善。《佛说玉耶女经》讲到五种善妻子，又增加了妻子的五善三恶。失译人名今附西晋录的《玉耶女经》和东晋竺昙无兰译的《玉耶经》都讲到七辈妇，即五种善妻子、两种恶妻子，又加妻子的五善三恶。通过对以上六个经典的分析，笔者认为"妻子的五善三恶"应当是后来加入的。这与其他独立翻译的经典相同，大部分独立翻译的经典都有添加。如后汉安世高翻译的《佛说父母恩难报经》就是在原有的经典上增加一大段。所以我们在此不讨论"妻子的五善三恶"。

当我们分析这六个不同的经典时，我们发现，这六个经典的对象是给孤独长者儿子的新妇。给孤独长者为儿子娶了一位来自很有地位之家庭的女子。给孤独长者报告佛陀说，"媳妇善生，生于富贵，彼女不侍奉姑，不侍奉翁，不侍候主人"，请佛陀为她说法。佛陀就为善生讲解了七种妻子。笔者把这六个版本经典的内容归纳总结如下。

四种善妻子是：第一种妻子如母亲，"爱念夫婿犹若慈母，侍其晨夜不离左右，供养尽心不失时宜，夫若行来恐人轻易，见则怜念心不疲厌，怜夫如子"。这是最好的妻子。第二种妻子如妹妹、如亲人，与丈夫"骨血至亲，无有二情"，同其苦乐，对丈夫"尽其敬诚"，尊敬己家主，惭心从顺夫。第三种妻子如奴婢，"贤良之妇见夫主随时瞻视，忍其言语，终不还报；忍其寒苦，恒有慈心，于三尊所"，"心常谦恭忠孝尽节，言以柔软性常和穆，口不犯麁邪之言，身不入放逸之行，贞良纯一质朴直信"。第四种妻子是"知识妇"，"侍其夫婿爱念恳至，依依恋恋不能相弃，私密之事常相告示，见过依呵令行无失，善事相教使益明慧，相亲相爱欲令度世如善知识"。这四种是好妻子，善妻子。《佛说玉耶女经》讲到："背亲向疏永离所生，恩爱亲昵同心异形，尊奉敬慎无憍

[①] 邱敏捷：《佛教六方礼经之伦理观探析》，《正观杂志》2005年第35期，第65—100页。

慢情，善事内外家殷丰盈，待接宾客称扬善名，是为夫妇之道。"从以上的讨论可以看到，经典所说的"善妻子"强调的是妻子对丈夫的忠心与相亲相爱，异形而心同。

三种恶妻子是：第五种妻子是"夺命妇"，"昼夜不寐恚心相向，当何方便得相远离？欲与毒药恐人觉知，或至亲里远近寄之，作是瞋恚常共贼之，若持宝物雇人害之，或使傍人伺而杀之……是为夺命妇"。第六种妻子是"似贼妻"，"如与偷盗共居，不惜夫物，但念欺夫，常欲自好，不顺子孙，但念淫泆"。第七种妻子是"怨家妇"，"见夫不欢，恒怀瞋恚，昼夜求愿，欲得远离，虽为夫妇，心常如寄，乱头勤卧，无有畏避，不作生活，养育儿子，身行淫荡，不知羞耻"。这三种是不好的妻子，恶妻子。巴利文《增支部》经典结尾又一次赞扬了受持五戒的善妻子，批评了不守五戒的恶妻子。

    此妻谓杀人，云贼支配者，破戒粗不敬，死后行地狱。
    谓母姊妹友，称为奴婢妻，住戒时自律，死后行善趣。[①]

这里所说的"恶妻子"是与丈夫不同心、心里怀恨嫉妒丈夫、常常想着陷害丈夫的妻子。我们要记住，这是在传统印度社会的历史背景下讲的，具有根深蒂固的"男主女从""男主外，女主内"的思想。在古代印度和中国，婚姻都是父母为子女包办的，男女之间也许从来没有见过面，更谈不上了解认识对方了。因此在结婚之后，男女双方会发现对方的缺点与不足之处，出现不和的现象应当是很常见的。女方由于在男方父母的家庭生活，对丈夫的不满就表现在以上所讲的三种"恶妻子"。我们必须指出的是，经典所讨论的四善妻子和三恶妻子正好证明妻子在家庭的重要性，因为妻子是家庭的管家，也是家庭的家长之一。阿含经反复地赞扬受持五戒的好夫妻和善妻子。

正如继雄法师所说："在家庭中妻子可说富有极大的影响力，她不仅影响子女，甚至影响丈夫。"[②]因此经典中讲到妻子的地方很多，如何做一个好妻子、好妈妈对整个家庭很重要。巴利文《增支部》第五集的《郁伽喝经》讲到，郁伽喝长者的女儿们要出嫁了，郁伽喝长者请佛陀为她们开示，如何做一个好妻子。巴利文注疏说，请佛说法时，婚礼已经在进行。经中讲了五项。

  1. 凡是父母为你们选择的丈夫，都是（父母）对你们的善益、对你们的利益、对你们的慈悲、出自怜愍。你们要早起晚睡，做好应做的事，行为端正，语言顺耳。

  2. 你们要恭敬、尊重、尊敬、崇敬凡是丈夫所尊重的人：父亲、母亲、沙门、婆罗门，当他们到来时，你们要（为他们）准备好座位与水。

  3. 你们要勤恳地、熟练地照顾好丈夫家的日常杂务，不论是羊毛类的，或棉花类的；你们要具有好的识别力，把家中的事务整理得井井有条。

  4. 你们要对丈夫家的家庭佣工，如奴仆、差使、雇佣者，有清楚的了解，知道

---

① 巴利文《增支部》7.63 经：七种妻子。
② 继雄法师：《初期佛教家庭伦理观》，第 135 页。

他们已完成的工作和未完成的工作，了解生病者的病情，给他们分享应有的食物。

5. 你们要保护丈夫所赚来的财富，如钱财、谷物、白银或黄金，你们不要成为丈夫财富的挥霍者、偷盗者、浪费者、糟蹋者。①

另外，《增支部》第八集有三部经讲善女人有八德，身坏命终之后，将转生到可意天众。第一经是为毗舍佉女居士所讲，第二经为那拘罗母亲所讲，第三经是为阿那律所讲。前五项与上面的完全一样。后面的三项是：

6. 她是优婆夷：归依佛，归依法，归依僧团。

7. 她有德行，不杀生，不偷盗，不邪淫，不妄语，远离谷酒、果酒、酒放逸处。

8. 她乐于施舍，以离悭垢之心住于在家，自在施舍，亲手布施，欢喜弃舍，热衷于施舍，乐于布施和分享。

这里增加的三项正是我们前面讨论的第二种善心善见善人，只是没有提到正见。

《增支部》第八集的《毗舍佉经》是佛陀为毗舍佉居士讲了"迈向此世胜利，获得此世成就"的四法。

1. 女人要勤恳地、熟练地照顾好丈夫家的日常杂务，不论是羊毛类的，或棉花类的；你们要具有好的识别力，把家中的事务整理得井井有条。

2. 女人对丈夫家的家庭佣工，如奴仆、差使、雇佣者，有清楚的了解，知道他们已完成的工作和未完成的工作，了解生病者的病情，给他们分享应有的食物。

3. 女人对于丈夫不喜欢的行为，即使赔上性命，也不从事。

4. 女人要保护丈夫所赚来的财富，如钱财、谷物、白银或黄金，不要成为丈夫财富的挥霍者、偷盗者、浪费者、糟蹋者。

在这四法当中，第1、2、4与如何做一个好妻子的五项当中的第3、4、5相对应，内容完全一样。只有第3项是不同的，其实也是如何做一个好妻子的重要一项。从以上讨论我们可以看出，一个好妻子有以下几个重要的角色。第一是丈夫贤良忠贞的妻子，第二是把家里事打理得井井有条的好管家，第三是子女充满爱心的好妈妈，第四是公婆善良的好媳妇。

《杂阿含·19经》特别强调了女人贞良的问题。如果女人贞洁贤良，就会善听并牢记父母双方的教导，乐意生儿育女，操持家务，内心不会有瞋恚。如果女人不贞洁贤良，就会依靠自己的端正美妙或家庭的富有与势力欺负自己的丈夫，不会乐意生儿育女，不乐意操持家务。

人有五力令女人欺男子。何为五力？一者色，二者端正，三者多男兄弟，四

---

① 《增支部》5.33经。

者家豪，五者多财产。何等为色？谓女人不良，已不良便不欲治生。当瞋恚不欲持家，是女人自谓端正无比，自谓多男兄弟强，自谓豪贵家，自谓多财产，如是女人为不良。

若有女人贞良，无有女色，大贞便为持两善教，已受两善教便欲治产，不欲瞋恚，便欲秉持家，如是者不用端正，故为是人但心为人耳，不用多男兄弟强，不用家豪贵自贡高，不用多财产意适等耳，便为受教，已教善持之不懈，便欲治生。心和不欲瞋恚，便不弃家事，便欲治生持家，如是为贞良女人意。①

从以上讨论夫妻关系的经典我们可以看出，佛教认为，稳定亲密的夫妇关系是以道德情操为基础的，以正确的见解为指导，它包括奉行五戒、心地善良、乐意布施等。同时夫妻双方在家庭里有各自的义务与职责，这样才能使家庭和谐并充满快乐。经典也强调了妻子在家庭的重要性，因为妻子是家里的管家、家长，她会影响到家里所有的人。

五、如何做一个好丈夫

丈夫最主要的责任就是工作，赚钱养家。《杂阿含·93经》讲：

何等为居家火？善男子随时育养，施以安乐，谓善男子方便得财，手足勤苦，如法所得，供给妻子、宗亲、眷属、仆使、佣客，随时给与，恭敬施安，是居名家火。何故名家？其善男子处于居家，乐则同乐，苦则同苦，在所为作皆相顺从，故名为家。是故善男子随时供给，施与安乐。②

首先，男人要努力工作，合理合法地赚取钱财。然后用合理合法赚取的钱财供养父母、妻子、宗亲等家人，与家人"乐则同乐，苦则同苦"。这样才能保持家庭快乐与幸福。

《中阿含·27经》的《梵志陀然经》是佛陀的弟子舍梨子为在家居士陀然说法。舍梨子说：

陀然！族姓子可得如法、如业、如功德得钱财，爱念妻子，供给瞻视，行福德业，不作恶业。陀然！若族姓子如法、如业、如功德得钱财，爱念妻子，供给瞻视，行福德业，不作恶业者，彼便为妻子之所尊重，而作是言："愿尊强健，寿考无穷。所以者何？我由尊故，安隐快乐。"陀然！若有人极为妻子所尊重者，其德日进，终无衰退。③

这里也讲到，男人用以合理合法的方法赚取的钱财供养妻子，爱念妻子，不作恶业，这会得到妻子的尊重，如此他的道德就会与日俱进。经文很长，还讲到要以合理合

---

① 原经文是"便欲治生忧持家"，笔者认为"忧"字是多余的，所以删除了。
② （刘宋）求那跋陀罗译：《杂阿含经》卷四，《大正藏》第2册，第25页上。
③ （东晋）瞿昙僧伽提婆译：《中阿含经》卷六，《大正藏》第1册，第457页中。

法工作而赚来钱财供养父母、奴婢、沙门、梵志等。这就是丈夫最重要的责任。与上面讲到好妻子时,她"要保护丈夫所赚来的财富,如钱财、谷物、白银或黄金"相对应。

《增一阿含·一子品》第七经讲到,最吸引男人的是女色,缚着牢狱,无有解已。

> 我于此众中,不见一法最胜最妙,眩惑世人,不至永寂,缚着牢狱,无有解已。所谓男子见女色已,便起想着,意甚爱敬,令人不至永寂,缚着牢狱,无有解已,意不舍离,周旋往来,今世后世,回转五道,动历劫数。①

因此经典中对丈夫最多的忠告就是要爱念妻子,"念妻亲亲",不要在外面与其他女子有外遇。《杂阿含·1000经》讲:"贞祥贤良妻,居家善知识。"《杂阿含·1005经》讲:"田宅众生有,贤妻第一伴。"②《别译杂阿含·231经》讲:"种田为义利,妻为最亲友。"③《法句譬喻经·吉祥品》说:"去恶从就善,避酒知自节,不淫于女色,是为最吉祥。"④巴利文《相应部》讲:"儿子是最大的人生支持,妻子是家里最好的伴侣。"这都是要丈夫常常心中爱念妻子,远离其他女子。

第二,经典中对丈夫的忠告是不要邪淫。邪淫的罪过是堕地狱、饿鬼、畜生道中。《增一阿含·五戒品》第五经讲到:

> 世尊告诸比丘:"于此众中,不见一法修行已、多修行已,成地狱、饿鬼、畜生行。若生人中,居家奸淫,无有净行,为人所讥,常被诽谤。云何一法?所谓邪淫也。"

> 佛告诸比丘:"若有人淫泆无度,好犯他妻,便堕地狱、饿鬼、畜生中。若生人中,闺门淫乱。是故,诸比丘!常当正意,莫兴淫想,慎莫他淫。如是,诸比丘!当作是学。"⑤

《法句经》讲邪淫的后果有四:"放逸淫人妻,必遭于四事:获罪、睡不安,诽三、地狱四。非福并恶趣,恐怖乐甚少,国王加重罪,故莫淫他妇。"(偈309—310)这四个后果是,第一,获罪业,第二,睡眠不安,第三,受他人毁谤,第四,堕地狱。《法句譬喻经·利养品》说:"着眼耳鼻口,身之大贼,面目端正,身之大患,破家灭族杀亲害子,皆由女色。"⑥《增一阿含·十不善品》第一经:"若有众生,好喜贪泆,种三恶道;若生人中,门不贞良,窃盗淫泆。"⑦

印度佛教所提倡的五戒中的不邪淫戒专门是从男人的角度讲的。凡是自己妻子以外的不正当的关系都是邪淫。《中阿含经》的《思经》对邪淫定义讲的很清楚。

---

① (东晋)瞿昙僧伽提婆译:《增一阿含经》卷四,《大正藏》第2册,第563页上。
② (刘宋)求那跋陀罗译:《杂阿含经》卷三六,《大正藏》第2册,第262页中、263页中。
③ (姚秦)失译:《别译杂阿含经》卷一二,《大正藏》第2册,第458页中。
④ (西晋)法炬共法立译:《法句譬喻经》卷四,《大正藏》第4册,第609页上。
⑤ (东晋)瞿昙僧伽提婆译:《增一阿含经》卷七,《大正藏》第2册,第576页中。
⑥ (西晋)法炬共法立译:《法句譬喻经》卷四,《大正藏》第4册,第603页下。
⑦ (东晋)瞿昙僧伽提婆译:《增一阿含经》卷四四,《大正藏》第2册,第786页上。

三曰邪淫，（1）彼或有父所护，（2）或母所护，（3）或父母所护，（4）或姊妹所护，（5）或兄弟所护，（6）或妇父母所护，（7）或亲亲所护，（8）或同姓所护，（9）或为他妇女，有鞭罚恐怖，（10）及有名假赁至华鬘，亲犯如此女。是谓身故作三业，不善与苦果受于苦报。①

经中所提受保护的十种妇女中，"有名假赁至华鬘"是指已订婚的女子，但是"或妇父母所护"这一条，其意义不清楚。查阅与本经相对应的巴利文经典时发现，巴利文经典只提到九种妇女受保护，其中没有上面提到的"或妇父母所护"。这里所提到的十种妇女，其实也包括了除妓女以外的所有女子。但是与妓女厮混是包括在个人的道德行为里。换句话说，凡是与自己妻子以外的女子发生不正当的行为都是佛教所反对的。

佛经讨论的邪淫主要是指丈夫与他人妻子的不正当关系，由此而破坏家庭。因为佛教认为家庭的和谐是社会和谐的基础。如我们上面讨论的，在家庭中，作为家长的妇女占有很重要的地位。美国的菩提比丘解释的很清楚：

（不邪淫）从伦理立场来看，这项戒律的主要目的是保障婚姻关系，使其不受外来的干扰，并增进婚姻中的信任与忠诚……对于在家众来说，这项戒律意味着：不与不正当的伴侣发生性关系。对于不邪淫戒，最严重的违犯是完全的性结合，其他较不完全而与性有关的行为，则被认为是较为次级的违犯。②

从道德层面讲，佛经对男人的教导很多。巴利文《经集》的《毁灭经》讨论的也很清楚："不满意自己的妻子，与妓女厮混，与他人的妻子厮混，这种人是毁灭的原因。"（偈108）《经集》的《无种姓者经》："出没在亲戚或朋友的妻子中，或强逼，或引诱，应该知道这种人是无种姓者。"（偈123）这里"无种姓者"是指没有道德修养的人。巴利文《法句经》："若人于世界，杀生说妄语，取人所不与，犯于别人妻，及耽湎饮酒，行为如是者，即于此世界，毁掘自善根。"（偈246—247）《增一阿含·三供养品》第六经教导男人如何看待其他女人：

云何智者成就身三行？……亦不淫泆，见他女人色，心不起想，亦不教人使行淫泆。设见老母，视之如己亲，中者如姊，小者如妹，意无高下。③

《阿含经》同时也提醒男人们，不要迎娶太年轻的女子为妻子。《经集》的《毁灭经》讲到："沉湎于女色，爱喝酒，好赌博，将一切所得挥霍一空，这种人是毁灭的原因。"（偈106）"青春已逝，还将乳房如同町婆罗果的女子带回家；出于对她的猜忌而不能安睡，这种人是毁灭的原因。"（偈110）

---

① （东晋）瞿昙僧伽提婆译：《中阿含经》卷三，《大正藏》第1册，第437页下。《杂阿含·1039经》："行诸邪淫，若父母、兄弟、姊妹、夫主、亲族，乃至授花鬘者，如是等护，以力强干，不离邪淫。"［（刘宋）求那跋陀罗译：《杂阿含经》卷三七，《大正藏》第2册，第271页中。］《三法度论》对邪淫解释的更加清楚。
② 菩提比丘：《八正道：趣向苦灭的道路》，第67页。
③ （东晋）瞿昙僧伽提婆译：《增一阿含经》卷一二，《大正藏》第2册，第608页上。

但是与此经相对应的中译《杂阿含经》则不单是讲到男子,而是提到了男女双方。《杂阿含·1279经》:

> 女人不自守,舍主随他行,男子心放荡,舍妻随外色,如是为家者,斯皆堕负门。老妇得少夫,心常怀嫉妬,怀嫉卧不安,是则堕负门,老夫得少妇,堕负处亦然。①

中译《杂阿含经》所表达的思想是男女平等,在邪淫方面男女都有可能,所以都要告诫。

六、模范夫妻

巴利文《增支部》《相应部》以及中译《增一阿含经》《杂阿含经》在多处提到那拘罗父母亲。他们夫妇俩都是佛陀的在家居士,经常来见佛陀,询问各种问题,甚至是涅槃。佛陀说,在他的在家弟子当中,他们是最亲密的伴侣。其中,《增支部》第四集的《共住经》讲到,他们相互挚爱,忠诚于对方,相互照顾,是标准的模范夫妻。

> 那拘罗父对佛陀说:"世尊!那拘罗母是我自幼相处、年轻时就已经迎娶过门的妻子。我从来不曾以意念背叛过那拘罗母,更何况以身行背叛她。世尊!我们已经在这一世得以相遇,我们希望来世彼此能再度相遇。"
>
> 那拘罗母也同样地对佛陀说:"世尊!我在年轻之时,就已经嫁给当时还是青年的那拘罗父。我从来不曾以意念背叛过那拘罗父,更何况以身行背叛他。世尊!我们已经在这一世得以相遇,我们希望来世彼此能再度相遇。"
>
> 居士!若夫妻两人皆已在这一世相遇,又希望来世能再度互遇。那么,两人必须共同具备相同的信、相同的戒、相同的舍、相同的慧。如此,两人已在此生互遇,来世亦能再度相遇。②

《增支部》第六集的《那拘罗父母经》讲到,那拘罗父亲生了重病,由于那拘罗母亲的细心照顾和安慰的言语,他很快就病愈。以下是那拘罗母亲与那拘罗父亲对话当中最感人的一段经文:

> 长者!倘若你这样想:"在我死之后,那拘罗母将无法养育孩子,不能经营家居。"长者!你不要这样想。我善巧于纺棉及编织。在你逝世之后,我能养育孩子,经营家居。因此,你命终之际,别心有挂碍,有挂碍地死去是苦的。而且,有挂碍地死去被世尊所诃责。

---

① (刘宋)求那跋陀罗译:《杂阿含经》卷四八,《大正藏》第2册,第352页中。
② 释了觉、释了尘:《心微笑了——佛陀时代的女性证悟道迹》第2册,第十一章"菩萨五百世之母亲:可倚信第一女居士——那拘罗母"。

长者！倘若你这样想："在我逝世后，那拘罗母将改嫁至他家。"长者！不要这样想。你与我都知道，我们十六年来在家严守梵行。因此，长者！你命终之际不要有挂碍，有挂碍地死去是苦的，有挂碍地死去被世尊所诃责。

那拘罗父亲刚刚病愈之后来见佛陀，佛陀对他说：

> 长者！你真的有福报和收益，那拘罗母亲很怜悯你，为了你的好处着想，给你作劝诫及教诫。在我的白衣在家女弟子当中，那拘罗母是圆满善行的人之一……是获得内心寂止的人之一。长者！在我的白衣在家女弟子当中，那拘罗母是在佛法与戒律中已得证入、已得安住、已得苏息、已度疑、已离惑、已得无畏、不仰赖他人而住导师之教中者之一。

中文翻译的《杂阿含·107经》说，"有那拘罗长者，百二十岁，年耆根熟，羸劣苦病，而欲觐见世尊及先所宗重知识比丘"，并请求佛陀为他说法，"唯愿世尊为我说法，令我长夜安乐！"先是佛陀为他说法，然后舍利弗又为他进一步解释了为何"苦患身、不苦患心"。

> 尊者舍利弗说是法时，那拘罗长者得法眼净。尔时，那拘罗长者见法、得法、知法、入法，度诸狐疑，不由于他，于正法中，心得无畏。从座起，整衣服，恭敬合掌，白尊者舍利弗："我已超、已度，我今归依佛、法、僧宝，为优婆塞，证知我，我今尽寿归依三宝。"①

《增一阿含·利养品》第四经与巴利文《相应部》22.1经都有同样的记载。《大经慧远疏》曰："见四真谛，名净法眼。"②由以上的讨论可知，那拘罗父母共同修学佛法多年，同守五戒，供养僧众，互敬互爱，是以佛法生活的模范夫妻。

七、今世的幸福与来世的幸福

巴利文《增支部》的《有收获行为经》讲到，在家人希望四件事：第一，愿我合法地得到财富；第二，得到财富之后，愿我与我的亲族有好的名声；第三，得到财富并有了名声之后，愿我活得长久，保持长寿；第四，得到财富并有了名声，保持长寿之后，愿我身坏死后，往生善趣、天界。③佛陀因此为在家居士讲解了如何使今世得到幸福，来世也得到幸福。

巴利文经和汉译阿含经相同的，如《增支部》的《长膝经》《巫惹雅经》与《有收

---

① （刘宋）求那跋陀罗译：《杂阿含经》卷五，《大正藏》第2册，第33页中。
② 《佛光大辞典》：据《大毗婆沙论·卷六六》载，于见道以前尚未完全断惑，或断除欲界五品之惑而入见道者，生法眼净，得预流果；断除欲界第六第七品之惑者，生法眼净，得一来果；断除欲界九品乃至断除无所有处之惑者，生法眼净，证不还果。
③ 巴利文《增支部》4.61经。

获行为经》，汉译《杂阿含·91经》都讲："有四法，俗人在家得现法安、现法乐。何等为四？谓方便具足、守护具足、善知识具足、正命具足。"经文很长，我概括如下：

第一，方便具足就是要勤恳工作，不论是任何职业，"种田、商贾，或以王事，或以书疏算画"，都要努力认真地工作。第二，守护具足是指，把如法赚来的钱财守护好，不要使之丢失。"不令王、贼、水、火劫夺漂没令失"。第三，善知识具足是指，与好的朋友和好的同事交往。善知识是指，"若有善男子不落度、不放逸、不虚妄、不凶险，如是知识能善安慰，未生忧苦能令不生，已生忧苦能令开觉，未生喜乐能令速生，已生喜乐护令不失，是名善男子善知识具足"。第四，正命具足是指，如法赚来钱财之后要善加利用，供养父母、妻子、子女，让他们过上好生活，同时收入与支出要保持平衡，不要挥霍浪费，不顾后果。①

《增支部经》的《利用经》对第四点解释的很清楚。如何善加利用赚来的钱财呢？首先要使自己快乐、喜悦；使父母快乐、喜悦；使妻儿、奴仆、工人、佣人快乐、喜悦。第二是使朋友、同事快乐、喜悦。第三是对（1）亲族的供祭，（2）宾客的供祭，（3）祖先的供祭，（4）国王的供祭，（5）天神的供祭。第四是供养沙门、婆罗门，也就是要多做善事。②这四个方面包括了从个人到家庭、朋友亲戚、政府的纳税、社会福利等各个方面。最有意思的是"天神的供祭"。天神信仰代表当地的文化与信仰，是当地人民特色的文化。佛教是保护当地文化与信仰的宗教，所以对当地人民的天神信仰不仅要尊重，还要支持。

对于来世的幸福，佛陀告婆罗门："在家之人有四法，能令后世安、后世乐。何等为四？谓信具足、戒具足、施具足、慧具足。"

> 何等为信具足？谓善男子于如来所，得信敬心，建立信本，非诸天、魔、梵及余世人同法所坏，是名善男子信具足。
>
> 何等戒具足？谓善男子不杀生、不偷盗、不邪淫、不妄语、不饮酒，是名戒具足。
>
> 云何施具足？谓善男子离悭垢心，在于居家，行解脱施，常自手与，乐修行舍，等心行施，是名善男子施具足。
>
> 云何为慧具足？谓善男子苦圣谛如实知，集、灭、道圣谛如实知，是名善男子慧具足。若善男子在家行此四法者，能得后世安、后世乐。

经文的结尾说："若处于居家，成就于八法，审谛尊所说，等正觉所知，现法得安隐，现法喜乐住，后世喜乐住。"③

---

① （刘宋）求那跋陀罗译：《杂阿含经》卷四，《大正藏》第2册，第23页上—中。
② 巴利文《增支部》5.41经。
③ （刘宋）求那跋陀罗译：《杂阿含经》卷四，《大正藏》第2册，第23页中—下。

最后的四项"信具足、戒具足、施具足、慧具足",与上面教导好夫妻的完全相同。只是,对夫妻的要求是有相同的信、戒、施、慧。此处则要求是在四方面具足具、具备,也就是说在四方面要做到,这样才能得到来世的幸福。

结　论

从以上对中文《阿含经》与巴利文五部《尼柯耶》的分析可知,早期佛教对家庭十分重视,除开人们所熟悉的《善生经》外,还有很多的经典是专门讨论家庭问题的,其中讨论最多的是家庭的夫妻伦常。佛教认为,夫妻要相互挚爱、相互尊敬、相互支持,这样才能有一个美好和谐的家庭。妻子的责任是善于管理家庭事务,照顾好家庭里的老少大小,丈夫的责任是为家庭赚取钱财,养活家庭,随时供给父母妻子,施与安乐。这反映了传统的印度家庭观念,但是与印度婆罗门教不同的是,佛教认为夫妻是平等的,只是在家里的职责不同。

从道德方面讲,佛教认为五戒是家庭伦理的重要实践,是和乐幸福家庭的基础。夫妻双方都要受持五戒,本性善良,无有吝啬与憎恨,像天神与天女一样共同居住在一起,和乐融融。在五戒当中,佛教特别重视不邪淫戒。夫妻双方都要信任并忠诚于对方,特别是丈夫不能有外遇,只有这样才能保障稳定的婚姻关系。其次,夫妻双方都是家庭里的家长,在家庭中扮演重要的角色,对家庭的每个成员都有很大的影响,因此作为家长的夫妻一定要是善人。如夫妻奉守五戒、有善心、有正见,他们能为家庭所有的人带来善益、安乐和幸福。佛教的这些观点和思想,虽然是在两千五百多年前讲的,但是对今天的社会和家庭都适用。

参考文献

一、中文文献

1.（孙吴）维祇难等译：《法句经》,《大正藏》第 4 册。
2.（西晋）法炬共法立译：《法句譬喻经》,《大正藏》第 4 册。
3.（姚秦）佛陀耶舍共竺佛念译：《长阿含经》,《大正藏》第 1 册。
4.（姚秦）失译：《别译杂阿含经》,《大正藏》第 2 册。
5.（东晋）瞿昙僧伽提婆译：《中阿含经》,《大正藏》第 1 册。
6.（东晋）瞿昙僧伽提婆译：《增一阿含经》,《大正藏》第 2 册。
7.（东晋）佛陀跋陀罗共法显译：《摩诃僧祇律》,《大正藏》第 40 册。
8.（刘宋）求那跋陀罗译：《杂阿含经》,《大正藏》第 2 册。

9.（宋）施护等译：《佛说五大施经》，《大正藏》第 16 册。

10. 方立天、学愚主编：《佛教传统与当代文化》，北京：中华书局，2006 年。

11. 继雄法师：《初期佛教家庭伦理观》，台北：法鼓文化事业股份有限公司，1997年。

12. 菩提：《佛教家庭伦理观初探》，《法音》2003 年第 5 期。

13. 邱敏捷：《佛教六方礼经之伦理观探析》，《正观杂志》2005 年第 35 期。

14. 业露华：《从〈佛说善生经〉看佛教的家庭伦理观》，《中华佛学学报》2000 年第 13 期。

15. 郑志明：《〈善生经〉的生命修持观》，《宗教与民俗医疗学报》2006 年第 3 期。

16. 释惠敏：《伦理与方位："心六伦"运动与〈六方礼经〉》，《人生杂志》2007 年第 288 期。

17.［英］萨达提沙著，姚治华、王晓红译：《佛教伦理学》，上海：上海译文出版社，2007 年。

二、英文文献

1. BhikkhuBodhi. *Nourishing the Roots: Essays on Buddhist Ethics*. The Wheel Publication No. 259–60. Kandy，Buddhist Publication Society，1990.

2. Bhikkhu Bodhi. *Going for refuge and taking the precepts*. Sri Lanka：Buddhist Publication Society，2009.

3. Bhikkhu Bodhi. *In the Buddha's Words: An Anthology of discourses from the Pali Canon*. Boston：Wisdom Publication, 2005

4. Charles Goodman. *Consequences of Compassion: An Interpretation and Defense of Buddhist Ethics*. Oxford and New York：Oxford University Press，2009.

5. Clarke, Shayne. *Family Matters in Indian Buddhist Monasticisms*. Honolulu：University of Hawaii Press，2014.

6. Cole, Alan. *Mothers and Sons in Chinese Buddhism*. Stanford：Stanford University Press，1998.

7. Cozort, Daniel and James Mark Shields. *The Oxford Handbook of Buddhist Ethics*. Oxford：Oxford University Press，2018.

8. Davis, Jake H. *A Mirror is for Reflection: Understanding Buddhist Ethics*. Oxford：Oxford University Press，2017.

9. Davis, Gordon F. 2018. *Ethics without Self, Dharma without Atman: Western and Buddhist Philosophical Traditions in Dialogue*. New York：Springer.

10.*Journal of Buddhist Ethics*. Edited by Victor Forte. This is an Academic journal published online free for all. https://blogs.dickinson.edu/buddhistethics/

11.Keown, Damien. *The Nature of Buddhist Ethics*. London and New York： Palgrave Macmillan，1992.

12.Keown, Damien. *Buddhist Ethics: A Very Short Introduction*. Oxford： Oxford University Press，2005.

13.Ling, Winston L. *In the Hope of Nibbana: The Ethics of Theravada Buddhism*. Seattle： Pariyatti Press，2001.

14.Mrozik, Susanne. *Virtuous Bodies: The Physical Dimensions of Morality in Buddhist Ethics*. Oxford： Oxford University Press，2007.

15.Ohnuma, Reiko. *Head, Eyes, Flesh, and Blood: Giving Away the Body in Indian Buddhist Literature*. New York： Colombia University Press，2007.

16.Rick Repetti. Ed. *Buddhist Perspectives on Free Will: Agentless agency?* London and New York： Routledge，2017.

17.Sizemore, Russell F. and Donald K, Swearer. *Ethics, Wealth, and Salvation: A Study in Buddhist Social Ethics*. Los Angeles： University of Southern California Press，1990.

18.Wilson, Liz. *Family and Buddhism*. Albany： State University of New York Press，2013.

19.Wilson, Liz. Buddhism and Family.*Religion Compass* 8/6（2014）.

从六祖法统之争谈居士外护对宗派传扬的重要性

如 义 （中国佛学院普陀山学院）

【摘要】 本文从六祖法统之争入手，指出神会北上与北宗相互争夺本宗才是正统传承的过程中，双方都借助了亲近本宗的外护力量，使本来应该是辩理正源的祖位之争，演变成双方外护力量势力的较量。因为时局的变幻，让双方的外护力量发生了此消彼长的强弱变化，从而使神会最终从祖位之争当中胜出。从居士外护的重要性回看达摩祖师与梁武帝会面，反证了祖师要广度有情行菩萨道，离不开居士外护的强力支持。

【关键词】 禅宗 神会 普寂 祖位之争 居士外护

一、神会的生平与滑台大云寺论战

禅宗从初祖到五祖，基本上是一脉相传，一直到五祖的时候，因为五祖杰出的教授徒众的能力，门下出现了众多的人才，能够各自弘化一方，使得禅宗进入到全国性发展的阶段。五祖门下有两个最重要的传人，神秀与慧能，分别开演出禅宗的北宗和南宗。南宗在慧能住世的时候，影响力大多还是局限在以广东为核心范围的南方。慧能的南宗，如何从偏安岭南一隅的地方宗派转变为影响大江南北的全国性的宗派？这就不得不提禅宗历史上一个传奇性的人物——荷泽神会。

根据宗密《圆觉经大疏抄》卷三下《神会传》的记载，神会禅师（684—758）世寿七十五。俗家姓高，湖北襄阳人。《宋高僧传·唐洛京荷泽寺神会传》记载：神会"年方幼学，厥性惇明。从师传授五经，克通幽赜；次寻《庄》《老》，灵府廓然。览《后汉书》，知浮图之说。由是于释教留神，乃无仕进之意，辞亲投本府国昌寺颢元法师下出家。其讽诵群经，易同反掌。全大律仪，匪贪讲贯"。[①]

神会少时从师学习儒家的五经，同时对于道家老、庄的学说也有一些涉猎。因为读

---

① （宋）赞宁：《宋高僧传》卷八，《大正藏》第 50 册，第 756 页下。

到《后汉书》才知道有佛教，并由此因缘倾心于研习佛法，遂至本地国昌寺从颢元法师处出家。因为神秀禅师在荆州玉泉寺弘扬禅法名闻天下，少年的神会慕名到荆州玉泉寺在神秀门下学习禅法（697—700）。神秀禅师名声传到当时的皇帝武则天那里，武则天于久视元年（700）召神秀禅师入宫说法。因为当时跟随神秀禅师学习禅法的徒众很多，神秀禅师不能都带在身边，又担心他走了之后，大多数的弟子失去正确的引导，就在入宫之前推荐弟子们到广东韶州依从慧能禅师继续学习。正是因为神秀禅师的引荐，神会去曹溪依止慧能禅师继续研习禅法，在曹溪安住的几年间神会很受慧能器重。为了增广自己的见闻，神会不久之后又北游参学，遍寻名迹，先到江西青原山参慧能门下的行思禅师，后到西京受具足戒。景龙年中（707—709）神会又回到曹溪，慧能"大师知其纯熟，遂默授密语"[①]。

此后，神会跟随在慧能左右，成为慧能晚年的得意弟子。王维《六祖能禅师碑铭》中说他："遇师于晚景，闻道于中年。广量出于凡心，利智逾于宿学。虽末后供，乐最上乘。"[②]慧能圆寂后，神会又离开曹溪云游四方，四处参访，到了玄宗开元八年（720），敕配住南阳龙兴寺，故有"南阳和上"之称。他在南阳传布禅学，名声渐起。南阳太守王弼、内乡县令张万顷都向他问法。

神会在弘扬南宗过程当中为禅宗作出真正重大的贡献，是开始了慧能才是禅宗正统六祖的法统之争。"嗣法之事在隋唐之前并不重要，但隋唐以后就注重起来。在佛教宗派林立的中唐社会，嗣法一事，成了宗派生死存亡的大事。在宗法社会，有嗣则有法，无嗣则无法。争夺法嗣的成败，就决定了派别存亡的命运。"[③]因神会刚在南阳崭露头角发挥他一定影响力的时候，所面对的禅宗南北二宗弘扬的状况大体是，"然能大师灭后二十年中，曹溪顿旨沉废于荆吴，嵩岳渐门炽盛于秦洛"。神秀圆寂之后，普寂继承了神秀的北宗法统，依仗官方的权势统领天下禅众。宗密《神会传》中记载："普寂禅师，秀弟子也，谬称七祖。二京法主，三帝门师，朝臣归崇，敕史监卫。雄雄若是，谁敢当冲。"[④]普寂挟北宗统领天下禅众之势，推神秀为六祖，立自己为七祖，引发了禅宗的法统之争。《大照禅师塔铭》中记载普寂临终时付嘱：

> 吾受托先师，传兹密印，远自达摩菩萨导于可，可进于璨，璨钟于信，信传于忍，忍授于大通（神秀），大通贻于吾，今七叶矣。[⑤]

依当时的情况看，神秀的北宗一系以两京为中心，在中国的北方地区拥有很强大的影响力。北宗从神秀于久视元年入宫之后的几十年里确实是禅门公认的达摩到四祖五

---

① 胡适：《神会和尚遗集》，上海：上海亚东图书馆，1930年，第7页。
② （清）董诰等编：《全唐文》卷三二七，北京：中华书局，1983年，第3314页。
③ 胡京国：《论神会在禅宗史上的历史功过》，《文史哲》1998年第5期。
④ （唐）宗密：《圆觉经大疏释义钞》卷三，《卍续藏》第9册，第532页下。
⑤ （唐）李邕：《大照禅师塔铭》，《全唐文》卷二六二，第2659页。

祖东山禅门一系正统禅学所在。普寂确立其师神秀为六祖、自己为七祖的法统，是有比较深厚的社会基础的。心中怀着慧能才是禅门正统六祖的信念，神会于开元二十二年（734）于滑台（今河南滑县）大云寺开"无遮大会"①，公开抨击北宗一系，指斥神秀所传一门"师承是傍，法门是渐"，为确立南宗慧能禅系在禅宗的正统传承地位与宗旨，公开向北宗的普寂发起进攻。这是禅宗史上对南北宗有重要影响的里程碑事件，也是关于确立慧能六祖地位的关键历史事件。

大云寺开"无遮大会"最核心的目的是为禅宗的南宗建立正统地位，也是为慧能确立六祖之位。在此之前，其实五祖弘忍门下的弟子之间并没有对谁才是六祖有过争执，神秀与慧能住世之时，也没有对谁才是六祖发生过矛盾。《六祖坛经》当中记载，当时五祖把传法袈裟传给慧能之后，追着慧能想把传法袈裟抢回来的人当中并不包括神秀；相反他们互相之间关系比较良好，神秀就向慧能推荐他的弟子去曹溪学习，慧能也对神秀这个师兄表示了尊敬，神秀甚至在皇帝面前向皇帝推荐过自己的这个杰出的同门。大云寺的法统之争，表面上两边是要争夺"六祖"桂冠的归属，但有资格当六祖的人都已圆寂，所以神会与普寂是想通过六祖之位确立七祖之实。

神会在滑台大云寺论战上提出了他自己的理由，依《南宗定是非论》记载可以主要归结为以下两点：

（一）慧能有五祖所传的袈裟而神秀没有

> 后魏嵩山少林寺有婆罗门僧，字菩提达摩，是祖师。达摩在嵩山将袈裟付嘱与可禅师，北齐可禅师在司空山将袈裟付嘱与璨禅师，隋朝璨禅师在司空山将袈裟付嘱与信禅师，唐朝信禅师在双峰山将袈裟付嘱与忍禅师，唐朝忍禅师在东山将袈裟付嘱与能禅师。经今六代。内传法契，以印证心；外传袈裟，以定宗旨。从上相传，一一皆与达摩袈裟为信。其袈裟今在韶州，更不与人。余物相传者，即是谬言。②

神会认为禅宗历代祖位相传，内传心法，外以袈裟为信，令后来的弘法者有所禀承。神会曾经跟着神秀学习过三年，而且因为神秀的推荐，后来到慧能的门下学习，所以神会借着神秀的话说："秀和上云：'黄梅忍大师传法袈裟，今见在韶州能禅师处。'秀和上在日指第六代传法袈裟在韶州，口不自称为第六代数。"③这就表明连神秀自己也承认传法的袈裟是在慧能那一边。神会还特别指出："衣为法信，法是衣宗。衣法相传，

---

① 无遮大会原是指佛教每五年举行一次的布施僧俗的大斋会，又称无碍大会、五年大会。梵语般阇于瑟，华言解免，意为兼容并蓄而无阻止，无所遮挡、无所妨碍。无遮大会是佛教举行的一种广结善缘，不分贵贱、僧俗、智愚、善恶都一律平等对待的大斋会。
② （唐）神会述，独孤沛集并序：《菩提达磨南宗定是非论》，上海：上海亚东图书馆，1930年，第161页。
③ （唐）神会述，独孤沛集并序：《菩提达磨南宗定是非论》，第20页。

更无别付。非衣不弘于法，非法不受于衣。衣是法信之衣，法是无生之法。"①这明确说，法衣袈裟所在之处，才是禅宗正统之传承；北宗一系并非正宗，只是旁出而已。刘禹锡曾作《佛衣铭》说："民不知官，望车而畏；俗不知佛，得衣为贵。……六祖未彰，其出也微，既还狼荒，憬俗蚩蚩。不有信物，众生曷归？"②

（二）南宗法门是顿悟而北宗法门是渐修

神会强调正统的南宗禅法是顿悟禅法，是以顿悟为主要修行的方法，代替了传统禅法修行看重的渐进积累，但北宗禅法还是以渐修为主；在禅法修行方式上，北宗不如南宗来得更加快捷殊胜。神会在大云寺的"无遮大会"上极力宣扬南宗顿悟禅法的先进性："我六代大师——皆言单刀直入，直了见性，不言阶渐。"③显示出北宗禅法的落后性，着意把禅门南宗北宗的差异性判定为禅法修行上对顿、渐理解的原则分歧。于是禅门南宗北宗之异"皆为顿渐不同"在后来就变成了一种大家都比较认可的共识。

顿悟与渐修只是禅门南宗与北宗在修行方法上的差异。南宗主要侧重顿悟，而北宗偏向渐修。实际上神秀并不完全排斥"顿悟"，神秀说："一切善业由自心生，但能摄心，离诸邪念……即名解脱。"④所以神秀在《坛经》说修行要"时时勤拂拭"，但在《大乘无生方便门》中也说："诸佛如来，有入道大方便，一念净心，顿超佛地"，"起心思议是缚，不得解脱，不起心思议则离击缚，即得解脱"。⑤解脱与否，在神秀看也只在一念之间。他在《大乘五方便》中说："悟则朝凡暮圣，不悟永劫常迷。"在《观心论》里神秀更说："但能摄心内照，觉观常明，绝三毒心，永使消亡，闭六贼门，不令侵扰，自然恒沙功德，种种庄严，无数法门，悉皆成就。超凡证圣，目击非遥。悟有须臾，何烦皓首？"⑥从以上神秀著述中可以看出北宗也是谈到顿悟的。普寂也说过："或刹那便通，或岁月渐证。总明佛体，曾是传闻，直指法身，自然获念。"⑦当然南宗的修行也并非只有顿悟而没有渐修，在悟之前需要渐修，在悟之后更需要渐修，所以南宗北宗都讲顿悟也谈渐修，只是各自的侧重点不同，这才是实际情况。

神会在"无遮大会"上还提出了其他理由，他说："自达摩大师之后，一代只计一人。中间尚有二三，即是谬行佛法。"⑧但当时普寂一系却把五祖另外一个弟子法如和神秀并列为禅宗的第六祖。这样就和东山法门一代只有一个核心法统承传人的原则相违背。

---

① （唐）神会述，独孤沛集并序：《菩提达磨南宗定是非论》，第202页。
② （清）董诰等编：《全唐文》卷六〇八，第5145页。
③ 胡适：《神会和尚遗集》，第175页。
④ （唐）神秀：《观心论》，《大正藏》第85册，第1271页上。
⑤ （唐）神秀：《大乘无生方便门》，《大正藏》第85册，第1273页下、1277页中。
⑥ （唐）神秀：《观心论》，《大正藏》第85册，第1273页中—下。
⑦ （唐）李邕：《大照禅师塔铭》，《全唐文》卷二六二，第2659页。
⑧ 胡适：《神会和尚遗集》，第176页。

禅宗的传承从初祖达摩到四祖道信，因为门下的人才不多，所以每代确实只传一人。到了四祖道信的时候，四祖除了有五祖弘忍这个正宗的传人，实际上还有另外一个传人，就是牛头山的法融，但四祖为了保持禅宗传承的纯正性，当时就跟法融说，此法从上以来只委一人，他已将法付与弘忍了，因而嘱咐法融说，可以自立一支。①因为禅宗南北宗对禅法的理解不一样，导致他们自己修证的方法也有所不同，神会说："今言不同者，为秀禅师教人凝心入定，住心看净，起心外照，摄心内证。"神秀教授徒众的禅修方法以打坐为主，在静坐的时候摄取心念，息灭妄念，去除染缘。但神会认为这种用功都是妄心法缚，是有所执着，皆是修行路上障碍自己菩提道的障缘。神会说："从上六代以来，无有一人凝心入定，住心看净，起心外照，摄心内证，皆以念不起为坐，以见本性为禅。"所以正统的禅法不去教人要静坐后看心才入定。神会还说道："从达摩已下，至能和上、六代大师，无有一人为帝师者。"②从初祖达摩开始，禅宗一直保持着跟当政者比较疏远的关系。四祖道信在黄梅山居三十多年，唐太宗数次遣使征召不赴，后虽加严命，仍不为之屈。五祖弘忍追随四祖，后唐帝室召之入京，亦不从命。慧能亦两次为唐王朝所召请，均予拒绝，确实继承了东山法门与王朝政治不相牵涉的传统。而北宗门下却皆依傍王室，"秀禅师为两京法主，三帝门师"，被尊为"法主""国师"，受宫中供养。但神会自己后来也因为宗门的发展而傍上政治势力，甚至跟唐王朝的统治者关系亲密。

二、祖位之争中双方外护力量的消长变化

神会在滑台大云寺的"无遮大会"上，从教理与实物为证两个方面论证北宗只是旁门，南宗才是正统所在，把代表北宗参加"无遮大会"的崇远法师辩驳得理屈词穷。崇远法师词穷之后试图从其他方面扳回一些颜面，威胁神会说："普寂禅师名字盖国，天下知闻，众口共传，不可思议。如此相非斥，岂不与身命有仇？"③神会既然敢在大云寺说北宗是旁门，就已经做好充分的心理准备，神会对崇远说："普寂禅师与南宗有别，我自料简是非，定其宗旨，我今谓弘扬大乘，建立正法，令一切众生知闻，岂惜身命？"崇远质疑神会如此行事，难道"不为求名利乎？"神会表明自己坚定的态度："生命尚不惜，岂以名利关心？"④

神会在大云寺的胜利并没有让南宗在北方弘扬教法从此顺风顺水，相反神会在滑台大云寺宣扬南宗批判北宗之后，北宗抢先将普寂的名号在《嵩岳寺碑》列入传承，碑

---

① （唐）宗密：《中华传心地禅门师资承袭图》，《卍续藏》第63册，第31页上。
② 胡适：《神会和尚遗集》，第176页。
③ 胡适：《神会和尚遗集》，第21页。
④ 胡适：《神会和尚遗集》，第22页。

云:"达摩菩萨传法于可,可付于璨,璨授于信,信咨于忍,忍遗于秀,秀钟于今和尚寂,皆宴坐林间,福润宇内。"该碑立于开元二十七年(739),《宋高僧传·普寂传》记载:开元二十三年,普寂奉敕居于东都洛阳;二十七年,卒于京师。①普寂于739年圆寂,当年就把普寂的名号刻碑列入北宗法统的传承,可以说是北宗对神会在滑台大云寺无遮大会上宣扬的北宗是旁门南宗才是正统观点的一种有力的回击。自武则天迎弘忍门徒入京,中宗、睿宗独尊神秀一支,北宗一直是钦定的禅宗正统。唐中宗(705—710)诏于嵩岳寺为神秀追造十三级浮图,敕令普寂统帅禅众,以其侄坚意为嵩岳寺主,都表明了普寂的帝师身份。李邕撰《嵩岳寺碑》,列达摩以来的传承,以"忍遗于秀,秀钟于今和尚寂",正是反映了朝廷的意见。②滑台大云寺无遮大会之后,禅门南北二宗的相互角力渐渐拉开序幕,争夺本宗才是正统的传承也愈演愈烈。双方都在为自己的师门立碑作记,而且都得到了亲近本宗的政治势力的帮助。此时的情况是北宗在当时的政治中心洛阳与长安经营多年,神秀及其弟子普寂,号称两京法主、三帝门师,有诸多王公贵族、权臣亲近北宗。在这样的一种政治势力的比拼中,神会传法的艰难可想而知。北宗所借助的政治势力当中,有些人甚至不惜要将神会置于死地。据《圆觉经大疏钞》卷三记载:大云寺大会之后神会"便有难起,开法不得",甚至"三度几死,商旅缞服,曾易服执秤负归,百种艰难"③。这个时候就体现出,一个宗派的弘扬,教理跟教法是否殊胜、是否能够契合当时受众的根基固然重要,但是有没有世俗层面的强力外护也同样重要。当然神会也不是没有任何政治势力依靠的素人,神会在六祖慧能圆寂之后离开曹溪,四处游学弘扬南宗顿悟禅法,也为他积累了一定的名望,所以有人举荐到朝廷。神会于开元八年(720)被"敕"住南阳龙兴寺。南阳(今河南南阳市)靠近当时东都洛阳的南方,处于长安的东南,与洛阳和长安都不太远。南阳自秦汉以来一直属于中国的政治、文化、经济的中心区域范围,曾号称"帝都"。神会在南阳期间是他比较活跃的时期,时人称"南阳和上"。神会以南阳为中心,广交朝廷士大夫,宣传南宗顿教禅法。④

  神会在朝廷士大夫和僧人之间广泛传法,逐渐远近闻名。唐宗密《圆觉经大疏钞》卷三载:"因南阳答[王赵]公三车义,名渐闻于名贤。"⑤神会对他最终的回答是:"若为迷人得,一便作三车。若约悟人解,即三本是一。"⑥这种远超当时人们对禅理认知的解答,让王琚对神会产生了敬重之意。神会在南阳弘扬南宗时期同时积极与士大夫们广结善缘,这些士大夫后来都成为他在弘扬南宗禅法过程当中的外护。那些与神会亲近的

---

① (宋)赞宁:《宋高僧传》卷九,《大正藏》第50册,第760页下。
② 杜继文、魏道儒:《中国禅宗通史》,南京:江苏人民出版社,2008年,第135页。
③ (唐)宗密:《圆觉经大疏钞》卷三,《卍续藏》第9册,第532页下。
④ 杨曾文:《唐五代禅宗史》,北京:中国社会科学出版社,1999年,第167页。
⑤ (唐)宗密:《圆觉经大疏钞》卷三,《卍续藏》第9册,第532页下。
⑥ 杨曾文编校:《神会和尚禅话录·南阳和尚问答杂征义》,北京:中华书局,1996年,第65页。

士大夫中，有几个还是比较有权势的大臣。如户部尚书王琚，《旧唐书》卷一〇六有传。神会与王琚相遇时，是王琚担任滑州刺史或邓州（南阳属邓州）刺史的时候。神会在住持南阳龙兴寺时就与中国历史上非常著名的诗画双全的王维过往甚密，当时还是侍御史的王维曾赞誉神会："此南阳郡有好大德，有佛法甚不可思议。"①

在北宗势力的一路打压之下，神会还是得到了一个有力的居士外护的帮助与提携，"天宝四载（745）神会应兵部侍郎宋鼎之请入住洛阳的荷泽寺"。② 神会因唐王朝的实权人物兵部侍郎宋鼎③的支持而得以进入东都洛阳弘扬南宗禅法："天宝四载（745），兵部侍郎宋鼎请入东都。"此时神秀的两大弟子普寂和义福都已先后圆寂，北宗对于神会的打压也有所放松，神会抓住这个有利时机，积极在当时中国的政治文化中心，也是北宗的传统地盘弘扬南宗禅法宗旨。这对当时的士大夫深刻了解南宗的禅法教理有很大的积极作用，"于是曹溪了义，大播于洛阳；荷泽顿门，派流于天下"。④《宋高僧传》记载神会"于洛阳大行禅法，声彩发挥。从见会明心六祖之风，荡其渐修之道矣。南北二宗时始判焉"⑤。宗密的《禅门师资承袭图》也说："天宝初，荷泽入洛，大播斯门，方显秀门下师承是傍，法门是渐。既二宗双行，时人欲拣其异，故标南北之名，自此而始。"⑥从两份史料当中也可以互相佐证，神会在东都洛阳，确实大扬南宗六祖顿悟旗帜，极力贬低排斥北宗渐修之道。神会不仅在各种登坛讲经的场合，以及与各类士大夫交往的过程当中，宣扬慧能是六祖的正统地位；他还在荷泽寺为慧能建祖师堂立法统碑，"于洛阳荷泽寺，崇树能之真堂"，请来兵部侍郎宋鼎为六祖慧能碑站队。又依照自己所列的南宗宗统画了《六叶图》，"会序宗脉，从如来下西域诸祖外，震旦凡六祖，尽图绘其影"，请来太尉房琯作《六叶图序》。⑦神会借助这两位朝廷的实权人物，为慧能六祖正统地位的确立背书。

《荷泽和尚传》中说神会："演化东都，定其宗旨。南能北秀，自神会现扬，曹溪一枝，始芳宇宙。"⑧神会在洛阳通过讲经弘法建堂立碑的积极运作，真正使南宗成为一个具有全国影响力的宗派。当然神会的这一系列动作，造成北宗消南宗长的结果，是北宗人所不愿意看到的。虽然普寂跟义福在当时已经先后圆寂，北宗实际上失去了核心的领头人，但从神秀开始到普寂之后北宗一系毕竟已经在长安、洛阳等地苦心弘扬多年，神秀与普寂在世时本来就有大批的王公贵臣追随，有非常雄厚的政治势力作为北宗的坚实

---

① 杨曾文编校：《神会和尚禅话录·南阳和尚问答杂征义》，第85页。
② 杨曾文：《唐五代禅宗史》，第170页。
③ 宋鼎，唐洛州广平人。玄宗开元时，官监察御史、殿中侍御史、吏部员外郎、潞州刺史。二十五年（737），改襄州长史，兼按察使。又历广州刺史、潞州长史。天宝时，迁尚书右丞、兵部侍郎。能诗。
④ （唐）宗密：《圆觉经大疏释义钞》卷三，《卍续藏》第9册，第532页下。
⑤ （宋）赞宁：《宋高僧传》卷八，《大正藏》第50册，第756页下。
⑥ （唐）宗密：《禅门师资承袭图》，《卍续藏》第63册，第31页下。
⑦ （宋）赞宁：《宋高僧传》卷八，《大正藏》第50册，第755页中。
⑧ （南唐）静、筠二禅师：《祖堂集》卷三，《大藏经补编》第25册，第354页下。

外护，他们是不会轻易放弃自己的优势地位。洛阳更是当时北宗弘扬影响的核心区域，北宗普寂的徒众在积极宣扬自身法统传承正当性、宣扬神秀禅法殊胜性的同时，也同时运用借助了北宗权势外护力量来维护自己传统的优势地位。

北宗诸人眼看神会在洛阳影响越来越大，在经过一番精心的运作后北宗势力通过御史卢奕①对神会当头痛击，一举击溃神会在洛阳取得的大好发展趋势。

> 天宝中，御史卢奕阿比于寂，诬奏会聚徒，疑萌不利。玄宗召赴京，时驾昭应，汤池得对，言理允惬，敕移往均部。二年，敕徙荆州开元寺般若院住焉。②

御史卢奕于天宝十二载（753）上奏朝廷诬蔑神会聚徒的目的不纯，对唐王朝的统治秩序会构成不利的影响。唐玄宗即召神会到长安作出说明，因神会回答并不能让唐玄宗满意，玄宗就把神会贬往江西弋阳郡，不久之后又把神会移迁到湖北武当郡。天宝十三年春又移住襄州，同年的七月间又敕移住荆州开元寺。神会被排挤出洛阳，在短短的一年多的时间里，被逼四迁住地，就是不让神会在同一个地方停留过久，以免产生影响力。神会没有因为北宗势力对他的打击就此消沉，而是以书信往来、诗词赠答的方式与同情南宗的士大夫保持交流，所以神会虽然因贬逐而转徙四地，但这两年间他的名望反而愈发远扬。

如果时局不发生大的转变，神会被贬出洛阳之后估计会被迁得越来越远离政治与文化中心，就算他能够一直跟一些士大夫保持联系，最大的可能就是神会保持心中坚定的信念，但外在的环境处于一种无可奈何花落去的状态。神会被贬出洛阳的第三年，时局突然变化，历史上著名的"安史之乱"爆发了。而"安史之乱"给了神会一个重新崛起的机会。首先是诬奏神会的御史卢奕，"十四载，安禄山犯东都，人吏奔散，奕在台独居，为贼所执"，③然后英勇就义。唐肃宗在"安史之乱"后，因为卢奕的慷慨就死，加赠卢奕礼部尚书，谥号贞烈，史书把他列入《忠义传》。但不管怎么说，打击神会的核心人物卢奕的去世，为神会的回归跨越了第一重大的障碍。其次，唐玄宗因为安史之乱而退位，天宝十五年太子李亨即位，是为唐肃宗。和神会酬答不对机的唐玄宗退位，为神会回归洛阳清理了第二重障碍。而第三个机缘是神会凭借着多年积累的名望，主动争取来的。《宋高僧传》记载说：

> 十四年，范阳安禄山举兵内向，两京版荡，驾幸巴蜀，副元帅郭子仪率兵平殄，然于飞挽索然。用右仆射裴冕权计，大府各置戒坛度僧，僧税缗谓之香水钱，聚是以助军须。初洛都先陷，会越在草莽，时卢奕为贼所戮，群议乃请会主其坛度。

---

① 卢奕（？—755），滑州灵昌（今河南滑县）人，祖籍范阳郡涿县（今河北涿州市），出身范阳卢氏北祖第三房，唐代大臣，黄门侍郎卢怀慎次子。天宝初年，为鄠县令，擢给事中，拜御史中丞，与父兄三居其官。安禄山盗东都时死节，唐肃宗加赠礼部尚书，谥号贞烈，列入《忠义传》。
② （宋）赞宁：《宋高僧传》卷八，《大正藏》第50册，第756页下。
③ （后晋）刘昫等：《旧唐书》卷一八七下，北京：中华书局，1975年，第4894页。

于时寺宇宫观，鞠为灰烬，乃权创一院，悉资苫盖，而中筑方坛，所获财帛顿支军费。代宗、郭子仪收复两京，会之济用颇有力焉。①

在唐王朝亟需平复祸乱，军费紧缺的情况下，神会为唐王朝积极筹措经费，立下了大功，也洗清了之前说他聚集门徒对唐王朝统治秩序有不良影响的嫌疑。为了表彰他在这场战乱中的功劳以及恢复他之前所受的冤屈，"肃宗皇帝诏入内供养，敕将作大匠，并功齐力，为造禅宇于荷泽寺中"。②安史之乱还未完全平复，神会就圆寂了。对于神会后事的处理，唐王朝给予极高礼遇。《圆觉经大疏钞》卷三记载说："宝应二年，敕于塔所置宝应寺。大历五年，敕赐祖堂额，号真宗般若传法之堂。七年敕赐塔额，号般若大师之塔。贞元十二年，敕皇太子集诸禅师，楷定禅门宗旨，遂立神会禅师为第七祖"，并"御制七祖赞文，见行于世"③。神会受皇帝之敕，被立为禅宗七祖。有了唐王朝官方的认可，慧能作为禅宗的六祖才在历史上确立了正统的地位且不可动摇。

神会之所以最终在这一场法统之争当中胜出，一是因为在河南滑台大云寺开无遮大会的时候提出的两点主要理由，站在了道义的高点，令北宗无从辩驳。二是，神会在长期的弘法生涯过程当中，积累了一些强有力的信众外护。特别是敕住南阳龙兴寺之后，广泛结交士大夫，为自己后来入主东都洛阳荷泽寺打下了坚实的基础，也为他被贬之后能够顺利回归铺平了道路。三是，神会本人比较年轻，他所遭遇的对手都比他年长，等神会真正开始在四方发扬神采，他的这些北宗的主要对手都天年已至相继去世。四是，在遭遇了重大的挫折之后，还能够碰到历史的机遇。安史之乱的发生，让神会不费吹灰之力就避开了唐玄宗和御史卢奕的强大阻力。"北宗的兴盛是与帝王的扶持相关联的。反之北宗的衰落也是与朝廷的冷落相关联的。天宝十四年爆发安史之乱，朝廷忙于内战，两京大乱。靠朝廷扶持的北宗，已失去靠山丧失了生存根基。"④纵观六祖法统之争的始末，表面上看起来是神会与普寂的激烈争夺，但最终的角力其实是落到了双方居士外护力量的比拼上。甚至这种争斗的最终力量对比还是落到了唐王朝最高统治者的身上，由于唐王朝的最高统治者换了掌权人，才导致神会在这场祖位之争当中胜出。

三、帝王是最强力的外护

神会北上传法，对南宗弘扬本门禅法打开全国性局面的重要性毋庸置疑。这其中得到了居士外护的极大助力。教理层面的弘扬，需要出家众自己身体力行的亲证及对教理

---

① （宋）赞宁：《宋高僧传》卷八，《大正藏》第50册，第756页下—757页上。
② （宋）赞宁：《宋高僧传》卷八，《大正藏》第50册，第757页上。
③ （唐）宗密：《圆觉经大疏钞》，《卍续藏》第9册，第532页下。
④ 胡京国：《论禅宗南北之争中神会的作用》，《学术研究》1998年第6期。

教义深刻领悟的提炼与总结归纳。但如何让殊胜的教理在整个社会层面进行广泛的传播与宣扬，就需要有社会层面强有力人物的支持与帮助。禅宗从初祖到三祖实际上的情况是埋没于乡野，并不闻达于大众显贵之间。达摩祖师、二祖慧可、三祖僧璨，可以说都是亲证菩提的得道高僧，但只能在史料上看到他们在民间留下的一些典故和传说，并没有对当时的社会大众产生广泛的影响，最主要的原因就是，他们在弘法的过程当中缺乏强有力的居士外护的支持与帮助。达摩祖师见梁武帝是禅宗史上著名的公案：

> 武帝见后问道："朕即位以来，造寺、写经、度僧不可胜数，有何功德？"尊者答道："并无功德。"武帝惊问道："何以并无功德？"达摩答："这只是人天小果有漏之因，如影随形，虽有非实。"武帝又问："如何是真实功德？"尊者道："净智妙圆，体自空寂，如是功德，不于世求。"武帝再问道："何为圣谛第一义？"达摩答："廓然浩荡，本无圣贤。"武帝错会祖意，对于"廓然无圣"却作人我见解。连连碰壁，萧衍未免烦躁，舌锋一转，盯着达摩蓦然厉声抛出一句妙问："在朕面前的到底是个什么人？"达摩答得更绝："我也不认识。"武帝不省玄旨，不知落处，因他们彼此说话不投机，达摩尊者便离开江南。[①]

传统上对此段史料的解读，大都从契理的角度出发，认为梁武帝根器不足，不能领悟达摩祖师的良苦用心。达摩祖师是希望能够通过至高禅法的传达，让梁武帝从人天小乘的有漏因果中超越出来，去真正感悟大乘佛法的核心趣味。从传承禅法真正核心的角度看，达摩祖师做到了佛所说的契理，但并不能契合梁武帝的根机。六祖慧能于东山得法之后，在下山之前，五祖弘忍嘱咐他说："汝为第六代祖，善自护念，广度有情，流布将来，无令断绝。"[②] 在这一段临别的嘱托当中，五祖已经把作为一个法脉传承祖师的主要任务说得很清楚：一、要"善自护念"。打铁还需自身硬，作为祖师，自己的修行是不能放松的，一定要先保证自己修行。自己修行的进步，道行的提升，才是引领众生、度化众生的根本保障。二、要"广度有情"。时刻不要忘记佛法在世间存在的目的，是为了让众生悟入佛之知见。有自己高深道行为基础，要积极地出世广度世间有情众生。三、要让真正的佛法"流布将来，无令断绝"。要在广度世间有情的过程当中，寻找自己法脉核心的传承人，不能让佛法的核心传承从此断绝。历代祖师在弘扬佛道推行教化之时，其度化的对象，可以分为两类。一类是广度有情的普通大众，这时候需要祖师能契合大众的根机，先接引大众入门，用基础的人天善法广度众生，广结法缘，导人向善，令之多种善根就可以了；另一类是找到能传承自己道法的法器，让禅门的法脉不致断绝。对于第二类能传承自己道法的勘为法器之人，要努力发掘寻找，慎之又慎。所谓千军易得，一将难求。

---

① （宋）道原著，朱俊红点校：《景德传灯录》卷三，海口：海南出版社，2011年，第48页。
② （元）宗宝编：《六祖大师法宝坛经》，《大正藏》第48册，第349页上。

以契机的角度去重新审视达摩祖师与梁武帝的唯一一次见面，达摩祖师一见面就把梁武帝当作能传承自己道法的勘为法器之人，只是梁武帝却难于担此重任。达摩祖师在此次传法的过程当中也与佛所说的在传法之前要观众生根机的嘱咐相违背。俗世的帝王与世间广大的众生，因果羁绊甚深，很难成为世出世间佛法核心的传承人。如果一边当帝王，一边又能轻易开悟成就菩提圣果，释迦牟尼佛当年也不会放弃王位而出家修行了。但祖师若想"广度有情"成就菩萨道，却少不了强有力的居士外护的支持。广度友情需要祖师高深的道行、坚定的信念为基础，同时也需要大量的人力财力以及相应的组织去调配各种资源。俗世的帝王无疑是掌握各类资源最多的人，道安才会说："不依国主，则法事难立。"① 梁武帝作为佛教历史上的信佛帝王，对佛教的崇敬与信仰在历代帝王中是比较著名的。达摩祖师如果能够运用《维摩诘经》上所说"先以欲勾牵，后令入佛智"②的渐进的传法方式，相信更能够契合梁武帝的根机，为自己不远万里来到中国弘扬禅法找到强有力的居士外护。那么禅宗会不会从达摩祖师开始依托梁武帝的支持在当时的中国打开局面，早一百多年就成为全国性的宗派？

　　禅宗后来五家分灯中的各宗，分别都得到了当时军政权贵的支持，才能顺利建宗，广度有情。五家之中最早成立的沩仰宗，在立宗与弘传过程中，当时的地方军政官员和士大夫给予了有力支持。特别是裴休（约791—864）曾多方给予支持。据《旧唐书·宣宗纪》记载，在会昌法难之后，唐宣宗于大中元年（847）闰三月下诏恢复佛教："其灵山胜境、天下州府，应会昌五年四月所废寺宇，有宿旧名僧，复能修创，一任住持，所司不得禁止。"③ 于是，裴休便用自己的车舆迎请灵祐重新出来，并"亲为其徒列"，请灵祐主持沩山寺院再传禅法。后来大行天下的临济宗，开山祖师义玄在河北立宗之时，直接得到了成德镇节度使王绍懿、幽州节度使张仲武、魏博镇节度使何弘敬的支持，为临济禅法在北方的传播提供了良好的环境和优越的条件。文偃之所以能在韶州创立云门宗，是得到五代时期十国之一的以广州为都的南汉政权的支持。禅门五家之中，法眼宗成立最晚。法眼宗开山祖师文益在立宗传法过程中，得到南唐国主的大力支持，其门下弟子天台德韶受到吴越国主钱俶的崇信，被封为国师，在当时是很有影响力、名气很大的高僧。

结　语

　　禅门僧众如果只是住山独修，远离世俗大众，当一个自了汉，其实并不需要多少外力的支持，只要能够自食其力、自净其意、善自护念即可。但禅宗秉承的是大乘教法，

---

① （梁）慧皎：《高僧传》卷五，《大正藏》第50册，第352页上。
② （姚秦）鸠摩罗什译：《维摩诘所说经》卷中，《大正藏》第14册，第550页中。
③ （后晋）刘昫等：《旧唐书》卷一八下，第617页。

行菩萨道为令众生悟入佛之知见，才是真正通向究竟解脱之途。在广度有情的过程中，不仅要有内部核心弟子的帮助弘化，在外也要广结善缘，积极争取强有力的外护支持，才能顺利推进对大众的引导。当然广结善缘，也是要等到自己道法初步成熟、道心坚固之后才能去做的事。道果圆熟之前就去广结外缘，只能徒增障道之缘，落入胡乱攀缘之中。道心未固就急着寻求外缘的支持，结果很可能是流于世俗，为流俗所染，断了自己的法身慧命。

从神会北上弘扬南宗的经历中，我们可以看出居士外护对宗派弘传的重要性。如果不是因为神会在南阳龙兴寺弘法期间就积累了众多的善缘外护，则很难有入主洛阳荷泽寺的机缘。在洛阳期间进一步与当时的权贵士大夫阶层接触，为他后来即使被贬也能够迅速归来，奠定了坚实的基础。可以说在扩大南宗的影响，奠定南宗正宗地位的过程中，有没有强有力的居士外护力量的支持，其实是最重要的决定性因素。以古鉴今，宗门的延续需要僧人减少外缘的干扰，精进努力地修行。但宗派的发展与壮大，却需要僧人在保持本心的基础上广结善缘，度化有情。

参考文献

1. （唐）宗密：《圆觉经大疏释义钞》，《卍续藏》第9册。
2. （唐）裴休、宗密：《禅门师资承袭图》，北京：东方出版社，2018年。
3. （唐）神会述，刘澄集：《神会语录》，北京：东方出版社，2016年。
4. （宋）普济：《五灯会元》，《卍续藏》第80册。
5. （宋）道原：《景德传灯录》，《大正藏》第51册。
6. （宋）赞宁：《宋高僧传》，《大正藏》第50册。
7. （元）宗宝编：《六祖大师法宝坛经》，《大正藏》第48册。
8. （清）董诰等编：《全唐文》，北京：中华书局，1983年。
9. 杜继文、魏道儒：《中国禅宗通史》，南京：江苏人民出版社，1993年。
10. 胡适：《神会和尚遗集》，上海：上海亚东图书馆，1930年。
11. 胡京国：《论神会在禅宗史上的历史功过》，《文史哲》1998年第5期。
12. 胡京国：《论禅宗南北之争中神会的作用》，《学术研究》1998年第6期。
13. 楼宇烈：《胡适禅宗史研究平议》，《北京大学学报》（哲学社会科学版）1987年第3期。
14. 潘桂明：《也谈神会在禅宗史上的地位》，《南京大学学报》（哲学·人文科学·社会科学）1989年第4期。
15. 潘桂明：《中国禅宗思想历程》，北京：今日中国出版社，1992年。
16. 吴立民：《禅宗史上的南北之争及当代禅宗复兴之管见》，《佛学研究》1994年第

1期。
17. 吴立民等：《禅宗宗派源流》，北京：中国社会科学出版社，1998年。
18. 伍先林：《神会的禅学思想特色》，《宗教学研究》2011年第1期。
19. 杨曾文：《唐五代禅宗史》，北京：中国社会科学出版社，1999年。

佛教文献学研究

林兆恩《心经释略并概论》的诠释特色探析

唐哲嘉　（苏州大学政治与公共管理学院）

【摘要】《心经释略并概论》是林兆恩的解经作品之一，分作《心经释略》与《心经概论》二帙。林氏在二者中所采取的诠释方法也不尽相同，《心经概论》一文采取"概而论之"的方法，通过一问一答的方式借《心经》要义阐明自身之思想；而《心经释略》一文则采用传统的字训考据，同时引用历代学者之解释，重在还原《心经》之本旨。通过对《心经释略并概论》的深入解读，可以发现其本文的思想倾向有二：第一，无论是《心经释略》抑或《心经概论》都大量引用禅宗祖师的言论和《坛经》，带有浓厚的禅宗法统意识；第二，《心经释略并概论》也表现出与林氏"三教合一"思想的交涉，反映出其会通三教的解经旨趣。

【关键词】林兆恩　《心经释略并概论》　诠释　三教合一

【基金资助】江苏省科研与实践创新计划项目（KYCX21_2889）

前　言

林兆恩，福建省兴化府莆田县人，生于明正德十二年（1517），卒于明万历二十六年（1598），享年八十二岁。林兆恩是融合儒、释、道三教为一体的思想家，一生倡导"三教合一"的学说。林兆恩著述繁多，其对三教经典均有深入的研究与诠释，在儒家方面有《四书正义》，道教方面有《道德经释略》以及《常清静经释略》，而于佛教则有《金刚经概论》以及《心经释略并概论》。[1]但目前学界关于其经学思想的研究相对较少，历来研究林兆恩的学者如林国平先生、郑志明先生等都曾大量引用其中解经的内容，但学界尚缺乏专门性的研究。目前仅见台湾吴伯曜的《林兆恩〈四书正义〉研究》[2]以及唐明贵先生的《林兆恩〈论语正义〉的诠释特色》[3]，此外笔者亦曾作文探讨其《道德经释略》。

---

[1] 关于书名，明万历刻本影印本《林子三教正宗统论》（三十六册本）以及《林子本行实录》中均作《心经释略概论》，2016年北京：宗教文化出版社整理本作《心经释略并概论》，特此说明。
[2] 吴伯曜：《林兆恩〈四书正义〉研究》，硕士学位论文，台湾彰化师范大学，2001年。
[3] 唐明贵：《林兆恩〈论语正义〉的诠释特色》，《鹅湖月刊》2019年总第527期。

目前来看，学界尚未关注其对佛教经典的诠释，因而本文欲以《心经释略并概论》一文为线索来探讨其解经之特色。

一、《心经释略并概论》的版本及成书年代

《心经释略并概论》收录于林兆恩本人之全集，因汇编时间的差异，林氏本人之全集也形成了诸多不同的版本，如《林子会编》《林子全集》《三教分内集》《林子三教正宗统论》《林子圣学统宗三教归儒集》等。目前确定收录有《心经释略并概论》的版本有《林子三教正宗统论》、《林子全集》北京图书馆本、《林子全集》日本内阁文库本以及《林子全集》美国普林斯顿本。本文所用版本为2016年北京：宗教文化出版社出版的《林子三教正宗统论》，这一版主要采用了《四库禁毁书丛刊》据明万历刻本影印本《林子三教正宗统论》（三十六册本），林国平教授考证此版为现存林兆恩全集中最好的版本。

其次是关于此书的成书年代，根据卢文辉所著的《林子本行实录》所载，"万历九年（1581），春正月，按院安公九域，敦请教主郡宾不应……八月，寓上生寺，著《心经》释略概论》《〈常清静经〉释略》"。[①]而其族弟林兆珂所著的《林子年谱》中则记述为"先生年六十四（1580）。八月，抵达莆，寓涵江上生寺，著《心经释略》《金刚经统论》"[②]。其弟子张洪都所撰写的《林子行实》中同样也记述为"庚辰（1580），先生居古囊……八月，寓涵江上生寺。著《心经释略概论》《常清静经释略》"[③]。通过对比三种年谱，这部《心经释略并概论》应该是于万历八年（1580）在上生寺（今福建省莆田市涵江区卓坡村）完成的。当然《心经释略并概论》严格意义上来说分作《心经释略》与《心经概论》二帙，其撰成时间亦有一定的差异，林兆恩自谓："余委不知佛法了让亦强为之说焉，既概而论之，复略而释之，余岂不知《心经》微旨，不可得而说，不可得而论，不可得而释之哉？"[④]"故复撰《心经释略》，与此《概论》，别做二帙。"[⑤]可见，林兆恩最早是只撰写了《心经概论》，而后出于某种原因又撰写了《心经释略》，尽管存在前后之差异，但应当都是在万历八年完成的。

复次是关于其写作的目的，林兆恩撰写这部《心经释略并概论》的主观原因与晚明禅弊有直接关系。晚明时期的汉地佛教依然以禅宗为主，但自宋以来的五家七宗大多已经没落，唯以临济宗与曹洞宗两家流行天下。禅宗倡导直指本心，见性成佛，为普通大众接受佛教教义敞开了大门，但同时也造成了禅林不重修持，不持戒律，甚至呵佛骂祖

[①] （明）卢文辉编著，方芳校译：《林子本行实录》，北京：宗教文化出版社，2019年，第92页。
[②] 卢永芳编：《林龙江年谱汇编》，北京：光明日报出版社，2016年，第66页。
[③] 卢永芳编：《林龙江年谱汇编》，第22页。
[④] （明）林兆恩：《林子三教正宗统论·摩诃般若波罗蜜多心经》，北京：宗教文化出版社，2016年，第534页。
[⑤] （明）林兆恩：《林子三教正宗统论·自书心经概论卷后》，第547页。

的流弊，正如圆澄所言："不知今时之辈，既不依于知识，也不近于丛林。岂有不学而自悟者？纵有自悟，从谁印证？得法于谁？将何凭据？若云不假师承，不须印证，则正像法人不如今耶？我欺谁？欺天耶？欺人耶？还自欺尔！"①可见，晚明时期禅弊甚为流行。林兆恩以"三教合一"思想闻名于世，其本人更是致力于恢复三教正统，故而其一方面以"非非三教"论批判三教之弊②，另一方面更是致力于整理三教经典，阐明正统之所在。因此，《心经释略并概论》的撰写即是他破除禅弊的方法之一，正如他自言：

或问释氏之教，都无有法，若未离法，便不是佛。是耶非耶？林子喟然叹曰："此余《心经》释略概论之所由作也。而佛之地步甚高，而必至于虚空本体，本体虚空，无有一法，乃可名佛……子岂不闻之乎？而曰释迦之教，都无有法，余未敢以为然。"③

法既不明，而其谭佛之最以为得者，相传密诀，只有空之一字。当下即能成佛，何其易也，似贤于释迦远矣……始之以乱释迦之教，终之以坏孔子之学，此道之所以不明于天下万世也。噫，兆恩不自揣分，漫著《心经》释略概论二帙，每窃以为释迦复起，必从吾言。④

可见，林兆恩认为佛之境界固然是远离一切法，然成佛之过程却是有为法，而后世修佛之人却不重法之修持而执着于"空"，致使释迦之教不明，往往避尘枯坐，以断灭为寂灭。林氏所言与圆澄描述"不依于知识，也不近于丛林"的情况显然是一致的，故而其《心经释略并概论》的撰写与破除此种愚见不无关系。

二、《心经释略并概论》的诠释方法

如前所述，《心经释略并概论》分作《心经释略》与《心经概论》二帙，二者共同构成了林兆恩对《心经》的诠释。而林氏在二者中所采取的诠释方法也不尽相同，《心经概论》一文采取"概而论之"的方法，通过一问一答的方式借《心经》要义阐明自身之思想；而《心经释略》一文则采用传统的字训考据，同时引用历代学者之解释，阐释《心经》之本旨。从诠释的方法上来说，林氏可谓是兼采"概而论之"和字训考据的方法，二者相互印证，成为此部《心经释略并概论》的一大特色。

---

① （明）圆澄：《慨古录》，《卍续藏》第65册，第371页上。
② 林兆恩曾向门人自述其学道过程："初余之迷于外道也，概有十年。盖尝师事儒门，而穷物而词章矣，既而悔之。又尝师事玄门，而遗世，而辟粮矣，既而悔之。又尝师事空门，而着空，而枯坐矣，既而悔之。屡入迷途，幸而知返。"（参见《林子三教正宗统论·非三教》，第1011页）
③ （明）林兆恩：《林子三教正宗统论·心经释略概论总序》，第536页。
④ （明）林兆恩：《林子三教正宗统论·附心经释论就正小柬》，第548页。

(一)《心经概论》的诠释方法

林兆恩本人认为《心经》之要义不在文字,不能拘泥于名言之中,故而他首先作《心经概论》,直接阐明《心经》主旨,正如其言曰:"夫曰'概论'也者,盖以《心经》之第一义,不可得而名言之者,概而论之尔。"[①] 因而《心经概论》一文并没有援引《心经》原文,而是直接以学生问、老师答的方式展开,通过一问一答的形式来阐述《心经》要义。同时在文中,林氏也援引三教学者之经典与论说来阐发其"三教合一"思想。为了更清晰地展现其诠释方法,特附以下表格说明,表1为诸生之问题,表2为林氏对三教经典与学者的引用。

表1:《心经概论》中诸生之问题

序号	问题之内容
问题一	《心经》曰:"色不异空,空不异色;色即是空,空即是色。"朱生曰:"何谓也?"
问题二	(朱生)又问色空不到处。
问题三	(朱生)"夫既曰'色空不到处',而又曰'真心实地'者,岂色空所不到处,尚有真心之实地耶?"
问题四	洪生问"多"字义。
问题五	陈生曰:"若云五蕴皆空者,岂曰色空之空乎?抑其空中之空也?"
问题六	苏生问曰:"何以谓之空中?"
问题七	林生问曰:"未发之中,岂非诗之所谓'无声无臭'耶?"
问题八	郑生曰:"何者谓之真心?何者谓之实地?"
问题九	黄生曰:"真心之实地,其有定在乎?其无定在乎?"
问题十	黄生曰:"夫总持之旨,则吾既得闻命矣。敢问何以谓之具也?"
问题十一	曾生曰:"色空之空,空矣。而色空所不到处之空,不亦空乎?"
问题十二	丘生问"打破"之义。
问题十三	潘生问曰:"夫曰真心实地,无生之处也。又曰'三世诸佛之母'者,何谓也?"
问题十四	翁生曰:"先生每曰色空不到处,非所谓不二法门耶?敢问何以谓之真入不二法门?"
问题十五	余生问曰:"先生每曰真心之实地者,非所谓'如来地'与?"
问题十六	(余生)曰:"何以能入顿也?"
问题十七	(余生)又问"先生尝曰'见性性见,知性性知。'微乎其微,愿先生明以告我也。"
问题十八	黄生问曰:"何以谓之'自'者,'自性'义也?"
问题十九	何生问曰:"三祖'返照'之'照',与《心经》'照见'之'照',有不同与?"
问题二十	阮生问曰:"先生尝言'心与天地孰大?曰:心大'而载之心性教言,此又何心也?"

[①] (明)林兆恩:《林子三教正宗统论·自书心经概论卷后》,第547页。

表2：《心经概论》中对三教经典与学者的引用

引用的三教经典或学者	所引用的内容
《金刚经》	1.《金刚经》曰："若取法相，即着我人众生寿者；若取非法相，即着我人众生寿者。"2.《金刚经》曰："不取于相，如如不动。色有色相，空有空相"[①]（此句《金刚经》原文并无"色有色相，空有空相"。）
《坛经》	1.《坛经》曰："善知识，莫闻吾空说，便即是空。第一莫着空，若空心静坐，即着无记空。"又曰："又有迷人，空心静坐，百无所思，自称为大，此一等人，不可与语，为邪见故。"（《坛经》原文中 "一等人"作"一辈人"。）2.《坛经》曰："念念若行，是名真性。悟此法者，是般若法；修此行者，是般若行。"又曰："用自真如性，以智慧观照于一切法。不取不舍，即是见性成佛道。"又曰："但于自心，常起正见；烦恼尘劳，常不能染，即是见性。"又曰："故知万法尽在自心，何不从自心中，顿见真如本性？"又曰："若不自悟，须觅大善知识，解最上乘法者，直示正路。"3.《坛经》曰："此事须从自性中起，于一切时，念念自净其心，自修自行，见自己法身，见自心佛，自度自戒始得。"4.《坛经》曰："离迷离觉，常生般若；破真除妄，即见佛性。"
《大通经》	《真空章》曰："先天而生，生而无形；后天而存，存而无体。"《玄理章》曰："如空无相，湛然圆满。"《玄妙章》曰："如如自然，广无边际。"
《中庸》	1.《中庸》曰："夫焉有所倚。"2.《中庸》曰："肫肫其仁，渊渊其渊，浩浩其天。"3.《中庸》曰："致中和，天地位焉，万物育焉。"4.《中庸》曰："如此者，不见而章，不动而变，无为而成。"
《三昧经》	《三昧经》曰："心无心相，不取虚空，不依诸他，不住智慧，是般若波罗蜜。"
《周易》	《易》曰："变动不居，周流六虚。"
《圆觉经》	《圆觉经》曰："有大陀罗尼门，名为圆觉，流出一切真如涅槃。"
道信、僧璨	四祖道信，年始十四，来礼三祖僧璨曰："愿和尚慈悲，乞与解脱。"三祖曰："谁缚汝？"曰："无人缚。"三祖曰："何更求解脱？"
道川	道川曰："色声不碍处，亲到法王城。"
慧能	1.六祖又曰："佛向性中作，莫向身外求。"又曰："只此不污染，诸佛之所护念。"2.六祖慧能曰："佛法在世间，不离世间觉；离世觅菩提，恰似求兔角。"
慧可、达摩	1.二祖慧可，来礼初祖达磨曰："我心未宁，乞师与安。"初祖曰："将心来与汝安。"二祖求心了不可得。初祖曰："我与汝安心竟。"2.初祖达磨居少林寺九年，为二祖慧可说法，只教外息诸缘，内心无喘；心如墙壁，可以入道。慧可种种说心性，曾未契理。初祖只遮其非，不为说无念心体。慧可忽曰："我已息诸缘。"初祖曰："莫成断灭去否？"慧可曰："不成断灭。"初祖曰："此是诸佛所传心体，更无疑也。"
僧璨	1.三祖僧璨曰："缺取一乘，勿恶六尘，六尘不恶，还同正觉。"2.三祖僧璨曰："遣有役有，从空背空。"
道信	1.四祖道信曰："境缘无好丑，好丑起于心。"2.又曰："触目遇缘，总是佛之妙用。"
孔子	孔子曰："中心安仁。"

从表1可以发现，整篇《心经概论》都是以诸生之提问展开的，通过一问一答来诠释《心经》之要义。其中涉及的诸生共有14人，这14人极有可能是林兆恩的门人，而所涉及的问题一共有20个，这20个问题又可以分为三大类型：第一类，关于字词的释

[①] （明）林兆恩：《林子三教正宗统论·心经概论》，第538页。

义，如问"多"字义、问"空中"义、问"打破"之义等；第二类，问《心经》经义的诠释，如问"五蕴皆空""色不异空，空不异色；色即是空，空即是色"等；第三类，这一类为杂类，主要是问林兆恩本人的思想，这类问题基本都带有"先生尝曰""先生每曰"或"先生尝言"的字样。表2为《心经概论》中对三教经典与学者的引用。其中涉及的三教经典有7部，分别为《金刚经》《坛经》《圆觉经》《三昧经》《中庸》《周易》以及《大通经》，其中《坛经》和《中庸》的引用较多。而引用的三教学者又有达摩、慧可、僧璨、道信、慧能、道川、孔子，可以发现主要还是以禅宗高僧为主，特别是禅宗的几位祖师。当然《心经概论》中还有一类引用，这类引用并没有经典的名称也没有学者之名，而是直接以"佛书""道书""释氏"等开头，这类引用在此不做具体的探讨。

（二）《心经释略》的诠释方法

如前所述，林兆恩本人认为《心经》之要义不在文字，故而采取了"概而论之"的诠释方法，但完全抛弃经文原文的做法难以使初学之人理解，他自谓："余初作概论，以示性门之善知识者甚喜，乃请余分章释之。"[①] 表面来看是受众人之所托而复撰《心经释略》，但实际上他亦有对自己诠释方法的反思。其对《心经》诠释方法的反思直接导致了《心经释略》重字训考据的诠释特色，正如他自己所言：

> 然余乏记性，以故不能多识前言，而一念倦倦，又惟恐见闻之知，有以障吾明觉之本体也。而余之所以释释之《心经》，与道之《常清静经》者，亦惟有此本体之真经尔。然而二经之字训，不可不知也。故必先取二经之旧注而观之，以考字训。既考字训矣，乃始以我之真经可以质之释迦老子而无疑者，而论着之以示诸生。既示诸生矣，复令诸生旁求他经，而与余之论着相契合者，各为采录，以备印证，此余强释二经之大都也。是虽不能不假于文字，而亦不专在文字间，读者当自知之。[②]

由此可见，尽管林兆恩本人自谓是强释二经，认为"见闻之知"对领悟《心经》真意有所障碍，但他也意识到"二经之字训，不可不知也"，故而他提出在释经之前须先观旧注，考其字训，然后才可以"以我之真经质之释迦老子"。因而其诠释方法由《心经概论》中强调不专在文字间的"概而论之"到《心经释略》中强调不能不假于文字的"以考字训"。由此，《心经释略》一文全篇引用了《心经》原文，同时也援引其他学者的观点来强化字训，以下表3为《心经释略》中的字训释义情况。

---

① （明）林兆恩：《林子三教正宗统论·自书心经概论卷后》，第547页。
② （明）林兆恩：《林子三教正宗统论·二经释论小跋》，第535页。

表3：《心经释略》中的字训释义

序号	字训情况
1	林子曰：梵语"摩诃"，华言"大"；梵语"般若"，华言"智慧"。梵语"波罗蜜"，华言"到彼岸"。"多"与少对，多，多之也。
2	"是"字，指上文"空不异色""色不异空"句。
3	故"故"也者，故也。故"故"也者，谓我元所自有之故物，本如是也。
4	林子曰：梵语"菩提"，华言"觉"；梵语"萨埵"，华言"有情"。盖谓"觉而有情"也。梵语"涅槃"，华言无为。"依"者，皈依，南无之义也，古所云"南无佛，南无法，南无僧"者，是也。
5	唐僧宗密曰：佛者，梵云"婆伽婆"，唐言"佛"。
6	宋王日休曰：梵语"阿"，此云"无"；梵语"耨多罗"，此云"上"；梵语"三"，此云"正"；梵语"藐"，此云"等"；梵语"菩提"，此云"觉"。
7	潜溪曰：梵语"佛"，此云"觉"。
8	潜溪曰：言"故知"者，结前起后也。"咒"者，佛说密语，即第一义也；"神"者，精妙不测之称；"明"者，鉴照不昧之谓；"无上"，无可加过也；"无等等"，独绝无伦也。
9	林子曰："谛"者，"苦集灭道"之四谛也。
10	唐大颠云："菩提"是初，"萨婆诃"是末。

表4：《心经释略》中的引用情况

引用经典或学者	引用次数
《金刚经》	1次
宗泐	2次
潜溪（宋濂）	6次
元古云	1次
僧璨	1次
《坛经》	2次
《楞伽经》	1次
《华严经》	1次
六祖（慧能）	1次
宗密	1次
王日休	1次
大颠	1次
何无垢	1次
道川	1次

以上之表3仅为对《心经释略》中字之训释的统计，不包括林兆恩本人以及所引用学者或经典对《心经》文本的义理诠释。可以发现《心经释略》中加强了对《心经》中梵语词汇的释义，在一定程度上补充了《心经概论》的缺失。表4为《心经释略》中的引用情况，可以发现，林兆恩对《心经》的字训和释义基本还是以佛教典籍和学者为主。在众多的引用中其对宋濂的引用最多，高达6次。宋濂虽是明初之名儒，但其对佛教典籍研究颇深，故深得林氏推崇。《心经概论》所引用之内容相对都比较简短，其作用在于借此阐发林兆恩本人对《心经》的理解，而《心经释略》则在各章之后附上了其自

身和其他学者所训字义，内容大多较长（故而表4中仅统计次数，而不附上全部引文），强调了对《心经》文本的解读。二者共同构成了《心经释略并概论》，呈现出独特的诠释方法和路径。

三、《心经释略并概论》的思想倾向

总体而言，《心经释略并概论》呈现出林氏独特的诠释方法和思想特色。通过对《心经释略并概论》的深入解读，可以发现其本文的思想倾向有二：第一，无论是《心经释略》抑或《心经概论》都大量引用禅宗祖师的言论和《坛经》，带有浓厚的禅宗法统意识；第二，《心经释略并概论》也表现出与林氏"三教合一"思想的交涉，反映出其会通三教的解经旨趣。

（一）浓厚的禅宗法统意识

首先是关于《心经释略并概论》中所呈现出的浓厚的禅宗道统意识。林兆恩长期出入三教，在求道过程中对佛教也略有涉及，但他所认识的佛教还是仅仅局限于禅宗，正如郑志明先生所言："林兆恩对佛教的了解也仅限于禅宗一门，取其'明心见性'以心传心的教法。"[①] 因此，林兆恩把"明心见性，不假外求"的禅宗，视为佛门正统，这一特质也充分反映在《心经释略并概论》中，正如他所言：

> 余尝以六祖而下，佛法不明，而于所谓最上一乘，而为现成之一大公案者，鲜有知之。以故苦空顽空，避尘枯坐，而以断灭为寂灭者，比比皆是也。遂使释迦之至教，不明于天下万世，而每为儒流之所非者，余窃悲之。[②]

> 释氏极则之教，古今现成之一大公案也。无言无隐，故释迦住世四十有九年矣，未尝说一字……慨自六祖而下，佛教微矣。而世之学佛者，孰不曰我已得正受，南能之宗也。自悟自解，自性自度。然究其归，则与比秀之拂拭尘埃者等尔。而所谓本来无物，而为色空所不到处者，则鲜有闻之矣。故曰七祖如今未有人，然非惟六祖而下为然也。[③]

> 诸善知识者，兆恩尝以六祖而上，佛法明；六祖而下，佛法不明。[④]

如上文所统计，在《心经释略并概论》中，林兆恩引用《坛经》总计6次，同时多次引用禅宗祖师达摩、慧可、僧璨、道信、慧能的论说来解释《心经》。而他更是宣称：

[①] 郑志明：《明代三一教主研究》，台北：台湾学生书局，1988年，第161页。
[②] （明）林兆恩：《林子三教正宗统论·自书心经概论卷后》，第547页。
[③] （明）林兆恩：《林子三教正宗统论·自书心经释略后卷》，第533页。
[④] （明）林兆恩：《林子三教正宗统论·附心经释论就正小柬》，第548页。

"学释而不知明心了性，便谓释门之异端也。"①因而凡是不以"明心见性"之学为宗旨的佛教流派，在他看来都是异端。但他所认定的禅门正宗仅仅到六祖慧能为止，慧能以降的禅门是佛法不明的，因而他认定正统七祖尚未出现。显然林兆恩对禅宗史的理解带有很大的主观臆断。事实上，慧能之后禅宗进一步分化，分出沩仰、曹洞、临济、云门、法眼等诸多支派，最终形成后世所知的"五家七宗"。林兆恩之所以判慧能以下的禅宗支派为"异端"，与他所一直批判的禅病有关，正如他所言："释之一大枝复分为五小枝，临济也，沩仰也，云门也，曹洞也，法眼也各自标门，互相争辩，则亦何异于儒流道流，是其所非，非其所是，而喋喋不已也？"②林兆恩认为慧能以后的诸派皆以自家为禅宗正统，只为法统而相互争辩，全然是"知尊释迦而不知所以尊，遂使释迦之道不明"③。禅门内部各自标门，相互争辩，遂造成释迦极则之教成一大公案。明末清初时期禅诤的一大特征表现为门派上有临济与曹洞之诤，体现为《五灯严统》《晦山天王碑》《五灯全书》中涉及的禅宗谱系之诤。④由此林兆恩对禅宗法统的强调，无疑也是为了纠正流行于晚明时期的禅弊。

（二）会通三教的学术旨趣

应该说《心经释略》一文重在还原《心经》之本意，而《心经概论》则集中体现了林氏会通三教的学术旨趣，其对三教经典的引用并非是为了还原《心经》之本旨，更多的是在强调三教一致的原则。按照林氏自己所言："心也者经也，万世不易之常经也；经也者心也，万世不易之常心也。"⑤其"三教合一"论也获得了某种程度的经典形态。林兆恩将其"三教合一"论贯穿于对三教经典的诠释："夫三教之旨，载之篇章，而咸谓之经者，何也？经者常也，谓此心性之经常也。儒之六经，道之《道德经》，释之《心经》《金刚经》，皆心性之理。又从心性中发出来，篇章虽繁，不过为后人之印证尔。"⑥因而经学（这里的经学是广义而言非特指六经，包含三教之经典）即"三教合一"论的另一种形态，《心经概论》也反映出其会通三教的学术旨趣。正如表2所统计的，《心经概论》中除了大量引用禅宗祖师的言论及《坛经》，还多次引用儒家之《中庸》《周易》，以及道教之《大通经》。

《心经概论》中林氏会通三教的主要范畴在于《心经》中的"空"义。《心经》原名为《般若波罗蜜多心经》，为大乘佛教般若教的心要，般若中观派更是被称为"空宗"，

---

① （明）林兆恩：《林子三教正宗统论·论语正义》，第642页。
② （明）林兆恩：《林子三教正宗统论·三教以心为宗》，第18页。
③ （明）林兆恩：《林子三教正宗统论·孟子正义纂》，第760页。
④ 赖永海主编，王月清、管国兴、府建明副主编：《宏德学刊》第7辑，北京：商务印书馆，2017年，第59页。
⑤ （明）林兆恩：《林子三教正宗统论·须识真心》，第872页。
⑥ （明）林兆恩：《林子三教正宗统论·醒心诗摘注》，第934页。

因而"空"是理解《心经》的核心要义。《心经》全文共260字，文短而意深，其"空"义又可以分为否定性的"空"以及肯定性的"空性"。否定性的"空"即是指现象世界之假有，而肯定性的"空性"是在否定的基础上开显出真实的一面。而林兆恩则在《心经概论》中将"空"划分为"色空"与"真空"（空中），正如他所谓："色空空已，真空为乐。"首先来看其对"色空"与"真空"的解释：

> 林子曰："色，色也。夫既得而色之，则亦得而空之；空，空也。夫既得而空之，则亦得而色之。此乃尘生尘灭，对待之义。"
>
> 由是观之，色空之空，尘生尘灭之灭也。然则何以谓之真空也？林子曰："不生不灭，不垢不净，不增不减。"此其所以为"空中"，而本"无色"，本"无受想行识"，一切现成，而又奚待于空而空之耶？[①]

由此观之，林兆恩所谓的"色"指的是物质世界，而所谓的"空"指的是无（代表不存在），因而"色空"之"空"是就物质世界内来谈的，故而"色""空"能相互转化。而其所谓的"真空"也就是"空中"是超越物质世界之外的"空"，此种"空"是真实存在的。"真空"是就物质世界之外的本体而言，故而是"不生不灭，不垢不净，不增不减"，"无受想行识"，如此所谓的"空中"代表超越之本体界。《心经概论》中，林兆恩对三教义理的会通主要体现在"空中"这一概念上。关于这一点，主要体现在对以下两个问题的回答上：第一是陈生所问："若所云五蕴皆空者，岂曰色空之空乎？抑其空中之空也？"第二则是苏生所问："何以谓之空中？"[②] 这两个问题都是直接关涉"空中"之妙义，林兆恩在《心经概论》中援引儒道二教之经典来阐发"空中"之义。

首先，对第一个问题，他自己回答曰："此所谓空，乃空中之空，而无有法，而无有相，无所待于空而空之，一切现成，本体之自然也。"[③] 林兆恩认为"五蕴皆空"所谓的"空"是"空中"之义，故而是"本体之自然"。他又特别援引道教之《大通经》来阐发其义：

> 道教《大通经》三章，其《真空章》曰："先天而生，生而无形；后天而存，存而无体。"然而无体，未尝存也，故曰"不可思议"。夫曰无形，而有生乎哉？夫曰无体，而有存乎哉？生于无生，无所生而生也；存于无存，无所存而存也；形于无形，无所形而形也；体于无体，无所体而体也。知此，则知真空之妙义，其殆不可以拟议而致思乎？其二《玄理章》曰："如空无相，湛然圆满。"其三《玄妙章》曰："如如自然，广无边际。"由此观之，其曰空相，则非空中之真空也明矣。有相斯有见，有见斯有着，岂不落于边际，而曰"湛然圆满"如如之自然哉？故欲识真空，

---

① （明）林兆恩：《林子三教正宗统论·心经概论》，第537页。
② （明）林兆恩：《林子三教正宗统论·心经概论》，第539页。
③ （明）林兆恩：《林子三教正宗统论·心经概论》，第539页。

无空可识；既无可识，安识是空？是空非空，非空是空，若言是空，若言非空，皆有空相，不名真空。真空无空，无空真空。然道教亦有之曰："无空有空"，又曰："不空中空"，又曰："空无定空"，又曰："知空不空"，又曰："识无空法"，又曰："不着空见"。是皆空中之真空，真空之妙义也。①

如前所述，"空中"概念是一个本体性的概念，是区别于物质世界背后的超越本体，因而此中林氏以道教之《大通经》来阐释，表达"空中"作为本体特性。作为本体之"空中"本身是"无有法""无有相""无所待于空"，那么如何才能描述此本体呢？林氏引用《真空章》，以"生""形""存""体"四者来描述"空中"之存有，以"生于无生""存于无存""形无无形""体于无体"来表达"空中"之存在状态。又用"是空非空，非空是空""真空无空，无空真空""无空有空""不空中空""空无定空"等一系列看似充满矛盾与否定的言说来表达对"空中"的认识。这种充满否定性的表达在老子哲学中屡见不鲜，如大智若愚、大象无限、大辩若讷等，正是因为大智、大象、大辩难以通过名言的表述来展现，故而老子采用了这种充满矛盾的方式展现其背后的深刻含义。林兆恩对"空中"概念的表达基本也是借鉴了道家哲学的方式，这种充满否定性的言说恰恰说明了"空中"的不可思议。

其次，是关于第二个问题的回答，第二个问题与第一个问题基本一致，都是关于"空中"之义。在此，林兆恩又特别援引儒家之《中庸》来解释"空中"之含义，正如他所言：

> 林子曰："汝独不闻《中庸》所谓喜怒哀乐未发之中乎？未发之中者，空中也。现成公案，不色不空之谓也。惟其不色不空，故其不生不灭，不垢不净，不增不减，而为实地之本体者，未发之中也。
>
> 《中庸》曰："夫焉有所倚？"岂惟空无其色，而不倚于尘生之色哉？而亦且空无其空，而不倚于尘灭之空也。若曰我空也，而稍倚于空焉，便是有所着于尘灭之空，而非空矣。
>
> 林子曰："喜怒哀乐未发之中者，余之所谓色空所不到处，我之本体，我之太虚也。我而致其中焉，以复还我之本体，我之太虚也。我之本体，既太虚而中矣，则和自生；和既生矣，而天地其有不位乎？万物其有不育乎？而位而育，皆由此出，一切现成，岂其有所于倚而为之者乎？"②

林兆恩接受了宋儒以来的"已发""未发"概念，将《中庸》之"中"分为"已发之中"和"未发之中"。而至于对"未发之中"的诠释，林兆恩在《中庸正义》中提出"中也者，

---

① （明）林兆恩：《林子三教正宗统论·心经概论》，第539页。
② （明）林兆恩：《林子三教正宗统论·心经概论》，第540页。

无方无体也"①，"中本无物，物即不中"②。如此林氏认为作为本体的"中"没有具体的形体，因而"中"是不可以用言语和物体来规定的。而此中，林兆恩则以"未发之中"来会通"空中"，"未发之中"是"色空所不到处"即"空中"，因而林氏认为同样具备"不生不灭，不垢不净，不增不减"的特性。如此，林兆恩通过援引儒道之经典与思想的方式来诠释《心经》之"空"义，展现了其会通三教的解经旨趣。

结　语

《心经释略并概论》是林兆恩重要的经学作品之一，其解经方式独具特色。《心经释略》一文采用传统的字训考据，凸显《心经》本文之原意，而《心经概论》一文则采取"概而论之"的方法，通过对《心经》义理的诠释来彰显其自身的思想，二者相互印证，成为此部《心经释略并概论》的一大特色。从其思想内涵来看，《心经释略并概论》一方面反映出林兆恩浓厚的禅宗法统观，另一方面也表现出其会通三教的学术旨趣。尽管这部《心经释略并概论》在《心经》本旨的诠释上有不够完备之处，特别是他对三教义理的会通有些牵强，但其诠释方法独树一帜，在《心经》诠释史上应有一定的地位。

参考文献

1. （明）圆澄：《慨古录》,《卍续藏》第65册。
2. （明）林兆恩撰：《林子三教正宗统论》，北京：宗教文化出版社，2016年。
3. （明）卢文辉编著，方芳校译：《林子本行实录》，北京：宗教文化出版社，2019年。
4. 林国平：《林兆恩与三一教》，福州：福建人民出版社，1992年。
5. 卢永芳编：《林龙江年谱汇编》，北京：光明日报出版社，2016年。
6. 赖永海主编：《宏德学刊》第7辑，北京：商务印书馆，2017年。
7. 唐明贵：《林兆恩〈论语正义〉的诠释特色》,《鹅湖月刊》2019年总第527期。
8. 吴伯曜：《林兆恩〈四书正义〉研究》，硕士学位论文，台湾彰化师范大学，2001年。
9. 夏清瑕：《憨山大师佛学思想研究》，上海：学林出版社，2007年。
10. 郑志明：《明代三一教主研究》，台北：台湾学生书局，1988年。

---

① （明）林兆恩：《林子三教正宗统论·中庸统论》，第719页。
② （明）林兆恩：《林子三教正宗统论·中庸正义》，第725页。

《毗陵藏》刻工述略

王连冬（中国计量大学人文与外语学院）　刘祎（南京大学哲学系）

【摘要】《毗陵藏》是新发现的木刻方册藏经，已知参与《毗陵藏》刻经的刻工共有12位，分别为陶子麟、陶舫溪、陶福山、陶周楹、周楚江、张肇昌、张旭东、张肇升、梁友信、朱禔荣、诸葛明海、陈国桢。《毗陵藏》的刻工集中于湖北黄冈、江苏扬州、江苏丹阳三地，以群组的方式工作。收集整理《毗陵藏》刻工信息及其所刻经书，对进一步收集、鉴定《毗陵藏》刻本具有积极意义。

【关键词】《毗陵藏》　天宁寺　刻工

【基金项目】国家社科基金一般项目"《华严宗佛祖传》整理与研究"（18BZJ015）

《毗陵藏》是目前国内新发现的木刻方册藏经，由江苏常州天宁寺清镕[①]主持刊刻，整体数量不详。笔者依据其版式特征及鉴定标准[②]，搜集到百余本《毗陵藏》刻本信息。目前所见《毗陵藏》的刻工共有12位，分别为陶子麟、陶舫溪、陶福山、陶周楹、周楚江、张肇昌、张旭东、张肇升、梁友信、朱禔荣、诸葛明海、陈国桢，其中既有湖北人氏，亦有江苏人氏，且集中于湖北黄冈、江苏扬州、江苏丹阳三地，地域分布相对集中。本文对《毗陵藏》的刻工进行考察，以期为收集、整理和研究《毗陵藏》提供基础。[③]

---

① 清镕（1852—1922），字冶开，江苏江都人。《新续高僧传》卷三五记载清镕与天宁寺的因缘："镕少时诣常之天宁，信宿而去。逾岁再至，入禅堂，有悟，庵留五载，欲切参究，不滞声闻，飘然远举，汎览名山。年三十八，复来天宁，再易寒暑，遂继主席，自是造殿修塔，应念而成，勤劳九秋，因病告退而皈依，日众随意，宣示一切平等，终日无倦。"（《大藏经补编》第27册，第276页）清镕一生热心佛教文化和社会福利事业，募修常州文笔塔、政成桥、复东郊太平寺、募修杭州灵隐寺大殿，资助常熟兴福寺，到上海玉佛寺创居士念佛会，对江南地区近代佛教复兴有重要贡献。

② 方广锠在《毗陵藏初探》（见方广锠主编：《藏外佛教文献》第二辑，北京：中国人民大学出版社，2010年）将所发现的常州天宁寺刊刻的藏经命名为《毗陵藏》；邓影、尹恒在《毗陵藏所见印本概录及版刻述略》（载《宗教学研究》2018年第2期）总结《毗陵藏》的鉴定依据为经文正文版心下端有千字文帙号，以及卷末尾有刊经牌记，末尾有"常州天宁寺"字样。

③ 当下学术界已开始关注到佛教刻本文献中的刻工、牌记、题识等内容。比如，王孺童编的《金陵刻经处刻经题记汇编》、李国庆主编的《径山藏所载牌记资料汇编》等均有涉及。

一、湖北黄冈陶氏

陶子麟、陶舫溪、陶周楹、陶福山皆为湖北黄冈陶氏家族的刻工,已知四人刻经40余本。

陶子麟(1857—1928),亦写做陶子林、陶子霖,湖北黄冈人,清末民初全国四大名刻之一,以摹刻仿宋体及软体字为特长。因其"颇能影刻宋元善本,黑口双线,骤视几可乱真",故而在当时有"陶家宋椠传天下"之美誉。陶子麟一生刻书多达170余种、800余卷,其中为刘承干摹刻宋版《四书》、为刘世珩摹刻宋版小字本《五代史》,以及为徐乃昌摹刻宋版《玉台新咏》等是其代表名品。光绪十二年(1886)前后,陶子麟以姓名为店号设刻书肆于武昌,即陶子麟刻书铺,武昌三佛阁、汉口兰陵街皆先后开设刻字铺面,所涉及的业务不仅有书籍刊刻,也负责出版印刷并经营销售。陶子麟刻书铺还有一位书法名家饶星舫,也是湖北黄冈人,擅长临摹各类字体,尤以摹写宋体字闻名。陶子麟刻书铺所刻之书多为家刻本,清末民初的许多知名学者和藏书家如缪荃孙、杨守敬、徐乃昌、傅增湘、盛宣怀、刘世珩、甘鹏云、刘承干诸人都曾请陶子麟刊刻过书籍。1915年北京:商务印书馆聘请陶子麟镌刻"古体活字",陶子麟以唐本《玉篇》为字体直刻铅坯,历经数年刻成了一号及三号古体铅活字。陶子麟参与《毗陵藏》的刻本有《摄大乘论》上下卷两册,千字文号"隐",刊刻时间为"佛历两千九百四十三年中华民国五年太岁丙辰蒲月",卷末带有"湖北陶子麟刊"的牌记。

陶舫溪为陶子麟的晚辈,其刻书活动始于光绪二十三年(1897),终于1933年。光绪二十三年,陶舫溪自刻《德国学校论略》二卷(附录一卷)[①],该书是西学著作之刻本,比较系统地论述了西方近代教育制度和学校课程设置情况。1932年,陶舫溪为潜江甘鹏云[②]刻《崇雅堂丛书》之《晋陵先贤传》四卷;次年刻《崇雅堂丛书》之《潜庐随笔》十三卷。陶氏家族著名刻工陶子麟、陶舫溪、陶尧钦三人皆为甘鹏云刊刻过《崇雅堂丛书》。[③] 陶子麟于1921年为甘鹏云刻《崇雅堂丛书》之《大隐楼集》十六卷、补遗一卷、附录二卷,1922年为甘鹏云刻《崇雅堂丛书》之《鲁文恪公存集》十卷;陶尧钦于1932年为甘鹏云刻《崇雅堂丛书》之《逸楼论史》。

《毗陵藏》刻本中陶舫溪刻本较多,参与刊刻的时间跨度也最大,最早为1917年,最晚至1926年,十年间均有产出,其中尤以1920年、1921年居多,卷末带有牌记"湖

---

① 张振铎:《古籍刻工名录》,上海:上海书店出版社,1996年,第268页。
② 甘鹏云(1861—1940)是湖北潜江人,字药桥,号翼父,别号耐翁,晚署息园居士,历任度支部主事,黑龙江、吉林财政监理官,杀虎关监督,吉林国税厅筹备处长,归绥垦务总办等职。一生博学敏思,工于书法,悉心文献整理,著有《崇雅堂书录》《国学笔谈》《湖北金石略》《湖北先贤传》等二十余种,并主编《湖北文征》二百五十卷。
③ 曹之:《中国古籍版本学》,武汉:武汉大学出版社,1992年,第348页。

北黄冈陶舫溪刊"或"湖北陶舫溪刊"。现将所见刻本悉数列出：

《瑜伽仪轨经》等十四经同本（《三十五佛名礼忏文》《观自在菩萨说普贤陀罗尼》《八大菩萨曼荼罗经》《能净一切眼疾病陀罗尼》《除一切疾病陀罗尼》《救拔焰口饿鬼陀罗尼》《瑜伽集要救阿难陀罗尼焰口轨仪经》《佛说蚁喻经》《圣观自在不空王秘密心陀罗尼》《胜军王所问经》《轮王七宝经》《园生树经》《了义般若波罗蜜多经》《大方广未曾有经善巧方便品》）一册，千字文号"斯"一至四，牌记时间"佛历两千九百五十三年中华民国十五年纪次丙寅阴历六月十四日阳历七月廿三号届大暑节竣工"。

《龙树菩萨戒王颂》等七经同本一册（《劝发诸王要偈》《龙树菩萨劝诫王颂》二本同卷、《普贤金刚萨埵喻伽念诵仪》《金刚顶瑜伽护摩仪轨》二轨同卷、《大悲心陀罗尼修行念诵略仪》《妙吉祥平等观门略出护摩仪》《金刚顶超胜三界经说文殊五字真言》三本同卷），千字文号"隶"五六七，牌记时间"佛历二千九百四十七年中华民国九年岁次庚申阴历九月廿八日阳历十一月八号丑正初刻届立冬节"。

《佛所行赞经》五卷两册，千字文号"典"一至五，牌记时间"佛历二千九百四十六年中华民国九年阴历十二月十六日阳历十一月五号巳正二刻立春工竣"。

《佛祖心髓》十卷五册，千字文号"闲"一至十，牌记时间"佛历二千九百四十九年中华民国十一年纪次壬戌阴历六月初一日阳历七月廿四号癸巳届大暑节竣工"。

《金刚顶经》四卷两册，千字文号"念"一至四，牌记时间"佛历二千九百五十一年中华民国十三年中元甲子阴历八月初十阳历九月八号届白露节竣工"。

《金刚顶瑜伽经文殊师利菩萨仪轨供养法》一册，千字文号"钟"四五，牌记时间"佛历二千九百四十八年中华民国十年纪次辛酉阴历五月初一日阳历六月六号交芒种节"。

《菩萨戒本经》《菩萨戒羯磨文》《菩萨戒》三经同本一册，千字文号"笃"九十，牌记时间"佛历二千九百四十六年中华民国八年岁纪己未阴历十一月十一日阳历一月一号元旦竣工"。

《旧杂譬喻经》五经同本（《旧杂譬喻经》《禅要诃欲经》《内身观章句经》《法观经》《迦叶结经》）一册，千字文号"聚"八九十，牌记时间"佛历二千九百四十六年中华民国八年岁次己未阴历十一月十一日阳历一月一号竣工"。

《仁王护国般若道场念诵仪轨》《金刚顶莲华部心念诵仪轨》《佛说如意轮莲华心如来修行观门仪》《妙吉祥平等瑜伽秘密观身成佛仪轨》四仪同本，千字文号"钟"八九十，牌记时间"佛历二千九百四十八年中华民国十年阴历五月初一日阳历六月六号交芒种节"。

《佛说梵网经》上下卷一册，千字文号"安"九十，牌记时间"中华民国六年佛历二千九百四十四年岁次丁巳阳历十月廿四号阴历九月初九日届霜降"。

《佛说圣庄严陀罗尼经》上下卷、《佛说圣六字大明王陀罗尼经》《千转大明陀罗尼经》《华积楼阁陀罗尼经》三经同卷、《佛说七佛经》《佛说解忧经》《佛说遍照般若波罗蜜经》《佛说大乘无量寿庄严经》上中下同卷一册，千字文号"命"一，牌记时间"佛历二千九百五十年中华民国十三年纪次癸亥阴历十二月初五日阳历一月第十号竣工"。

《五百罗汉尊号》一册，千字文号"鉴"十，牌记时间"佛历二千九百五十二年中华民国十四年纪次乙丑阴历六月初三日阳历七月廿三号届大暑节竣工"。

《大威仪轨》九样同本（《大威怒乌刍涩摩仪轨》《大孔雀明王画像坛场仪轨》《金刚顶瑜伽金刚萨埵仪轨》三轨同卷、《一字金轮王佛顶要略念诵法》《观自在菩萨如意轮瑜伽念诵法》《大圣大欢喜双身毗那耶迦法》《大日经略摄念诵随行法》四法同卷、《五字陀罗尼颂》《仁王般若陀罗尼释》二本同卷）一册，千字文号"杜"八九，牌记时间"佛历二千九百四十七年中华民国九年太岁庚申阴历八月十二日阳历九月廿三号届秋分节"。

《当来变经》九经同本（《迦丁比丘说当来变经》《杂譬喻经》《思惟要略法》《贤圣集伽陀一百颂》《广法大愿颂》《无能胜大明陀螺尼经》《无能胜大明陀罗尼经》《无能胜大明心陀罗尼经》《十不善业道经》）一册，千字文号"英"一二三，牌记时间"佛历二千九百四十六年中华民国九年阴历十一月二十六日阳历一月十六号告竣"。

《优波离问经》六经同本（《优波离问经》《根本说一切有部戒经》《佛说迦叶禁戒经》《佛说犯戒罪轻重经》《佛说戒消炎经》《佛说优婆塞五戒相经》）一册，千字文号"初"九，牌记时间"佛历二千九百四十六年中华民国九年阴历十二月初一日阳历一月廿一号申正一刻大寒节"。

《菩萨善戒经》十卷二册，千字文号"辞"一至十，牌记时间"中华民国六年佛历二千九百四十四年岁次丁巳阳历九月八号阴历七月廿二届白露节"。

《法句譬喻经》四卷一册，千字文号"亦"一至四，牌记时间"佛历二千九百四十八年中华民国八年太岁辛酉阴历三月廿九阳历五月六号届立夏节"。

《一字奇特佛顶经》（附《一字顶轮王念诵仪轨》）二经同卷一册，千字文号"不"一二三，牌记时间"佛历二千九百五十一年中华民国十四年岁次乙丑阴历八月廿一日阳历十月八号届寒露节竣工"。

《月灯三昧经》十一卷三册，千字文号"女"一至十，牌记时间"佛历二千九百四十八年中华民国十年纪次辛酉阴历十一月廿二日阳历十二月二十号工竣"。

《佛藏经》四卷一册，千字文号"笃"五至八，牌记时间"佛历二千九百四十六年中华民国八年太岁已未阴历十一月初十日阳历十二月卅一除夕工成"。

《苏悉地羯罗经》四卷一册，千字文号"克"七至十，牌记时间"佛历二千九百五十年中华民国十二年纪次癸亥阴历十一月初一日阳历十二月八号大雪节竣工"。

《寂掉音所问经》《大乘三聚忏悔经》《佛说文殊悔过经》三经同本一册，千字文号"定"八九十，牌记时间"中华民国七年佛历二千九百四十五年纪次戊午阳历二月初九阴历正月初九日届雨水节"。

《无畏授经》八种同本（《无畏授所问大乘经》《月喻经》《医喻经》《灌顶王喻经》《尼拘陀梵志经》《白衣金幢二婆罗门缘起经》《福力太子因缘经》《身毛喜竖经》）一册，千字文号"夙"六至十，牌记时间"佛历二千九百四十八年中华民国十年阴历十一月十二阳历十二月十号工成"。

《撰集百缘经》十卷两册，千字文号"承"一至十，牌记时间"佛历二千九百四十六年中华民国八年岁次己未阴历九月十六日阳历十一月八号届立冬节竣工"。

《苏悉地羯罗供养法》《不动使者陀罗尼秘密法》《金刚顶经瑜伽修习毗卢遮那三摩地法》三经同本一册，千字文号"钟"一二三，牌记时间"佛历二千九百四十八年中华民国十年岁次辛酉阴历五月初一日阳历六月六号届芒种节"。

《牟梨曼陀罗咒经》《金刚顶经曼殊室利菩萨五字心陀罗尼品》《观自在如意轮菩萨瑜伽法要》《佛说救面然饿鬼陀罗尼神咒经》《佛说甘露经陀罗尼经》《大陀罗尼末法中一字心咒经》六经同本一册，千字文号"念"七至十，牌记时间"历二千九百五十一年中华民国十三年中元甲子阴历八月初十阳历九月八号辰白露节竣工"。

《入阿毗达磨论》上下卷一册，千字文号"笙"九十，牌记时间"佛历二千九百五十年中华民国十二年纪次癸亥阴历四月十七日阳历六月一号竣工"。

《佛说法律三昧经》《佛说十善业道经》《清净毗尼方广经》《菩萨五法忏悔经》《菩萨藏经》《三曼陀颰陀罗菩萨经》《菩萨受斋经》《舍利弗悔过经》八经同本一册，千字文号"初"一至四，牌记时间"佛历二千九百四十六年中华民国九年阴历十二月初一日阳历一月廿一号申正一刻大寒节"。

《大乘密严经》三卷一册，千字文号"染"八九十，牌记时间"佛历二千九百四十八年中华民国十年辛酉阴历十一月初三阳历十二月一号成工"。

《广大宝楼阁经》三卷一册，千字文号"念"五六，牌记时间"佛历二千九百五十一年中华民国十三年中元甲子阴历八月初十阳历九月八号辰白露节竣工"。

《法集要颂经》四卷一册，千字文号"隶"一至四，牌记时间"佛历二千九百四十七年中华民国九年岁次庚申阴历九月二十八日阳历十一月八号丑正初刻立冬节竣工"。

《四阿含暮抄解》一册，千字文号"英"七八，牌记时间"佛历两千九百四十六中华民国九年阴历十一月二十八阳历一月十八号竣工"。

《修行道地经》八卷两册，千字文号"明"一至八，牌记时间"中华民国七年佛历二千九百四十五年岁次戊午阳历九月念四号阴历八月二十日届秋分节"。

《文殊师利问经》（附《大方广如来秘密藏经》上下卷）上下卷一册，千字文号"染"五六七，牌记时间"佛历二千九百四十八年中华民国十年辛酉阴历十一月初三阳历十二月一号工成"。

《佛说佛地经》六经同本（《佛说佛地经》《百千印陀罗尼经》《庄严王陀罗尼咒经》《香王菩萨陀罗尼咒经》《优婆夷净行法门经》《诸法最上王经》）一册，千字文号"行"七至十，牌记时间"佛历二千九百五十年中华民国十二年纪次癸亥阴历五月初一日阳历六月十四号工竣"。

《金刚顶经瑜伽文殊师利菩萨法一品》《金刚顶瑜伽经十八会指归》《诃利帝母真言法》《大方广佛华严经入法界品四十二字观》《般若波罗蜜多理趣一十七圣义述》《陀罗尼门诸部要目》《金刚顶瑜伽三十七尊礼》《受菩提心戒仪》《大圣文殊师利赞佛法身礼》《一百五十赞佛颂》《百千颂大集经地藏菩萨请问法身赞》十一经同本一册，千字文号"隶"八九十，牌记时间"佛历二千九百四十七年中华民国九年岁次庚申阴历九月廿八日阳历十一月八号立冬节竣工"。

《金刚深密门》九经同本（《金刚顶瑜伽降三世成就极深密门》《金刚顶瑜伽他化自在天理趣会念诵仪》二本同卷、《金刚寿命陀罗尼念诵法》《大药叉女欢喜母并爱子成就法》《佛说帝释严秘密成就仪轨》《观自在菩萨如意轮念诵仪轨》四本同卷、《大毗卢遮那成佛神变加持经随行法》《速疾立验摩醯首罗天说阿尾奢法》《大圣曼殊室利童子五字瑜伽法》三法同卷）一册，千字文号"杜"五六七，牌记时间"佛历二千九百四十七年中华民国九年太岁庚申阴历七月二十六阳历九月八号辰刻交白露节"。

《那先比丘经》三卷一册，千字文号"聚"五六七，牌记时间"佛历二千九百四十六年中华民国九年阴历十一月十一日阳历一月一号告竣"。

《道地佛医杂难经》一册，千字文号"明"九十，牌记时间"中华民国七年佛历二千九百四十五年岁次戊午阳历九月念四号阴历八月二十日届秋分节"。

《大吉义神咒经》十三经同卷（《阿吒婆拘鬼神大将上佛陀罗尼神咒经》《佛说大普贤陀罗尼经》《佛说大七宝陀罗尼经》《六字大陀罗尼经》《佛说安宅神咒经》《幻师颷陀神咒经》《佛说辟除贼害咒经》《佛说咒时气病经》《佛说咒齿经》《佛说咒目经》《佛说咒小儿经》《阿弥陀鼓音声王陀罗尼经》《佛说摩尼罗亶经》）一册，千字文号"行"一二三，牌记时间"佛历二千九百五十年中华民国十二年纪次癸亥阴历四月廿九日阳历六月十三号工竣"。

参与《毗陵藏》刻经的湖北黄冈陶氏刻工除陶子麟、陶舫溪外，还有陶周楹和陶福山二人。陶周楹，湖北黄冈人，宣统三年（1911）参与刻经，刻本有《阿毗达磨俱舍论》三十卷六册，千字文号为"楼"一至十、"观"一至十、"飞"一至十，牌记时间为"佛历二千九百三十八年大清宣统三年重光大渊若荷月"。陶福山，湖北黄冈人，1917年、1923年参与刻经，刻本卷末带有"湖北黄冈陶福山刻"的牌记。刻本有《法华大成悬谈音义》九卷，千字文号"谁"十，牌记时间"中华民国六年佛历二千九百四十四年岁次丁巳四月告成"；《力庄严三昧经》《佛说八部佛名经》《百佛名经》三经同本一册,千字文号"信"一二,牌记时间"佛历二千九百五十年中华民国十二年纪次癸亥阴历五月初五日阳历六月十八号工竣";《诸佛护念经》九种同本(《佛说不思议功德诸佛所护念经》《金刚三昧本性清净不坏不灭经》《佛说师子月佛本生经》《演道俗业经》《佛说长者法志妻经》《佛说萨罗国经》《佛说十吉祥经》《佛说长者女庵提遮师子吼了义经》《一切智光明仙人慈心因缘不食肉经》)一册,千字文号"信"三至六,牌记时间"佛历二千九百五十年中华民国十二年纪次癸亥阴历五月初五日阳历六月十八号工竣"。

二、扬州刻工

参与《毗陵藏》刻经的扬州籍刻工是最多的,有周楚江、张肇昌、张旭东、张肇升、梁友信五人。扬州自古以来印刷业发达,印刷工匠师甚多,写工、印工、刻工、装订工齐全,世代传承。清朝末年,扬州地区版刻店铺林立,经营模式多为家庭作坊。

(一)扬州周楚江

周楚江,扬州著名刻工,扬州周楚江刻书铺主人。周楚江参与《毗陵藏》刻经时间分别是在宣统二年(1910)、宣统三年、1912年、1913年、1919年,卷末带有"扬州周楚江刻"或"扬州周楚江承刊"的牌记。所刻本有:

《佛说持句神咒经》八经同本(《佛说持句神咒经》《陀邻尼钵经》《东方最胜灯明王咒经》《如来方便善巧咒经》《虚空藏菩萨问七佛陀罗尼咒经》《金刚秘密善门陀罗尼经》《善法方便陀罗尼咒经》《护命法门神咒经》)一册,千字文号"罔"四五六,牌记时间"中华民国元年佛历二千九百三十九年岁次壬子阳历十月初九阴历八月廿九丑时届寒露节"。

《大方广菩萨神咒经》九经同本(《大方广菩萨藏经》《曼殊室利菩萨咒王经》《十二佛名除障灭罪经》《佛说称赞如来功德神咒经》《华积陀罗尼神咒经》《狮子奋迅菩萨所问经》《佛说华聚陀罗尼经》《六字咒王经》《六字神咒王经》)一册,千字文号"能"九十,牌记时间"中华民国元年佛历二千九百三十九年岁次壬子阳历十月廿四号阴历九月十五日寅时霜降节"。

《广弘明集》四十卷十册,千字文号"高"一至十、"冠"一至十、"陪"一至十、"辇"一至十,牌记时间"中华民国元年佛历二千九百三十九年岁次壬子阳历四月二十阴历三月初四日节届谷雨令旦告竣"。

《药师经直解》上下卷一册,千字文号"祇",牌记时间"大清宣统二年佛历二千九百三十七年岁次庚戌五月"。

《佛母出生般若经》二十五卷四册,千字文号"履"一至十,牌记时间"佛历二千九百四十一年中华民国四年阴历十一月十六日阳历一月一日"。

《佛道论衡录》（后附智升撰《续佛道论衡》）五卷两册，千字文号"曲"四五六，牌记时间"中华民国二年佛历二千九百四十年昭阳赤奋若季春月"。

《佛说文殊师利现宝藏经》上下卷一册，千字文号"恭"七八，牌记时间"大清宣统三年佛历二千九百三十八年纪次辛亥二月"。

《佛说大灌顶神咒经》十二卷三册，千字文号"恭"二三四，牌记时间"大清宣统三年佛历二千九百三十八年纪次辛亥二月"。

除承刻《毗陵藏》外，周楚江所刻佛经还有《阿毗达磨法蕴足论》十卷三册，卷末带有"扬州周楚江镌"的牌记。

周楚江刻书铺在江南地区的业务较为广泛，且具有一定规模，不仅负责古籍刊刻，还承担写样、雕版、印刷、装订等流程，所出版的书籍镌刻整齐、刊刻精良。

1915年左右，周楚江开始为嘉业堂[①]刻书。当时为嘉业堂印书的除扬州周楚江外，湖北陶子麟也参与其中，另有南京姜文卿、北京文楷斋等著名印书处。周楚江参与刊刻的作品有《中书典故汇纪》《吴兴诗话》《春雪亭诗话》《渚山堂词话》《味水轩日记》《校经室文集》《周易集义》等。[②]

1917年，周楚江参与承刻《龙溪精舍丛书》。[③]《龙谷精舍丛书》汇辑两汉以迄民国的重要著作六十种、四百四十五卷，依经史子集四部分类，其中经部五种，史部二十三种，子部二十九种，集部三种。各书卷首均附《四库提要》以说明其梗概。所收诸书多为善本或精校本，唐晏所撰《洛阳伽蓝记钩沉》《两汉三国学案》亦收入丛书中。卷首总目均注明所据版本，有郑国勋自序及冯煦、齐耀琳二序。周楚江所刻的部分古籍有《世说新语》三卷五册、《焦氏易林》十六卷三册、《两汉三国学案》十一卷十册、《小尔雅训纂》六卷一册、《孔丛子》三卷两册、《华阳国志校勘记》十二卷一册、《西京杂记》上下卷、《金楼子》六卷两册、《博物志》十卷、《论衡》《典论》《中论》合刊本、《伏候古今注》《独断》合刊本、《恒子新论》等，统一带有"扬州周楚江刊刻"的牌记。

（二）扬州张氏

张肇昌，扬州人，宣统三年（1911）、1912年、1913年、1914年、1915年连续五

[①] 嘉业堂由刘承干于1920年所建，因溥仪所赠"钦若嘉业"九龙金匾而得名。嘉业堂藏书楼规模宏大，藏书丰富，原书楼与园林合为一体，刘承干也被认为是民国私人藏书第一人。刘承干（1882—1963），字贞一，号翰怡，求恕居士，吴兴（今浙江省湖州市）南浔镇人，曾是晚清秀才。刘承干的祖父刘镛通过经营湖丝生意成为南浔巨富，这给后来刘承干的藏书活动打下了雄厚的经济基础。为周楚江作刻书介绍和担保的冯煦也是当时有名的文人。冯煦（1843—1927）字梦华，号蒿庵，江苏金坛人，光绪十二年进士、探花，授编修，官至安徽巡抚。辛亥后为遗老，自称蒿隐公。曾创立义赈协会，承办江淮赈务，参与纂修《江南通志》，著有《蒿庵类稿》等。
[②] 陈谊：《嘉业堂刻书研究》，博士学位论文，复旦大学，2009年，第81页。
[③] 该丛书是由郑国勋辑，唐晏主编选。郑国勋，字尧臣，生于光绪年间，广东潮阳人，藏书家，室名隐修堂。唐晏（1857—1920），清代学者，满族，瓜尔佳氏，原名震钧，字在廷，又字苕素，号涉江。辛亥革命后郑国勋于沪结识唐晏并拜师。因郑氏世代居住于潮阳龙溪之畔，故取名家塾读书处为龙溪精舍，亦名此编。

年皆为《毗陵藏》刻书,卷末带有"扬州张肇昌刻""扬州张肇昌刊""扬州张肇昌镌"等牌记。所见刻本有:

《金刚般若波罗蜜经论》一册,千字文号"受"五至十,牌记时间"大清宣统三年佛生二千九百三十八年四月"。

《大乘庄严经论》十三卷三册,千字文号"次"一至十、"弗"一至三,牌记时间"中华民国元年佛历二千九百三十九年太岁壬子阳历十二月廿二号阴历十一月十四日未时交冬至节"。

《大乘瑜伽性海经》十卷二册,千字文号"荣"一至十,牌记时间"中华民国四年佛历二千九百四十二年阳历八月廿四号阴历七月十四日申时交处暑节工竣"。

《文殊师利菩萨问菩提经论》《金刚般若波罗蜜经破取着不坏假名论》两经同本一册,千字文号"弗"四至七,牌记时间"大清宣统三年佛历二千九百三十八年纪次辛亥三月"。

《胜思惟梵天所问经论》上中下三卷一册,千字文号"弗"八九十,牌记时间"大清宣统三年佛历二千九百三十八年纪次辛亥四月"。

《般舟三昧经》上中下三卷一册,千字文号"伐"八九十,牌记时间"大清宣统三年佛历二千九百三十八年纪次辛亥三月"。

《十八空论》《百喻》《广百论本》三经同本一册,千字文号"造"七八九十,牌记时间"大清宣统三年佛历二千九百三十八年纪次辛亥八月"。

《佛说方等般泥洹经》上下卷一册,千字文号"白"九十,牌记时间"中华民国四年阳历七月八号届小暑节即佛历二千九百四十二年太岁乙卯阴历五月二十六日竣工"。

《大集譬喻王经》上下卷一册,千字文号"周"九十,牌记时间"大清宣统三年佛历二千九百三十八年纪次辛亥三月"。

《广博严净经》四卷一册,千字文号"发"七八九十,牌记时间"中华民国四年阳历四月二十二号交夏至节"。

《佛说普达王经》一册,千字文号"当"八九十,牌记时间"中华民国元年佛历二千九百三十九年阳历十二月除夕阴历十一月廿三告成"。

《佛说净涅槃经》《佛说兴起行经》《长爪梵志请问经》三经同本一册,千字文号"当"一至四,牌记时间"中华民国元年佛历二千九百三十九年阳历十二月除夕阴历十一月廿三告竣"。

《佛说大方等大云请雨经》《大云请雨经》《大云轮请雨经》三经同本一册,千字文号"毁"八九十,牌记时间"中华民国三年佛历二千九百四十一年太岁申寅阴历十月廿一日阳历十二月七号辰时大雪"。

《佛说五无反复经》等十七经同本(《佛说十二品生死经》《佛说轮转五道罪符报应经》《佛说五无反复经》《佛大僧大经》《佛说大迦叶本经》《佛说四自侵经》《佛说罗云

忍辱经》《佛为年少比丘说正事经》《佛说沙昌比丘功德经》《佛说时非时经》《佛说自爱经》《佛说贤者五福德经》《天请问经》《佛说护净经》《佛说木槵经》《佛说无上处经》《卢至长者因缘经》）一册，千字文号"当"五六七，牌记时间"中华民国二年佛历二千九百三十九年阳历正月元旦阴历十一月廿四告成"。

张旭东，扬州人，1915年参与《毗陵藏》刻经。所刻古籍卷末有"扬州张旭东刊"的牌记。刻本有：

《说无垢称经》一册，千字文号"盖"四五六，牌记时间"中华民国四年佛历二千九百四十二年太岁乙卯冬月"。

《维摩诘经》上中下卷一册，千字文号"方"四五六，牌记时间"中华民国四年佛历二千九百四十二年太岁乙卯冬十月"。

《护法遗教心印门》五经同本（《护法论》《造论所记》《佛遗教经论疏节要》《天台传佛心印记》《净土净观要门》合刊）一册，千字文号"野"一二三，牌记时间"民国四年阳历十一月"。

《庐山莲宗宝鉴》三册十卷，千字文号"野"四至十，卷六末牌记"中华民国四年阳历十月九号寒露节工成即佛历二千九百四十二年太岁乙卯阴历九月初一日 扬州张肇升刊"，卷八末牌记"佛历二千九百四十二年太岁乙卯十月十五日即中华民国四年阳历十一月二十一号礼拜日 扬州张旭东刊"。

另外，1916年，张旭东也曾参与承刻郑国勋《龙溪精舍丛书》。张旭东所刻的部分古籍有《风俗通议》《风俗通姓氏》《物理谕》合刊三册、《人物志》一册、《新语》上下卷一册、《三辅黄图》六卷一册，卷末统一带有"扬州张旭东刊刻"书牌。另有《新谕梦昼》一册是张旭东、赵明德合刻本。赵明德亦是扬州著名刻工，所刻《龙溪精舍丛书》还有1917年的《申鉴》五卷一册。

现有目前所见《毗陵藏》唯一的合刻本，是张旭东和张肇升在1915年合刻的《庐山莲宗宝鉴》三册十卷。该刻本所记录张肇升的刊刻时间是中华民国四年阳历十月九号，张旭东的刊刻时间是1915年11月21号，两者在时间上相差无几，可知《庐山莲宗宝鉴》是张肇升和张旭东在同一时间内合作完成的。这种合署的情况在同一刻书铺中较为常见，张肇昌、张肇升、张旭东三人极有可能来自扬州地区同一家族的刻书铺。

（三）梁友信

梁友信，扬州刻工，宣统二年（1910）、宣统三年参与《毗陵藏》刻经。刻书卷末带有"扬州梁友信镌"的牌记。所刻本有：

《顿悟入道要门论》上下卷一册，千字文号"组"一二，牌记时间为"大清宣统二年佛历二千九百三十七年岁次庚戌秋八月"。

《兜率龟镜集》上中下卷一册，千字文号"衹"三四五，牌记时间为"大清宣统三年佛历二千九百三十八年纪次辛亥二月"。

《七俱胝佛母所说准提陀罗尼经会释》三卷一册，千字文号"衹"六七八，牌记时间"大清宣统三年佛历二千九百三十八年岁次辛亥二月"。

《沩山警策句释记》上下卷一册，千字文号"衹"九十，牌记时间"大清宣统二年佛历二千九百三十七年岁次庚戌秋八月"。

三、丹阳刻工

参与《毗陵藏》刻经的丹阳刻工有诸葛明海、陈国桢、朱禔荣三人。

诸葛明海，丹阳人，1917年参与《毗陵藏》刻经。刻书卷末带有"丹阳诸葛明海刻"牌记。刻本有《无垢光明正法经》等十四经同本（《佛说楼阁正法甘露鼓经》《佛说大乘善见变化文殊师利问法经》《圣虚空藏菩萨陀罗尼经》《佛说大护明大陀罗尼经》四经同卷、《佛说无能胜大明王陀罗尼经》《最胜佛顶陀罗尼经》《圣佛母小字般若波罗蜜多经》《消除一切闪电障难随求如意陀罗尼经》《圣最上灯明如来陀罗尼经》五经同卷、《大寒林圣难拏陀罗尼经》《佛说诸行有为经》《息除中夭陀罗尼经》《一切如来正法秘密箧印心陀罗尼经》四经同卷）四卷一册，千字文号"忠"一至四，牌记时间"中华民国六年佛历二千九百四十四年岁次丁巳阳历六月廿二号阴历五月初四日夏至告竣"。

陈国桢，丹阳人，1919年、1920年参与《毗陵藏》刻经。刻书卷末带有"丹阳陈国祯刻"牌记。所刻有《辅教编》上中下卷一册，千字文号"紫"八九十，牌记时间"中华民国九年佛历二千九百四十七年阳历九月八号阴历七月念六日届白露节"；《四分戒本》二卷一册，千字文号"外"一二，牌记时间"佛历二千九百四十六年中华民国八年阴历十一月初十日阳历十二月卅一号除夕竣工"。

朱禔荣，丹阳人，宣统二年（1910）参与《毗陵藏》刻经。刻书卷末带有"丹阳朱禔荣刻"牌记。刻本有《龙池山幻有禅师语录》十卷四册，千字文号"史"一至十，牌记时间"大清宣统二年佛历二千九百三十七年岁次庚戌冬月"。

可惜的是，《江苏艺文志》和民国《丹阳县志补遗》未见这三名刻工的相关记载。但从《毗陵藏》刻本来看，丹阳与扬州所刻经籍有很大的关联性，例如，在版式上，所见刻本里仅丹阳朱禔荣和扬州周楚江、梁友信、张肇昌在宣统年间的刻本中可见单线构成的长方形牌记边框；关于藏经的施刻，扬州周楚江、扬州张肇昌、丹阳陈国桢皆有刻本为盛宣怀夫妇所捐刻；加之丹阳与扬州在地理位置上非常相近，推测丹阳的刻经工作极有可能是与扬州一同运作的。

结　语

　　参与《毗陵藏》刻经的工匠采用群组的方式运作，或来自一个家族，或来自一个地区。家族式以湖北陶氏为代表。陶子麟刻书铺在光绪年间从黄冈搬至武昌，主要刻字活动在武昌进行，故《毗陵藏》刻本中，陶氏家族的刻工题名前常常以"湖北"代替"黄冈"二字，这亦是陶氏家族注重牌记标注的体现。除了通过血缘关系，同一地区的刻工还可以通过地缘关系形成合作纽带。例如潮阳郑国勋编刊的《龙溪精舍丛书》，由于该丛书由扬州文富堂主人邱恒礼担任监刻，所以刻工也由扬州梓人如周楚江、张旭东等组成。《毗陵藏》的部分扬州籍刻工也曾参与《龙溪精舍丛书》的刊刻，可以推测《毗陵藏》在组织刻经时极有可能也是采取了这种形式，才会在刊刻者和刊刻地点上出现相似的集中分布。此外，《毗陵藏》采用"寄刊"的形式，把刻书业务委托给外地刻工。这种刊刻形式在清末并不鲜见，如清末叶昌炽刻《左传补注》等书籍时寄往闽地蒋芓生刊刻。① 湖北陶子麟和扬州周楚江曾参与的嘉业堂刻书，采用的也是寄刻法，由六地七铺刻书"分刻速成"。② 这些运作方式，大大提升了藏经的刊刻效率，使得《毗陵藏》"历时十余年，成书数千卷"。

　　《毗陵藏》刊刻时间跨度较大，③ 加之多位不同地区的刻工参与，所以其版式和牌记不尽相同。如版框有四周双边、左右双边、四周单边三种，版心有黑口、白口两种，无鱼尾居多，牌记位置或于卷末书名卷次之后，或刻于整本书的最末页。大部分刻本的牌记皆为文字直书，在所见《毗陵藏》刻本里仅部分扬州和丹阳刻工在宣统年间的刻本中可见单线构成的长方形牌记边框。

　　《毗陵藏》的刊刻是方册藏经系统的重要补充。虽然受诸多因素的影响《毗陵藏》于1926年抱憾停刊，但在当时《毗陵藏》的刊刻无疑承载着复兴佛教的寄托。《惟宽彻禅师塔铭》记载了藏经的刊刻缘由："自明代紫柏大师创刊方册藏经，缁素称便，乃毁于清代太平军之劫。事既定，有志弘法者取私人醵资刻经，在金陵者最称精博。冶老剃度弟子行实在俗，固无锡庠生，娴文翰。膺金陵刻经处之聘，代其监刻校对，为石埭杨仁山居士所契重，行实偶请，于冶老谓大藏经待刊者至伙。杨居士年高，独力恐不继，天宁盖分仁之，庶全藏得早日告成。师与法弟应慈上人侍冶老侧，因力赞之，遂有创办毗陵刻经处之举。"④ 太平天国运动过后，江南地区的佛经几近焚毁殆尽，鉴于此，天宁

---

① 郑伟章：《书林丛考》，广州：广东人民出版社，1995年，第215页。
② 陈谊：《嘉业堂刻书研究》，第77页。
③ 在所见刻本中，最早刊印出版的是光绪三十四年《妙法莲华经要解》五册，最晚的是1926年《瑜伽仪轨经》等十四经同本。1919年10月24日清镕致高恒松居士的信中也提及："兹因敝寺（天宁寺）开刻藏经……自开工先刻《法华经要解》二十卷，业经样本写好……"
④ 濮一乘：《武进天宁寺志》，杜洁祥主编：《中国佛寺史志汇刊》第一辑，台北：明文书店，1980年，第240页。

寺清镕受杨仁山居士之托刊印藏经并设立毗陵刻经处。文中还提到，天宁寺的毗陵刻经处规模庞大，虽建立时间较晚，但卷帙之富却可与金陵刻经处相较。可见，毗陵刻经处是对金陵刻经处的补充，亦对近代佛教的复兴功不可没。

参考文献

1. 曹之：《中国古籍版本学》，武汉：武汉大学出版社，1992年。
2. 陈谊：《嘉业堂刻书研究》，博士学位论文，复旦大学，2009年。
3. 邓影、尹恒：《毗陵藏所见印本概录及版刻述略》，《宗教学研究》2018年第2期。
4. 方广锠：《毗陵藏初探》，《藏外佛教文献》第二辑，北京：中国人民大学出版社，2010年。
5. 濮一乘：《武进天宁寺志》，杜洁祥主编：《中国佛寺史志汇刊》第一辑，台北：明文书店，1980年。
6. 郑伟章：《书林丛考》，广州：广东人民出版社，1995年。
7. 张振铎：《古籍刻工名录》，上海：上海书店出版社，1996年。

其他研究

现代天文学与佛经的再发现

卢　虎　（《东南大学学报》哲学社会科学版编辑部）

【摘要】 随着现代天文学的发展，佛经中一些少人问津的记载被陆续发现。从佛经的有关记载可知，现代天文学与佛教的记载有很多惊人的巧合。从宇宙和黑洞、宇宙的尺度与生命跨度、天文大数字、星球的形状、月相、不同季节昼夜的变化、闪电等方面进行比较可以深入了解现代天文学与佛教之间的巧合。

【关键词】 佛教　科学　天文学　佛经

近年来，对佛教与科学的关系的研究日渐增多。学者们认为佛教与科学并不冲突，在某些方面，现代天文学的发展推动了佛经的再发现。虽然中国有着世界上最完整的佛经，但浩若烟海的佛经近一亿字，极少有研究者全部阅读过。随着现代天文学的发展，越来越多的巧合在佛经中被发现。

一、宇宙和黑洞

佛教认为虚空中有无数个宇宙，宇宙没有中心。《大楼炭经》卷一、《长阿含经》卷一八、《起世经》卷一都认为宇宙的结构如下：

一千个日—月系统构成小千世界；一千个小千世界构成中千世界；一千个中千世界构成大千世界。①

大千世界又叫作"三千大千世界""佛刹""百亿日月""娑婆世界"。

一些佛教研究者认为大千世界对应于现代天文学的"宇宙"。

有趣的是，佛教认为小千世界、中千世界和大千世界的中心是黑暗的，太阳和月亮的光线照射不进去，黑暗中心里也有各种生命存在，它们看不到自己（就像深海的生物一样）。②

---

① Buddhist cosmology. 维基百科：https://www.wikipedia.org，2021年7月12日。
② （刘宋）求那跋陀罗译：《杂阿含经》卷一六，《大正藏》第2册，第111页下—112页上。

（一）小千世界

《大楼炭经》卷一、《长阿含经》卷一八、《起世经》卷一、《大方广佛华严经》卷五二都描述了小千世界，其中有细微的差别，结合起来研究可以得到有趣的发现。

《大楼炭经》卷一：如一日月旋照四天下。[①]

《长阿含经》卷一八：如一日月周行四天下。[②]

《大方广佛华严经》卷五二：譬如日月，独无等侣，周行虚空。[③]

《起世经》卷一：有千日月所照之处，此则名为一千世界。[④]

综合起来可知，太阳、月亮在虚空中旋转、循环绕行照耀世界（包括其他星球），一千个太阳月亮系统（包括它们照耀的星球）叫作小千世界。

《起世经》卷一记载：小千世界"犹如周罗（周罗者隋言髻）"。[⑤]

"周罗"是古代男子的发型，形状是带螺旋的圆盘形，而现代天文学发现银河系的形状也是带螺旋的圆盘形。

《杂阿含经》卷一六描述小千世界：

> 此小千世界，中间暗冥。日月光照，有大德力，而彼不见。其有众生，生彼中者，不见自身分。[⑥]

这句话的意思是：小千世界中间是黑暗的，太阳月亮的光照射不进去，黑暗的中间也有生命存在，这些生命看不见自己。

现代天文学发现银河系的中心是一个黑洞，这与《杂阿含经》的记载有着惊人的巧合。[⑦]

现代天文学经过理论上的推测，认为银河系约 60 亿个类地行星，但大部分要么太大，要么太小，要么离恒星太近，要么太远，和地球非常接近的行星不多，类似月亮的卫星目前还没有发现。据报道，人类已发现疑似类地行星数量突破 4000 大关，科学家同时确定 8 颗宜居系外行星。[⑧] 而已经发现的类地行星中，拥有类似月亮的卫星的类地行星还没有发现，可以推断，银河系中只有一千个日月系统是极有可能的。

[①] （西晋）法立共法炬译：《大楼炭经》卷一，《大正藏》第 1 册，第 277 页上。
[②] （后秦）佛陀耶舍共竺佛念译：《长阿含经》卷一八，《大正藏》第 1 册，第 114 页中。
[③] （唐）实叉难陀译：《大方广佛华严经》卷五二，《大正藏》第 10 册，第 274 页下。
[④] （隋）阇那崛多等译：《起世经》卷一，《大正藏》第 1 册，第 310 页中。
[⑤] （隋）阇那崛多等译：《起世经》卷一，《大正藏》第 1 册，第 310 页中。
[⑥] （刘宋）求那跋陀罗译：《杂阿含经》卷一六，《大正藏》第 2 册，第 111 页下。
[⑦] The Black Hole in the Milky Way："At the center of our Milky Way Galaxy, a mere 27,000 light-years away, lies a black hole with 4 million times the mass of the Sun". 2012 年 11 月 2 日，美国宇航局官网：https://apod.nasa.gov/apod/ap121102.html，2021 年 7 月 22 日。
[⑧] 赵熙熙：《疑似类地行星数量突破 4000 大关》，《中国科学报》2015 年 1 月 8 日第 2 版。

（二）中千世界

一千个小千世界构成中千世界，中千世界对应于现代天文学发现的拥有 1300 个银河系的"室女座"星系团，其半径约 1 亿光年，"室女座"星系团的中心是个巨大的黑洞。①

《杂阿含经》卷一六记载：

> 中千世界，中间暗冥，如前所说。②

又是一个巧合。

（三）大千世界

一千个中千世界构成大千世界，这意味着一千个"室女座"星系团构成人类目前居住的宇宙，这和目前天文学的发现基本一致。现代天文学认为宇宙的中心是一个无比巨大的黑洞。

《杂阿含经》卷一六记载：

> 三千大千世界，世界中间暗冥之处，日月游行，普照世界，而彼不见。③

再一次巧合。

按照佛教的观点，大千世界（宇宙）有 1000×1000×1000 个日月系统，也就是十亿个日月系统，但佛经提到宇宙经常是"百亿日月"。这可能是古代印度人的习惯性表达，也可能是银河系中日月较少，而其他星系日月较多，整个宇宙包含百亿日月。

二、宇宙的生命跨度

佛教认为宇宙的生命跨度为一个"大劫"，它分成四个阶段：成、住、坏、空。成，宇宙形成；住，宇宙保持稳定的状态；坏，宇宙消散；空，宇宙保持空的状态。④ 每个阶段可分为二十个"中劫"。

《瑜伽师地论》卷二：

> 又此世间，二十中劫坏，二十中劫坏已空，二十中劫成，二十中劫成已住。⑤

《阿毗达磨大毗婆沙论》卷一三五和《俱舍论》卷一二有着相同的描述。

每个"中劫"包括十八个"小劫"，一个"小劫"的时间长度指：人的寿命从 80000

---

① "larger than our own Milky Way, elliptical galaxy M87（NGC 4486）is the dominant galaxy of the Virgo Galaxy Cluster. Some 50 million light-years away, M87 is likely home to a supermassive black hole responsible for a high-energy jet of particles emerging from the giant galaxy's central region." 2010 年 5 月 20 日，美国宇航局官网：https://apod.nasa.gov/apod/ap100520.html，2021 年 7 月 22 日。
② （刘宋）求那跋陀罗译：《杂阿含经》卷一六，《大正藏》第 2 册，第 111 页下。
③ （刘宋）求那跋陀罗译：《杂阿含经》卷一六，《大正藏》第 2 册，第 112 页上。
④ Buddhist cosmology. 维基百科，https://www.wikipedia.org，2021 年 7 月 12 日。
⑤ （唐）玄奘译：《瑜伽师地论》卷二，《大正藏》第 30 册，第 285 页中。

岁降到 10 岁，又从 10 岁增长到 80000 岁，这个循环重复十八次就是"中劫"。[1]

《优婆塞戒经》卷七提到：

> 从十年增至八万岁，从八万岁减还至十年，如是增减满十八反，名为中劫。[2]

《阿毗达磨大毗婆沙论》卷一三五和《俱舍论》卷一二有着相同的描述。此外，人类的年龄是每 100 年增、减 1 岁。[3]

因此，我们可以计算出，1 小劫 =（80000—10）× 100 × 2=15998000（年）

1 中劫 =15998000 × 18=287964000（年）

1 大劫 =287964000 × 20 × 4=23037120000（年）

我们所在的宇宙的生命跨度为 230 亿年，学者方立天在《佛教哲学》里也提到了这点。现代天文学认为目前我们宇宙的年龄大约 125 亿年，[4] 这意味着我们宇宙目前还处于中年阶段。

三、佛经中的天文大数字

英语里最大的数字是 centillion，表示 10 的 303 次方，这在佛教的数字体系里只是一个很小的数字。佛经里使用了极其巨大的数字描述其宇宙模型，《大方广佛华严经》卷四五记载了 123 位大数字。[5] 1 洛叉是 100000。

1 俱胝 =100 洛叉 =10000000=10^7

1 阿庾多 = 俱胝 × 俱胝 = 10^{14}

那由他 = 阿庾多 × 阿庾多 =10^{28}

接下来，每个数字乘以自己得出下一位数字……

阿僧祇 =$10^{7.1 \times 10^{31}}$，请注意 7.1×10^{31} 只是 10 的指数

……

不可说 =$10^{4.6 \times 10^{36}}$

……

（122）不可说不可说 =$10^{1.8 \times 10^{37}}$

佛经中最大的数字：

（123）不可说不可说转 =$10^{3.7 \times 10^{37}}$

---

[1] Buddhist cosmology. 维基百科：https://www.wikipedia.org，2021 年 7 月 12 日。
[2] （北凉）昙无谶译：《优婆塞戒经》卷七，《大正藏》第 24 册，第 1072 页中。
[3] （明）仁潮录:《四大千劫量——增劫、减劫图示》,《法界安立图》卷中之下,《卍续藏》第 57 册。同时可见《丁福保佛学大词典》中"增劫""减劫"条目。
[4] Sneden, C., "The age of the Universe", Nature, 2001（409）：673–675. https://doi.org/10.1038/35055646，2021 年 7 月 12 日。
[5] （唐）实叉难陀译：《大方广佛华严经》卷四五，《大正藏》第 10 册，第 237 页上—238 页上。

《大方广佛华严经》及其他佛经多次提到"佛刹微尘数",指宇宙中充满灰尘的数量。我们可以推测,假设古印度空气中一立方厘米中只有10颗微尘,宇宙(假设为球体)半径为457亿光年,宇宙的体积就是4×10^{16}立方光年。1光年等于9.46×10^{12}立方千米,整个宇宙的灰尘数为:$4 \times 10^{16} \times 9.46 \times 10^{12} \times (1000^3 \times 100^3 \times 10) = 38 \times 10^{44}$。假设一立方厘米中有100或1000颗微尘,即再乘以10或100,得出的数字在佛教的数字体系里也只是很小的数字。

四、佛教的宇宙模型

佛教认为世界没有中心,世界在空间、时间、层次上都是无限的,时间和空间只是相对存在的。

(一)宇宙的空间模型

《大方广佛华严经》卷八描述了佛教的宇宙模型:世界海—香水海—世界种—世界:

此世界海大地中,有不可说佛刹微尘数香水海……此不可说佛刹微尘数香水海中,有不可说佛刹微尘数世界种安住;一一世界种,复有不可说佛刹微尘数世界。[①]

如前文所说,不可说$=10^{4.6 \times 10^{36}}$,佛刹微尘数$=38 \times 10^{44}$。

我们可以计算出,$10^{4.6 \times 10^{36}} \times 38 \times 10^{44}$个世界(宇宙)构成了一个"世界种";$10^{4.6 \times 10^{36}} \times 38 \times 10^{44}$个"世界种"构成一个"香水海";$10^{4.6 \times 10^{36}} \times 38 \times 10^{44}$个"香水海"构成了一个"世界海"。

"世界海"是佛教里最大的天文单位,已经远远超越人类的想象了,更大的就没有提及了。

1"世界海"$=10^{4.6 \times 10^{36}} \times 38 \times 10^{44} \times 10^{4.6 \times 10^{36}} \times 38 \times 10^{44} \times 10^{4.6 \times 10^{36}} \times 38 \times 10^{44}$个宇宙。

《大方广佛华严经》卷六指出:"如是等十亿佛刹微尘数世界海中,有十亿佛刹微尘数菩萨摩诃萨。"[②]

这意味着十亿佛刹微尘数世界海遍布十个方向:东、南、西、北、东南、东北、西南、西北、上、下。虚空中有38×10^{53}个"世界海"。我们人类生活的"世界海"叫作"华藏世界海"。

"世界海""世界种""宇宙"没有中心,它们在虚空中相互依存。

《大方广佛华严经》卷八记载:

此……世界种,有如是等不可说佛刹微尘数广大世界,各各所依住,各各形

[①] (唐)实叉难陀译:《大方广佛华严经》卷八,《大正藏》第10册,第40页中—41页下。
[②] (唐)实叉难陀译:《大方广佛华严经》卷六,《大正藏》第10册,第28页下。

状,各各体性,各各方面,各各趣入,各各庄严,各各分齐,各各行列,各各无差别,各各力加持,周匝围绕。[①]

有学者认为,《华严经》的这段话包含"万有引力"的思想。

(二)宇宙的时间模型

佛教认为每一个宇宙、"世界种""世界海"都有成、住、坏、空的发生过程,都有不同的生命跨度,有长有短。人类居住的宇宙——"娑婆世界"的生命跨度为一个"大劫",约230亿年。《大方广佛华严经》卷四五指出:

> 此娑婆世界。释迦牟尼佛刹一劫,于极乐世界阿弥陀佛刹,为一日一夜。极乐世界一劫,于袈裟幢世界金刚坚佛刹,为一日一夜。……如是次第,乃至过百万阿僧祇世界,最后世界一劫,于胜莲华世界贤胜佛刹,为一日一夜。普贤菩萨及诸同行大菩萨等充满其中。[②]

人类宇宙的整个生命跨度230亿年等于阿弥陀佛的极乐世界的一天,而阿弥陀佛的极乐世界的整个生命跨度230亿×230亿年等于袈裟幢世界金刚坚佛刹的一天……以此类推,经过百万阿僧祇,即$1000000 \times 10^{7.1 \times 10^{31}}$个世界,那个长长的时间等于胜莲华世界贤胜佛刹的一天,普贤菩萨和其他大菩萨等充满其中。如此漫长的时间远远超越了人类的想象,更长的时间佛教没有提及。

在"世界海"的尺度上,一些"世界海"的生命跨度达到了"不可说"即$10^{4.6 \times 10^{16}}$的大劫甚至更长。

《大方广佛华严经》卷七中普贤菩萨说:

> 应知世界海有世界海微尘数劫住。所谓:或有阿僧祇劫住,或有无量劫住,或有无边劫住,或有无等劫住,或有不可数劫住,或有不可称劫住,或有不可思劫住,或有不可量劫住,或有不可说劫住……如是等,有世界海微尘数。[③]

佛经里描述的宇宙的空间和时间模型是现代天文学所望尘莫及的,感觉二者不在一个维度上。

(三)宇宙的构成成分

《大方广佛华严经》描述了不同的"世界种"由云、火、光、钻石、各种珍宝、声音等构成;不同的宇宙由泥土、钻石、铜、铁及各种珍宝构成。

> 彼一切世界种,或有以十方摩尼云为体,或有以众色焰为体,或有以诸光明为

---

① (唐)实叉难陀译:《大方广佛华严经》卷八,《大正藏》第10册,第41页下。
② (唐)实叉难陀译:《大方广佛华严经》卷四五,《大正藏》第10册,第241页中。
③ (唐)实叉难陀译:《大方广佛华严经》卷七,《大正藏》第10册,第37页下。

体,或有以宝香焰为体,或有以一切宝庄严,或有以一切众生福德海音声为体……如是等,若广说者,有世界海微尘数。①

有刹泥土成,有刹金刚成,或有用铁成,或以赤铜作,或有诸刹土,七宝所合成,有刹众宝成。②

佛经里描述的"世界种""世界海"太大,不知有多少亿亿个宇宙大,人类无法想象到。佛经里没有详细论述各种天体的构成情况,但可以根据佛经的描述进行推演,从"世界种""世界海"和世界的构成可以知道各种天体的构成大致如此。目前天文学已经发现有的天体由泥土、钻石、铜、铁、云、火、各种稀有金属构成。

（四）宇宙的形状

《大方广佛华严经》里描述了不同"世界种""世界海"和世界的形状:

世界海有种种差别形相。所谓:或圆,或方,或非圆方,无量差别;或如水漩形,或如山焰形,或如树形,或如华形,或如宫殿形,或如众生形,或如佛形……如是等,有世界海微尘数。③

……

彼一切世界种,或有作须弥山形,或作江河形,或作回转形,或作漩流形,或作轮辋形,或作坛墠形,或作树林形,或作楼阁形,或作山幢形,或作普方形,或作胎藏形,或作莲华形,或作佉勒迦形,或作众生身形,或作云形,或作诸佛相好形,或作圆满光明形,或作种种珠网形,或作一切门闼形,或作诸庄严具形……如是等,若广说者,有世界海微尘数。

有世界……其状犹如摩尼宝形,……其形八隅……其状犹如摩尼莲华……其形普方而多有隅角……其形四方……楼阁之形……周圆……半月之形……卐字之形……龟甲之形……珠璎。④

人类居住的宇宙:娑婆世界,状如虚空。⑤"虚空"可以看成为不规则的球体,而现代天文学认为人类的宇宙是"大爆炸"的产物,其形状极有可能就是"虚空"状。

佛教认为"世界种""世界海"和人类的宇宙由佛、菩萨、人类、各种生命和多种因素创造,是各种因缘和合而成的,世界有无数的形状。在"世界种""世界海"和宇宙的尺度上,我们可以看到的各种形状类似动物、植物、人造物、人的不同器官等。值得注意的是,一些佛学研究者经常引用美国宇航局NASA的照片来论证佛教对大尺度

---

① （唐）实叉难陀译:《大方广佛华严经》卷八,《大正藏》第10册,第42页上。
② （唐）实叉难陀译:《大方广佛华严经》卷一〇,《大正藏》第10册,第52页中。
③ （唐）实叉难陀译:《大方广佛华严经》卷七,《大正藏》第10册,第36页上。
④ （唐）实叉难陀译:《大方广佛华严经》卷八,《大正藏》第10册,第42页上—43页上。
⑤ （唐）实叉难陀译:《大方广佛华严经》卷八,《大正藏》第10册,第43页上。

世界形状的描述,实际上,这些照片不能成为直接的证据,佛经里没有提及人类宇宙中星系和星云的形状,但是可以根据佛经的描述进行推测。人类宇宙中各种星云、星系也是各种因缘和合而成,有无数种形状,"世界种""世界海"和宇宙呈现的各种形状,在星云、星系的尺度上也会出现。

下面的系列天体图片来自美国宇航局官网,可以和佛经的记载进行对比。

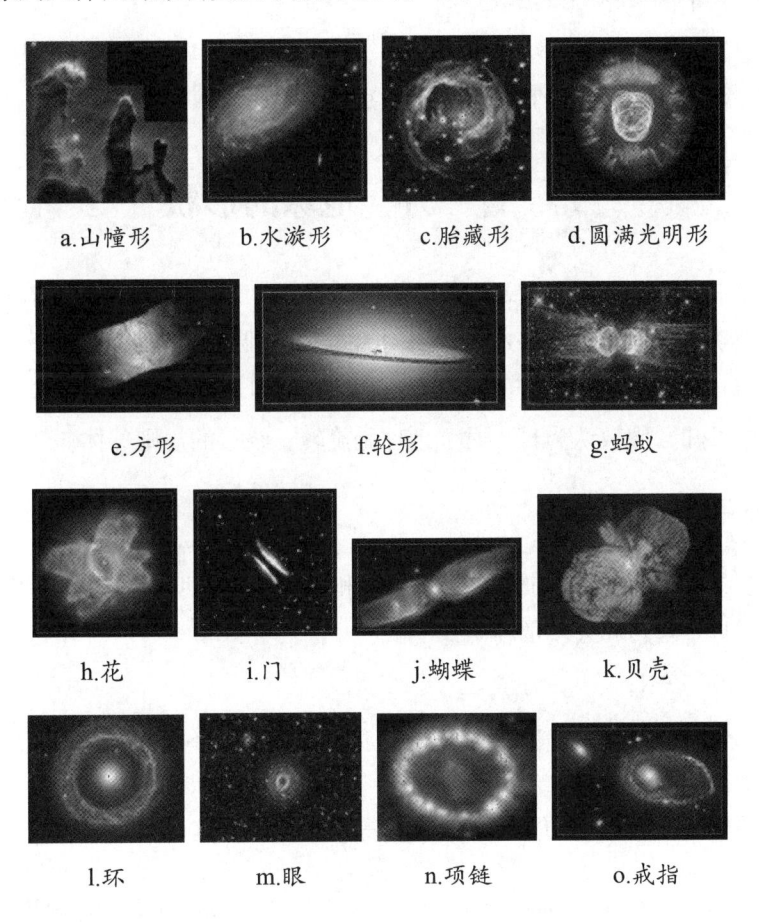

a.山幢形　　b.水漩形　　c.胎藏形　　d.圆满光明形

e.方形　　　f.轮形　　　g.蚂蚁

h.花　　i.门　　j.蝴蝶　　k.贝壳

l.环　　m.眼　　n.项链　　o.戒指

图1　星云和星系的照片①

（五）宇宙的层次

《大方广佛华严经》提到宇宙中有无数的微尘，微尘中有无数的宇宙：

一一尘中有世界海微尘数佛刹。②

这就是说一颗微尘中有 $38\times10^{44}\times10^{4.6\times10^{36}}\times38\times10^{44}\times10^{4.6\times10^{36}}\times38\times10^{44}$ 个宇宙。现代物理学的"超弦理论"可以找到类似的观点，这有待于科学的验证。

五、日、月、地球的形状

很有可能古印度和古中国没有规则球体的概念，现代汉语"球"在1716年出版的《康熙字典》里意思为"扁平的圆盘"，指古代的扁圆形的玉——"球"。规则球体的概念不会早于18世纪末期。两千多年前的佛陀无法用球体的概念描述天体，但从多处佛经的描述中可知，佛教认为日、月、地球是旋转、绕行的规则球体。

（一）日月的形状

佛经中多处用"日轮""月轮"描述太阳和月亮，这说明日月不是平面，是绕轴旋转的圆柱体，具有自转和公转的特点。

《大楼炭经》卷六：

日大城郭，广长各二千三十里，高下亦等。……月大城郭，广长各千九百六十里，高下亦等。③

虚空中的轮子有着相同的宽度和长度，高下也相同，这可以合乎逻辑地推断出日月

---

① 来源于美国宇航局官网NASA：http://www.nasa.org. 2021年7月22日访问。每张图片的链接如下：
　a. mount building:https://apod.nasa.gov/apod/ap160424.html
　b. water vortex: https://apod.nasa.gov/apod/ap111029.html
　c. creative matrix: https://www.nasa.gov/multimedia/imagegallery/image_feature_2472.html
　d. perfect lighting:https://apod.nasa.gov/apod/ap000124.html
　e. square:https://apod.nasa.gov/apod/ap080727.html
　f. wheel: https://apod.nasa.gov/apod/ap210514.html
　g. ant-animal:https://apod.nasa.gov/apod/ap010205.html
　h. flower:https://apod.nasa.gov/apod/ap990622.html
　i. door:https://apod.nasa.gov/apod/ap020807.html
　j. butterfly-animal:https://apod.nasa.gov/apod/ap130915.html
　k. shell-animal:https://apod.nasa.gov/apod/ap041128.html
　l. circle:https://apod.nasa.gov/apod/ap040815.html
　m. eye:https://apod.nasa.gov/apod/ap040709.html
　n. necklace:https://apod.nasa.gov/apod/ap040220.html
　o. ring:https://apod.nasa.gov/apod/ap051022.html
② （唐）实叉难陀译：《大方广佛华严经》卷七，《大正藏》第10册，第33页上。
③ （西晋）法立共法炬译：《大楼炭经》卷六，《大正藏》第1册，第305页中。

是规则的球体而不是圆柱体。

（二）地球的形状和大小

《大方广佛华严经》卷五〇指出：

> 地轮依水轮，水轮依风轮，风轮依虚空，虚空无所依。虽无所依，能令三千大千世界而得安住。①

《大楼炭经》卷一、《长阿含经》卷一八、《起世经》卷一都提到"地住水上，水住风上，风住虚空"。

大地、水、风都是无边际的，阎浮提（地球）的宽度和长度都是7000由旬。

这可以推断出地轮——地球这个圆柱体其实是个球体。

《楞严经》卷二指出：

> 阿那律见阎浮提（地球），如观掌中庵摩罗果。②

图2　庵摩罗果③

一些学者从这句话断言，佛教认为地球就是球体。笔者认为不能完全得出这个结论，只能部分说明。检索大藏经可知，佛经中有多处用庵摩罗果比喻，如"观三千大千世界，如观掌中庵摩罗果"，因为"观掌中庵摩罗果"有两种意思：其一，某物像掌中庵摩罗果（球体）；其二，像观掌中庵摩罗果一样容易。

《长阿含经》卷一八、《起世经》卷一都指出阎浮提（地球）的宽度和长度都是7000由旬，很明显，宽度和长度指的是地球的大圆，那么1由旬是多长？

《方广大庄严经》卷四指出：

> 四肘成一弓。千弓成一拘卢舍。四拘卢舍成一由旬。④

1由旬=16000肘。

根据与佛经同时代、地域比较接近的《圣经》记载，有的中文版本《圣经》说诺亚

---

① （唐）实叉难陀译：《大方广佛华严经》卷五〇，《大正藏》第10册，第264页下。
② （唐）般剌蜜帝译：《大佛顶如来密因修证了义诸菩萨万行首楞严经》卷二，《大正藏》第19册，第111页中。
③ "庵摩罗果"，360百科，https://baike.so.com/doc/2057746-2177119.html，2021年7月21日。
④ （唐）地婆诃罗译：《方广大庄严经》卷四，《大正藏》第3册，第563页中。

方舟 300 肘长，有的中文版本《圣经》说诺亚方舟长 133 米，经过换算可知，1 肘 =0.45 米。这样 1 由旬 =7.2 千米。地球的大圆（如赤道）约为 50400 千米。

六、月相的变化

《起世经》卷一〇指出为何月亮渐圆是因为"背相转出"（这可以证明月亮是个球体而不是圆柱体）；新月是因为"（月亮）于黑月分第十五日，最近日宫，由彼日光所覆翳故，一切不现"①。月亮最接近太阳时，阳光被月亮遮挡，所以看不到，这些描述显然正确。

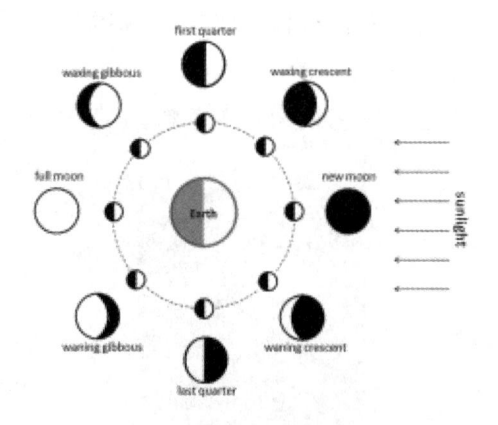

图3　月相示意图②

《大楼炭经》卷六、《长阿含经》卷二二认为月缺是因为"一者角行故"③，"月出于维"④。这可以理解为，只要太阳、月亮、地球不在一条直线上，都是有角度地运行、出于维。

关于满月，《长阿含经》卷二二认为"月向正方"，"月天子能以光明逆照，使不掩翳"。⑤ 这可以理解为月亮面向正方（太阳的方向），反射阳光，没有遮挡。《大楼炭经》卷六认为"月稍行三方"⑥。

《佛说立世阿毗昙论》卷六指出：

> 日月若最相离行是时月圆，世间则说白半圆满，日月若共一处是名合行，世间则曰黑半圆满。⑦

从月相示意图可知这个说法是正确的。

---

① （隋）阇那崛多等译：《起世经》卷一〇，《大正藏》第 1 册，第 361 页上。
② The phase of moon. 维基百科：http://www.wikipedia.org，2021 年 7 月 22 日。
③ （西晋）法立共法炬译：《大楼炭经》卷六，《大正藏》第 1 册，第 307 页中。
④ （后秦）佛陀耶舍共竺佛念译：《长阿含经》卷二二，《大正藏》第 1 册，第 147 页中。
⑤ （后秦）佛陀耶舍共竺佛念译：《长阿含经》卷二二，《大正藏》第 1 册，第 147 页中。
⑥ （西晋）法立共法炬译：《大楼炭经》卷六，《大正藏》第 1 册，第 307 页中。
⑦ （陈）真谛译：《佛说立世阿毗昙论》卷六，《大正藏》第 32 册，第 197 页上。

对于古代印度人来说，没有球体的概念，解释天体的旋转和绕行就有些困难，佛陀在这方面的说法只能点到为止，我们只能结合多部佛经综合研究。

七、不同季节昼夜长短的变化

现代天文学告诉我们，地轴与黄道平面不是垂直的，而是有一个倾斜的角度，这样，地球绕日运行时，冬天南半球离太阳近，我们北半球昼短夜长；夏天我们北半球离太阳近，昼长夜短，太阳的直射点在南北回归线之间不断移动。

《起世经》卷一〇指出：

> 诸比丘！有何因缘，于冬分时，夜长昼短？诸比丘！日天宫殿，过六月已，渐向南行，每于一日，移六俱卢奢，无有差失。当于是时，日天宫殿，在阎浮洲最极南陲，地形狭小，日过速疾。诸比丘！以此因缘，于冬分时，昼短夜长。复次，比丘！有何因缘，于春夏时，昼长夜短？诸比丘！日天宫殿，过六月已，渐向北行，每一日中，移六俱卢奢，无有差失，异于常道。当于是时，在阎浮洲处中而行，地宽行久，所以昼长。诸比丘！以此因缘，春夏昼长，夜分短促。①

有意思的是，这段话不仅指出太阳的直射点在南北之间不断移动，还说地球极南端"地形狭小"，地球中间"地宽"。多处佛经称地球为"地轮"，其形状像轮子，绕轴自转，而这个轮子中间宽南北两头狭小，宽度和长度又相同，这就可以确证佛陀认为地球是个绕轴自转的球体。

《大楼炭经》卷六指出：

> 日大城郭，日稍稍南着，行六十里，尽百八十日，乃复北还竟，百八十日也。日行百八十日着，月行十五日，即复到矣。②

这段话指出，太阳从南到北移动180天，然后返回。南北之间的距离是60里（30千米）乘以180天，即30×180=5400千米。现代天文学发现南北回归线之间的距离是5800千米。太阳直射点从南到北移动180天，然后返回。

八、闪电

佛教认为闪电是因为东南西北各个方向、不同性质的电相撞、相磨而成。

《起世经》卷八指出：

> 何因缘故，虚空云中忽生电光？诸比丘！汝等应当作如是答，诸长老等：有二

---

① （隋）阇那崛多等译：《起世经》卷一〇，《大正藏》第1册，第360页上。
② （西晋）法立共法炬译：《大楼炭经》卷六，《大正藏》第1册，第7页中。

因缘，虚空云中出生电光。何等为二？一者东方有电，名曰亢厚；南方有电，名曰顺流；西方有电，名堕光明；北方有电，名百生树。诸长老等！或有一时，东方所出亢厚大电与彼西方堕光明电相触、相对、相磨、相打，以如是故，从彼虚空云聚之中出生大明，名曰电光，此是第一电光因缘。复次，诸长老等！二者，或复南方顺流大电与彼北方百生大电相触、相对、相磨、相打，以如是故，出生电光。①

《大楼炭经》卷四有着类似的描述。这与现代科学的发现基本一致。

结　语

综合多部佛经可知，现代天文学的发展不但没有推翻佛教，反而推动了佛经的再发现，给佛教带来越来越多的证据。一些学者认为现代天文学和佛教之间存在的不仅仅是巧合。通往真理的道路不只是一条，佛教的禅定可以帮助人类发现天文望远镜所不能观察到的远方，佛教可以为现代天文学提供新的思想。

根据佛经的再发现，佛教认为世界在时间、空间和层次上是无限的；生命无处不在，甚至在黑洞中都有生命，地球上的人类并不孤独；银河系有 1000 个太阳系，每个太阳系都有智慧的人类；各种形状的星云和星系将会逐渐被发现。这些都期待着现代天文学的发展，期待着现代天文学和佛教的进一步对话。

参考文献

1. （西晋）法立共法炬译：《大楼炭经》，《大正藏》第 1 册。
2. （后秦）佛陀耶舍共竺佛念译：《长阿含经》，《大正藏》第 1 册。
3. （北凉）昙无谶译：《优婆塞戒经》，《大正藏》第 24 册。
4. （刘宋）求那跋陀罗译：《杂阿含经》，《大正藏》第 2 册。
5. （陈）真谛译：《佛说立世阿毗昙论》，《大正藏》第 32 册。
6. （隋）阇那崛多等译：《起世经》，《大正藏》第 1 册。
7. （唐）玄奘译：《瑜伽师地论》，《大正藏》第 30 册。
8. （唐）地婆诃罗译：《方广大庄严经》，《大正藏》第 3 册。
9. （唐）般刺蜜帝译：《大佛顶如来密因修证了义诸菩萨万行首楞严经》，《大正藏》第 19 册。
10. （唐）实叉难陀译：《大方广佛华严经》，《大正藏》第 10 册。
11. （明）仁潮录：《四大千劫量——增劫、减劫图示》，《卍续藏》第 57 册。

---

① （隋）阇那崛多等译：《起世经》卷八，《大正藏》第 1 册，第 349 页上。

佛学典籍推荐阅读研究

孙国柱　（中国政法大学人文学院）

【摘要】 本文结合中国近现代各种推荐书目，系统探讨了佛学典籍的推荐阅读问题。经过系统研究可知，佛学典籍，是中国传统文化典籍的重要组成部分。在推荐阅读佛学典籍的过程中，尤其应该注重佛教文化的双向性，即一方面应该充分尊重佛教文化的价值整全性，佛教文化有不能被完全知识化的维度存在，另外一方面应该充分注重佛教文化的知识属性和知识功能，积极发掘佛教文化的积极价值。在此过程中，应特别注意佛学典籍的解读与诠释问题。经过恰当的引导，佛学典籍，对于个体生命成长可以发挥积极有益的作用。希望本文的研究能够对于佛学典籍的推荐阅读提供既符合历史发展脉络又具有文化价值关怀的操作性参考。

【关键词】 佛学典籍　国学书目　文化　知识价值

序　言

阅读，是人类最为美好的精神生活方式之一。在不少人的精神生活中，阅读佛学典籍构成了重要内容。那么，面对浩如烟海的佛学典籍，应该如何选择呢？需要事先说明的是，佛学典籍在本文的内涵共有两个层面，一是佛教的经典系统，即经律论、语录等；二是在历史上形成的体现佛教精神的文本生态，比如《大唐西域记》《阅藏知津》等。由于本文主要讨论佛教典籍的入门推荐问题，故有关佛教目录、佛教典籍，乃至藏经研究等文献方面的研究性著作不予讨论。至于《阅藏知津》这样的大部头综合性著作，也暂时排除在本文的讨论范围之外。另外，本文之所以使用佛学典籍的说法，是为了更好地突出佛典的哲理性。

那么，现在可以提出这些问题：第一，对于那些没有国学基础的读者，应该如何选择佛学典籍呢？毕竟，阅读佛学典籍需要相应的古文水平和国学知识。第二，推荐佛学典籍的原则和标准应该怎么确立？第三，附带讨论一下，应该如何阅读佛学典籍？下面首先结合书目推荐史尝试论述之。

一

诚所谓"书山有路",如何推荐阅读书目,几乎成了一个专门的学问。邓咏秋、李天英编的《中外推荐书目一百种》[1]可谓推荐书目的集大成之作。另外,卢正言主编的《中国古代书目词典》[2]也可以发挥基础性导引作用。期待以后,学界有更多类似书籍出版。对于浩如烟海的佛教文本来讲,如何选择佛学典籍也是一个值得探讨的问题,幸好在历史上有些前贤的推荐可供参考,下面稍微分享一二。

欧风美雨中,民国时期的东西方文化碰撞十分激烈。在当时发生了许多论争,"最低限度的国学书目"就是其中一场。1923年3月4日,胡适应清华学校学生之邀,在《努力周报》增刊《读书杂志》第7期上,发表了《一个最低限度的国学书目》。这一书目是为了清华学生在出国留学前,能够把握学习国学知识的方法与门路。胡适所开列的国学书目,共分三部分:工具之部、思想史之部、文学史之部。在工具之部,胡适推荐了丁福保等译编的《佛学大辞典》。在思想史之部,胡适罗列了印度佛教时期的《佛遗教经》、记载部派佛教历史概貌的重要著作《异部宗轮论述记》和中国佛教诸宗派(计有三论宗、天台宗、华严宗、禅宗、净土宗等宗派)的重要典籍,共二十三种,约占思想史部全部书目的五分之一。有趣的是,《清华周刊》的记者面对胡适所开的洋洋洒洒的书单,不由地表达了自己的忧虑,毕竟书目涉及的作品太多,但是学生出国留学的时间又太少,胡适开具的书目尚未满足最低限度的国学书目要求。对此,胡适亦进行了答复,在原来国学书目的基础上精简为"实在的最低限度的国学书目",虽然这份书目不再有《圆觉经》等,但是依然保留了《佛遗教经》《法华经》《阿弥陀经》《坛经》。针对胡适开设的《最低限度国学书目》,梁启超等学人纷纷提出了不同意见。终于,在民国时期,形成"最低限度的国学书目"这一璀璨的文化争鸣现象。[3]

值得注意的是,在梁启超先生开列的国学书目中,没有任何一部佛经——仅仅在"(戊)随意涉览书类"加了一本慧立撰《大唐三藏慈恩法师传》,并在下面附注"此为玄奘法师详传。玄奘为第一位留学生,为大思想家,读之可以增长志气"[4]。梁启超先生尤其推崇中国佛教的文化成就,甚至认为中国佛教相比印度佛教在某些方面有过之而无不及。那么,为什么梁启超先生在国学书目中没有开列任何的佛经呢?笔者推测,其中一个原因或许在于梁启超先生认为佛经对于国学入门的学生而言有点太过于困难了。这

---

[1] 邓咏秋、李天英编:《中外推荐书目一百种》,西安:陕西师范大学出版社,2001年。
[2] 卢正言主编:《中国古代书目词典》,桂林:广西教育出版社,1994年。
[3] 胡适与梁启超两人推荐书目详情,可见《梁任公胡适之先生审定研究国学书目》(上海:亚洲书局,1923年)。相关学界研究的情况,可见翟程:《梁启超与胡适"国学书目"之争研究综述》,《甘肃广播电视大学学报》2017年第1期。
[4] 梁启超著:《国学入门书要目及其读法》,出自《梁启超全集》第十四卷《中国历史研究法》,北京:北京出版社,1999年,第4240页。

种考虑在胡适处似可以得到验证——1920年，胡适针对中学生开列了《中学国故丛书》目录，列举古籍31种，其中并无任何佛经。

除了"最低限度的国学书目"论争外，民国"青年必读书"征求启事也是一个重要的事件。[①]事件缘起于1925年新年伊始，《京报副刊》主编孙伏园发表启事征求"青年爱读书十部"和"青年必读书十部"的书目（《一九二五新年本刊之二大征求：青年爱读书十部，青年必读书十部》，《京报副刊》，1925年1月4日，第26期）。其中，在"青年必读书十部"征求部分，从2月11日开始至4月9日结束，《京报副刊》共刊出78份名流学者列出的书目。胡适、梁启超、周作人、林语堂、顾颉刚、马叙伦、许寿裳、太虚等名流先后参与其中，但不是每位学者都会给出肯定性意见，比如鲁迅直言"从来没有留心过，所以现在说不出。"（《京报副刊》，1925年2月21日，第67期）鲁迅等学者的做法引起了激烈的讨论，将"青年必读书"推向争鸣的高潮。在这套丛书中，各家推荐的书目千差万别，其中不乏一些较为侧重佛教的，比如庄更生推荐了《传习录》《老子》《庄子》《六祖坛经》《玄奘西域记》《金刚经》《四书》《因明入正理论》《历代名人词选》《昭明文选》（《京报副刊》，1925年2月28日，第74期）。有趣的是，太虚大师所选的十部书籍并不偏重佛教，而是着眼于综合素质的培养，可见其自身所具的开明立场。[②]现在看来，相比"最低限度国学书目"，这次"青年必读书"有以下几个特点。其一，针对青年群体，受众明确。其二，要求所选书目要少，以十部为限，可读性强。其三，参与群体众多，代表性强。比如太虚，作为佛教人士亦参与其中。

如果扩大搜寻范围，可以发现民国时期诸多著名学人都开列了富有个人风格的书目清单。下面略举数例。

1924年，章太炎在《华国》（第2期第2册）上发表《中学国文书目》，为中学生列举了应读典籍39种，其中有龙树的《中论》。

---

① 该套书目资料与事件详情，可见王世家：《青年必读书》，开封：河南大学出版社，2006年。
② 太虚所选十部书籍为《因明入正理论疏》（学说思想规律）、《论语》（中国思想代表）、《国故论衡》（中国学说结晶）、《成唯识论》（印度哲学结晶）、《瞿译西洋哲学史》（西洋哲学结晶）、《科学大纲》（近代文明特色）、《克氏互助论》（社会进化哲学）、《史记》（记事文学代表）、《宏明集》（辩理文学代表）、《杜诗》（有韵文学代表）。以上可见《京报副刊》，1925年3月25日，第99号。克实而言，太虚所选十部书籍，体现了较为开明的文化视野与较为广博的学术眼光。而且，用当下流行的术语来讲，太虚大师在挑选这十部书时具有相当程度的中国化意识——太虚认为《论语》为中国思想的代表，《国故论衡》则为中国学说的结晶。太虚推荐的十部书籍，可以被列入佛教著作的仅有三部，即《因明入正理论疏》《成唯识论》和《宏明集（弘明集）》。从太虚的相关解释来看，太虚所选十部书籍，是精挑细选而来，并非随意为之。整体而言，这些书籍，既包括了中西印，也涵盖了文史哲，还涉及到人文学科、自然科学与社会科学。另外应该指出的是，这十部书籍，整体上偏重于哲理性质，与此同时，太虚大师也没有忘记情感的涵育，特别推荐了《杜诗》等。当然，相对而言，太虚尤其强调哲理的价值，故所推荐的十部书籍，整体上是偏重于哲学、思想的。而且耐人寻味的是，太虚还特别推荐了《科学大纲》《克氏互助论》这两部书，前者涉及近现代自然领域发生的巨变，后者则涉及近现代社会领域流行的重要思潮。《克氏互助论》即是指克鲁泡特金的《互助论》。如众所知，二十世纪早期，达尔文的进化论在中国较为流行，而克氏互助论即是与之并行一种学说。由于克氏互助论更加符合人性的期待，是以受到了孙中山等人的青睐，太虚也加入了这一行列。太虚大师所选十部书籍，非常具有象征意味——佛教的传播，必然要接受公共化的检验，与此同时，佛法并不外于世间法。

1925 年，李石岑所著《关于佛法研究之重要书籍：附表》(《民铎》杂志第 6 卷第 1 期），着重介绍了法相宗、法性宗、禅宗、净土宗的主要典籍，其附录一为"四律五论"，其附录二为"关于相宗参考书"。

1925 年，顾颉刚开列了一个"有志研究中国史的青年可备闲览书"的目录，该目录计有 14 种书籍，《大唐西域记》《洛阳伽蓝记》等赫然在列。[①]

1926 年，汤用彤先生在南开大学学生会主办的《南大周刊》上发表了《佛典举要》一文。[②] 这一书目对于印度佛学、中国佛学的历史脉络都有充分之注意，在一定程度上反映了汤用彤先生的佛典观，对于深入研究佛学的人来说，有重要参考价值。

1926 年，担任北大印度哲学讲师的邓高镜所编《佛学书目》，共分工具书、入门书、研究书三类，较具专业性价值。[③]

1935 年，刘天行所编《佛学入门书举要》(《海潮音月刊》，第 16 卷第 2 号）以分类的方式收录了佛学入门书籍多种，计分通论、杂论、文献、辞典、历史、经解、各宗专论、文学等，并附有扼要评论，为上乘之作。

民国时期，王云五先生编选的《国学基本丛书》可谓鸿篇巨制，影响深远。该套丛书共分两集，初集 100 种，二集 300 种，共 400 种，由商务印书馆在 1932 年至 1947 年陆续编辑印行。该套丛书是在参考 13 种"国学入门书目"的基础上选定的，大都与中国古典文学有关，可供中等文化程度以上的学生参考或阅读。[④] 此 13 种国学入门书目分别是龙启瑞的《经籍举要》、张之洞的《书目答问》、胡适的《最低限度国学书目》、梁启超的《国学入门书目》、李笠的《国学用书撰要》、陈钟凡的《治国学书目》、支伟成的《国学用书类述》、章太炎《中学国文书目》、徐敬修《国学常识书目》、傅屯艮《中学适用之文学研究法》、沈信卿《国文自修书辑要》、汤济沧的《中小学国学书目》、吴虞的《中国文学选读书目》。该套丛书收录了不少佛学典籍，比如《大方广佛华严经》《大佛顶首楞严经正脉疏》《大乘起信论》《大唐西域记》《佛国记》等经典作品。除此之外，在目录学中还收录了《阅藏知津》。这套丛书具有博采众长的特点，在当时有一定的影响力。

仅从以上书目导读史，至少可以得出以下几点结论：

其一，在国学书目导读中，完全可以增添佛学典籍。无论从历史影响而言，还是从文化价值来讲，佛学典籍在中华文明经典体系里都应该占据一席之地。在当下中国，中华文明的伟大复兴在根本上要求教育事业应有所作为。中国传统文化类导读书目，应该

---

① 邓咏秋、李天英编：《中外推荐书目一百种》，西安：陕西师范大学出版社，2001 年，第 8 页。
② 该文发表于《南大周刊》第 34 期（二周年纪念号，第 55—60 页）。详情可见汤用彤著、赵建永校注：《佛典举要》，《中国哲学史》2008 年第 2 期。
③ 出自杨廉辑：《海天集》，北京：北新书局，1926 年，第 43—61 页。
④ 详情可见王云五：《新目录学的一角落》，上海：商务印书馆，1946 年，第 51 页。

成为现代人文培育中的重要一环。又,传统文化中有许多丰富的宝贵资源,总有一些精神文明成果或文化形式可以满足个人成长所需。更何况,在全球化的今天,中国的影响日益广大,不受中国传统文化的任何影响难以想象。因此,从整体来讲,作为人类文明的佛教,也应该成为现代通识教育、专业教育、人文教育的有机组成部分。[①] 当然这并不是说强制任何人都要了解佛学典籍,而是说现代社会应该为人们的成长提供多元的丰富选择,在这个意义上,佛学典籍应该成为大众阅读的备选项或可选项。

其二,不具深厚国学根底的人亦可以阅读佛学典籍。从实践方法的角度而言,佛陀入乡随俗,方便说法,使用的语言是非常生活化的,说法的对象也有不识字的平头百姓。佛教在传播过程中,亦非常注重教化的方便,因此出现了许多故事性、文学性都很强的文本,可供选择的范围非常宽阔。这方面较为典型的例子当属《百喻经》,《百喻经》有许多生动善巧的故事,传达了佛教的基本道理,很适合大众阅读。[②] 至于禅宗,讲究不立文字,有所谓"言语道断,心行处灭"的说法,更兼禅宗的形成完全扎根于中国的文化土壤,对于富有慧根的国人来讲,阅读起来并没有根本性的文字障碍。在这方面,《坛经》是一个比较突出的例子,《坛经》是被尊称为"经"的中国佛学典籍,是佛教中国化在义理层面独立的标志。《坛经》本身使用了许多通俗的白话,也包含了许多经典的故事(公案),对于一般读者而言并没有阅读的困难。比如钱穆在《复兴中华文化人人必读的几部书》一文中款款地回忆了自己当年阅读《坛经》的情形:"这是在中国第一部用白话文来写的书。这书篇幅不大,很易看,也很易懂。……我记得我看《六祖坛经》,第一遍只看了整整一个半天,就看完了,但看得手不忍释。那时很年轻,刚过二十岁,那天星期,恰有些小毛病,觉得无聊,随手翻这本书,我想一个高中学生也就应该能读这本书的了。"[③] 另外,即使不能阅读理解,也不妨读诵记忆。章太炎先生在为数不多的国学书目里推荐了《中论》,该论为三论宗根本经典,义理精妙,文字艰深。章太炎认为,"凡习国文,贵在知本达用,发越志趣,空理不足矜,浮文不足尚也。中学诸生,年在成童以上,记诵之力方强,博学笃志,将从此始。若导以佻奇,则终身无就。"[④] 也就是说,在章太炎先生看来,即使一时无法理解哲理深奥的佛学典籍,但是通过记诵的"童子功"完全可以打下坚实的国学知识基础。

---

① 相关研究,可见赖永海、圣凯:《佛教通识教育与专业教育》,《佛学研究》2018年第2期。
② 在这方面,鲁迅与《百喻经》的因缘,尤其为人津津乐道。在庆祝母亲60大寿时,鲁迅曾施资委托金陵刻经处刊刻《百喻经》。后来,鲁迅还鼓励王品清校点《百喻经》,并为该书取名《痴华鬘》并作题记。更多研究详见娄国忠:《鲁迅与佛教》,《世界宗教文化》2003年第4期。
③ 钱穆:《中国文化丛谈》,《钱宾四先生全集》(44),台北:联经出版社,1998年,第235页。
④ 邓咏秋、李天英编:《中外推荐书目一百种》,西安:陕西师范大学出版社,2001年,第6页。

二

所谓的经典文本，往往是某一种文化的精神代表。那么，在阅读书目中，应该选择哪些佛学典籍才能够举一反三，掌握佛教文化的全体呢？儒释道三教都是复合文本形态的，不奉一本经典为权威，各自的经典系统十分庞大丰富，至于佛教更是号称有"三藏十二部"，可谓浩如烟海。更兼佛教有显密、南北、汉藏之别。而就宗派而论，佛教尚有八宗（性、相、台、贤、禅、律、密、净）之说。在这种情况下，要想选择某一部佛教经典代表全体佛教似乎是非常困难的事情，其实未必如此，由于佛教具有一以贯之的精神和主张，即所谓法印（有三法印、四法印、一法印等说法），几乎每部佛经都能代表佛教的根本精神而具有标月之指的殊胜功能。那么，在这种情况下，选择佛学典籍的标准则可以依赖于历史上的流行程度、理论上的兼容程度和语言上的可接受程度。

在历史上，唐玄宗曾御注《孝经》《道德经》和《金刚经》三部经典，并颁行天下。唐玄宗的做法是大有深意的，这三部经典可以分别代表儒道佛三家，对于协调儒释道三教之间的关系有极大裨益，体现了大唐盛世兼容并包的文化胸襟，也奠定了后世统治阶级意识形态的标准范式。到了明代，成化皇帝创作的《一团和气图》，更是生动形象地传达出儒释道三教同体共生的关系。事实上，历代不少统治者对于佛教多有尊崇。值得一提的是，明成祖朱棣曾主持编纂《御注金刚经集注》，这部集注可以说是《金刚经》注疏的集大成之作。至于中国古代一般的知识分子，唐代以降，阅读佛学典籍蔚为风尚。比如朱熹赶考时，其书箧中唯有《大慧语录》一帙而已。到了明代，心学诞生，谈禅论虚者遍于天下，甚至有出家为僧者。在当时，许多学者以通达三教为荣。可以这样说，至少在唐代以后，佛学典籍就构成了传统中国阅读史的重要内容。

近代以来，诸多高僧大德、学士专家在推荐佛学书目方面皆有不凡之表现。有"中国佛教复兴之父"尊称的杨文会，在《学佛浅说》中认为对于绝大多数的一般学佛者而言，可以"从解路入"，先读《大乘起信论》，研究明了，再阅《楞严经》《圆觉经》《楞伽经》《维摩经》等，渐读《金刚经》《法华经》《华严经》《涅槃经》以至《瑜伽师地论》《大智度论》等论。在此基础上，依解起行。[①] 在《释氏学堂内班课程》中，杨文会制定了非常系统而严格的学习计划，按照整体要求，分为普通学与专门学两种。具体步骤则是按照一至三年依次展开。随后是专门学，自第四年起，或两年，或三五年。兹不赘述。[②] 这份课程，是佛教近代化转型时期的重要见证，值得细致研究。在杨文会的书单中，《学佛浅说》是针对大多数初学者的，至于《释氏学堂内班课程》则是针对有系统学习佛教

[①] 杨文会：《学佛浅说》，出自《等不等观杂录》，北京：商务印书馆，2015年，第7页。
[②] 详见杨文会：《释氏学堂内班课程》，出自《等不等观杂录》，北京：商务印书馆，2015年，第13-14页。

文化知识愿望的人。尤其值得一提的是，在杨文会所选择的书目中增添了唐代文章大家王勃的《释迦如来成道记》，以及《高僧传》《释氏稽古略》等历史传记类资料，这对于初学者来言，更容易引发兴趣。杨文会先生所推荐的佛学书目，是为学佛者特意制定的，作为文化知识加以学习不无裨益。事实上，杨文会在佛学人才培养上确实功绩蔚然，梁启超在《清代学术概论》中赞誉说："故晚清所谓新学家者，殆无一不与佛学有关系，而凡有真信仰者，率皈依文会。"[①]值得一提的是上海佛学书局特别编辑了署名"杨文会选订"的《释氏十三经》，包括《大方广圆觉修多罗了义经》《梵网经》《四十二章经》《佛遗教经》《八大人觉经》《般若波罗蜜多心经》《金刚般若波罗蜜经》《无量寿经》《观无量寿经》《大佛顶首楞严经》《维摩诘所说经》《楞伽阿跋多罗所说宝经》及《妙法莲华经》等，分册整套出版，在民国时期广为流通。不过，有学者考证，"释氏十三经"的说法，在杨文会的相关著述中并没有找到出处。[②]但是，《释氏十三经》的出现，从一定程度上反映了佛教为社会主流文化领域做出贡献的愿望。[③]

在民国，另外一位著名的佛教学者丁福保在佛学典籍传播与推广方面用力甚勤，成果颇多，相关成果汇编在《丁氏佛学丛书》。丁福保还笺注了十六种佛经，这其中以《心经详注》及《六祖坛经笺注》尤其令人称道。[④]丁福保先生的佛学注疏，在一定程度上已经具有现代学术的特征，值得重视。除此之外，弘一大师编选的《佛学丛刊》（全4册，世界书局，1937年），欧阳竟无编辑的《藏要》（共3辑，300余卷），可以说是民国时期的佛学典籍精品，后由中国书店合并出版（《弘一大师欧阳竟无藏要合编》，全28册，2008年），是"相对比较理想的，既有权威性、又有实用性的佛教经籍选刊"[⑤]。

改革开放以后，在中国大陆学界最为流行的佛学资料书籍当属石峻、楼宇烈等编选的《中国佛教思想资料选编》。这套丛书主要以中国佛学资料为主，时间上从汉代至民国时期，除此之外还专门选辑了比较重要的佛教经论传译文本。该套丛书由中华书局从1981年起相继公开出版，共三卷九册，极大地促进了佛教学术的发展。但是，显然

---

① 梁启超撰，朱维铮导读：《清代学术概论》，上海：上海古籍出版社，2011年，第99页。
② 相关研究详见何建明：《近百年佛藏选辑出版回顾》，《法音》2008年第12期。按：此文对于佛教藏经的选辑情况搜罗较广，对于本文的撰写具有参考意义。从一般意义上讲，佛藏选编（有时称为"入藏"）、读经、阅藏这些都与佛学书目推荐问题有一定关系，但是彼此之间又多有不同，故不放入本文的写作考虑范围之内。
③ 非常值得注意的是，除了"释氏十三经"之外，佛教《新六经》的说法亦颇值得注意。根据苏渊雷的回忆，20世纪40年代，苏渊雷于重庆北碚缙云寺参谒太虚大师，太虚大师提出《新六经》的创意，按照设想，《新六经》为《维摩诘》《法华》《金刚》《阿弥陀》《大涅槃》及大本《华严》六种。详见苏渊雷、高振农选辑：《前言》，出自《佛藏要籍选刊（十二）》，上海：上海古籍出版社，1994年，第3页。
④ 有关丁福保的佛学贡献，更多研究详见汪春劼：《丁福保：近现代佛学著述编印的名家》，《法音》2015年第8期。丁福保笺注的部分佛教丛书，现已放入《普陀山佛学丛书》由华东师范大学出版社出版，共10册，分别是《金刚经笺注》（2013年）、《心经注》（2014年）、《观世音经笺注》（2014年）、《无量义经笺注 观普贤菩萨行法经笺注》（2014年）、《无量寿经笺注》（2014年）、《观无量寿经笺注》（2014年）、《阿弥陀经笺注》（2014年）、《六祖坛经笺注》（2013年）、《遗教三经笺注（外二种）》（2015年）、《佛经精华录笺注 附佛藏经籍提要》（2015年）。
⑤ 何建明：《近百年佛藏选辑出版回顾》，《法音》2008年第12期。

这套丛书并不适合一般读者阅读，而是学术资料书、学术工具书。除此之外，还有其他学者单独选编了佛学典籍。比如任继愈的《佛教经籍选编》(中国社会科学出版社，1985年)、方立天所编《佛学精华》(北京出版社，1996年)。以上数种都是以学术或教学为目的而编选的。

1998年，李淼、郭俊峰主编的《佛经精华》(长春：时代文艺出版社)，亦具有相当的水准，后来再版。该套丛书精选佛经15部，分别是《四十二章经》《金刚经》《宝积经》《华严经》《维摩诘所说经》《妙法莲华经》《胜鬘经》《楞伽经》《圆觉经》《无量寿经》《阿弥陀经》《观无量寿佛经》《楞严经》《心经》《坛经》。这套丛书，在每部佛经前都提供了前言，并对其中重要的概念有所解释。至于该套丛书的经文翻译也尽量以直译为主。笔者在高中上学时曾系统阅读了这套丛书，感觉这套丛书在很大程度上可以满足了解基本佛学知识所需。

教界在编选佛教书目方面亦十分积极。在中国大陆，中国佛学院推出了《释氏十三经》(书目文献出版社，1989年)，该套丛书是在民国上海佛学书局《释氏十三经》的基础上重新选编而成，换下了《圆觉经》《梵网经》《佛遗教经》《四十二章经》《八大人觉经》《无量寿经》，加入了《胜鬘经》《十住行道品经》《金光明经》《解深密经》《大日经》《坛经》。编纂此套丛书的目的"不仅便于一般研习，而且可以较为全面地反映出我国大乘佛教各宗派的性质"①。

另外，北京广化寺，在北京佛教文化研究所这一平台的推动下，针对一般的学佛群体编纂了"欢喜地""善慧地"等修学丛书。其中，"欢喜地修学丛书"共计四本，分别为北京佛教文化研究所编《佛典选读》《传统文化经典选读》，达摩难陀的《佛教徒信仰的是什么》，圣凯所著《中国汉传佛教礼仪》。"善慧地修学丛书"共计五本，分别为《法句经》、印顺法师所著《佛法概论》、陈秀慧所著《高僧行谊》以及北京佛教文化研究所编《在家律学》《禅修入门要典》。其中，《佛典选读》，根据其《编后语》所言，基于初机在家学佛者如何处理佛法与现实生活的关系，在生活中活出善男子与善女人的智慧，最终选了《十善业道经》《善生经》《玉耶女经》，为了方便学习，还附上了太虚大师《十善业道经讲记》《善生经讲记》，以及蕅益大师的《十善业道经节要》《善恶十界业道品》。《禅修入门要典》，在"禅经篇"选了《念处经》《大念住经》《慈经》《慈经注》《慈愿的观修法》；在"禅典篇"选了《童蒙止观》(共有校释、译文两种)、《六妙法门》(共有校释、译文两种)。可见，这套丛书充分考虑了初学者的条件与学习次第，充分考虑到了佛学修习的内在需要。

在海外，佛光山星云总监修的《中国佛教经典宝藏精选白话版》(全132册，佛光

---

① 详见《影印〈释氏十三经〉前言》，出自中国佛学院、中国佛教协会编：《释氏十三经》，北京：书目文献出版社，1989年，第2页。

文化事业有限公司，1997—1998年）亦颇有建树，至今流行。《中国佛教经典宝藏精选白话版》，这套丛书集合两岸众多学者之力用白话诠释而成，允称良作。根据星云法师总序：这套书所呈现的风格具备下列四项要点，分别是启发思想、通俗易懂、文简义赅、雅俗共赏。[①]

由于中国大陆近四十年来，文化日益昌明，信仰更加自由，出版事业日渐繁荣，各类佛学类书籍举不胜举。在此略举两例，比如中华书局古籍小组推出的"中国佛教典籍选刊"。这套丛书的主要编纂目的是为了便于青年研究者入门，从中精选，并加以点校、注释。这套丛书作为一个系列，还在不断增添中。这套丛书虽然学术性较强，但由于有严谨校注，所以对于相当一部分读者而言，也可以作为佛学入门书籍。

另外，赖永海先生主编的"白话佛教十三经"（中华书局，2010年）亦相当流行，该套丛书选编有《心经》《金刚经》《无量寿经》《圆觉经》《梵网经》《坛经》《楞严经》《解深密经》《维摩诘经》《楞伽经》《金光明经》《法华经》《四十二章经》。该套图书的特色在于有白话翻译，对于文言文功底不够的读者而言提供了入门之阶梯。

如果将出版也纳入本研究的视野，则可以发现金陵刻经处的流通佛典目录、《佛学书局图书目录》（上海佛学书局出版）[②]、《佛学出版界》[③]、《佛学书目表》（北京佛经流通处）[④]等材料都可以提供一定的参考，但是在分析时需要运用一定的统计学方法，兹不赘述。

当然如果条件允许，阅读史的材料也可以为本文的撰写提供一定程度的帮助。比如，王余光、徐雁主编的《中国读书大辞典》（南京大学出版社，1993年）和《中国阅读大辞典》（南京大学出版社，2016年）都可以提供一定的参考。

梳理可知，哪些是最低限度的有代表性的佛学书籍，对于这一问题可谓仁者见仁智者见智。总结可知，选编这些书目时，往往需要考虑以下情况：其一，照顾初学者的情况，以简驭繁，以少驭多，所谓"十三经"之说就是典型。其二，尽量选择全面，能够代表佛教的各大宗派，比如杨文会所推荐的佛教书目，以及中国佛学院的"释氏十三经"。其三，照顾佛教的历史性和现代性，比如北京广化寺所编的"欢喜地""善慧地"等修学丛书。其四，对于学术（文化）和信仰两种立场有着自觉的区分，在具体的操作上亦相应有两个路径，一是从生命或文化的角度，佛学院往往择取此一路数；二是从专业知识角度，这方面如石峻、楼宇烈、方立天等学者所编选的《中国佛教思想资料选编》

[①] 周学农释译，星云大师总监修：《十二门论》，台北：佛光文化事业有限公司，1997年，《总序》，第1—2页。
[②] 相关情况可见"全国报刊索引"数据库的"佛学书局图书目录"部分。http://www.cnbksy.cn/literature/literature/fd753b55b833523ef15ad367f0124f5e（阅读时间：2020年8月29日。）
[③] 1933年在上海创刊。不定期。余了翁主编，佛学书局代理出版发行。主要刊发佛学刊物出版概况。仅出九期即停刊。该信息出自任继愈主编：《佛教大辞典》，南京：江苏古籍出版社，2002年，第641页。
[④] 根据该《佛学书目表》可知，北京佛经流通处设在西城卧佛寺街鹫峰寺。其天津分处，一处设在法界四号路九十七号，一处设在东南城角南马路草场庵前面清修禅院内。

即是典型。

那么，从阅读的可操作性而言，又该如何选择最低限度的佛学典籍呢？选择佛学典籍的标准和原则又是什么？除了以上诸种考虑之外，笔者认为另外应该注意的是版本的选择。诚如历史学界的名言：一切历史都是当代史。对于经典也是这样，经典本身的意义是在诠释之中体现的。在这种情况下，应该阅读什么样的佛学典籍，就要注意简择。比如，《金刚经》是选择朱棣的集注，还是江味农的讲义，两者是有一定区别的。另外，任何一本经典的形成往往经历了历史选择过程和群体书写过程。比如《坛经》就拥有一个复杂的版本丛林，较有代表性的有唐敦煌本、晚唐惠昕本、北宋契嵩本、元宗宝本等。其中契嵩本的出现使《坛经》出现了重大的变化，主要参阅了《曹溪大师传》、敦煌本和王维撰写的碑铭。可见，坛经一直处于历史的书写状态，而坛经进入正藏也是很晚的事情，那么，坛经在历史书写的过程中必然加入了很多内容。[①]从某种角度而言，甚至可以说，慧能并不是《坛经》的作者，慧能仅仅是一位被文明选定的代表而已。《坛经》是一个集体产品，在历史长河中，选择者也承担了创作者的功能。在这种情况下，是"宗宝本"还是"敦煌本"呢？不同的文本选择会开启不同的阅读世界。

那么，在具体的佛学典籍上，应该如何选择呢？笔者认为可以有以下处理方式。

其一，如果选择一本的话，《金刚经》《心经》《坛经》等经典皆可以择其一。正如《金刚经》所云："一切贤圣，皆以无为法而有差别。"《金刚经》包含着佛学"破相扫执"的根本性思维方式。佛教有龙树为八宗共祖、文殊为七佛之师的说法，缘起性空的思维方式确实是整个大乘佛学的理论基础。而且，在历史上，《金刚经》《心经》是颇受青睐的文本。不少文人雅士都书写过《金刚经》《心经》，留下了数量不菲的墨宝。这些文化沉淀也为了解佛学典籍提供了丰富的宝贵材料。

其二，如果选择多本的话，有非常之多的选择，在此仅推荐一种，即楼宇烈先生的"三论""九经""一录"。楼宇烈先生在多个场合讲——

> 我还有一个想法。现在是知识爆炸的时代，我们不可能什么书都看。……佛教方面的基本典籍是：三论（《中论》《成唯识论》《大乘起信论》）、九经（《金刚经》附《心经》《法华经》《华严经》《涅槃经》《阿弥陀经》《维摩诘经》《楞严经》《圆觉经》《坛经》）、一录（《景德传灯录》）。[②]

这一书目，照顾了佛教各大宗派的根本义理，同时也注重佛教在中国历史里的实际影响。

其三，选编类，这类作品是将多种佛教文本加以遴选、摘选而形成的。选编类可以从佛学典籍中按照主题、门类进行编选、翻译。这类作品针对性更强、灵活度更高、包

---

① 孙国柱：《〈坛经〉慧能得法偈研究——兼谈校勘本与思想史写作对接之问题》，《中国佛学》2012年第1期。
② 李四龙主编：《人文立本——楼宇烈教授访谈录》，北京：北京大学出版社，2010年，第17页。

容性更大,还可以附加许多现代性诠释。但是这类作品的缺点也比较明显,那就是有可能破坏佛教经典的完整性。

其四,诠释类,这类作品是将佛典原文与现代解释杂糅一起。这类作品的优点在于其语言和表达更容易满足时代的潮流和大众的品位。这类作品往往也带有一定的局限,那就是其解读视角往往带有明显的时代痕迹或个性色彩。事实上,此类优秀作品是当前出版界尤其需要的。

总之,在佛学典籍的编选方面,有着巨大的创新空间,值得人们探索。笔者在此稍加分类,以供讨论。

三

在很大程度上可以说,文本是打不开的。与此同时也应该看到,文本是死的,读者才是活的——在打开文本的过程中,人们理解和感受的方式决定了阅读的意义和价值。因此,并不是说列出佛学典籍书目就万事大吉、高枕无忧了。

首先,佛教是人类重要的精神资源,阅读佛学典籍可以为人们的生命成长提供助益。不妨以主张"全盘西化"(更为精确的说法是"充分世界化")的胡适为例。幼年的胡适接触的是传统儒学教育,尤其对于理学浸淫甚深,但在中华大地上,胡适是不能脱离佛道的熏染与滋养的。1936年1月9日,胡适回复周作人一封信,自称"多神信徒"——"我的神龛里,有三位大神,一位是孔仲尼,取其'知其不可而为之';一位是王介甫,取其'但能一切舍,管取佛欢喜';一位是张江陵,取其'愿以其身为蓐荐,使人寝处其上,溲溺垢秽之,吾无间焉,有欲割取我身鼻者,吾亦欢喜施与。'"[①]孔仲尼为孔子,王介甫乃王安石,张江陵即是张居正。这三位"大神"都有"天行健君子以自强不息"的风范,非常符合1937年胡适致钱玄同信件中的自白:"……积极的人,如王荆公、张江陵之流,也可以从佛教寻出积极的人生观来。"[②]至于"有欲割取我身鼻者,吾亦欢喜施与"应与歌利王割截佛陀身体之本生故事有关,此亦是胡适所追慕的人生境界。胡适曾经这样向朋友杨杏佛诉说:"我受了十余年的骂,从来不怨恨骂我的人。有时他们骂的不中肯,我反替他们着急。有时他们骂的太过火了,反损骂者自己的人格,我更替他们不安。如果骂我而使骂者有益,便是我间接于他有恩了,我自然很情愿挨骂。如果有人说,吃胡适一块肉可以延寿一年半年,我也一定情愿自己割下来送给他,并且祝福他。"[③]这段自白可以作为胡适"容忍比自由还更重要"此一主张的注脚,如果不加微观

[①] 原文可见胡适:《胡适全集》(第24卷),合肥:安徽教育出版社,2003年,第268页。
[②] 胡适:《胡适全集》(第24卷),合肥:安徽教育出版社,2003年,第324页。
[③] 胡适:《胡适全集》(第24卷),合肥:安徽教育出版社,2003年,第42页。

透视，几乎无法想象，胡适的人生信条竟然借助佛教故事进行了另外一番演绎。事实上，胡适甚至按照他所理解的佛教精神改写了《西游记》第九十九回，即所谓"观音点簿添一难，唐僧割肉度群魔"。从胡适的生命历程可见，道是无缘却有缘，胡适不信仰宗教，但并不排斥或贬低宗教文化，而是用自己独特的文化立场和生命情怀，吸收了宗教文化所含有的超越精神和有益成分。对于佛教如此，对于道教等其他宗教，胡适也是采取了这种处理方式。如众所知，在科玄论战中，胡适坚定地站在了科学派。但是深入分析可知，胡适其实是非常开明通透的。在那个救亡图存的年代，胡适高扬西学是可以理解的。生长在中华大地的胡适，是不可能超脱中华文化影响的。事实上，胡适的《四十自述》在不少地方都款款回忆了自己早年所受中国传统文化滋养的种种事例。胡适如此，另外一位"五四"运动时期高举反孔大旗的著名人物吴虞也是这样，吴虞不仅积极倡导"新学"，而且还注意教导青年对中国传统文化进行批判地吸收，从新近发现的吴虞为文学青年所开"必读书目"就可证明。① 原来，这位早年"四川省只手打孔家店的老英雄"，给人的印象乃是激烈反抗传统的知识分子，在日记中竟然这样感慨："学术知识虽渐有系统，而于安身立命之地，终觉茫无所归着。"并自觉表示"此后当以佛学为归宿，先看老、庄、《居士传》《高僧传》《自省录》《大乘起信论》。以后再依次读诸经……由此渐进，庶几入道，而不同游骑也。"② 在这里，吴虞竟然有了入道之想。

可见，阅读佛学典籍，本质上当与生命有关。对于那些有信仰倾向或情结的人来讲，一个有健康、理性之信仰态度的人，亦当如圣凯教授所言："不要让信仰代替生活，要让生活体现信仰。"③ 主张整理国故的胡适，在好多人眼中是西化派的代表，却能够积极地吸收佛学中的精神养料，作为陶冶性情、培养人格的助益。胡适对待佛教的态度引人深思，也可以为当下人们弘扬中国传统文化提供有益的借鉴——西化如胡适者，尚且能够从国学中寻找到有益于己的精神财富。如果对于中国传统文化加以同情了解，进行创造性诠释，那么国学之于世人的益处将更加巨大。

打开佛学典籍需要多元、开放、通透的现代视野。虽然笔者一直在强调阅读佛学典籍的重要性，但是并非是为了佛学而佛学，更非一切以传统为是。对于现代人来讲，在当今世界尤其需要以包容之心态对待人类社会的一切文明，培养健康开放的视野、格局与眼光。在此，楼宇烈先生的主张值得效法。楼宇烈先生主张用整体综合的方法研究中国传统文化。具体的操作路径，其一是"三家、三科、三学"，分而言之即三家儒释道，

---

① 王若：《新发现吴虞为文学青年所开"必读书目"》，《文史杂志》1988年第1期，第13页。
② 吴虞：《吴虞日记（上）》，成都：四川人民出版社，1984年，第208页。更多研究详见楼宇烈：《佛学与中国近代哲学》，《世界宗教研究》1986年第1期。
③ 圣凯：《后记》，《中国佛教信仰与生活史》，南京：江苏人民出版社，2016年，第330页。又，笔者认为"信仰"一词用在中国传统文化这里并不总是恰当贴合的，因为中国文化并不是信而仰之的，中国文化是强调内在超越的，更具体地讲是内化于心，外化于行的，因此用修养等类似词汇来表达更为恰当。不过，为了随顺大部分人的表达习惯，依然使用了"信仰"这一词汇。

三科文史哲，三学天地人。①其二为"四通"：中西东、古近现、儒释道、文史哲。楼先生认为，"四通"，才能"八达"。做到什么程度是一个问题，但是至少学者们要有这样的志向。②上面两种主张，如果去掉重复的三家三科，则可以概括为"三学四通"。在当前知识爆炸、学科分化日益精细的情况下，几乎不可能出现真正意义上的全才或通才了，但是非常有必要在价值关怀上保持一个多元开放的文化心态。楼宇烈先生所主张的"三学四通"，以人文立本，以传统为根，对于人们从整体综合的视角研究中国传统文化大有裨益。

佛教文本如何发挥积极作用，在很大程度上取决于解读的方式。比如，在佛学典籍选定之后，应该增加相应的导读材料，这样更容易避免将佛学研究变成情感化叙事的可能歧出。对于中国传统文化的概貌，人们常以"三教九流"称之。长期忽视中华文明整体性的结果，更有可能造成价值虚无、价值混乱、价值歧出的现象在当代社会反弹。更为理性的做法，是用更为健康、文明、开放的现代学科视野在心灵世界树立正确的价值观念，培养读者的鉴别能力和主体人格。另外，有必要附带解释的是，如果从知识分类的视野来看，佛教文化具有双向性，即一方面应该尽可能保持佛教文化的价值整全性，另一方面佛教文化具有知识性维度，是可以被充分知识化的，比如佛教文学、佛教史学、佛教哲学、佛教与政治、佛教与法律、佛教与天文学等。从某种角度来讲，佛教文化的双向性，也是中国传统文化的双向性。对于佛教的文化性维度，在此有一个问题应该谨慎处理，那就是如何更好地发挥佛教的积极作用，有必要自觉地弘扬佛教的文化维度。如众所知，佛教是文化，是中华文明的重要组成部分。事实上，在当下中国诸多的宗教学理论中，中国学者尤其重视宗教与文化的关系，在这方面典型的人物如楼宇烈、方立天、牟钟鉴、张志刚等诸位先生。可以这样说，"宗教文化论"突破了宗教"鸦片基石论"的前苏联模式，是具有中国特色宗教学理论的重要结晶。③在具体的理解过程中，应该运用"宗教—文化"的双重视野来看待佛教。在此过程中应该注意到，"文化"在中国的语境下更多是"人文化成"的意思，因为也有不少学者认为中国的宗教类型，与西方的宗教类型迥异——中国宗教，本质上是人文宗教。④

在文化解读的基础上，还应该充分注重佛教文化的知识属性和知识功能。⑤在这方面，笔者曾经提出宗教文化知识化方案。首先应该指出的是，中国佛教所具有的知识属

---

① 《为东方哲学呐喊——记楼宇烈教授》，原载于《北京日报》1995年8月18日第7版，采编者瞿会宁。
② 李四龙主编：《人文立本——楼宇烈教授访谈录》，北京：北京大学出版社，2010年，第165页。
③ 相关研究可见牟钟鉴：《宗教文化论》，《西北民族大学学报》（哲学社会科学版）2012年第2期。另外，张志刚在《宗教研究指要（修订版）》一书中专门探讨了中国宗教文化研究的前沿成果，详见张志刚：《宗教研究指要（修订版）》，北京：北京大学出版社，2013年，第449-454页。
④ 记者张雪梅采访：《楼宇烈说人文宗教》，《中国宗教》2012年第7期。另外，研究人文宗教的专著可以参阅李四龙著：《人文宗教引论：中国信仰传统与日常生活》，北京：社会科学文献出版社，2022年。
⑤ 对于佛教文化知识功能的自觉强调，比较早的研究有舒乙的《佛教在精神文明建设中的潜在能量》（《法音》1991年第2期）。

性和知识功能尤其明显。在这方面,相关支撑性观点甚多,比如任继愈先生就曾指出"佛教在当时曾丰富了中国的文学、艺术、音乐,也曾帮助了中国的医学、历法的发展。佛教的著作中也带来了'因明'(逻辑)和一些比较细致的分析方法,从而刺激了中国说理的散文进一步的发展。这些功绩,都有它的历史的意义,我们一点也不愿抹煞它,相反地,我们今天也还要肯定它。"[①] 事实确乎如此,不仅是佛教,其他不少宗教文化体系亦保存了丰富的知识资源、价值资源。比如,习近平总书记这样论述宗教——"宗教不仅是一种社会意识形态,还是一种特殊的文化现象。比如,浩如烟海的宗教典籍,丰富了传统历史文化宝库;智慧深邃的宗教哲学,影响着民族文化精神;深刻完备的宗教伦理,强化了某些道德规范的功能;异彩纷呈的宗教艺术,装点了千姿百态的艺术殿堂;风景秀丽的宗教圣地,积淀为旅游文化的重要资源;内涵丰富的宗教礼仪,演变为民族风情的习俗文化。"[②] 这一高度概括性的论述,对于宗教文化在新时代发挥积极作用大有裨益。事实上,在当代中国,不少中国传统文化的内容往往被放在中国哲学、伦理学、心理学、美学、宗教学、文学、历史学、艺术学、人类学等学科或专业下加以研究。除此之外,古典学、经学、汉学、中国学等,亦是常见的研究中国传统文化的路径。这些现代教育探索中国传统文化价值的进路,对于理解佛学典籍的意义和价值也当有启发之处。

　　社会人文的水平由人文化成的质量决定。在笔者看来,佛学典籍确实可以在人文化成的过程中发挥独特的积极作用。合而言之,正如毛泽东所云,"佛教是文化"。[③] 佛教是人类探索生命真谛过程中形成的文明结晶,佛教是人类重要的文明形态之一。阅读佛学典籍有助于打开人们的精神视野,增强人文素养。分而言之,佛教内部蕴藏着丰富的真善美方面的价值材料——在佛教文化中,有丰富的哲学思想、伦理资粮和美学材料。在哲学思想上,佛教的义理博大精深。与此同时,因明学作为世界重要逻辑体系之一,对于思维的锻炼亦大有帮助。在伦理资粮上,佛教的价值观念(比如慈悲、智慧、无我等)还有助于培育人们的道德素养,提升人生境界,解决心理问题。在美学材料上,"天下名山僧建多"[④],在旅游时往往可见佛教的文化符号(对联等),给人以美的享受,如果没有一定的佛学知识就无法品尝个中况味。当然,阅读佛学典籍的教育意义远不止于此,笔者以上仅仅略举数端。对此,笔者曾经提出立场自觉化、问题普遍化、语言公共化、方法实效化、价值时代化以释放佛教文化的积极价值。这其中,立场自觉化,主要是指

[①] 任继愈:《南朝晋宋间佛教"般若""涅槃"学说的政治作用》,出自《汉唐佛教思想论集》,北京:人民出版社,1973年,第45页。
[②] 习近平:《干在实处,走在前列——推进浙江新发展的思考与实践》,北京:中共中央党校出版社,2006年,第264页。
[③] 详见游和平:《毛泽东眼中的佛教文化》,《党史博览》2007年第6期。
[④] 谢重光:《天下名山僧建多》,《佛教文化》1992年第4期。

对于自身所持立场有着充分自觉，尤其是要对中国文化的特点有着自觉的体认——在这方面，坚持多元开放的文化胸怀，积极弘扬中华优秀传统文化的立场尤其重要。问题普遍化，在本文主要是指在解读佛学典籍时所提的问题应该具有学术价值，注重问题本身的普遍化程度。而语言公共化则是指解读佛学典籍的语言应该是具有公共性的，不应该陷入某一派别内部而流于私域化表达。方法实效化是指解读的方法应该经得起逻辑、现实和历史的检验，具有可公度性的实践效果。价值时代化，在本文主要是指挖掘佛教文化的价值内涵时，应该注重时代价值的发展导向，自觉服务于社会大众。

结　语

本文结合中国近现代各种推荐书目，尝试性地探讨了佛学典籍的推荐阅读问题，并不想得出某种确定的结论。

经过研究可知，如何具体选择佛学典籍方面，有许多历史经验可循。梳理可知，上个世纪的"最低限度的国学书目"以及"青年必读书"争论，是一个颇具公共意义的事件。这一切都可以表明佛教在近现代中国社会转型期间并没有为人们所忽视，反而能够引起人们的兴趣，占据一定的地位。更应该发现，佛学典籍在国学书目中的重要地位，不应该被人们所抛弃或遗忘。当然了，这种推荐与个人的阅读选择自由并不冲突。归根结底，每个人的阅读都有相应的自由选择权。

另外一方面，我们应该看到，如何选择佛学典籍还有许多创新的空间。这首先体现在佛学典籍的代表性问题，佛学典籍的推介问题，以及至关重要的经典诠释问题。从某种角度来讲，文本的意义是寓于解读、诠释过程之中的。如果不能处理好解读、诠释的问题，那么，单纯的阅读活动（比如读经）是有可能出现问题的。在这个意义上，经典导读之"导读"二字显得尤其重要。

最后，笔者认为，同样的佛教经典文本，在不同的视野之下会出现不同的阅读效果。根据现代学术理念，在解读的立场上，从文化、知识的价值立场解读佛学典籍更为贴切。这样的处理方式可以更好地发现佛学的独特价值，甚至可以将佛教文化的部分内容转化为具有公共意义的知识和价值。在此过程中，应注意佛教文化的双向性，即一方面保持佛教文化的独立性整体性，另一方面充分挖掘佛教文化的知识功能。而这种良好的阅读效果毫无疑问需要借助哲学、艺术学、宗教学等现代视野的介入。在这方面，立场自觉化、问题普遍化、语言公共化、方法实效化、价值时代化都可以释放佛教文化的积极价值。有理由相信，佛学典籍在培养人文素质、锻炼思维能力、推动知识创新、解决心理问题等方面都可以发挥独特的积极作用。

参考文献

1. 邓咏秋、李天英编:《中外推荐书目一百种》,西安:陕西师范大学出版社,2001年。
2. 胡适:《胡适全集》,合肥:安徽教育出版社,2003年。
3. 何建明:《近百年佛藏选辑出版回顾》,《法音》2008年第12期。
4. 梁启超著:《梁启超全集》,北京:北京出版社,1999年。
5. 楼宇烈:《佛学与中国近代哲学》,《世界宗教研究》1986年第1期。
6. 娄国忠:《鲁迅与佛教》,《世界宗教文化》2003年第4期。
7. 李四龙主编:《人文立本——楼宇烈教授访谈录》,北京:北京大学出版社,2010年。
8. 赖永海、圣凯:《佛教通识教育与专业教育》,《佛学研究》2018年第2期。
9. 牟钟鉴:《宗教文化论》,《西北民族大学学报》(哲学社会科学版)2012年第2期。
10. 任继愈:《南朝晋宋间佛教"般若""涅槃"学说的政治作用》,出自《汉唐佛教思想论集》,北京:人民出版社,1973年。
11. 孙国柱:《〈坛经〉慧能得法偈研究——兼谈校勘本与思想史写作对接之问题》,《中国佛学》2012年第1期。
12. 王云五:《新目录学的一角落》,上海:商务印书馆,1946年。
13. 王若:《新发现吴虞为文学青年所开"必读书目"》,《文史杂志》1988年第1期。
14. 汪春劼:《丁福保:近现代佛学著述编印的名家》,《法音》2015年第8期。
15. 习近平:《干在实处,走在前列——推进浙江新发展的思考与实践》,北京:中共中央党校出版社,2006年。
16. 谢重光:《天下名山僧建多》,《佛教文化》1992年第4期。
17. 游和平:《毛泽东眼中的佛教文化》,《党史博览》2007年第6期。
18. 杨文会:《等不等观杂录》,北京:商务印书馆,2015年。
19. 张志刚:《宗教研究指要》(修订版),北京:北京大学出版社,2013年。
20. 翟程:《梁启超与胡适"国学书目"之争研究综述》,《甘肃广播电视大学学报》2017年第1期。

谋求平衡：早期汉传佛教中的女性和女性形象[①]

[加] 南希·舒斯特（独立学者）　张简妮译（浙江大学哲学学院）

【摘要】佛教在公元前后传入中国，但直到3世纪下半叶才引起中国人的广泛兴趣。从3世纪末至5世纪，卷帙浩繁的佛教典籍在外国和中国本土僧人的介绍和翻译下源源不断地涌入中国。在这些典籍中，《法华经》《维摩诘经》等著名且影响深远的经典传达了积极正面的女性形象以及男女平等的大乘佛教观点，并塑造了中国佛教界平等主义的态度。尽管一些由克什米尔传入的禅修指南中存在着明显厌恶女性的言论，并可能影响了一些人，但其影响远远小于更著名的《法华经》《维摩诘经》等。论及现实中的佛教女性，可资参考的史料极少，其中释宝唱的《比丘尼传》是一份重要的文献。《比丘尼传》中记载的比丘尼大多博学多闻、精通佛法，且在当时有极强的社会影响力和政治影响力。毋庸置疑，比丘尼教团为中古早期的女性提供了一条儒家传统之外的生活道路，她们可以生活在自己选择的独立生活中，可以因自身的成就而受到赞赏。尽管比丘尼教团在4至5世纪蓬勃发展，但它的发展是辉煌而短暂的。6世纪以后，佛教妇女作为一个群体，再也没有如此大的影响力了。

【关键词】汉传佛教　比丘尼　女性　中古　早期中国

一、佛教在中国：1世纪至5世纪

佛教在公元前后由印度传入中国，这是一个将精微的思想从一个高度发达的文明移植到另一个同样先进且已经建立了自己的宗教和哲学体系的文明中的案例。虽然早期的僧侣使一些人皈依佛教，但这个来自西方的新宗教迟迟不能引起大多数中国人的兴趣。佛教教义、态度和价值观的同化是一个漫长而缓慢的过程。

[①] 本文译自 Schuster, Nancy, "Striking a Balance: Women and Images of Women in Early Chinese Buddhism", In *Women, Religion, and Social Change* ed. Yvonne Y. Haddad and Ellison B. Findly. New York：SUNY Press, 1985. 摘要与关键词为译者添加。译者张简妮，浙江大学哲学学院2023级研究生。

佛教传教士们从佛教世界各地来到中国：僧侣和居士们有来自印度和克什米尔的，有来自波斯帝国边境的，还有来自中亚贸易大通道沿线绿洲上兴起的各种佛教城市的。他们带来了佛经，并在中国安顿下来后，尽他们所能将这些佛经翻译成中文。每位传教僧人都带来了自己熟悉的并且在家乡专门研究和宣讲过的经文。佛教文献在当时已卷帙浩繁，而中国的佛教徒起初只能接触到其中的一小部分。

到了3世纪下半叶，中国人对佛教学习的兴趣高涨，中国本土的佛教徒如法护[1]和士行[2]等人向西跋涉，穿越中亚沙漠，寻找更多的佛经来研究和翻译。300年左右，当时晋朝统治下的中华帝国暂时处于和平状态，中亚绿洲也享有和平和繁荣，因此中亚的贸易路线对旅行者开放，法护能够从他所访问的西域佛教中心带回大量的经文。回国后，他与克什米尔、龟兹、于阗和其他地方的教友们仍保持着密切的联系，他们不时给他送来更多的经文以供翻译。[3]

法护和其他3世纪的旅行者在品位上不拘一格，他们给中国带来了各种各样的经书：一些主要的经文激发了中国佛教徒的创造力，并在后来的几个世纪中持续流行并产生影响；而另一些经文虽然被翻译出来，却鲜为人知，很快销声匿迹。在4世纪初法护去世时，中国佛教界已经熟悉许多基本的大乘佛教[4]经文，特别是《般若经》(*Prajñāpāramitāsūtras*)、《无量寿经》(*Sukhāvatīvyūhasūtra*)、《维摩诘经》(*Vimalakīrtinirdeśasūtra*)、《首楞严三昧经》(*Śūraṅgamasamādhisūtra*)和《法华经》(*Saddharmapuṇḍarīkasūtra*)。

4世纪末至5世纪中叶是中国佛教界在中亚"丝绸之路"和印度次大陆寻求经文的第二个阶段，中国的译经活动出现了新的高潮。像法显[5]这样不屈不挠的中国朝圣者千里迢迢来到印度和斯里兰卡，寻找中国僧尼紧缺的寺院戒律。还有一些人去往西域，在著名的佛教瑜伽大师座下学习禅修，并留在克什米尔——当时佛教世界公认的禅修

---

[1] 法护（梵文 Dharmarakṣa）的家族是来自中亚的月氏家族，但他们在法护出生前几代就已经定居在中国领土最西北的敦煌。法护本人已完全汉化，受过良好的儒家经典和佛经教育，并能流利使用汉语和其他几种语言。见（梁）慧皎：《高僧传》卷一，《大正藏》第50册，第326—327页。

[2] E. Zürcher, *The Buddhist Conquest of China*, Leiden: E.J. Brill, 1972, pp.61-63.

[3] 我们不知道法护本人到底访问过哪些国家，但我们知道，在3世纪末，西晋宫廷与中亚重要的于阗、龟兹、鄯善、焉耆和费尔干纳等国之间有直接联系。在他广泛的旅行中，他甚至有可能到达了印度。见 Zürcher, *The Buddhist Conquest of China*, pp.57-70.（南朝梁）慧皎：《高僧传》卷一。

[4] 大乘佛教（Mahāyāna Buddhism），是佛教的三个主要分支之一，其余两个是小乘佛教（Hīnayāna）、金刚乘佛教（Vajrayāna）。三大分支中的每一个都有更细分的派别。小乘佛教是最古老的，而大乘佛教本质上是一场反对它的改革运动，是为了"回归佛陀乔达摩的真正教导"。大乘佛教运动可能出现在公元前1世纪。虽然许多小乘佛教僧侣确实作为传教士来到中国，并带着他们的典籍，但中国人接受的主要是大乘佛教的文献和思想。中国以及经由中国接触佛教的远东国家，直到今天仍然是大乘佛教。金刚乘佛教，通常被称为密宗佛教，是大乘佛教的后续发展。它完全接受大乘教义，同时使用一些自己独特的冥想练习。它在中国和日本都有影响力，但不如大乘佛教。

[5] 法显不是第一个去西方旅行的中国僧人，但他是最著名的一个，因为他的旅行札记保存了下来，并出版了英文版。见 J. Legge, *A Record of Buddhistic Kingdoms*, Oxford: The Clarendon Press, 1886; reprint ed., New York: Paragon Book Reprint Corp. and Dover Publishing, 1965. 法显于399年离开中国前往印度，并于414年返回。当他开始他非同寻常的冒险时，已经六十多岁了！

中心。当这些朝圣者返回时，他们带回了有关禅修的经典，有时还引入克什米尔的禅修教师。佛教戒律、禅修、小乘与大乘各派以及新编或扩充大乘经典的西方专家们源源不断地涌向了中国。① 中国人对佛教学习的渴望日渐高涨。中国佛教徒们希望得到一切，他们欣然欢迎任何能把经文带给他们的人。在4世纪，特别是5世纪，由于才华横溢的外国僧侣，如来自中亚龟兹的鸠摩罗什（Kumārajīva），来自印度的佛陀跋陀罗（Buddhabhadra）、昙无谶（Dharmakṣema）和求那跋陀罗（Guṇabhadra），以及来自克什米尔的僧伽提婆（Saṃghadeva）、佛陀耶舍（Buddhayaśas）、昙摩蜜多（Dharmamitra）和求那跋摩（Guṇavarman）在翻译和注释方面的成功，中国佛教徒终于能够让他们的思想在一个巨大而多样的佛教文献库中自由徜徉。而中国佛教徒也对他们在佛教经典中发现的东西进行筛选和吸收，并开始创造性地使用它们来形成自己独特的佛教形式。4世纪末和5世纪的中国佛教徒在理解佛教思想方面变得非常成熟，反过来，佛教也成为中国社会的重要力量。

二、佛教经典中的女性

传入中国的许多佛教文献都存在对女性的论述。在有些佛经中，女性是与佛陀或其弟子对话的主要对话者。这些佛经大多是短篇，而且大多数是出名但流行时间不长的。3世纪时，法护等人翻译了一些这样的文本。在《法华经》《维摩诘经》《小品般若经》和《首楞严经》等著名的大乘经典中，人们偶尔也会发现一些关于女性的段落。出现在这些经文中的女性是文学创作的产物，而不是真实的历史人物。她们是理想的形象，有时甚至是神话中的人物——极富智慧和机智的佛法导师、奇迹的创造者、早慧的小女孩、女王和公主以及神奇的女神，她们都是佛教徒。而在佛典中确实存在关于真实的女性（主要是作为佛陀直接弟子的比丘尼）的少数文本，在中国从未流行，而且直到4世

---

① 西晋王朝曾短暂统一全中国，但它于317年崩溃，此后的近300年间，中国一直处于分裂状态，形成了无数个短命的王国。北方被许多非汉人统治，包括匈奴人、藏族人和其他来自蒙古平原的部落。这些"蛮族"统治者渴望向西方敞开大门，包括他们自己的家园。这些"蛮族"君主中的许多人本身就是佛教徒，对佛教云游僧人有好感。从317年东晋在建康（今南京）建都开始，中国南方被一连串的汉族王朝统治。许多中国知识分子在匈奴入侵后逃往南方。不用说，在这几个世纪的混乱中，中国北方和南方的文化有很大的不同，但是在385年之后，特别是在5世纪的头几十年，人们可以相对自由地在北方和南方之间旅行。佛教徒似乎特别利用了这种行动自由，从一个佛教中心到另一个佛教中心传播思想。

纪末或更晚才被翻译成中文。[1]

法护和他同时代的人所知道的文本中的女性大多为正面形象。其中的女性往往是菩萨，即致力于达到圆觉并带领其他众生从一切痛苦中解脱的英雄。菩萨可以是男性或女性，僧侣或俗家，可以是任何年龄。在《法华经》《维摩诘经》《佛说离垢施女经》（*Vimaladattāparipṛcchā*）和《佛说须摩提菩萨经》（*Sumatisūtra*）[2]等文献中的女菩萨都是聪明伶俐的女性，她们与佛陀最负盛名的弟子进行精微的辩论，并将他们说服。在这些文本中，理想类型的女性毫无疑问在智力和德行上都远远超过了除佛陀本人之外的所有男性。

然而，这些经文和其他许多经文的核心问题是女性能否成佛（完全开悟的存在）。自释迦牟尼佛时代（约前500年）以来，人们一直认为女性和男性同样可以获得涅槃（nirvāṇa），或者说，从无休止轮回（saṃsāra）的持续痛苦中解脱。[3]那些坚持不懈依据佛陀所教导的精神与戒律修行的弟子将获得对世界存在本质的开悟，从而摆脱烦恼与轮回，这种成就是不以性别为基础的。在大乘佛教和较早的佛教学派中，除了乔达摩外的其他人也可以具足佛性的想法被接受，但关于女人是否可以达到那种圆满境界则展开了辩论。毕竟，女人的身体与历史上佛陀的男性身体有明显的不同。一个女人当然可以渴望成佛，有人声称——在大乘佛教中，这意味着她可以成为一个菩萨，行菩萨道走向觉

---

[1] 在早期巴利藏的《尼柯耶》（Nikāyas）或汉文和梵文经藏《阿含经》（Āgamas）中，有几部佛经描述了早期的比丘尼传道或比丘尼与佛陀或其他杰出人物讨论的情形。偶尔也有佚名的世俗女性的生活肖像。其中一些的巴利版本可见 Leon Feer（ed.），*SaṃyuttaNikāya, vol. 4*，London：Luzac and Co., for the Pali Text Society，1960，pp.374-80；V. Trenckner（ed.），*MajjhimaNikāya, vol. 1*，London：Luzac and Co., for the Pali Text Society，1964，pp.299-305；E. Hardy（ed.），*AngutaraNikāya, vol. 3*，London：Luzac and Co., for the Pali Text Society，1985，pp.36-37. 早在公元300年，中国人就熟知的唯一一位与佛陀同时代的女性是摩诃波阇波提（Mahāprajāpatī），她是佛陀乔达摩的姨母和养母，也是第一位佛教比丘尼。一部关于她的佛经《佛说大爱道般泥洹经》，是在公元307年之前翻译的；另一部《大爱道比丘尼经》，则翻译于397—439年间。摩诃波阇波提是否真的是一个历史人物在这里不作讨论，但可参考 A. Bareau，"La Jeunesse du Buddha dans les Sūtrapiṭaka et les Vinayapiṭaka anciens"，*Bulletin de l'École française d'Extrême-Orient* 61（1974），pp.199-274；A. Bareau，"Un personnage bien mysterieux：I'epouse du Buddha"，in L. Hercus et al（ed.）*Indological and Buddhist Studies*，Volume in Honor of Professor J. E. W. de Jong on his 60th Birthday，Canberra：Faculty of Asian Sudies，1982，pp.31-59.《阿含经》在384—443年间被全部翻译为中文：《中阿含经》（*Madhyamāgama*）和《增一阿含经》（*Ekottarāgama*）起初由昙摩难提（Dharmanandin）在384年翻译，后来又在397—398年由僧伽提婆（Samghadeva）重译。见 P. Demiéville，"La Yogācārabhūmi de Sangharaksa"，*Bulletin de l'École française d'Extrême-Orient* 44（1947-1950），pp.373-374 以及注释1；《长阿含经》（*Dīrghāgama*）在413年由佛陀耶舍（Buddhayaśas）和竺佛念翻译；《杂阿含经》（*Saṃyuktāgama*）由求那跋陀罗（Gunabhadra）在435—443年间翻译。

[2] 所有这四种文本都是由法护在286年到308年间翻译的。他翻译的《正法华经》是第一个汉译本并被广泛阅读。但常使用的《维摩诘经》版本是支谦翻译的《佛说维摩诘经》，它完成于223—228年间的建康。《佛说离垢施女经》（*Vimaladattāparipṛcchā*）和《佛说须摩提菩萨经》（*Sumatisūtra*）是两部不太为人所知的以女性为主角的经典。与《法华经》和《维摩诘经》不同，这两部经典中的唯一内容是女主角与男性代言人之间关于某些佛教观点的争论。

[3] 例如，在巴利藏《相应部》（*SaṃyuttaNikāya*）的一篇非常早期的文章中，有人写道："无论男人或女人，只要拥有这样的'马车'，都可以通过它，达到涅槃。"（*SaṃyuttaNikāya*，1：33）

悟——但在这一过程中，她必须转女身成男身，否则她永远不可能成为佛。①《维摩诘经》《佛说离垢施女经》《法华经》《楞严经》等经文则巧妙运用转换性别的概念直接反驳了这些断言。例如，《维摩诘经》中的天女用她的神力在女性和男性间自由地来回转换，以向她的对手舍利弗（Śāriputra）证明，男性和女性都非实存的本性。②因此，在这些文本中得出的结论是，就精神生活和终极追求而言，只有未开悟的世人才会区分男性和女性，而真正有智慧的菩萨不会。

《维摩诘经》在第3、4、5世纪被中国佛教徒广泛阅读，并从那时起一直是中国最受欢迎的佛经之一。它和《法华经》以及其他传达相同关于女性的论述的经文，对中国佛教徒的态度产生了极大的影响。③总的来说，早期的中国佛教徒从他们阅读和讨论的经文中得到的对女性的看法基本上是积极的。④

第二阶段的佛经翻译活动（4世纪末5世纪初）向中国佛教徒介绍了更多种类的佛经、戒律、哲学论著和禅修手册。虽然《法华经》《维摩诘经》《般若经》和《楞严经》并没有被取代且影响力越来越大，但其他重要文献也加入了它们的行列，成为佛教关注的中心。其中一些较新的文本有力地重申了这样的信念：在精神生活和达到涅槃的能力方面，男女之间没有任何区别。在436年由印度僧人求那跋陀罗翻译的《胜鬘师子吼一乘大方便方广经》（Śrīmālādevīsūtra）中，一位女性，即胜鬘夫人（Śrīmālā），开示了最深刻的教义并使许多人皈依佛教，而一个女人这样做是否合适的问题甚至从未被提出，胜鬘夫人似乎非常接近于一位女佛。⑤同样，《健拏骠诃》（Gaṇḍavyūhasūtra）介绍了一

---

① 关于一个女人能否成佛，为什么以及如何成佛的争论相当复杂，这里无法详述。读者可参考以下内容：N. Schuster, "Changing the Female Body: Wise Women and the Bodhisattva Career in Some Mahāratnakūṭasūtras", *Journal of the International Association of Buddhist Studies (hereafter JIABS)* 4（1981），pp.24-69; Y. Kajiyama, "Women in Buddhism", *The Eastern Buddhist (new series)* 15（1982），pp.53-70; D. Paul, *Women in Buddhism, Images of the Feminine in Mahāyāna Tradition*, Berkeley: Asian Humanities Press, 1979, p.166.
② 《佛说维摩诘经》教导了最初在《般若经》中阐述的空性（śūnyatā）学说：真常是无法定义的，因为一切事物都依赖于其他事物而存在。因此，任何事物都无自性，因为任何事物都没有一个独特的本质来区别于其他事物。《维摩诘经》在文学和哲学方面都是佛教文献中的杰作，存在多种译本：R. A. F. Thurman, *The Holy Teaching of Vimalakīrti*, University Park, PA: Pennsylvania State University Press, 1976; E. Lamotte, trans., *L'Enseignement de Vimalakīti (Vimalakīrtinirdeśa)*, Université de Louvain, Institut Orientaliste, Bibliothèque du Muséon, vol. 51, Louvain: Pulications Universitaires, 1962. 关于转换性别的部分在"女神"（The Goddess）一章。
③ 佛教文献中关于转换性别的论述的首个版本可能是出现在《法华经》中，这个论述缺乏《佛说维摩诘经》中的技巧和清晰性。在《法华经》中，一个年轻的女孩通过某种幻术瞬间从一个蒙昧的女性变成了一个完美的男性佛陀。现代汉传佛教的比丘尼对《法华经》相当熟悉，一群在台湾的比丘尼最近告诉一位美国的研究者，转换性别的关键是，成佛和妄想之间的区别仅仅是一个正确思想的瞬间，而开悟者的表观性别是无关紧要的！见 M. Levering, "The Dragon Girl and the Abbess of Mo-shan: Gender and Status in the Chan Buddhist Tradition", *JIABS* 5（1982），pp.22-24. 鸠摩罗什（Kumārajīva）5世纪译的《法华经》的英文版见 L. Hurvitz, *Scripture of the Lotus Blossom of the Fine Dharma*, New York: Columbia University Press, 1976. 转换性别的事件在第201和379页。
④ 这仍是一个暂时的结论，因为笔者还未能够检查所有早期翻译的大量文本中关于女性的部分。然而，坦率地说，在5世纪前流传于中国的文本中，厌恶女性的言论似乎很少。另一种观点，参见 Paul, *Women in Buddhism*, Part I, "Traditional Views of Women".
⑤ 关于胜鬘夫人（Śrīmālā），见 Paul, *Women in Buddhism*, p.281. 这部经文已经被翻译为英语，见 D. Paul, *The Buddhist Feminine Ideal*, Missoula: Scholars Press, 1980; A. and H. Wayman, *The Lion's Roar of Queen Śrīmālā*, New York: Columbia University Press, 1974.

些理解力达到最高水平的女教师；其中有一位比丘尼、一些女俗人，甚至是一位妓女。《健拏骠诃》在388—407年期间由中国僧人圣坚翻译（T294），在418—422年期间由来自印度和克什米尔的禅修大师佛陀跋陀罗翻译（T278）。① 还有其他经文和经文的注释也将女性描绘成与男性在精神上平等的人，② 但也有一些中国民众新接触的文本破坏了这种平等主义态度。

在380—430年的五十年间，许多僧侣从克什米尔来到中国。在这一时期到达中国的主要译经师中，至少有十位来自克什米尔。③ 此外，还有几位外国和中国的僧侣在克什米尔学习了一段时间，并深受那些指导的影响，他们在回到中国后仍然与那边的学者保持联系。在4世纪和5世纪，克什米尔是整个亚洲主要的佛教学习中心之一，主要研究禅修。在克什米尔佛教特有的体裁——几本有关禅修的手册中，④ 人们发现了明显的厌恶女性的言论，这也许是汉传佛教首次接触此类言论。

鸠摩罗什⑤翻译了一篇名为《菩萨诃色欲法经》（T615）的短文，意在通过教导禅修者冥想其淫欲之心所带来的痛苦，来治疗禅修者的淫欲之心。然而，这篇文章很快就

---

① 《健拏骠诃》（Gaṇḍavyūha）是庞大的《华严经》（Avataṃsakasūtra）的一部分。整部《华严经》（Avataṃsaka）都是由佛陀跋陀罗翻译的，只有《健拏骠诃》是由圣坚翻译。到了6世纪，《华严经》已经取代了《法华经》《般若经》《维摩诘经》和《净土经》（Sukhāvatīsūtra），成为汉传佛教中最著名和最有影响力的经典之一，甚至在今天也是如此。关于《健拏骠诃》中的妇女，见 Paul, *Women in Buddhism*, pp.94-105 and 134-165. 关于《健拏骠诃》在中国的情况，见 Jan Fontein, *The Pilgrimage of Sudhana*, The Hague: Mouton, 1968.

② 两部也是以改变性别为主题的有趣文本，都以《佛说转女经》（Strīvivartavyākaraṇāsūtra）为众所知。《大正藏》版本《佛说转女身经》是由克什米尔禅修大师昙摩蜜多在424年到441年之间翻译的，《大正藏》版本《乐璎珞庄严方便品经》是由另一个克什米尔人昙摩耶舍（Dharmayaśas）在415年翻译的。《佛说转女身经》是我所知道的为数不多的表达了真实的同情、描述了真实的妇女在日常生活中忍受的痛苦和不公正的佛教经典之一："于九月中怀子在身，众患非一，及其生时受大苦痛，命不自保……又此女身为他所使，不得自在，执作什多——捣药、舂米，若炒、若磨大小豆麦，抽氎、纺叠——如是种种苦役无量，是故女人应患此身……"（姚秦）昙摩耶舍译：《佛说转女身经》，《大正藏》第14册，第919页中。
关于《佛说转女身经》，见 N. Schuster, "Yoga Master Dharmamitra and Clerical Misogyny in Fifth Century Buddhism" *Tibet Journal* 9（1984），pp.33-46. 大约在这个时期翻译的其他一些作品也应该被引用，因为它们对女性的态度在某种程度上积极胜过消极：《金光明经》（Suvarṇabhāsasūtra）和《大方等无想经》（Mahāmeghasūtra），都是由印度大乘佛教法师在414年到426年之间翻译的；《大般涅槃经》（Mahāparinirvāṇasūtra）也由昙无谶在414年到421年间翻译，在410—411年或417—418年由中国朝圣者法显在佛陀跋陀罗的帮助下再次翻译。此外，鸠摩罗什了不起地翻译了《大品般若经》的百科全书式的注释，即《大智度论》，显然试图压制这类佛教学术文献中常见的反女性态度。鸠摩罗什的翻译工作从402年持续到406年。另一方面，鸠摩罗什的翻译的另一部佛教注释书《十住毗婆沙论》，它是《华严经·十住品》的注释书，是一部混杂的作品，包含了支持和反对女性的段落。它完成于公元402年到412年之间。《华严经·十住品》（Daśabhūmikasūtra）本身则在297年由法护翻译，并在402—409年由鸠摩罗什再次翻译。佛经详细描述了大乘菩萨修行的十个阶位，并说菩萨在第七个阶位后不能继续是女人。这个文本至少在僧团中有一定影响。

③ 僧伽跋陀罗（Saṃghabhadra）和僧伽提婆在380年后到达，功德华（Puṇyatara）、卑摩罗叉（Vimalakṣas）、佛陀耶舍、昙摩耶舍（Dharmayaśas）在410年前到达，佛陀什（Buddhajīva）、求那跋摩、昙摩蜜多在420年到达。尽管佛陀跋陀罗是土生土长的印度人，但他在克什米尔生活和学习了几年，并在406年到达中国时把克什米尔风格的佛教带到了中国。鸠摩罗什出生于龟兹，402年来到中国，在克什米尔学习了一段时间，后来在中国与克什米尔大师一起工作。中国僧侣智延和保云也在克什米尔学习，中国的居曲静也是如此。所有这些人的传记，见（梁）慧皎：《高僧传》，《大正藏》第50册。

④ P. Demiéville, "La Yogācārabhūmi de Sangharakṣa", *Bulletin de l'École française d'Extrême-Orient* 44（1947-1950），pp.339-436. 特别是第362页以及注释1。

⑤ （梁）慧皎：《高僧传》卷二，《大正藏》第50册，第330—333页。有关他生平的英文版本的简介可见 K. Ch'en, *Buddhism in China, A Historical Survey*, Princeton: Princeton University Press, 1964, pp.81-83. 关于鸠摩罗什翻译的禅修手册，可见（南朝梁）僧祐：《出三藏记集》，《大正藏》第55册，第11、14、75、101页；以及（唐）智升：《开元释教录》，《大正藏》第55册，第513、664页。

转为对淫欲的对象,即妇女的尖锐谴责。

> 女人之相,其言如蜜,而其心如毒……金山宝窟,而师子处之……室家不和,妇人之由;毁宗败族,妇人之罪……譬如高罗,群鸟落之,不能奋飞;又如密网,众鱼投之,刳肠俎肌。①

类似的段落和类似的形象在 5 世纪流传的其他禅修指南中也可以找到。② 由于禅修是佛教徒最基本和普遍的修行方法,这样的文本可能影响了一些人,但其影响可能远远小于更著名、更经常被研究和宣扬的《法华经》《维摩诘经》《般若经》。

三、汉传佛教中的妇女

在 4 世纪之前,几乎没有任何关于中国女佛教徒的资料,4 世纪之后也极少,佛教女信徒与女供养人仅在佛教资料与中国传统历史记载中偶尔被提及。例如,在《高僧传》有关昙摩耶舍(Dharmayaśas)的记载中,我们可以看到 400 年左右广州的一位女信徒去找大师求教的记载。③ 由于社会地位显赫,人们对 4 至 5 世纪时在建康(今南京)供养佛教的皇后、公主和其他最高阶层的妇女有更多的了解。东晋的皇后何氏于 354 年在建康建立了永安寺。同样是东晋的皇后褚氏,几年前在建康为一些受宠的比丘尼建立了延兴寺与清源寺。④ 这位褚皇后在东晋把持朝政达 40 年之久(她于 384 年去世),与几位比丘尼保持着密切的联系。之后刘宋王朝的袁皇后在克什米尔僧人昙摩蜜多于 424 年抵达建康后不久,就邀请他进宫为自己、太子和公主们举行佛教仪式。⑤ 潘贵妃则非常欣赏比丘尼叶首,并于 438 年出资对其修行的寺院进行了精心扩建。⑥ 另一位贵族妇女王景深的母亲范氏于 426 年为叶首建立了寺院,她将王坦之的故祠堂改建为寺院,并让

---

① (姚秦)鸠摩罗什译:《菩萨诃色欲法经》,《大正藏》第 15 册,第 286 页上—中。
② P. Demiéville, "La Yogācārabhūmi de Sangharaksa", *Bulletin de l'École française d'Extrême-Orient* 44(1947-1950), pp.339-436, 361 及注释 1, 以及 N. Schuster, "Yoga Master Dharmamitra and Clerical Misogyny in Fifth Century Buddhism", *The Tibet Journal* 9(1984), pp.33-46. 也许更有影响力的,至少在一些中国僧侣团体中,是印度瑜伽行派(Yogācāra)大师无著(Asaṅga)写的《菩萨地持经》(Bodhisattvabhūmi),它说每个女人天生就是一个不洁和缺乏理解力的人,因此一个菩萨必须在他修行早期的某个时候停止投胎为女性。这是本文前面提到的更古老的观念在 4 世纪的重复,它所反映的保守态度显然并非所有佛教徒都认同。参见 N. Dutt(ed.), *Bodhisattvabhūmi*, Patna: Jayaswal Research Institute, 1966, p66.《菩萨地持经》由印度的昙无谶在 414—426 年以及克什米尔的求那跋摩在 431 年翻译成汉文。类似地,在汉地一些僧团中有影响力的是毗奈耶(Vinaya),有关佛教戒律的经典中也包含了关于比丘和比丘尼教团秩序建立的叙述。至少有一部律,即 423 年由克什米尔的佛陀什翻译成中文的化地部(Mahīśāsaka)的律,包含了一个古老的指控,即女人不能成佛。这种论述也见于当时翻译的一些《阿含经》中的经文。另见 Kajiyama, "Women in Buddhism", *The Eastern Buddhist (new series)* 15(1982), pp.55-58. 因此,在 4 至 5 世纪首次被翻译成中文的一些文献中,我们回到了在更具前瞻性的大乘佛教经典中已经被击败的旧观念,这些经典如《法华经》《维摩诘经》《胜鬘经》等。旧思想没有消亡。
③ (梁)慧皎:《高僧传》,《大正藏》第 50 册,第 329 页。
④ (梁)宝唱:《比丘尼传》,《大正藏》第 50 册,第 935—936 页。见 Zürcher, *Buddhist Conquest*, pp.109-110.
⑤ (梁)慧皎:《高僧传》,《大正藏》第 50 册,第 343 页。
⑥ (梁)宝唱:《比丘尼传》,《大正藏》第 50 册,第 940 页。

叶首担任住持。① 比丘尼慧琼接受了宋江夏王世子的母亲王氏赠送的土地，还得到了许多富有的供养人的慷慨资助，利用他们的资助，她得以建造寺院（441）。② 大约380年之后，佛教在东晋与刘宋王朝的政治影响力稳步上升，在这个过程中，佛教妇女，包括皇后、后妃和比丘尼，都发挥了突出的作用。③

这些极少的事实是我们对伟大的佛教女性的全部了解，我们对许多地位低下的妇女一无所知，而她们无疑在当时中国南北的佛教团体中占了很大的比例。幸运的是，佛教女信徒资料的匮乏在某种程度上被一份极有价值的资料弥补，即《比丘尼传》，其中保存了317年至516年期间活跃在中国的一些著名比丘尼的65份传记。④ 中国的比丘尼（bhikṣuṇī）教团正式成立于4世纪中叶，⑤ 并在中国大陆与台湾以一种不间断的传统延续至今。

四、汉传佛教比丘尼

《比丘尼传》并没有刻画整个比丘尼群体的形象，它的作者释宝唱只选择了那些他认为最杰出的比丘尼，她们或是学识渊博、讲经说法，或是在禅修方面有所建树，或是信仰坚定、坚持极端的禁欲主义。⑥ 宝唱所记录的比丘尼大多属于前两类，她们无疑是比丘尼教团的精英，也是宝唱最为推崇的人物。此外，《比丘尼传》中记载的比丘尼几乎都住在南方，而且就在建康（南京）附近，建康是南朝的都城，也是当时中国最文采风流的繁华胜地。

《比丘尼传》中的比丘尼最引人注目的是她们在当时社会中的影响力。从第一批比丘尼在340年左右到达建康时起，她们就受到了朝廷中最有权势的大臣、皇后和皇帝的慷慨资助。在朝廷中，比丘尼不仅是虔诚的统治者的宗教导师，有时还参与政治决策。⑦

---

① （梁）宝唱：《比丘尼传》，《大正藏》第50册，第940页。
② （梁）宝唱：《比丘尼传》，《大正藏》第50册，第938页。
③ Zürcher, *Buddhist Conquest*, p159.
④ 《比丘尼传》是大约516年由僧人宝唱所作，其文本已被翻译成英文：Jung-hsi Li, *Biographies of Buddhist Nuns: Pi-ch'iu-ni-ch'uan of Pao-chang*, Osaka：Tohokai, 1981；K. A. A. Cissell, Ph.D. diss., University of Wisconsin, Madison, 1972.
⑤ 比丘尼教团是在外国僧侣和一群来自斯里兰卡的修女的帮助下建立的，因此中国的比丘尼教团是印度和斯里兰卡比丘尼教团的直接延续。僧团在中国建立的时间要早得多，181年前受戒的严佛调是已知的第一位中国僧人，见（梁）僧祐：《出三藏记集》，《大正藏》第55册，第46、50、96页；（梁）慧皎：《高僧传》，《大正藏》第50册，第324页。
⑥ K. A. A. Cissell, *The Pi-ch'iu-ni-ch'uan, Biographies of Famous Chinese Nuns from 317-516 C.E.*, p48. 慧皎于约530年所作的《高僧传》也是一部有选择性的作品，它包括因各种成就而闻名的比丘，并不记述普通比丘的生活。但这是一部比《比丘尼传》大得多的作品，因此提供了比宝唱作品中的比丘尼信息更多的关于比丘生活的信息。这当然鲜明地证明了一个事实，即男性的活动比女性的活动受到更多的关注，即使是在一个基本持平等主义教义的佛教团体中。
⑦ 比丘尼和比丘的政治影响力有时被认为是可耻的。389年，批评家指责她们与宫廷中一些地位较低的女性结成小团体，试图左右政治事件。见Zürcher, *Buddhist Conquest*, p153.

当然，正是因为比丘尼在建康有如此影响力，宝唱才会为她们写传记。①

建康简静寺的寺主妙音无疑是东晋最具影响力和政治性的比丘尼。②在380年代，她是孝武帝（373—397在位）和当时最有权势的大臣们的密友，后来又是继任者安帝（396—419在位）的密友。她精通中国经典与佛经，并自己著书（这些作品没有被保存下来）。她经常被邀请到宫廷，与孝武帝、会稽王司马道子（皇位背后的实权人物）和宫廷学者讨论文学和贸易。由于她受人尊敬，声名远播，司马道子于385年为她建立了简静寺，并任命她为寺主。从此，她作为一位学识渊博的比丘尼和值得交游的政治人物名声大振，吸引了一百多位弟子，但还有更多并不信奉佛教的逢迎者每天早上簇拥在她的寺院门口，希望她能对他们的事业有所助力。398年，雄心勃勃的桓玄——他是一支正在崛起的政治力量并对佛教一直很冷淡——觉得有必要去找妙音，因为妙音可以不引人注意地说服皇帝和会稽王任命桓玄的人担任重要职位。妙音如此做了，使桓玄开始向篡夺皇权迈进（402—404）。具有讽刺意味的是，后来正是桓玄在402年杀死了妙音的第一个也是最忠诚的靠山司马道子，因为这位老臣挡在了他和皇位之间。妙音对此有何反应不得而知。她在平静和荣华中结束了自己的生命，她的死亡时间没有留下记录。

刘宋皇室甚至比东晋皇室更热衷于培养与比丘尼的友谊，尽管没有与妙音参与政治阴谋相媲美的案例。466年，宋明帝分别敕普贤寺的宝贤和法净为都邑僧正和京邑都维那。③这两位比丘尼都是具有非凡智慧的人，不仅是能使人信服的教师，也能有效地管理实际事务。京邑都维那法净显然是一个有吸引力的人物，她与妇女的关系特别好。在都城，皇室成员、普通妇女和比丘尼都时常寻她作伴，住得较远的人则给她写信（可惜没有留存下来）。宝贤，作为都邑僧正，是一个"威严"的人，她似乎更倾向于智识上的精进与管理活动，而不是亲密的朋友关系。她是普贤寺的寺主也是统领都城地区比丘尼的僧官。在阅读她的传记时，人们能感受到大多数人都被她朴实的性格和超凡的能力所震撼。她以极大的效率和细心履行其管理的职责，并最成功统领了比丘尼教团。424年至473年在位的宋文帝、宋孝武帝和宋明帝都对她很尊重和礼遇，赏赐她并任命她担任高官。然而，虽然他们可能被她的教义所说服，但她从未成为他们的密友。

大多数尼庵都在城市里，与之相反的是，僧寺则往往位于风景如画的山间，远离城中心。由于寺院所在的位置，僧众的生活往往与世隔绝，而尼众则总是处于俗务之中，特别是在建康。这使她们有机会影响宫闱中有权势的弟子，但也使她们容易受到那些显

---

① Li, *Biographies*, p10. 也见 Zürcher, *Buddhist Conquest*, pp.105-110. 在4至5世纪，中国的上层阶级也热切地追求与比丘的交往，他们在比丘尼出现之前就在皇宫和贵族家庭中建立了紧密的关系。见 Zürcher, *Buddhist Conquest*, pp.109-110. 尽管如此，比丘尼在南方宫廷的特殊地位是明显的。
② （梁）宝唱：《比丘尼传》卷一，《大正藏》第50册，第936—937页。Cissell, *Biographies of Famous Chinese Nuns*, pp.166-169; Li, *Biographies*, pp.45-47; Zürcher, *Buddhist Conquest*, pp.153-154.
③ （梁）宝唱：《比丘尼传》卷二，《大正藏》第50册，第941页。Cissell, *Biographies of Famous Chinese Nuns*, pp.90+208-212; Li, *Biographies*, pp.80-83.

贵弟子的世俗利益的影响，因为她们与世俗近在咫尺，难以逃脱。由于有大量忠实的供养者，比丘尼教团在4—6世纪蓬勃发展。但比丘尼们很少能过上某些人可能更喜欢的、致力于精神发展的隐居生活。

宝唱所记录的比丘尼是一个非常博学的群体。在这方面，妙音、宝贤和法净并非孤例。我们不可能衡量这个精英比丘尼群体的一般教育水平，但很显然，建康以及更早的北方城市洛阳的比丘尼群体的领导人不仅完全熟悉佛教经典，而且还熟悉中国世俗经典。学识渊博的比丘尼们有很多弟子，她们花了很多时间向公众宣讲佛经。她们对佛教思想在中国的传播做出了重大贡献。

洛阳城东寺的道馨在年轻时就热衷于学习经文。[①] 在她20岁受戒时，她对《法华经》和《维摩诘经》已烂熟于心。然而，她最喜欢的经文是《八千颂般若经》。她善于解释事理，且与人相处融洽，所以她是一个教导有方的老师。据宝唱说，她是第一位讲经的尼师，而且被认为是一州最优秀的老师。

道仪[②]出身于名门望族，嫁给了一位前程似锦的年轻官员，但在22岁的时候就丧偶了。她随即出家，她著名的侄子慧远和慧持也在差不多的时间受戒。她出家时已受过良好的世俗和宗教教育，很快就以对《法华经》《维摩诘经》和《八千颂般若经》的精彩阐释而闻名。397年，她搬到了建康的何后寺，因为她听说那里正在翻译新的经律文本，佛教正在蓬勃发展（这是朝廷对佛教热心资助的时期，妙音当时正处于声望的顶峰）。道仪成为律藏的专家。她在78岁时去世，在整个建康地区受到僧侣和普通民众的高度尊重。

这两位比丘尼都是相同经文的大师，即《法华经》《维摩诘经》和《八千颂般若经》，这无疑是有史以来最重要的三部大乘经文。《比丘尼传》记载的比丘尼们还学习了其他经文——《楞严经》《二万五千颂般若经》和《大般涅槃经》（*Mahāparinirvāṇasūtra*）。正如笔者所指出的，这些经文因它们所表达的对妇女的态度而具有重要意义。然而，没有任何文本像《法华经》那样受到青睐，《法华经》至少被记录的65位比丘尼中的11

[①] （梁）宝唱：《比丘尼传》卷一，《大正藏》第50册，第936页；Cissell, *Biographies of Famous Chinese Nuns*, pp.159-161; Li, *Biographies*, pp.40-41. 道馨是《比丘尼传》中记载的为数不多的在4世纪社会和政治混乱不堪时仍留在北方尼庵的比丘尼之一。她活跃于4世纪后半叶，但确切的时间不明。洛阳是中国北方两大古都之一，比建康还要古老。它在311年遭到匈奴军队的毁坏，在整个世纪中，一直是来来去去的入侵者和王朝兵家必争之地。

[②] （梁）宝唱：《比丘尼传》卷一，《大正藏》第50册，第937页；Cissell, *Biographies of Famous Chinese Nuns*, pp.169-170; Li, *Biographies*, pp.47-48. 道仪的侄子慧远是4世纪最著名的僧人之一，他在远离建康的长江中游地区的庐山上建立了一座寺院。慧远在世时，这里成为著名的佛学研究、翻译活动和禅修实践的中心。

位诵读、学习或宣讲。①5世纪期间首次翻译的其他重要文本可能还没有被广泛了解。例如，直到我们读到一位生活在5世纪末南朝齐时期的比丘尼的传记时，才提到《胜鬘经》，而《华严经》（Avataṃsaka）直到6世纪才被提及。②

尽管许多比丘尼是著名的禅修者，但却没有任何关于4至5世纪比丘尼使用的禅修典籍的记载。宝唱在谈到刘宋时期（420—479）的比丘尼时才开始频繁提及禅修。从《高僧传》中可知，许多来自克什米尔的禅修大师在晋末宋初涌入中国南方。他们的学生中有比丘尼，而许多比丘尼也成为了禅修大师。法辩③（约420—463）曾向道林寺的外国僧人畺良耶舍（Kālayaśas）学习禅观，并精通其中的妙理。她还与克什米尔禅师昙摩蜜多于435年在建康附近建立的定林上寺有联系。在昙摩蜜多于442年去世后的一段时间内，他的教法传承在那里得到了保留。据了解，这两位外国大师都曾教授过观想形式的禅修。在他们的译作中，有关于观想各种佛和菩萨的技巧的经文。④然而，法辩在入定时被描述为形如木石、纹丝不动，这是道教经典《道德经》和《庄子》中用来描述道教大师们修养深厚、气定神闲的特点的词语。其他练习禅修的比丘尼据说也体验过类似死亡的深度禅定。例如，建康广陵寺的僧果（活跃于429—441），她可以一次入定一整天。⑤这些比丘尼究竟使用了什么方法，我们不得而知。对入定状态的描述可能是借用了道教经典中的语言，或者说，道教在5世纪是一个蓬勃发展的宗教，可能真的对佛教的实践产生了一些影响。但更有可能的是，大多数比丘尼使用的是印度和克什米尔佛教中发展较好的对身体的觉察练习，或对佛和菩萨的观想。有记述称，练习禅修的比丘尼是在她们的极乐世界中培养对佛的观想。

那些确实擅长禅修的人可能会变得相当有名。竹林寺的静称⑥和一位比丘尼结伴在山中修行，她们的声誉传到北魏的都城，被认为是圣人。北魏的人不辞路远遣使邀请她

---

① 这个数字可能并没有对《法华经》或其他经文研究的深入程度给出一个准确的勾画。我们没有比丘尼们所知道的所有佛经的完整信息。宝唱在传中经常说，某位比丘尼对佛经很有研究，但没有说出她知道哪些经文。毫无疑问，在大多数情况下，他没有关于在他出生前很久就去世的比丘尼的信息。他从墓志铭中收集信息、采访了解比丘尼传统甚至亲自认识这些比丘尼的人，这样收集到的信息经常是不完整的。见《比丘尼传》第934页宝唱对于传记的介绍。还应该注意到，据说有些比丘尼诵通过《法华经》，尤其是《法华经·普门品》。甚至在今天的僧寺和尼庵里，快速念诵《法华经》仍作为早晚仪式的一部分被实行。在许多情况下，比丘和比丘尼通过死记硬背来学习经文，可能会也可能不会真正理解他们在念诵的内容。念诵本身就是一种有价值的宗教行为。《比丘尼传》中的一些比丘尼可能属于这种情况，但此无法确定。
② （梁）宝唱：《比丘尼传》，《大正藏》第50册，第942、947页。
③ （梁）宝唱：《比丘尼传》，《大正藏》第50册，第940页；Cissell, *Biographies of Famous Chinese Nuns*, pp.203-205；Li, *Biographies*, pp.76-77.
④ 神秘的西域僧人畺良耶舍（Kālayaśas）被认为在424年到442年间于建康地区翻译了《佛说观无量寿佛经》。活跃于相同时间与地区的昙摩蜜多翻译了《观虚空藏菩萨经》和《佛说观普贤菩萨行法经》。这三部是大乘有关观想的经文。昙摩蜜多还翻译了一部叫《五门禅经要用法》的文本，这一文本教授经典的佛教正念练习等——这基本上是一部小乘佛教的作品，增加了一些大乘佛教的内容。
⑤ （梁）宝唱：《比丘尼传》卷二，《大正藏》第50册，第939—940页；Cissell, *Biographies of Famous Chinese Nuns*, pp.194-197；Li, *Biographies*, pp.68-70.
⑥ （梁）宝唱：《比丘尼传》卷二，《大正藏》第50册，第940页；Cissell, *Biographies of Famous Chinese Nuns*, pp.197-199；Li, *Biographies*, pp.71-72. 竹林寺是为数不多的位于山中而非城市的尼庵之一。

们去北魏居住。但比丘尼们不愿住在异域边城，就有意败坏名声，扮出贪吃和愚蠢的样子，北魏国君因此轻视她们，她们就借机返回南方。这段故事类似于道教和后来的禅宗文献中经常出现的故事：开悟的大师故意表现得很古怪，以"掩盖他的踪迹"，这样他就可以自由地过宗教生活而不受世俗之人的干扰。非常有趣的是，在这个早期的、禅宗之前的佛教故事中，两个女人是中心人物，就像女寒山和拾得一样，她们有一只神秘的老虎陪伴，守护着她们的禅修。①

这些早期的佛教比丘尼，无论她们的成就如何，都因为她们自己所做的事情，因为她们自己的价值而受到赞赏。与当时上层社会女性被要求扮演的"儒家"理想女性角色不同，佛教比丘尼之所以受到尊重，正是因为她们是走自己选择的道路的个体，而且做得非常成功。人们对她们的评价不是基于她们与父亲、丈夫或儿子的关系。4世纪上半叶生活在中国北方的比丘尼安令首②聪敏好学，终日研究佛法教义。她的父亲劝说她出嫁，安令首反驳说："我专心业道，绝不动摇，为什么一个女子一定要恪守三从之道，才能算作合于礼教呢？"③安令首和她的父亲随后就此事向外国僧人佛图澄讨教，佛图澄告诉她的父亲，出家是安令首的命运，允许安令首出家，会给她的家庭带来荣宠富贵，于是父亲同意了女儿的愿望。在安令首出家几年后，她出色的教学吸引了一大批弟子，后赵武帝石虎敬重她，便提拔她的父亲至朝廷的重要职位。因此，安令首两全其美：不仅是一位好的佛教徒，也是因自己的成就使家庭获得回报的最孝顺的女儿。作为一个佛教徒，她既没有忽视她的家庭，也没有忽视她所生活的社会，而是真正地为这两者服务。尽管是以非正统的方式实现的，但这不仅是菩萨的理想，也是儒家的理想。如果中国人要学会与佛教相处，他们必须相信佛教与他们自己最珍视的理想在本质上是一致的。正如人们在这个案例中所看到的，佛教生活确实为中国妇女的传统、依赖性生活提供了一个替代方案。它给了女人，也给了男人一个真正的机会来实现他们作为具有社会意识的个人的全部潜力。

---

① 寒山和拾得是唐代（8世纪末9世纪初）的两位佛教怪人，他们面对世界像两个傻瓜，但实际上是觉悟的菩萨。他们以前的伙伴丰干常得一只驯服的老虎相伴；而寒山和拾得也是潜藏的大师。见 Cyril Birch）(ed.)，*Anthology of Chinese Literature*, New York: Grove Press, 1965, pp.194-196. 从这部传记中可以看出，《比丘尼传》在记述中融入了奇迹和神话元素。这是理想化的传记，而不是西方人认为的纪实。
② （南朝梁）宝唱：《比丘尼传》卷一，《大正藏》第50册，第935页；Cissell, *Biographies of Famous Chinese Nuns*, pp.143-146; Li, *Biographies*, pp.28-31.
③ "三从"通常被解释为女人在结婚前服从父亲的意愿，结婚后服从丈夫的意愿，年老时服从儿子的意愿。根据 Marina Sung, "The Chinese Lieh-nü Tradition", in *Women in China*, ed. R. Guisso and S. Johanneson, Youngstown, N.Y.: Philo Press, 1981, p69, note 30. 这个表达实际上有着不同的含义。这实际上意味着一个女人必须满足于父亲、丈夫和儿子的社会阶级地位，因为她没有独立的社会地位。这并不像服从男性命令的观念那样令人讨厌，但它仍然意味着在古代中国一个好女人是一个依附者，在法律上和道德上都不能独立存在。安令首就是在争取独立的权利。有趣的是，在本文所讨论的时期（在安令首和她父亲争论的一百年后）翻译成汉文的佛经也提出了类似的问题。昙摩蜜多在424年或441年翻译的《佛说转女身经》声称，一个真正献身于宗教生活的已婚妇女在成为一名比丘尼之前不需要征得她丈夫的同意。这也违背了当时印度的惯例，毕竟佛教中有一点激进主义。见（姚秦）昙摩耶舍译：《佛说转女身经》，《大正藏》第14册，第920页。

五、早期中古中国妇女的选择

《比丘尼传》中的中国比丘尼群体是一个非常有文化、活跃、有影响力的女性群体。毫无疑问，她们的性格和抱负是由许多因素塑造的，但笔者认为，对她们影响最大的是她们在佛经中发现的强有力的女教师形象。在佛教界之外也能发现类似的榜样，但她们并不常见。

在中古早期的中国，妇女的生活通常是由她在家庭中的角色决定的。她们的生活并不自主。事实上，上层阶级的妇女不能要求自己在社会上有独立的地位，她的地位完全取决于其父亲、丈夫或儿子的地位。在汉代（前206—前220），儒家学者逐渐制定了妇女的行为准则，上层阶级最为看重这些准则。一个女人应当结婚，她的生活要完全以家庭为中心，她要照顾她的丈夫和她的公婆，忙于家务，并承担祖先祭祀的事务。[1] 上层社会的女孩不应该接受通常提供给男孩的文学、写作、历史、数学、音乐和一些科学方面的教育；相反，她被训练成家庭的维持者。[2]

关于妇女地位的其他主张在当时的中国也很流行，儒家的价值观还没有像10世纪以后那样完全或僵化地主导中国的社会思想。在中国北方，妇女的自由和职责比南方多得多，这可能是因为汉朝灭亡后定居在北方的匈奴、土耳其和蒙古人习俗的引入。[3] 4至5世纪是一个社会和政治混乱的时期，旧的儒家价值体系被部分地破坏了。

宝唱把他所记载的比丘尼塑造为愿意维护儒家价值观的女性，特别是贞洁和孝道，但同时她们又通过放弃女性的常规角色，过着独身和学习的生活，从而混淆了整个儒家的家庭结构。《比丘尼传》中东晋、刘宋的许多比丘尼来自上层家庭，那里的儒家传统最为普遍。我们知道45个比丘尼中有8个肯定来自上层社会，可能还有几个也是如此，也许能达到总数的一半。超过一半的比丘尼——大约26人——肯定是识字的，因为她们阅读经文和讲授佛教教义，但其中只有5人肯定接受过儒家经典教育。其中16名比丘尼来自北方，可能受到非中国社会思想的影响，也受到允许指导她们生活的佛教教义的影响。

有文化的比丘尼成为公众人物，显扬于当时，并因其教学而闻名，其中有些人具有非凡的智慧。作为比丘尼，她们可以在一般向妇女开放的途径之外积极生活，她们可以全身心地投入到学习和沉思中。可以肯定的是，在那个时代，甚至在一些儒家家庭中也

---

[1] R. W. Guisso, "Thunder Over the Lake: the Five Classics and the Perception of Woman in Early China", in *Women in China*, Guisso and Johannesen, pp.47-61; Sung, "Chinese Lieh-nü Tradition", pp.63-74.
[2] Guisso, "Thunder", p58; Teng Ssu-yü, Yen Chih-t'ui, *Family Instructions for the Yen Clan (Yen-shih chia-hsün)*, Leiden: E. J. Brill, 1968, pp.18-20.
[3] Teng Ssu-yü, Yen Chih-t'ui, p.19.

有受过教育的妇女,而且有些是重要的作家。[1] 在儒家社会的边缘,也有掌握了某种特殊技术的女方士,她们中的许多人是道教徒。[2] 还有一些妓女,尽管她们可能是被卖到这个行业的,但她们能够过着相对自由的生活,并经常被允许学习诗歌、写作和音乐,其中有些人成为著名的诗人。[3] 因此,对于希望将精力用于学习、教学和写作的聪明女性来说,佛教寺院的生活并不是唯一的选择,但它肯定是最有吸引力和最安全的选择之一。而对于那些有真正的宗教使命感和对公共生活有兴趣的妇女来说,这无疑是最好的选择。[4]

六、佛教文献中的比丘尼和女性形象

根据《比丘尼传》的记载,早期的中国比丘尼只读过少量的经文。但需要注意的是,关于这一时期的比丘尼的信息肯定是不完整的。笔者愿意相信她们确实读过一些有关智慧的女性的短文,即使她们没有对这些文本进行宣讲;遗憾的是,我们可能永远无法知道确切的情况。然而,当中国佛教徒最终面对印度佛教徒产出的汗牛充栋的宗教文本的中文译本时,他们意识到处理全部的文本是不可能的。在与全部佛教经文中难以理解的各种教义、解释和主张斗争了一段时间后,他们对所有的教义、解释和主张都嗤之以鼻,除了最激动人心的教义外,其余的教义都被悄悄遗忘了。这无疑是一种讽刺,因为他们曾经如此渴望得到所有的佛教文献。当他们在6—8世纪开始创建自己的、非常中国化的佛教流派时,他们仅以少数文献为基础,这些文献正是中国佛教徒最早认识和崇尚的:《法华经》《净土经》《般若经》《华严经》。

比丘尼和其他佛教徒阅读过的经文中传递的女性形象,在笔者看来是积极和令人振奋的。《维摩诘经》和其他经文中的女性都是聪明机智的,在任何意义上都不比男性差。她们是雄辩的佛教女教师,在辩论和精微的探讨中出类拔萃,她们是能干和慈悲的教师。她们是如此接近佛性,以至于她们可以像魔术师一般巧妙地运用语言、思想、偏见和成见。

比丘尼的传记从未告诉我们,某位比丘尼是受到了她在佛经中读到的某一女性形象

---

[1] Sung, "The Chinese Lieh-nü Tradition", pp.70-71, 73.
[2] J. Needham, *Science and Civilization in China*, vol. 5, part 3, Cambridge: Cambridge University Press, 1974, pp.37-39; J. R. Ware, *Alchemy, Medicine, Religion in the China of A.D. 320: the Nei P'ien of Ko Hung (Pao-p'u-tzu)*, Cambridge, Mass.: M. I. T. Press, 1966, pp.264-265; M. Strickmann, "On the Alchemy of T'ao Hung-ching", in *Facets of Taoism*, ed. H. Welch and A. Seidel, New Haven and London: Yale University Press, 1979, pp.164-192.
[3] Sung, "Chinese Lieh-nü Tradition", pp.72-73.
[4] 这一时期道教界有杰出的女性,也有许多女方士,她们是各种民间宗教的领袖。道教、佛教和儒家对民间宗教都不抱有友好的态度。自古至今,女方士在中国一直很普遍。她们通常来自方士家庭,属于下层阶级,不识字,住在远离大城市的乡村;少数与道教有密切联系。见 R. A. Stein, "Religious Taoism and Popular Religion from the Second to Seventh Centuries", in *Facets of Taoism*, Welch and Seidel, pp.54-81; L. Thompson, *The Chinese Way in Religion*, Encino, California: Dickenson Publishing Co., 1973, pp.36-38.

或关于女性的观点的特别启发。但是,将比丘尼的实际成就与佛经中关于女性的故事相比较:比丘尼们学习、教学和辩论,她们是僧侣和俗人中的领袖,她们的美德和对宗教的奉献令人钦佩,她们慈悲地帮助那些需要帮助的人,她们本身就是其他妇女效仿的榜样。最好的比丘尼本身就像佛教经文中的女智者的化身。在笔者看来,这种影响是明确无误的。

当然,在佛教经文中,真正的理想是菩萨,他实际上是无性的,既不是男性也不是女性。在殊胜的佛经中,从来没有提出过"女人能做到吗?"的问题,因为作者本身并没有以性别歧视的方式思考。他们思考的是菩萨的理想,它包含了两种性别。[①]

无论她们读到什么,无论她们如何理解这些文本,比丘尼们都会把她们的理解传递给佛教徒,因为她们是他们的老师。她们明显表现出的个人自信和尊严为她们赢得了众多人的尊重。这些品质给认识她们的人留下了深刻的印象。比丘尼们在艰苦的修行和沉思的火焰中锻造出来的人格力量和个人自信,被传达给她们所教的人。人们对比丘尼的崇敬是由这些妇女的生活所激发的。而他们从比丘尼那里听到的关于佛经中的智慧女性的故事大概也支持了这一点。

佛教的在家信众阅读和聆听一些经文,但他们接触的经文肯定没有比丘和比丘尼多。许多中国和外国的僧人都在译经院工作,译经院翻译了各种文本的中文版本。中国僧人受到大乘经论中平等主义思想的影响,因为一两个世纪后,中国天台宗的创立者明确宣称妇女可以成佛,而禅宗的大师们认为男女菩萨导师之间没有区别。[②]

在 4 至 5 世纪的中国社会中,外国僧人是一个重要而有影响力的群体。向中国人传播各种佛教典籍的外国僧人已经内化了他们的态度,但他们与急躁的中国人不同,他们已经掌握了许多文本,取决于他们阅读的那个印度学派文本,他们被拉到了支持或反对平等这两个相反的方向。其中一些传教士,如鸠摩罗什和昙摩蜜多,佛陀跋陀罗和昙无谶,既传播了一些对妇女有敌意的文本,也有一些支持妇女的。但当人们阅读他们的传记时,会发现他们以极大的仁慈之心教导和帮助男性和女性,没有表现出任何僧侣式的厌女症,而这种厌女症常常被认为是所有神职人员的通病。求那跋摩为一群中国比丘尼提供了建议并帮助她们准备受戒,而就在同一年,他翻译了《菩萨善戒经》(*Bodhisattvabhūmi*),该书认为妇女在智力和美德方面天生就很弱。当然,这些行为并不

---

① 在《小品般若经》中用于描述菩萨的隐喻表明,她/他融合了男性和女性的双重特征:即将开悟的菩萨就像一个即将分娩的孕妇;放弃了个人幸福的菩萨就像一位母亲照顾她的独生子而不疲惫;思考智慧完美的菩萨就像一个情人全神贯注于对他将要遇见的还没有到来的女人的想法。见 E. Conze, *The Perfection of Wisdom in 8,000 Lines*, Bolinas: Four Seasons Foundation, 1973; J. Macy, "Perfection of Wisdom: Mother of All Buddhas", in *Beyond Androcentrism*, ed. R. Cross, Missoula: Scholars Press, 1977.

② 智顗 6 世纪时在南京东南的山区创立了天台宗。他对《法华经》的注释断言女人可以成佛。参见 Paul, *Women in Buddhism*, p282. 禅宗最早出现于 6 世纪中国北部的洛阳附近,禅宗文献中并没有很多女性,但其中的女性都与男性平起平坐。见 Levering, "The Dragon Girl…", *JIABS* 5 (1982), pp.27-30.

矛盾,因为一个比丘可以很容易地成为一位女性的老师,而不认为她与男人完全平等。然而,值得指出的是,外国僧人似乎自觉地努力使自己的行为像菩萨一样,也就是说,对待众生不分男女。

七、比丘尼的遗产

对于《比丘尼传》中的比丘尼来说,4至5世纪像是一个名副其实的黄金时代。她们是生活在自己选择的独立生活中的女性,她们因为自身的成就而受到赞赏,因为自身的智慧和对社会的贡献而受到尊重和赏识,她们有影响力,受到重视。毫无疑问,这对她们来说是一个非常好的时代,她们做了很多事情。然而,在研究了现存的4至5世纪的佛教记录后,人们不得不得出结论,当所有真正重要的工作正在进行时,比丘尼们却奇怪地缺席了。与比丘相比,比丘尼们似乎没有写过多少东西。据我们所知,她们没有从事汇聚众多中国和外国僧侣的大型翻译项目。她们从未成为由比丘尼、比丘和在家人组成的整个佛教团体的真正领导者。[①] 然而,我们所掌握的关于比丘尼和整个佛教界的信息还远远不够全面,也许比丘尼们做的事情比我们知道的要多。《比丘尼传》确实提到一些比丘尼是多产的作家,由于现在没有任何归属于她们的作品,我们必须假定她们的作品已经佚失,或者那一时期的一些匿名作品实际上是她们的作品。当然,我们知道,建康的比丘尼们所做的工作具有重大而持久的意义。她们是向中国南方社会各阶层传播教义的重要人物,她们对经文的解释必然有助于中国人对佛教思想的理解。

这些记载还表明,比丘尼对于中国本土佛教流派在6世纪的诞生并无助力,这可能是真的,因为当时比丘尼的影响似乎主要限于建康地区。建康是南方的首都,是一个繁华的大都市,也是一个重要的佛教知识中心,但中国新的佛教流派是在远离城市喧嚣的孤寂之地孕育的。在建康,比丘尼们忙于满足她们强大的资助者的要求,也许她们没有比丘们那样的机会来静静地思考佛法。因为正是这些在山中隐居、不受资助人干扰的僧人,决定了佛教在中国的发展方向,正是他们创立了新的中国佛教宗派。

尽管在几代人的时间里,在一些特殊的地方,比丘尼被热情追捧并受到高度尊重,但最终还是比丘收获并维持了大多数佛教徒的忠诚。毗奈耶(Vinaya)赋予比丘对比丘尼的权力,在中国和其他地方一样,比丘将真正的权力掌握在自己手中。4至5世纪时,比丘尼教团在中国的发展是辉煌而短暂的。6世纪以后,佛教妇女作为一个群体,再也

---

① 中古早期的汉传佛教比丘尼似乎享有远远超过印度佛教比丘尼的权力和影响力。但是在中国,黄金时代也没有持续。关于佛教和比丘尼对中国妇女生活影响的进一步讨论,见 K. A. Tsai, "The Chinese Buddhist Monastic Order for Women: The First Two Centuries", in *Women in China*, Guisso and Johannesen, pp.1-20; N. Schuster, "Women in Buddhism", in *Women in World Religions*, ed. Arvind Sharma, St. Lucia: University of Queensland Press(forthcoming)。

没有如此大的影响力了。当佛教还在中国寻找自己的位置时，比丘尼教团就已经蓬勃发展了。到 6 世纪末，比丘们已经巩固了他们的权力，并将佛教引向他们希望的方向。可以肯定的是，比丘尼教团仍然存在，但它的辉煌已经成为过去。

参考文献

1. （姚秦）昙摩耶舍译：《佛说转女身经》，《大正藏》第 14 册。
2. （姚秦）鸠摩罗什译：《菩萨诃色欲法经》，《大正藏》第 15 册。
3. （梁）慧皎：《高僧传》，《大正藏》第 50 册。
4. （梁）僧祐：《出三藏记集》，《大正藏》第 55 册。
5. （梁）宝唱：《比丘尼传》，《大正藏》第 50 册。
6. （唐）智昇：《开元释教录》，《大正藏》第 55 册。
7. A. and H. Wayman, *The Lion's Roar of Queen Śrīmālā*, New York: Columbia University Press, 1974.
8. Cyril Birch (ed.), *Anthology of Chinese Literature*, New York: Grove Press, 1965.
9. D. Paul, *Women in Buddhism, Images of the Feminine in Mahāyāna Tradition*, Berkeley: Asian Humanities Press, 1979, 166ff.
10. D. Paul, *The Buddhist Feminine Ideal*, Missoula: Scholars Press, 1980.
11. E. Zürcher, *The Buddhist Conquest of China*, Leiden: E. J. Brill, 1972.
12. E. Hardy (ed.), *Angutara Nikāya*, vol. 3, London: Luzac and Co., for the Pali Text Society, 1985.
13. J. Legge, *A Record of Buddhistic Kingdoms*, Oxford: The Clarendon Press, 1886; reprint ed., New York: Paragon Book Reprint Corp. and Dover Publishing, 1965.
14. J. R. Ware, Alchemy, *Medicine, Religion in the China of A.D. 320: the Nei P'ien of Ko Hung (Pao-p'u-tzu)*, Cambridge, Mass.: M. I. T. Press, 1966.
15. Jan Fontein, *The Pilgrimage of Sudhana*, The Hague: Mouton, 1968.
16. Jung-hsi Li, *Biographies of Buddhist Nuns, Pi-ch'iu-ni-ch'uan of Pao-chang*, Osaka: Tohokai, 1981.
17. J. Macy, "Perfection of Wisdom: Mother of All Buddhas", in *Beyond Androcentrism*, ed. R. Cross, Missoula: Scholars Press, 1977.
18. Kajiyama, "Women in Buddhism", *The Eastern Buddhist (new series)* 15 (1982), pp.55-58.
19. K. A. A. Cissell, *The Pi-ch'iu-ni-ch'uan, Biographies of Famous Chinese Nuns from*

317—516 C.E., Ph. D. diss., University of Wisconsin, Madison, 1972.

20.Leon Feer (ed.), *SaṃyuttaNikāya*, vol. 4, London : Luzac and Co., for the Pali Text Society, 1960.

21.L. Thompson, *The Chinese Way in Religion, Encino*, California : Dickenson Publishing Co., 1973.

22.L. Hurvitz, *Scripture of the Lotus Blossom of the Fine Dharma*, New York : Columbia University Press, 1976.

23.M. Levering, "The Dragon Girl and the Abbess of Mo-shan: Gender and Status in the Chan Buddhist Tradition", *JIABS* 5 (1982), pp.22-24.

24.N. Dutt (ed.), *Bodhisattvabhūmi*, Patna : Jayaswal Research Institute, 1966.

25.N. Schuster, "Yoga Master Dharmamitra and Clerical Misogyny in Fifth Century Buddhism", forthcoming in *The Tibet Journal* 9 (1984).

26.P. Demiéville, "La Yogācārabhūmi de Sangharaksa", *Bulletin de l'École française d'Extrême-Orient* 44 (1947-1950), pp.373-374.

27.P. Demiéville, "La Yogācārabhūmi de Sangharaksa", *Bulletin de l'École française d'Extrême-Orient* 44 (1947-1950), pp.339-436.

28.R. A. F. Thurman, *The Holy Teaching of Vimalakīrti*, University Park, PA : Pennsylvania State University Press, 1976.

29.R. A. Stein, "Religious Taoism and Popular Religion from the Second to Seventh Centuries", in *Facets of Taoism*, Welch and Seidel.

30.Teng Ssu-yü, *Yen Chih-t'ui, Family Instructions for the Yen Clan (Yen-shih chia-hsün)*, Leiden : E. J. Brill, 1968, pp.18-20.

31.V. Trenckner (ed.), *MajjhimaNikāya*, vol. 1, London : Luzac and Co., for the Pali Text Society, 1964.

32.Y. Kajiyama, "Women in Buddhism", *The Eastern Buddhist (new series)* 15 (1982), pp.53-70.

Titles, Abstracts and Keywords

A Study on the Sinicization of Buddhism at Mount Putuo

Wang Jianguang

(School of Marxism, Nanjing Agricultural University)

Abstract: The Sinicization of Buddhism at Mount Putuo and the Putuo-ization of Buddhism are important sociocultural phenomena in the history of Chinese Buddhism. Since its inception, Buddhism at Mount Putuo has had its own distinctive practices and development trajectory. It has constructed the profound and widely influential religious belief and sociocultural symbol of "South Sea Guanyin" during the process of Buddhist Sinicization in later generations, gaining widespread recognition in mainstream society and popular psychology. The Putuo model that emerged during the Sinicization of Buddhism has rich content. Essentially, Buddhism at Mount Putuo is a product of the integration of Buddhist beliefs and cultural forms with Chinese culture and maritime civilization. It is a regional form of Chinese Buddhism that is influenced by maritime civilization or, more precisely, is integrated with the maritime environment.

Keywords: Buddhism at Mount Putuo, Buddhist Sinicization, Guanyin Bodhisattva Worship, Maritime Buddhism, Island Buddhism, IslandBuddhist Regional Buddhism

The Indian Origins of the Guanyin Bodhimaṇḍa and Its Sinicization Choices

Li Li'an

(Xuanzang Research Institute, Northwest University)

Abstract: In the history of Buddhism, sacred spaces have always been important elements of faith, particularly as a means of constructing the sacred relationship between believers and their objects of worship. They evoke and sustain a unique psychological experience, playing a significant role in strengthening Buddhist beliefs, promoting Buddhist practices, fostering Buddhist emotions, solidifying the Buddhist foundation, and preserving Buddhist resources. Mount Putuo, as the most appealing and well-supported sacred space in the field of Chinese Buddhism, is not only the final abbreviation of the ancient Indian name Potalaka or various similar transliterations but also represents the spatial transfer of Indian Buddhist Guanyin to China. From the diverse scriptural accounts of Indian Buddhism regarding Guanyin's abode to the Chinese understanding and integration of these varying narratives, as well as the cultural interpretation and spatial transfer of Guanyin's abode in China, it reflects the growing importance of the Guanyin sacred space as a sacred element within the Guanyin belief system. It also illustrates the strengthening of China's independent consciousness and the formation of an independent system within Chinese Buddhism, against the backdrop of the fluctuating strengths of Indian and Chinese Buddhism. As the greatest achievement in the Sinicization of Buddhism in the domain of sacred spaces, the Sinicization of the Guanyin sacred space and the ultimate establishment of Mount Putuo's status can be regarded as a typical case of cultural exchange between Indian and Chinese Buddhism. It is also a historical culmination of the transmission of Buddhism, particularly maritime Buddhism, along the Silk Road and the Maritime Silk Road.

Keywords: Guanyin Bodhimaṇḍa, Mount Putuo, Sacred Space, Buddhist Sinicization

"The Transformation of Vinaya into Chan" at Mount Putuo During the Southern Song Dynasty

Yanxiu

(The China Buddhist Academy of Mt.Putuo)

Abstract: Mount Putuo, as one of China's Four Sacred Buddhist Mountains, experienced two instances of the "transformation of Vinaya into Chan" in its history. However, historical records regarding this phenomenon at Mount Putuo are not extensively detailed, with only fragmentary mentions in the available records. Based on an investigation of the life and deeds of Master Zhenxie Qingliao, a key figure in the "transformation of Vinaya into Chan" at Mount Putuo during the Southern Song Dynasty, this study combines information from the Annals of Mount Putuo, records of Buddhist temple management systems during the Southern Song Dynasty, and the historical development of the Caodong Chan-school. Additionally, it references relevant accounts found in miscellaneous writings from the Song Dynasty. Together, this research provides a more comprehensive understanding of the situation surrounding the "transformation of Vinaya into Chan" at Mount Putuo during the Southern Song Dynasty, contributing to the clarification of Buddhist history.

Keywords: Southern Song Dynasty, Mount Putuo, Zhenxie Qingliao, Transformation of Vinaya into Chan

Research on the "Going Global" Strategy of Mount Putuo's Guanyin Culture Under the Lasswell's 5W Model Theory: A Multi-level Analysis Perspective

Le Youyou

(Zhejiang Tourism and Health College)

Abstract: Guanyin Bodhisattva, revered by countless believers worldwide for her attributes of compassion, boundless mercy, and limitless supernatural powers, holds an infinite place of worship and faith. Guanyin's faith carries a positive religious significance in fostering harmony and constructing a shared human destiny. Guanyin culture is one of the captivating lineages within Chinese Buddhist culture, and Mount Putuo, as one of the significant spiritual sites for Guanyin culture in China, possesses inherent advantages for propagating Guanyin culture. However, in the process of taking Mount Putuo's Guanyin culture beyond its borders, it is essential to analyze various elements of the dissemination process, such as the disseminators, cultural content, and modes of dissemination. When Mount Putuo's Guanyin culture engages in cultural exchanges and dissemination at different geographical levels within Zhejiang Province, mainland China, and East Asia, it is necessary to tailor dissemination strategies according to the specific contexts, select different focal points for cultural transmission, in order to effectively promote the reach and impact of Mount Putuo's Guanyin culture on a global scale.

Keywords: Guanyin Culture, Lasswell's 5W Model, Hierarchical Analysis

On the Potalaka Sacred Ground and Avalokiteśvara Method in the *Gaṇḍavyūha Chapter of the Avataṁsaka Sūtra*

Huang Kuoching

(Graduate Institute of Religious Studies, Nanhua University)

Abstract: The Mount Potalaka is the sacred place where the Avalokiteśvara Bodhisattva lives. The view of this holy mountain was recorded first in the Gandhavyūha Chapter of the *AvataṁśakaSūtra*. In the earlier Chinese editions of this scripture, the scenery of this mountain is depicted as natural mountain forest and only the rock plate the Avalokiteśvara bodhisattva seated is made of jewels. This landscape is a mixture of wooded mountain and pure land. In the eighty-scroll edition and forty-scroll edition of the *AvataṁśakaSūtra*, two verses were added, in which the Mount Potalaka is said to be in the midst of the great ocean and entirely made of jewels. Furthermore, in the forty-scroll edition and extant Sanskrit scripture, a number of verses were again added, in which this mountain is described as a diamond mountain adorned by a variety of Mani-treasure and the Avalokiteśvara Bodhisattva is said to be sitting on the lion seat above a lotus blossom. Thus, the pure land image became even more obvious. The Great Compassion Method taught by Avalokiteśvara Bodhisattva is a part of the Samantabhadra practice learned by Sudhana. The Great Compassion Method teaches the great compassion and mercy corresponding to Prajñāpāramitā, and the meaning of great mercy is particularly prominent, with the vow to rescue all of the sentient beings from every kind of fears. Through the chanting of Avalokiteśvara's name and the practicing of the Great Compassion Method, with the cooperation of self-power and other-power, the practitioners earn the merits of taking rebirth in the heavenly and human realms and transmigrating to some pure land in the ten directions. Moreover, they should take Avalokiteśvara Bodhisattva as the model to cultivate extensively both compassion and wisdom to eliminate sufferings and bring forth happiness for all the sentient beings.

Keywords: Potalaka, Gaṇḍvyūha Chapter, Avalokiteśvara Bodhisattva, the Great Compassion Method, Mount Putuo

From India to China: The Layered Construction and Artistic Expression of Mount Potalaka

Liu Zhengning

(National Institute for Advanced Humanistic Studies, Fudan University)

Abstract: Mount Potalaka is the abode of Guanyin Bodhisattva recognized by both Huayan and Tantra Buddhism narrative traditions. Its real prototype may have been a towering and steep sacred mountain in South India. Through the layered construction of texts, it gained characteristics such as being a "Seaside Island", the "Little White Flower Tree", and a place formed by "Formed by Myriad Treasures". In artistic representations of Guanyin Bodhisattva's abode since the late Tang dynasty, basic elements like rocks, flowing water, and mountains have been selected, combining reality and imagination to achieve its artistic expression.

Keywords: Mount Potalaka, Guanyin Bodhisattva, Narrative Tradition, Artistic Expression

The Social Roots of the People's Belief in Guanyin during the Song, Yuan, Ming, and Qing Dynasties

Li Yongbin (School of History, Northwest University)

Shen Ao (School of History, Northwest University)

Abstract: The problems of religion expressed are essentially social problems. Along with the development and evolution of history, the rapid spread and rise of Buddhism in China have profound social backgrounds. The belief in Guanyin among the public during the Song, Yuan, Ming, and Qing dynasties also reflects the social roots of their time of life. The belief in Guanyin provides insights into both real life and spiritual pursuits for the public, mainly manifested in the treatment of various illnesses, wars, prison sentences, production and labor accidents, and the rebirth in the Pure Land. It intuitively reflects prominent social issues such as the backwardness of medicine, frequent wars, and political darkness in the era of life. And these social issues are also the main reasons why the people choose the Guanyin faith and the social root of its widespread popularity among the people. The characteristics of the times and places in social reality also determine the changes in the functions, methods, classics, and other factors of the Guanyin faith.

Keywords: Guanyin Belief, Public Class, People's Buddhism

From Manjusri to Avalokitesvara: The study On the Belief of Bodhisattva in Jin-ge Temple of Mount Wutai

Jing Tianxing

(Institute of Religion, Shaanxi Academy of Social Sciences)

Abstract: The Jin-ge Temple of Mount Wutai was built in the Tang Dynasty. In the process of building the Tang tantra Bodhimaṇḍa (道场) and the Protecting the country's Bodhimaṇḍa, a pattern centered on the belief of Manjusri was formed. During Huichang period of Emperor Wuzong of Tang Dynasty, the Jin-ge Temple was destroyed in an instant. Through the Song and Yuan dynasties, and until the Jiajing period of the Qing Dynasty, it was once again restored to a grand Bodhimaṇḍa. The difference is that a Thousand-hand Avalokitesvara Bodhisattva bronze statue was provided and cast by the family of Prince Dai during the restoration, thus becoming a temple centered around the belief in Avalokitesvara Bodhisattva. From the worship of Manjusri during the Tang Dynasty to the establishment of Avalokitesvara Statue in the Ming Dynasty, it demonstrated an important shift in the Bodhisattva belief in Jin-ge Temple.There are four main factors influencing this direction of change. First of all, from a historical point of view, although Manjusri belief is the main belief in the history of Mount Wutai Buddhism, there are also factors of Avalokitesvara belief. Secondly, from a societal perspective, since the Song Dynasty, on the basis of the development of folk Buddhism, the belief of Avalokitesvara has penetrated into civil society and had a wide influence. Thirdly, from a political perspective, the royal attention to the belief of Avalokitesvara Bodhisattva is also a very important factor. Fourthly, from a theoretical perspective, Manjusri Bodhisattva symbolizes wisdom, Avalokitesvara Bodhisattva symbolizes compassion, and "Loving Kindness & Wisdom" should also be considered as a major factor.

Keywords: Mount Wutai, Mount Putuo: Jin-ge Temple, Manjusri belief, Avalokitesvara belief, Loving Kindness & Wisdom

Two Main Forms of Guanyin Faith in the Dali Area During the Nanzhao Period: An Examination Based on the Nanzhao Tu Zhuan: *Textual Records*

Xianliao

(The China's Buddhist Academy of Mt. Putuo)

Abstract: The faith in Guanyin, since its inception, has spread widely as Buddhism has disseminated across various areas, earning it the reputation of being a "faith of half of Asia". However, Guanyin faith as it spreads to different areas often takes on distinct forms influenced by the local cultural context. This paper primarily focuses on the *Nanzhao Tu Zhuan*: Textual Records and combines historical evidence to discuss Guanyin faith in the Dali area during the Nanzhao period. It notes that Guanyin faith from Han China began to enter the Dali area in the mid to late 7th century and became more prevalent before the mid-8th century, but its primary forms during this early period remain unclear. From the mid-8th century onwards, there were two main forms of Guanyin faith in the Dali area. The first form was the Indian Monk Guanyin faith, which emphasized divine right of kings and was prevalent from the mid-8th century to the early 9th century. The second form was the A-cuo-ye Guanyin faith, which transitioned from a common folk Buddhist belief in the early to mid-9th century to a royal Guanyin Buddha King faith that reflected royal will, with royal involvement in its reconstruction. The A-cuo-ye Guanyin faith constructed by the Nanzhao royal family reflected a strong sense of national consciousness.

Keywords: Nanzhao, Dali Area, Indian Monk Guanyin, Divine Right of Kings, A-cuo-ye Guanyin, National Consciousness

Characteristics and Cultural Value of the Guanyin in Dali

Liao Wenhui

(School of History, Northwest University)

Abstract: The Guanyin in Dali possesses unique characteristics and constitutes its own distinct system, differing from the Han Chinese and Tibetan Guanyin systems. The identity of the Guanyin in Dali remains male, with its manifestations centered around two core themes: "Guanyin subduing Rākṣasa" and "Guanyin founding a nation". Its evolution is intertwined with local historical changes, and it is enshrined in local village temples or earth god temples. The relationship between the Guanyin and the local people has shifted from being seen as the embodiment of the king to a source of sacredness within families. The unique festival of the Dali Guanyin falls between the 15th and 21st of March each year. The Dali Guanyin not only incorporates elements from Indian Buddhist scriptures related to Guanyin and the imagery and meanings of Guanyin from Southeast Asia but also assimilates the Guanyin faith within the Sinicized Han Buddhist system. Finally, it blends the absorbed Guanyin faith with local culture and religious needs through localization. The Dali Guanyin embodies the cultural essence of "harmony in diversity" and serves as a link in the interactions, exchanges, and fusion of different ethnic groups.

Keywords: Buddhism, Dali Guanyin, Characteristics, Multiple Civilizations, Exchange and Mutual Learning

The Formation of Humanistic Religion and the Sinicization of Maitreya Faith: A Discussion Centered on the "First Day of the First Lunar Month" Maitreya's Birthday

Liu Jincheng

(School of Philosophy and Religion, Minzu University of China)

Abstract: "The first day of the first lunar month" marks the Chinese Lunar New Year and also the birthday of Budai Monk, which gradually evolved into Maitreya's birthday celebration. In the Indian Buddhist tradition, Maitreya does not have a specific birthday. However, as Buddhism was introduced to China, Maitreya's birthday transitioned from "the eighth day of the fourth lunar month" to "the first day of the first lunar month" . The formation of this cultural tradition is a result of the collision between Indian Buddhism and Chinese culture. Both Maitreya and the Lunar New Year share common cultural attributes, emphasizing a focus on this world, optimism, and a humanistic worldview. Examining the historical evolution and cultural significance of Maitreya's birthday contributes to understanding the process of Maitreya's Sinicization and provides valuable insights into the characteristics of Chinese humanistic religion.

Keywords: Maitreya Faith, Budai Monk, Birthday Celebration, Humanistic Religion

Study on the Localization of the Layouts of the Chinese Buddhist Temples

Wen Jing

(Tokyo University of the Arts)

Abstract: Taking the characteristics of layout in Chinese Buddhist temples as subject, this thesis focuses on the three crucial turning points in the evolution of the layout and the typical elements at each stage, namely the twin pagodas facing each other during the Sui and Tang dynasties, the Chan-temple system during the Song and Yuan dynasties, and the new planning of the central axis in the Ming dynasty. With the help of historical documentary materials, archaeological data and remaining examples in East Asia, the study also pays attention on the characteristics of the layout in the typical monasteries at each stage, revealing the spreading path within East Asia so as to sort out the evolutionary process in the localization of Chinese Buddhist temples.

Keywords: Chinese Buddhism, East Asia, Layouts of Temples

Family Ethics in Early Buddhism: A Discussion Centered on Marital Relationships

Guangxing

(Centre of Buddhist Studies, The University of Hong Kong)

Abstract: Many people, including scholars, believe that Buddhism has no teachings regarding family or, if it does, they are merely provisional. Venerable Bhikkhu Bodhi solemnly reminds us that this is a mistaken perception. Venerable Bhikkhu Bodhi points out that there are many scriptures in the Pali Nikayas that are addressed to householders. In fact, the family ethics in early Buddhism are systematic and logical. This paper primarily relies on translated Āgama Sūtras and the Pali Nikayas as its primary source materials, focusing on the Buddha's teachings on family, particularly marital relationships. Early Buddhist scriptures present several crucial points on family ethics. Firstly, as parents, spouses play a critical role in the family as they serve as role models and examples for their children and relatives. Ethical and faithful parents are the best support for their children and relatives, bringing them happiness and well-being. Secondly, the ethical relationship between spouses is based on the Five Precepts. Spouses should love and respect each other, a harmonious and fulfilling marital relationship is key to family happiness. Thirdly, a good wife centers her attention on the family, taking care of all family members, while a good husband is faithful to his wife and avoids extramarital affairs. Fourthly, Nalakāra's parents, who love each other dearly, are the model couple. Fifthly, if spouses can achieve "completely perfect of faith, virtuous, generous, and wise", they will not only find happiness in this life but also in the next.

Keywords: Early Buddhism, *Āgama Sūtras*, Marital Relationships

The Significance of Lay Devotees' Support in the Spread of Sects: A Discussion from the Perspective of the Sixth Patriarch's Dharma Transmission Dispute

Ruyi

(The China's Buddhist Academy of Mt. Putuo)

Abstract: This paper begins with the contest for the Dharma lineage of the Sixth Patriarch, pointing out that it was in the process of orthodox transmission that Master Shenhui ascended northward, engaging in mutual competition with the Northern Sect. Both sides sought the support of external forces close to the main sect, turning what should have been a debate over the rightful source of the patriarchal lineage into a power struggle between the external forces of both sides. Due to the changing circumstances, the external support on both sides experienced fluctuations in strength, ultimately leading to Master Shenhui's victory in the contest for the patriarchal position. Looking back at the significance of lay supporters, it is evident in the meeting between Patriarch Bodhidharma and Emperor Wu of the Liang Dynasty, which demonstrates that even the Patriarch, in his quest to widely propagate the Bodhisattva path for the benefit of sentient beings, relied heavily on the strong support of lay supporters.

Keywords: Chan-sect, Shenhui, Puji, Patriarchal Authority Dispute, Lay Devotee Support

Analyzing the Interpretative Characteristics of Lin Zhao'en's *Exegesis and Introduction to the Heart Sūtra*

Tang Zhejia

(School of Political Science and Public Administration, Soochow University)

Abstract: *Exegesis and Introduction to the Heart Sūtra* is one of Lin Zhao'en's works of Buddhist scripture interpretation, divided into two parts: *Exegesis of the Heart Sūtra* and *Introduction to the Heart Sūtra*. Lin Zhao'en employs different interpretative methods in these two works. In *Introduction to the Heart Sūtra*, he adopts an approach of "summarizing and discussing", using a question-and-answer format to clarify his own thoughts through expounding the essence of the *Heart Sūtra*. In contrast, *Exegesis of the Heart Sūtra* relies on traditional philological and textual research, coupled with references to interpretations by scholars from various historical periods, with a focus on restoring the original intent of the *Heart Sūtra*. A deep analysis of *Exegesis and Introduction to the Heart Sūtra* reveals two key aspects of its ideological orientation: firstly, both *Exegesis of the Heart Sūtra* and *Introduction to the Heart Sūtra* extensively cite the words of Chan-patriarchs and the *Platform Sūtra*, reflecting a strong awareness of Chan Buddhist lineage. Secondly, *Exegesis and Introduction to the Heart Sūtra* also demonstrates an engagement with Lin's "Three Teachings as One' ideology, reflecting his interest in harmonizing the three major Chinese religions in his approach to scripture interpretation.

Keywords: Lin Zhao'en, *Exegesis and Introduction to the Heart Sūtra*, Interpretation, Three Teachings as One

Summary of Engravers of the *Piling Piṭaka*

Wang Liandong (School of Humanities and Foreign Languages, China University of Metrology)

Liu Yi (Department of Philosophy, Nanjing University)

Abstract: The *Piling Piṭaka* is a recently discovered woodblock Sūtra Piṭaka. It is known that there was a total of 12 engravers involved in the engraving of the *Piling Piṭaka*, namely Tao Zilin, Tao Fangxi, Tao Fushan, Tao Zhouyin, Zhou Chujiang, Zhang Zhaochang, Zhang Xudong, Zhang Zhaosheng, Liang Youxin, Zhu Tirong, Zhuge Minghai, and Chen Guozhen. The engraving work for the *Piling Piṭaka* was concentrated in three regions: Huanggang in Hubei, Yangzhou in Jiangsu, and Danyang in Jiangsu, with the engravers working in groups.

Collecting and organizing information about the engravers of the *Piling Piṭaka* and the sūtras they engraved is of great significance for further collection and identification of *Piling Piṭaka* editions.

Keywords: *Piling Piṭaka*, Tianning Temple, Engravers

Rediscovering Modern Astronomy in Buddhist Scriptures

Lu Hu

(Editorial Department of the Journal of Southeast University, Philosophy and Social Sciences Edition)

Abstract: With the development of modern astronomy, some long-overlooked records in Buddhist scriptures have been gradually rediscovered. Relevant passages in Buddhist scriptures reveal astonishing coincidences between modern astronomy and Buddhism. By making comparisons in areas such as the universe and black holes, the scale and lifespan of the universe, astronomical large numbers, planetary shapes, lunar phases, changes in day and night during different seasons, and lightning, we can gain a deeper understanding of the serendipitous connections between modern astronomy and Buddhism.

Keywords: Buddhism, Science, Astronomy, Buddhist Scriptures

Research on Recommending and Reading Buddhist Classics

Sun Guozhu

(School of Humanities, China University of Political Science and Law)

Abstract: This paper systematically explores the issue of recommending and reading Buddhist classics by incorporating various recommended reading lists from modern and contemporary China. Through comprehensive research, it becomes evident that Buddhist classics constitute a crucial component of China's traditional cultural heritage.

In the process of recommending and studying Buddhist classics, special attention should be paid to the dual nature of Buddhist culture. On one hand, due respect should be given to the holistic nature of Buddhist culture, acknowledging that there are dimensions of Buddhist culture that cannot be entirely subjected to knowledge formalization. On the other hand, emphasis should be placed on the knowledge attributes and functions of Buddhist culture, actively uncovering its positive values. Within this framework, particular consideration should be given to the interpretation and exegesis of Buddhist classics.

With appropriate guidance, Buddhist classics can play a constructive and beneficial role in individual personal growth. It is hoped that this research can offer practical reference points for the recommendation and study of Buddhist classics, aligning with the historical development context while also demonstrating cultural value and concern.

Keywords: Buddhist classics, Bibliography of Chinese Studies, Culture, Knowledge value

Striking a Balance: Women and Images of Women in Early Chinese Buddhism

Author: [CAN]Nancy Schuster (Individual Author)

Translator: Zhang Jianni (School of Philosophy, Zhejiang University)

Abstract: Buddhism was brought to China around the beginning of the Common Era, but it was not until the second half of the third century that it aroused widespread interest in China. From the end of the third century to the fifth century, huge loads of scriptures poured into China under the introduction and translation of foreign missionaries and native Chinese Buddhists. In these scriptures, famous and far-reaching sutras such as *The Lotus Sūtra* and *VimalakīrtinirdeśaSūtra* conveyed positive images of women and Mahayana Buddhism's view of equality between men and women, and shaped egalitarian attitude of Chinese Buddhism. Although there were obvious misogynistic remarks in some meditation manuals introduced from Kashmir, which may have influenced some people, their impact was far less than the more famous ones such as *The Lotus Sūtraand and VimalakīrtinirdeśaSūtra*. There are very few historical materials that can be referenced when talking about the Buddhist women in reality, among which the *Bhikshuni Biographies* by the Venerable Baochang is an important document. Most of the nuns recorded in the *Bhikshuni Biographies* were erudite and proficient in Buddhism, and had strong social and political influence at that time. There is no doubt that the bhikshunis' order provided a way of life outside of the Confucian tradition for women in early medieval China. They could live independent lives which they had chosen, and be appreciated for what they had accomplished. Although the bhikshunis' order flourished in the fourth and fifth centuries, its development was brilliant but brief. After the sixth century, Buddhist women as a group were never of such consequence again.

Keywords: Chinese Buddhism, Bhikshuni, Female, Early Medieval China

《普陀学刊》征稿启事

一、办刊宗旨

《普陀学刊》是中国佛学院普陀山学院主办的综合性佛学研究学术刊物（每年出版两辑），以反映中国当代佛教研究前沿水平与最新成果，倡导学术精神，弘扬佛教文化，促进教内外佛教学术交流，推动深层次、高水平的佛学研究为宗旨。本刊以佛学研究为主，兼容宗教及哲学研究，注重思想性、学术性、原创性、时代性，强调问题意识。

二、本刊设如下栏目

（一）佛学专论

包括：教理教仪研究、佛教艺术研究、佛教史研究等。

（二）宗教比较研究

（三）国内外相关学术动态

（四）书评及其他

三、来稿要求及注意事项

（一）本刊只接受电子投稿，来稿需重点突出，条理分明，论据充分，资料翔实、可靠，图表清晰，文字简练。

（二）本刊刊登文稿一般以12000字（含图表）左右为宜。来稿请附中英文论文题目、摘要（150—300字左右）、关键词、作者简介等。本刊不退稿，请作者自留备份。

（三）格式规范标准

1. 来稿请依下列顺序撰写：

（1）中文论文标题；

（2）作者的姓名、工作单位及职称；

（3）中文摘要；

（4）关键词（3—5个）；

（5）正文；

（6）参考文献；

（7）英文标题、作者信息、摘要、关键词；

（8）联系方式。

2. 全文字体采取宋体，文章标题为宋体四号加粗，各章节标题宋体小四加粗，正文字体为宋体小四简体。

3. 各章节使用符号，依次使用 一、（一）、1、（1）等顺序标示。

4. 正文每段首行空两字符。

5. 单独成段的引文字体为楷体小4号字，其整体除首行缩进2字符，文本之前（左侧）缩进2字符之外，文本之后（右侧）无需缩进二字符，且无需加双引号。

6. 标点符号的使用请采用新式标点：专著、期刊、论文之标题一律采用双书名号《 》，而不用日式或中国港台样式；书名与篇名连用时可省略篇名符号，如《妙法莲华经·观世音菩萨普门品》；正文中的引文请用双引号""表示；除破折号、删节号各占两格外，其余标点符号各占一格。

7. 注释一律用脚注，注解置于每页下方，以细黑线与正文分开，序号排列采取每页重新编码。注释号用带圈阿拉伯数字表示，如①②③④……，其位置放在标点符号前（引号除外）的右上角。同一文献，再次征引，仅出现作者、文献名及页码即可，可略去出版社信息，不采取合并注号形式。

8. 引用各类文献，请采取下列格式：

（1）佛典文献标注顺序：责任者（作者或译者）/文献题名/卷次/藏经名称/册次/页码。如：（姚秦）鸠摩罗什译：《妙法莲华经》卷七《普贤菩萨劝发品》，《大正藏》第9册，第62页上。（隋）吉藏：《三论玄义》卷上，《大正藏》第45册，第5页中。

（2）一般古籍标注顺序：责任者朝代/责任者/文献题名（卷次、篇名、部类）/版本、页码。如：（清）姚际恒：《古今伪书考》卷3，光绪三年苏州文学山房活字本，第9页a。常见出版古籍标注顺序：责任者与责任方式/文献题名/卷次、篇名、部类（选项）/出版地/出版者/出版时间/页码。如：（宋）欧阳修等编：《新唐书》卷五，北京：中华书局，1975年，第81页。

（3）专著标注顺序：责任者与责任方式/文献题名/出版地点/出版者/出版时间/页码。如：汤用彤：《隋唐佛教史稿》，北京：北京大学出版社，2010年，第45页。

（4）译著标注顺序：国籍/责任者/译者/出版地点/出版者/出版时间/页码。如：［美］于君方著，陈怀宇、姚崇新、林佩莹译：《观音——菩萨中国化的演变》，北京：商务印书馆，2012年，第161页。

（5）期刊论文标准顺序：责任者/文献题名/期刊名/年期/页码。如：圣凯：《半满教与一音教——菩提流志的判教思想》，《西南民族大学学报》（人文社会科学版）

2016年第12期，第53页。

（6）辑刊标注顺序：责任者/篇名/辑刊名称/辑数/出版地点/出版者/出版时间/页码。如：会闲：《太虚大师僧教育思想及思考》，《普陀学刊》第八辑，北京：宗教文化出版社，2018年，第19页。

（7）学位论文标注顺序：责任者/文献标题/论文性质/地点或学校/文献形成时间/页码。如：金鑫：《天台智者大师圆融哲学的形成》，博士学位论文，南开大学，2014年，第57页。

（8）报纸标注顺序：责任者/篇名/报纸名称/出版年月日/版次。如：李眉：《李劼人轶事》，《四川工人日报》1986年8月22日，第2版。

（9）析出文献标注顺序：责任者/析出文献题名/文集责任者与责任方式/文集题名/卷次/丛书项/版本或出版信息/页码。如：（明）管志道：《答屠仪部赤水丈书》，《续问辨牍》卷2，《四库全书存目丛书》，济南：齐鲁书社，1997年影印本，子部，第88册，第73页。

（10）电子文献标注顺序：责任者/电子文献题名/更新或修改日期/获取和访问路径/引用日期。王明亮：《关于中国学术期刊标准化数据库系统工程的进展》，1998年8月16日，http://www.cajcd.cn/pub/wml.txt/980810—2.html，1998年10月4日。

（四）其他相关事项

1. 来稿文责自负，不得抄袭或重复投稿。

2. 本刊采用盲审制，以求学术的公正与严肃。

3. 本刊对来稿有权作技术处理，包括文字修改和删减。

4. 作者投稿后，三个月内未收到本刊录用通知，可自行处理。

5. 来稿请注明作者姓名、工作单位、详细联系方式（包括电子邮件地址、座机电话号码、手机号码等）。

6. 论文一经发表，即奉稿酬并附赠当期样刊。

附：本刊联系方式

通讯地址：浙江省舟山市普陀区朱家尖街道香莲路中国佛学院普陀山学院《普陀学刊》编辑部。

邮政编码：316100

联系人：现了法师　13608823187（微信同号）
　　　　张晓林老师　13801747073

电子邮箱：785709344@qq.com

欢迎诸位专家学者不吝慈悲，惠赐大作！

《普陀学刊》编辑部